KB193291

현대 등산 교본

현대
등산 교본

개정판 1쇄 인쇄 | 2024년 11월 15일
개정판 1쇄 발행 | 2024년 11월 20일
편저 | 미래레저연구회
표지 | 윤영화
펴낸곳 | 태을출판사
펴낸이 | 최원준
등록번호 | 제1973.1.10(제4-10호)
주소 | 서울시 중구 동화동 제 52-107호(동아빌딩 내)
전화 | 02-2237-5577 팩스 | 02-2233-6166
ISBN 978-89-493-0690-2 13690

ⓒ1999.TAE-EUL publishing Co., printed in Korea.
* 잘못된 책은 교환해 드립니다.

현대

"기초 이론에서 부터 실기 완성까지"

미래레저연구회 편저

등산 교본

정통 입문서·
완벽한 해설
초보에서
마스터까지

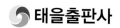 태을출판사

적은 시간이라도 쪼개어 산에 올라가 보자! 무릇 사람으로 태어나 산과 함께 호흡할 수 있다는 것은 참으로 행복한 일이다.

산 앞에서는 더욱 왜소하게 느껴지는 인간! 그러나 산을 찾는 사람의 마음은 산처럼 높고, 맑고, 신선함으로 항상 가득 차 있다.

여러 사람들과의 등산은 사람들과의 유기적인 결합과 협동심, 진취성, 공동체 의식, 강인한 의지를 갖게 해 준다.

산 정상에 올랐을 때의 가슴 뿌듯함, 세상이 모두 내 것이 된 듯한 넉넉함, 자연과의 교감에서 오는 영적 편안함은 등산의 매력이다.

등산을 보다 재미있고
효율적으로 즐기기 위해서는
산에 대한 기본 지식을 비롯한
등산 도구에 대한 철저한 준비가
선행 되어야 한다.

육중하게 주저 앉아 있으면서도 끊임없이 인간에게 속삭이는 산의 엄청난 마력!

인간에게 생각할 수 있는 지혜를 주고, 미래를 창조할 수 있는 영감을 주는 산과 하나가 되자.

산 정상에서는 누구나가 시인, 철학가, 영웅적 인간, 명상가, 작가, 동심을 갖는 아이가 된다.

인간은 산을 알고 산을 이해함으로써 더 산과 가까워 질 수 있고, 더 인간다운 삶의 길로 접어든다.

도심 속 클라이밍월 스포츠에서 등반로
훈련을 하기 전 안전매듭을 묶는 등반가.

배낭과 캠핑 장비를 착용하고 트레킹 폴을 사용하며, 자연 속에서 시간을 보내는 젊은 등산객들.

현실에서 모든 것을 훌훌 털고 산에 올랐을 때의 상쾌함과 기쁨은 무엇과도 바꿀 수 없다.

하얀 은빛으로 뒤덮인 초록이 주는 신선함과 맑은 공기의 상쾌함을 주는 산행.

하이킹을 하는 데 필수적인 용구들.

높고 맑은 하늘, 초록색 대지, 맑고 상쾌한 공기는
트레킹만이 주는 고차원의 기쁨이다.

배낭은 가볍고 자기 사이즈에 맞는 것이 중요하다.

상쾌한 새벽 공기에 태양이 자연의 야생 풍경을 장식한 높은 고도의 캠프.

산은 사람을 인간답게 만든다

'산이 거기에 있어서 산으로 간다.'
'산이 좋아 산에 사노라네.'
'산(山)은 덕인(德人)을 만들고 바다는 대인(大人)을 만든다.'
'산처럼 살고 싶다.'

수많은 현자(賢者)와 철인(哲人)들이 산에 대해 이야기 했고, 산에 대한 칭송을 아끼지 않았다. 산은 항상 말없이 주저앉아 있으면서 무릇 인간을(모든 생명체를) 넉넉히 포용하고 있다.

답답하고 짜증나는 현실에서 육신을 산으로 옮겨 놓았을 때의 그 상쾌함이란 누구나 다 한두 번씩은 경험하였을 것이다. 특히 정상에 올랐을 때의 그 가슴 뿌듯함, 세상이 모두 자기의 것이라도 되는 듯한 넉넉함을 느꼈을 것이다. 아무 것도 가진 것이 없어도 이 세상 모든 것을 다 가진 것 같은 이 넉넉함, 하나도 내세울 것 없고 무엇 하나 가진 것이 없어도 부족함이 느껴지지 않는 이 편안함은 어디로부터 비롯되는 것일까?

육중하게 주저앉아 있으면서도 끊임없이 인간을 계도하고 있는 산의 엄청난 마력 때문이 아닐까?

이처럼 인간에게 생각할 수 있는 지혜를 주고, 보다 인간다움을 만끽할 수 있는 여유를 주는 산이지만, 때로는 어리석은 인간을 깨우치기 위해서인지 화를 내기도 한다. 산에서 겪는 모든 재난이 바로 그것이다.

그래서 우리는 산을 알고 산을 이해함으로서 보다 더 산과 가까와 질 수 있고 산으로 말미암아 한 걸음 더 인간다운 삶의 길로 접어들 수 있지 않을까 하는 철인적(哲人的)인 생각을 가져보는 것이다.

이 책은 산을 이해함으로써 산을 정복하고, 그로 인하여 산의 모든 것을 배울 수 있도록 하기 위해 꾸민 '등산 가이드'이다. 지금까지 시중에 소개된 어떤 가이드 보다도 알차고 자세하게 엮어진 '등산 교본'이라고 자부할 수 있을 만큼 심혈을 기울였으므로 산을 사랑하고 아끼는 많은 독자들에게 적잖은 도움이 될 것으로 믿는다.

이 책의 편집 체제에 있어서도, 제1부에서는 산에 대해서, 등산에 대해서 아무것도 모르는 초보자로 하여금 산을 충분히 이해하면서 나아가 등산에 대한 기본 지식을 고루 갖출 수 있도록 하였고, 제2부에서는 등산 도구의 올바른 선택과 사용에 대해 상세히 서술하였다. 그리고 제3부에서는 혼자서 산행에 나서는 사람들에게 특히 도움을 줄 수 있도록 꾸몄으며, 제4부에서는 산에 대해 호감을 갖고 등산에 관심을 갖는 모든 독자들이 꼭 알아두어야 할 산에 관한 지식과 등산의 세계에 대한 기본 상식을 총 망라하여 다루었다.

모름지기 이 책 한 권이면 어느 정도 등산에 관한 기본적인 지식이 갖추어질 수 있을 것으로 확신한다. 아울러 독자 여러분의 삶에 항상 좋은 일이 함께하길 빈다.

엮은이 씀.

차 례

□머리말 / 산은 사람을 인간답게 만든다 ················· *11*

제1부
등산의 기초 지식

제1장/등산(레저·스포츠)의 역사 ··············· *37*
1. 스포츠 등산의 탄생 ······················ *38*
□스포츠 등산의 시작 ······················· *38*
□몽블랑의 첫 등정 ························· *40*
□드 소시르의 활약 ························· *41*
□여명기의 무대 ··························· *43*
□빙하학자의 활약 ························· *44*
2. 알프스 황금시대 ······················· *46*
□등산 용구의 등장 ························· *46*
□알프스의 가이드들 ······················· *47*
□등산가와 가이드 ························· *49*
□첫 등정을 둘러싼 의혹 ····················· *50*
□가이드들의 서비스 정신 ··················· *51*
□찬란한 첫 등정 시대 ····················· *52*
3. 은(銀)의 시대 ························· *54*
□보다 곤란한 길로 ························· *54*
□이단자 마마리 ··························· *55*

□가이드 없는 등산으로 ·· 57

□자일, 파디를 둘러싼 대논쟁 ··· 58

□'보다 높게, 보다 어렵게' ··· 59

4. 새로운 등산으로 ·· 62

□가이드 없는 등산의 발달 ··· 62

□단독행의 충격 ·· 63

□과격하기까지 한 암벽 등반 ·· 63

□치구몬디의 활약과 죽음 ··· 65

□암벽 등반과 새로운 하켄 ··· 67

□알프스의 3대 북벽(北壁) ··· 68

□전쟁 기간의 등산 ·· 69

□전쟁 후의 등산 ··· 70

□8,000m 시대 ·· 71

□경이적인 히말라야 등산 ··· 72

□쿠쿠치카와 끊어진 자일 ··· 73

□등산사(史)와 등산 용구 ·· 74

제2장/등산 용구를 말한다 ·· 77

1. 등산화 ·· 78

□등산화로 요구되는 것 ·· 78

□초기의 신발 ·· 79

□신발 뒤에 못을 박는다 ··· 81

□징 박힌 구두의 약점 ·· 82

□비블람 솔의 등장 ·· 84

□이중화의 등장 ··· 84

□플라스틱 신발의 시대로 ……………………………………… 85

□쾌적한 트레킹 슈즈 …………………………………………… 86

□암벽 등반의 전용화 …………………………………………… 86

2. 피켈 …………………………………………………………… 88

□알피니스트의 간판 …………………………………………… 88

□실용성보다도 장식품으로서 ………………………………… 89

□피켈의 기원 …………………………………………………… 89

□한 장의 동판화에서 ………………………………………… 91

□액스와 스톡을 묶는다 ……………………………………… 93

□영국산악회 공인 피켈 ……………………………………… 95

□빙벽용 피켈 …………………………………………………… 96

□피오레 트랙션 ………………………………………………… 98

□스위스의 명품 셍크와 위릿슈 …………………………… 99

□마로리의 유품이 아니었다 ………………………………… 99

□트로츠키 암살 흉기 ………………………………………… 100

3. 아이젠 ……………………………………………………… 102

□확실한 기반 …………………………………………………… 103

□아이가 북벽에서 증명된 위력 …………………………… 103

□신형 아이젠에 의한 성공 ………………………………… 106

□신병기의 등장 ……………………………………………… 106

□아이젠이 불필요한 시대 …………………………………… 107

□영국인의 아이젠 무용론(無用論) ………………………… 109

□아켄슈타인형 아이젠의 등장 ……………………………… 110

□호레쇼프스키형 ……………………………………………… 112

□H 블루의 후크식 아이젠 ………………………………… 112

□획기적인 현대의 아이젠 ································ *113*

4. 자일 ······································ *117*

□의지나 상황을 전하는 신경 ······················ *117*

□격시(隔時) 등반과 동시 등반 ··················· *118*

□자일로 확보하는 기술 ·························· *119*

□빙하에 숨은 갈라진 틈 ························· *120*

□자일을 싫어하는 가이드들 ······················ *121*

□미숙한 기술의 한계 ··························· *123*

□자일 불필요의 시대 ··························· *123*

□수많은 조난과 자일 ··························· *124*

□마테호른과 윈파 ····························· *125*

□영광에서 비극으로 ···························· *126*

□윈파대의 문제점 ····························· *127*

□세계 제2의 고봉 K₂에서 ······················ *129*

5. 등반 용구 ·································· *132*

□용구를 둘러싼 논쟁 ··························· *132*

□2인 1조로 암벽 등반 ·························· *133*

□하켄과 카라비너 ····························· *135*

□휘틀 하켄 탄생 ······························ *135*

□하켄, 카라비너를 거부한 프로이스 ················ *137*

□카라비너의 탄생 ····························· *139*

□초기 카라비너 ······························· *140*

□가볍고 신뢰성이 높은 카라비너 ·················· *140*

□다양한 하켄류 ······························· *142*

□베르첸바하와 아이스 하켄 ······················ *143*

□아이가 북벽의 성공 ··· *144*

□얼음의 성질과 아이스 하켄 ··· *145*

□클린 클라이밍(clean climbing) ··································· *147*

□공업용 너트(nut)에서의 유용 ··································· *147*

□바위를 상하게 하지 않는 새로운 초크류 ··············· *149*

□암벽 등반의 3개의 도구 ··· *150*

□한쪽 손에 아이스 해머, 다른 쪽에 피켈 ················ *151*

□위험이 많은 하강 ··· *151*

□듈파식 현수 하강 ··· *153*

□여러 가지 하강기 ··· *153*

□취급하기 쉬운 에이트(eight) 고리 ·························· *154*

□현수 하강의 의미 ··· *155*

□긴급시의 최후 수단 ··· *156*

□등고기(登高器)의 활용 ·· *157*

6. 배낭 ··· *159*

□피로를 좌우하는 배낭 ·· *159*

□지게에서 배낭으로 ··· *160*

□등에 지기 쉬움의 추구 ·· *160*

□새로운 작업 ··· *161*

□큰 것은 작은 것을 겸하지 않는다 ··························· *163*

7. 텐트 ··· *164*

□샤모니의 마을에서 ··· *164*

□윈파 텐트 ·· *165*

□윈파형의 보급 ·· *166*

□마마리의 텐트 ·· *167*

18

□ 히말라야와 마말리 텐트 ················168

□ 알펜 스키의 창시자 츠달스키 ················ 170

□ 츠달스키의 첼트(Zelt) ················ 171

□ 위랜스의 박스 텐트 ················171

□ 등산자의 오아시스⇨텐트 ················ 173

□ 지오데틱 돔의 등장 ················174

□ 돔 텐트(dome tent)의 원형 ················ 175

□ 등산에 관심을 갖는 초보자를 위한 한 마디 ················178

제2부
올바른 등산 도구 선택법

제1장/실패의 예로 보는 등산 도구 선택의 요령

················ 191

□ 장비의 중요성 ················192

□ 장비는 간편한 것이 최고 ················ 193

□ '최소한 필요한 것'과 '있으면 유용한 것' ················ 195

□ 돈이 들어서 산에 갈 수 없다!? ················197

□ 어차피 살 거라면 만족할 수 있는 것을 ················ 198

□ 모두에게 있어서 좋은 도구는 없다 ················ 202

□ 목적을 확실히 하지 않으면 실패한다 ················ 204

□ 바겐 세일에서는 필요한 것만을 ················ 205

□ 산행 직전과 시즌 후반에 산 물건은 실패하기 쉽다 ················ 207

□ 용구점과 좋은 교제를 하는 법 ················ 207

제2장/당일치기부터 산장 숙박에 필요한
등산 도구 ·········· 211

□우선, 이런 것이 필요하다 ·········· 212

□신발——무거운 등산화는 필요한가 ·········· 213

□신발——고정 관념에 사로잡히지 말고 ·········· 217

□신발——가벼운 등산화 중에서 선택한다고 하면◇
① 헝겊제의 경우 ·········· 219

□신발——가벼운 등산화 중에서 선택한다고 하면◇
② 가죽제의 경우 ·········· 220

□신발——발에 맞는 신발을 선택하기 위해서는 ·········· 221

□신발——가끔씩은 신발을 애지중지해서 ·········· 224

□배낭——여러 가지 배낭의 색의 종류 ·········· 225

□배낭——키슬링은 이제 삼가하자 ·········· 227

□배낭——데이팩(day pack)은 타운에 편리 ·········· 229

□배낭——우리의 자연 조건에 맞지 않았던 프레임 배낭 ·········· 231

□배낭——밸런스가 좋은 어택 배낭 ·········· 231

□배낭——몸에 맞는 배낭을 구분하는 법 ·········· 233

□비옷——판초나 레인코트는 어디까지나 임시 변통 ·········· 237

□비옷——사용되는 소재의 여러 가지 ·········· 237

하이파론 ·········· 237
엔트란트 ·········· 238
고어텍스 ·········· 238
미크로텍스 ·········· 239
바이온 II ·········· 239

□비옷——가능하면 쾌적한 비옷을 ·········· 239

□비옷——결정수는 소재 뿐만이 아니다 ·········· 241

20

천 ··· 241

솔기 ·· 41

지퍼 ·· 243

후드(hood) ·· 244

□비옷——투습성(透濕性)의 비옷은 손질 나름으로 수명이

연장된다 ·· 245

방수력(防水力)과 발수력(撥水力)을 혼동하고 있는 경우   245

지나친 세탁의 경우 ·· 247

더러움이 너무 심한 경우 ·· 247

□비옷——비가 내리는 날에 활약하는 소도구들 ············· 249

접는 우산 ·· 249

배낭 커버 ·· 249

레인 스패츠 ··· 251

□지도——기초 항목 ·· 252

□지도——어떤 지도를 가지고 갈까 ······························ 254

□지도——사용하기 쉽게 하는 한 연구① ······················· 256

전용의 방수 케이스에 넣는다 ······································· 258

비닐 봉지에 넣는다 ·· 259

지도에 방수 가공을 한다 ·· 259

□지도——사용하기 쉽게 하는 한 연구② ······················· 260

□지도——나침반은 작은 정보센터 ······························ 262

□반드시 지참하기 바라는 전등 종류 ····························· 262

□고작 물통, 그러나 물통 ··· 265

□여름이라도 필요한 보온 포트 ··································· 266

□컵 이야기 ·· 268

□나이프는 단순하게 ·· 270

□언더와 겉옷이 옷의 포인트 ······································ 272

□조금 추울 때의 중간복 ··· 275

□방한복은 어느 정도 지참하면 좋을까 ································ 276

□겉바지는 기호품을 ··· 278

□중요한 조역, 양말, 모자, 장갑 ··································· 281

□'비상 팩' 가지고 있습니까 ······································· 282

　외상용 의약품 ··· 283
　내복약 ··· 283
　예비 전지 · 전구 ··· 283
　가는 삼노끈 ·· 284
　방수 매치 · 착화제 · 소형 양초 ······························ 284
　호루라기 ··· 285
　구조 시트 ·· 285

□계획서와 긴급 연락 카드 ··· 285

□스태프 백에서 쾌적 팩 ·· 289

□웨스트 백은 여러 가지로 필요 ··································· 290

□사람에 따라서는 제일 중요한 장비, '술'의 용기를 생각한다 ··· 293

□의외로 잊기 쉬운 상식적인 것 ··································· 296

제3장/텐트 숙박에 필요한 등산 도구 ···················· 299

□텐트에 누워보고 싶어지면 ······································· 300

□연료별 버너의 특징 ··· 301

　가솔린 ··· 304
　등유 ··· 305
　가스 ··· 305
　알콜 · 고형 알콜 ·· 307

□가스 버너 중에서 선택한다고 하면 ······························ 307

□가스 버너를 사용할 때의 한 연구 ································· 310

□코펠은 둥근 것? ··· 313

□식량은 무엇에 넣어 갈까 ··· 317

☐좀 편리한 조미료의 휴대법 ······························· 319
☐슬리핑 백―다운이냐, 화학섬유이냐 ··············· 320
☐보관을 잘하여 슬리핑 백을 오래 보존시키자 ··············· 323
☐슬리핑 백 커버는 흡습 소재의 것을 ··············· 325
☐매트의 종류에 따른 숙면의 차이 ···················· 327
☐목적별 텐트의 선택법 ···································· 329
   경량 중시파 ·· 331
   치기 수월함 중시파 ······································ 332
   강도 중시파 ·· 333
   거주성 중시파 ·· 334
☐텐트 선택의 체크 포인트 ······························· 335
☐모처럼의 텐트가 허사가 되지 않도록 ··············· 339
☐등불은 텐트 생활의 연출자 ···························· 339
☐텐트 생활을 쾌적하게 하는 소도구들 ··············· 342
   비닐 접는 물통 ··· 342
   카라비너(karabiner) ····································· 343
   타올 ·· 343
   귀마개 ·· 343
☐중·대형 배낭 선택의 포인트 ·························· 345

제4장/설산(雪山)에 필요한 등산 도구 ··············· 347
☐설산으로 가고 싶다면 ··································· 348
☐스톡(stock)이 유효한 설산도 있다 ·················· 349
☐낮은 산 걷기에 편리한 가벼운 아이젠 ··············· 353
   4발 발톱 가벼운 아이젠 ································ 353
   6발 발톱 가벼운 아이젠 ································ 355
   슈즈 체인과 스파이크 ··································· 355
☐피켈은 목적을 확실히 하고 ···························· 355

□아이젠은 가능하면 버클식이 유리 ················· *359*

□제설 플레이트와 아이젠 케이스 ················· *361*

□설산용(雪山用)의 등산화 ······················· *363*

□스패츠(spats)는 경시할 수 없는 소도구 ········· *365*

□장갑의 여러 가지 ······························ *368*

□손가락 끝이 차가와지기 쉬운 사람에게 ··········· *372*

□언더는 설산 웨어의 생명선 ····················· *374*

□겨울산 전용 겉옷은 필요한가 ··················· *375*

□신소재로 문제없이 정했지만 ····················*379*

□모자는 귀가 가려지고 날지 않는 것을 ············*380*

□잊어서는 안 될 눈과 피부를 지키는 도구 ········· *382*

□산장 숙박이라도 이런 것이 필요 ················ *384*

　작은 스콥 ·································· *386*
　큰 비닐 봉지 ······························ *386*
　텐트 슈즈 ································· *386*
　수세미 ···································· *387*

□다시 한 번 등산 도구의 중요성을 인식하자 ········ *389*

···

제3부

실패하지 않는 등산 기술
— 혼자 산행(山行)에 나설 때

제1장/등산은 혼자 가는 것이 즐겁다 ················*393*

□매력 가득한 단독보행의 산 ····················· *394*

　홀가분함, 마이 페이스(my pace)를 지킬 수 있다, 자신을 아는
　좋은 기회 ································· *396*

24

□단독보행의 산은 위험한가 ······················ 398
  조난해서 사망하는 것은 단독보행이 최고 ·············· 399
  사고의 원인은 굴러서 추락하는 것이 제일 많다 ·········· 400
  신중파가 많은 단독보행 ····························· 401

□단독보행의 마음 가짐 ························ 402
  단독보행에는 강한 마음 가짐이 필요하다 ·············· 402
  강하기 이전에 상식인이어야 한다 ···················· 403

제2장/혼자서 어떤 등산을 할 수 있는가 ······ 409
□당일 도보여행부터 시작한다 ······················ 410
□최상의 컨디션으로 산행에 임한다 ·················· 413
□철저하기 바라는 사전 조사 ························ 418
  안내서와 지도를 잘 읽는다 ·························· 419
  문의를 한다 ····································· 419

□1박은 산장에서 ································ 421
  중요한 것은 마음가짐 ······························ 422
  산장지기의 입장이 되어 생각해 본다 ·················· 422
  빈 시기, 빈 산장에 묵는다 ························· 424
  산장에서는 정리 정돈이 기본 ························ 425
  익숙해지면 취사 생활을 경험해 본다 ·················· 427
  좀더 약간의 어드바이스를 하자 ······················ 427

□텐트 생활을 즐긴다 ···························· 428
  쾌적한 텐트 생활을 하기 위해서 ···················· 430

□겨울산을 즐긴다 ······························ 433
  걱정이 되는 눈, 추위, 일조시간(日照時間) ············ 433

제3장/즐겁게 산에 오르기 위해서 테마를 만든다 ···· 437

□꽃밭이 있는 산을 찾아서 오른다 ······························ 438
□한 산의 권위자가 된다 ··· 438
□산에서 뭔가를 발견해 보자 ····································· 441

제4장/혼자이니까 구애되지 않는 옷과 장비 ········ 443
□무설기(無雪期)의 복장 ··· 444

  상의 ·· 444
  바지 ·· 446
  내복 ·· 446
  스웨터 ·· 446
  양말 ·· 446
  비옷 ·· 446
  모자 ·· 448
  목장갑 ·· 448

□무설기(無雪期)의 장비 ··· 448

  등산화 ·· 449
  배낭 ·· 449
  슬리핑 백 ·· 452
  코펠 · 버너 ·· 452
  물통 ·· 452
  손전등 ·· 452
  지형도 · 나침반 · 고도계 ····································· 452
  첼트(간이 텐트) ·· 452
  텐트 ·· 453
  트랜시버(transceiver) ·· 453
  가벼운 아이젠 ··· 453
  응급 치료약 ·· 453
  단열 매트 ·· 453
  랜턴 ·· 453
  기록 용구 ·· 454
  데이터 카드 ·· 454
  그 밖의 장비 ··· 454

□적설기(積雪期)의 복장 ··· 454

상의 ·· 450

바지 ·· 450

내복 ·· 457

스웨터 ··· 457

재킷 ·· 457

겉바지 ··· 457

양말 ·· 457

모자 ·· 458

장갑 ·· 458

스카프 ··· 458

□적설기(積雪期)의 장비 ································· 458

등산화 ··· 459

배낭 ·· 459

슬리핑 백(sleeping bag) ································· 459

코펠·버너 ··· 460

물통 ·· 460

손전등 ··· 461

지형도·나침반·고도계 ································· 461

첼트(간이 텐트) ··· 461

텐트 ·· 461

트랜시버 ··· 461

응급 치료약 ··· 461

아이젠(Eisen) ·· 461

스톡 ·· 462

긴 스패츠 ··· 462

피켈 ·· 462

단열 매트 ··· 462

랜턴 ·· 462

기록 용구 ··· 463

인스턴트 카이로 ·· 463

데이터 카드 ··· 463

라디오 ··· 463

그 밖의 장비 ··· 463

□있으면 안심되는 약 ····································· 463

감기 ·· 465

　　　복통 ··· 465
　　　고산병(高山病) ·· 466
　　　염좌(捻挫) ··· 466
　　□심심할 때에 있으면 즐거운 상품 ······················· 467
　　　위스키 ··· 467
　　　카세트 테이프 레코드 ·· 469
　　　소형 텔레비전 ··· 469
　　□합리적인 파킹 ··· 470

제5장/필요 충분한 식사인가, 우아한 만찬인가 ······ 473
　　□산의 미식가는 가정의 맛을 중요시한다 ··············· 474
　　□권장 메뉴〈1〉 ··· 477
　　□권장 메뉴〈2〉 ··· 481
　　□간편한 취사 도구로 한다 ····································· 484
　　　석유 버너 ··· 484
　　　가솔린 버너 ··· 485
　　　가스 버너 ·· 485
　　□남겨서 좋은 것은 비상식량뿐 ······························ 487
　　□산의 음식을 능숙하게 먹어 버린다 ······················ 489
　　　머위의 새순 ··· 491
　　　두릅나무 싹 ··· 492
　　　들 엉겅퀴 ·· 492
　　　네덜란드 겨자 ··· 493

제6장/신중하게, 더구나 대담하게 걷는 테크닉 ······ 495
　　□여력을 남긴 보행법을 취한다 ······························ 495
　　　천천히 걷는 것을 오래 계속하는 요령 ················· 496
　　　산에서 물을 마시면 지친다고 하는 말은 거짓말 ····· 498
　　　위험 장소는 3점 확보가 기본 ······························ 498

눈 계곡의 걷는 법 ·········· **499**

□알아두기 바라는 설산 보행술 ·········· **500**

테크닉은 실지에서 몸으로 익힌다 ·········· **502**

□단독보행이므로 휴식을 확실히 ·········· **505**

□간과할 수 없는 산의 도표(道標) ·········· **509**

□산행 중의 일은 뭐든지 기록한다 ·········· **512**

□산속에서 생생한 정보를 모은다 ·········· **515**

등산을 가기 전에 ·········· **516**
등산로에서 ·········· **517**
산장에서 ·········· **517**

□산의 기후는 망원경으로 확인한다 ·········· **519**

산에서는 망원경을 기준으로 날씨를 판단하자 ·········· **522**
산의 날씨를 판단하는 것은 경험이 위력을 발휘한다 ·········· **523**

□보는 것보다 읽는 능력을 키워주기 바라는 지형도 ·········· **524**

산에서 현재 위치를 아는 방법 ·········· **525**
고도계가 있으면 현재 위치를 보다 정확히 알 수 있다 ·········· **527**

제7장/애프터 클라이밍으로 완성하는 나의 산 ····· **529**

□산을 내려간 후 온천에 푹 몸을 담근다 ·········· **530**

□잊어서는 안 되는 산 도구의 관리 ·········· **531**

등산화 ·········· **533**
버너 ·········· **533**
고어텍스의 비옷 ·········· **533**
슬리핑 백 ·········· **533**
몸의 관리도 확실히 한다 ·········· **534**

□나중에 뒤돌아보았을 때에 즐거운 산행 기록 ·········· **535**

개인의 산행 기록집을 만든다 ·········· **535**
앨범을 만든다 ·········· **537**

파노라마 사진을 찍는다 …………………………………………… 537

□산의 명저(名著)와 친하게 지낸다 …………………………… 538

제8장/SOS! 그 상황과 필수의 대책 …………… 539

□길을 잃어버렸다………………………………………………………540

그 상황 ……………………………………………………………… 540
그 대책 ……………………………………………………………… 541

□갑자기 발에 쥐가 났을 때………………………………………543

그 상황 ……………………………………………………………… 543
그 대책 ……………………………………………………………… 545

□번개를 만났을 때 …………………………………………………… 546

그 상황 ……………………………………………………………… 546
그 대책 ……………………………………………………………… 546
높은 곳에서 낮은 곳으로 달아난다 ………………………… 547
낮은 곳이라도 위험은 가득 …………………………………… 548
자세를 낮춘다………………………………………………………548
금속류를 벗는다……………………………………………………548
산장으로 피난한다 ……………………………………………… 549

□지쳐서 움직일 수 없게 되었을 때……………………………549

그 상황 ……………………………………………………………… 549
그 대책 ……………………………………………………………… 550

□날씨의 급변으로 야영이 부득이해졌을 때 ………………… 551

그 상황 ……………………………………………………………… 552
그 대책 ……………………………………………………………… 552
첼트(Zeltsack)가 있는 경우 ………………………………… 552
첼트가 없는 경우 ………………………………………………… 553

□굴러 떨어져서 염좌, 골절해 버렸을 때 …………………… 554

그 상황 ……………………………………………………………… 555
그 대책 ……………………………………………………………… 555
자신이 처한 상황을 파악한다 ………………………………… 555

응급 처치를 한다 ·· 557
큰소리로 부르든가 피리를 사용하는 방법 ·················· 557
사는 희망을 버리지 않는다 ·· 557
□산행의 초보자에게 한 마디 ····································· 558

제4부
산(山)의 지식, 등산의 세계

제1장/등산의 경향 ······································· 561
□산은 훌륭한 마음의 병원 ·· 562
□등산이 3D라고 하는 오해 ·· 565
□법칙이 없으니까 무리가 없다 ····································· 567
□체험담① / 설산이 유혹한 나의 산 인생 ···················· 569

제2장/여러 가지 산과의 관계법 ············ 573
□근교의 낮은 산 도보여행부터 시작하자 ··················· 574
□산을 찾아다니는 것은 저금하는 즐거움 ··················· 576
□캠프라면 체력이 없어도 좋다 ····································· 577
□카메라를 갖고 산에 오르는 것도 재미있다 ··············· 580
□록(rock) 클라이밍으로 새로운 세계가 펼쳐진다 ·············· 585
□원시적인 매력, 골짜기 등산 ·· 588
□신설(新雪)을 흩뜨리며 걷는 것도 즐겁다 ················· 591
□스키 여행은 등산의 세계 ·· 592
□궁극의 등산은 히말라야인가 ······································· 594
□체험담② / 산과의 교제는 사람과의 교제 ················· 597

제3장/지구는 작아지고 있다 ················ 599

□본고장 알프스에서 하이킹을 생각한다 ············· 600

□새로운 곳을 찾아 세계 무대로 ················ 603

□카트만두까지는 한나절 안에 ················ 604

□네팔의 여행은 즐겁다 ················ 607

□높은 산에 올라보고 싶다 ················ 609

□마테호른 등정도 꿈은 아니다 ················ 613

□체험담③ / 산에 오르면 고민거리도 하찮게 ············· 616

제4장/산의 기본은 읽은 만큼이라도 즐기자 ········· 617

□어째서 산에 오를까도 생각해 두기 바란다 ············· 618

□인간에게 살아가는 힘을 주는 책 ················ 618

□이즈음에서 「모모」에 관해서 ················ 619

□체험담④ / 그곳에, 무엇이 있을까 ················ 624

제5장/용구는 백화점이 아니라 전문점에서 ········· 625

□어, 등산에 물통이 필요한가 ················ 626

□우선은 전용 신발을 산다 ················ 627

□발목을 보호해 주는 신발이 좋다 ················ 628

□짐은 모두 배낭에 넣는다 ················ 630

□비닐 비옷은 곧 찢어진다 ················ 632

□옷은 멋으로 결정한다 ················ 634

□오늘날의 텐트는 3분에 칠 수 있다 ················ 637

□집이 생기면 필요한 것을 준비 ················ 638

□어떤 지도를 준비할까 ················ 641

□쳴트 속에서 우산을 쓴다 ·· 642

□보조 자일은 무용지물? ·· 644

□잊어서는 안 되는 소도구들 ······································· 645

□단골 가게를 만든다 ·· 647

□체험담⑤ / 내가 산에 빠진 이유 ······························· 650

제6장/지치지 않는 등산법을 가르쳐 준다 ·············· 651

□준비 체조와 정리 체조를 한다 ··································· 652

□어쨌든 천천히 오른다 ··· 653

□빠끔빠끔하지 말고 우선 숨을 내뱉는다 ······················ 655

□식량을 줄여서 배낭을 가볍게 하자 ···························· 656

□지도는 보는 것이 아니라 읽는 것 ······························658

□일기를 그릴 수 없어도 산은 오를 수 있다 ·················· 662

□야간 열차에서 잘 수 없더라도 ·································· 666

□부정적인 정보도 알고 간다 ······································ 668

□리더십과 멤버십 ·· 671

□독자를 위하여 마지막으로 한 마디 ···························· 672

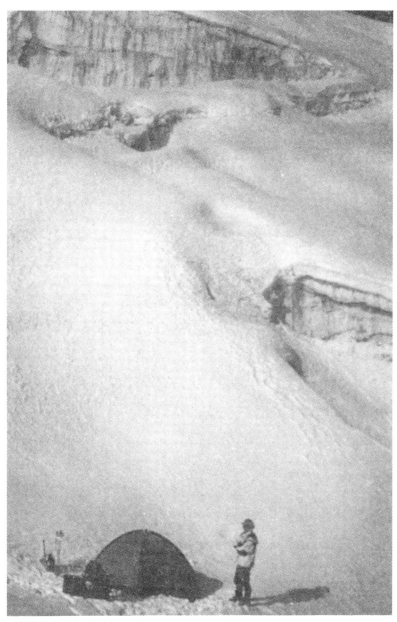

자연의 위대함, 하찮은 인간이 어찌 그 높은 뜻을 알랴.

34

하늘을 우러러 한 점 부끄럼없이 치솟은 산봉우리는 한 치 앞을 내다볼
줄 모르는 우리 인간에게 너무나 많은 것을 가르쳐 주고 있다.

제1부

등산의 기초 지식

제 1 장

등산(레저·스포츠)의 역사

1. 스포츠 등산의 탄생

□ 스포츠 등산의 시작

우리들은 레크리에이션으로서 혹은 스포츠로서 등산에 친숙하다. 산악사진 촬영이나 고산식물의 감상에 빠지게 된 사람도 적지 않지만 많은 사람은 산을 걷는 일, 산을 오르는 일, 그 자체를 바라며 산을 찾는다. 이러한, 오르는 것 자체를 목적으로 하는 한 등산을 우선 스포츠 등산이라 부르지만 이것은 대체 어느때부터 시작된 것일까? 이것은 실은 대단히 어려운 문제인 것이다.

고대부터 사람은 자주 산에 올랐다. 어떤 사람은 다른 사람보다 훨씬 멋있는 일출이 보고 싶다는 단순한 동기에서, 또 어떤 사람은 어디까지 멀리 볼 수 있을까 확인하고 싶은 호기심에서 산을 올랐다. 산 정상에 십자가를 세우고 싶다고 바란 사람도 있었다.

누구도 간 적이 없는 곳에 가고 싶다, 또는 누구도 오른 일이 없는 산에 올라보고 싶다는 것은 생각해 보면 호기심이라기 보다는, 높은 차원의 인간의 극히 기본적인 그리고 지적인 욕구일지도 모른다.

십자가를 세운 것도 신에 대한 신앙심의 순진한 표현이겠지만 이것을 명목상의 목적으로 하고 실제는 오르고 싶기 때문에 올랐다고 하는 사람도 있지는 않을까? 위험한 높은 봉에 오르는 것에 반대하는 주위의 사람들을 납득시킬 필요에서 하나의 아이디어로써 십자가나 마리아상을 가지고 나왔다고 해도 이상하지는 않다.

이러한 유럽의 예만이 아닌 다른 지역에서도 종교상이나 교역상의 또는 다른 목적을 명목으로 하고, 실은 등산을 오르는 것 자체를 참된 동기로 하는 사람들이 있었다. 등산자체를 즐기기 위해 산을 오르는 것은 진정한 등산이다. 등산자체를 목적으로 한 등산 행위의 역사를 기록이라는 형식을 의지해 더듬어 올라가면 유럽의 18세기부터 이야 기를 시작하는 것이 타당할 것이다. 이즈음이 되면 3000미터급의 산들이 자주 올라졌다. 주로 과학자나 종교가이지만 과학연구나 신에 대한 신앙만이 목적이 아닌 순전히 등산을 위한 등산가, 아니면 이것 에 가까운 유별난 것을 좋아하는 사람도 있었다고 추측된다.

어떻든 스포츠로서의 등산이 확실히 형태로 나타난 것은 역시 몽블 랑 등산이다. 첫 등정에 즈음해서는 상금이 걸린 것도 있었고 반드시 깨끗하진 않았지만 그 후의 등산에서 보면 이때가 본격적인 스포츠 등산의 효시라 보면 좋을것이다.

이에 따라 시작된 스포츠 등산도 200여 년의 역사를 가지게 되었 다. 이렇게 긴 등산의 역사 속에서 각양각색의 드라마가 많은 인물에 의해 여러 가지 산을 무대로 연출되고 영광과 비극이 빛과 그림자가 되어 존재하고 있다.동시에 그 조역으로써 혹은 또 소도구로써 이 드 라마의 없어서는 안 될 형태로 관계하여 북돋아온 등산용구의 많은 것이 있었던 것도 잊어서는 안 된다.

이 책에서는 그런 여러 가지 등산 용구가 어떤 필요에서 고안되어 발달하고 변천했고, 그리고 그 변천이 등산을 어떻게 바꾸었는가. 또한 어떻게 국내에 전해졌는지를 생각해 보고 그 전에 이들의 주요

한 출생지인 알프스를 중심으로 거기에서 활약한 등산가들의 모습을
이야기해 보자.

□몽블랑의 첫 등정

근대 등산의 시작은 1786년 몽블랑의 첫 등정(登頂)이었고 이것은
프랑스혁명 3년 전의 일이었다. 산기슭에 있는 지금의 샤모니 몽블랑
마을은 당시 샤무니라고 불리워져 스위스령(領)이었다.

제네바의 유복한 가정 출신이었던 자연과학자 H.B. 드 소시르는
소년시절부터 산과 등산에 흥미를 가져 자주 근교의 산에 올라갔다.
동시에 거기에서 보이는 멀고 하얀 알프스에 아득한 동경을 품고
스스로 오를 날을 꿈꾸고 있었다. 1760년 드 소시르는 20세가 되자
기다릴 수 없어 샤모니로 갔다. 그리고 브레방에서 보이는 몽블랑에
마음으로부터 매료되어, 이 산에 등산로를 발견한 사람에게는 상금을
내는 것을 샤모니 계곡의 주민에게 게시했다. 브레방은 샤모니 계곡
을 끼고 몽블랑과 대치하고 있는 봉우리이고 몽블랑 산악의 절후한
전망대가 되는 곳으로, 현재는 로프웨이(ropeway)가 통해 많은 관광객
으로 붐비는 명승지가 되어 있다. 그 후 드 소시르는 때때로 샤모니를
방문했고, 또 그의 상금을 목적으로 등정을 시도한 사람도 몇 명인가
나타났지만 모두 실패로 끝났다.

26년이 지난 1786년 8월 8일. 겨우 유럽 알프스의 최고봉 몽블랑은
정복되고 등산사에 빛나는 큰 기념일을 맞이했다.

의사인 M.G. 파칼은 몽블랑의 등정에 가장 열심이었다. 정찰이나
시험등반을 반복하면서 계속 기회를 노려 루트는 결론적으로 몽테뉴
드 라 코트에서 그랑 프라도를 경유하는 것이 가장 적합하다고 판단

했다. 기후가 안정되는 것을 확인한 파칼은 곧 결행하려 했지만 공교롭게도 언제나의 동행자인 P. 바루마를 찾을 수가 없었다. 그는 거기에서 그치지 않고 그 사람 대신에 J. 바루마로 바꾸었다.

8월 7일. 두 사람은 샤모니를 출발했다. 하룻밤 야영을 한 후 맑게 갠 하늘 아래 산소 결핍에 의해, 뇌를 시작으로 여러 가지 기관에 장애를 초래하는 무서운 고산병(高山病)이나 강렬한 자외선과 눈에 의한 반사 때문에 시각을 잃는 설맹(雪盲)에 고통당하면서도 힘을 내 계속 올라갔다. 도중에 바루마는 피로한 나머지 아이의 중병을 이유로 하산을 넌지시 비추는 등 여러 가지였지만 파칼의 격려가 공훈을 이루어 그럭저럭 꾸준히 올라갈 수 있었다. 그래서 드디어 오후 6시 23분 알프스 최고 산정(山頂)에 설 수 있었다.

산기슭의 샤모니에서는 이 지지부진한 등반을 마른 침을 삼키며 보고 있었다. 이 당시 등산 용구라 말할 수 있는 것은 거의 없었다고 해도 좋았다. 있다고 한다면 고작 등산 지팡이 정도의 것이고 거기에 간단한 방한복과 기압계, 온도계 등의 기구류, 그리고 약간의 식량이 짐의 전부였다.

□ 드 소시르의 활약

등정을 연락받은 드 소시르는 부랴부랴 샤모니로 급행했다. 즉시 마을사람 16명을 고용해 스스로 제2등정을 하기 위해 준비를 갖추고 출발했지만 공교롭게도 악천후에 방해받아 퇴각하여 결국 그 해는 단념할 수밖에 없었다. 다음 해인 1787년 8월 1일. 그는 재기를 계획해 모든 것을 준비해 완등을 기획해 샤모니를 출발했다. 이번은 J. 바루마를 가이드(guide)로 세워 가이드 포터(guide porter) 18명으로

산은 대자연 앞에 더없이 겸허하다. 산을 찾는 인간은 산의 정기(精氣)를 통하여 덕인(德人)이 된다.

늘리고 한 사람의 하인을 첨가한 모두 20명의 대등산대였었다.

전원을 수용할 수 있는 큰 텐트, 크레바스(빙하나 설계의 갈라진 틈)를 건너기 위한 몇 개의 사다리, 그것에 자일도 첨가했다. 드 소시르는 상당히 긴 알프스 스틱을 준비하고 그 양쪽을 두 사람의 가이드에게 각각 잡게 해 자신은 그 중앙을 잡아 난간과 같이 했다.

3일 오전 11시를 넘길 무렵 정상에 도착했다. 고산병에 걸려 무척 피로했지만 세 번째로 성공했다. 사실은 바루마가 이에 앞서 7월 5일 J.M. 카샤, A. 도루네와 두 번째 등정을 했던 것이다. 드 소시르는 정상에 오래 머물며 휴대한 여러 가지 계기(計器)를 사용해 표고

를 계산하고 몽블랑의 표고를 4,755m로 했다. 파칼의 첫 등정시 측량
으로는 4,738m라고 발표되었다. 현재 지도에서는 4,807m이다.

그리고 드 소시르는 그 후 1788년에는 주앙 고개에서 16일 간이나
캠프를 계속했고, 또 1792년에는 바리스 산악으로 향해 데오돌 고개
에서 수 일간 머무르며 측량이나 관측으로 자연과학자로서의 역량을
나타냈다. 이 때는 크라인 마타호른과 그 주위에 올랐다. 드 소시르는
알피니스트임과 동시에 자연과학자로서 알프스에서 활약한 최초의
사람이었다.

이 18세기는 또 종교가에 의한 등산이 스위스 동부 산에서 눈에
띄는 시대이기도 하다. P. 아 스페샤가 그 대표적 존재이지만 그는
19세기 초에 걸쳐 3000미터급의 산이지만 실로 많은 꼭대기에 첫
등정을 하고 있다. 1792년의 오버알펜스톡의 등산에서는 알펜 스톡
외, 당시로써는 높은 수준의 등산 용구였던 자일이나 아이젠도 가지
고 갔다고 기록되어 있다. 등산가 W.A.B. 크릿지는 드 소시르와
아 스페샤를 18세기 등산가의 쌍벽이라 하고 있다.

□여명기의 무대

19세기에 들어서는 4000미터급 산이 정복되기 시작했다. 그리고
그 주요한 무대는 알프스에선 두 번째이고 그리고 스위스에서는 최고
봉인 몽테로자로 옮겨졌다. 이 산은 근처에 예리하게 치솟은 마타호
른과는 대조적인 묵직한 산의 모습을 자랑하고 주봉인 듀호르슈피쩨
(4,634m) 외에 많은 봉을 가지고 있다. 이미 전세기인 1778년에 J.J.
베크 등의 일행이 남이탈리아측에서 몬테로자의 서쪽봉 리스캄과의
안장부(산마루가 움푹 들어간 곳)인 리스요호에 도달했지만 19세기

가 되자 즉시 주변부의 정상이 차례로 올라지고 주요 봉우리가 등정
된 것은 1855년이다.

이제 한 개의 무대가 융 프라우이다. 스위스 북부의 아라우의
부유한 실업가 J.R. 마이야는 1786년에 발매된 스위스의 오버랜드
의, 당시로써는 뛰어나게 성행했던 지도 작성에 커다란 재정적 원조
를 하고, 산에 관해서는 흥미를 가지는 것과 더불어 이해도 표현하고
있었다. 그 마이야는 자신도 등산을 했지만 1811년 두 명의 아들에게
몇 명의 하인을 딸려 융 프라우로 향하게 했다. 그들은 도중에 인부
한 사람, 영양사냥꾼 두 사람을 고용해 8월 3일 훌륭히 부친의 바램
을 달성해 첫 등정에 성공했다. 그렇지만 이 첫 등정에 의심이 여겨졌
기 때문에 마이야는 다음 해 다시 일족을 파견해 제2등정을 시켰다.

□빙하학자의 활약

19세기 등산에서 눈에 띈 것은 자연과학자이고 특히 빙하학자의
활약이다. 스위스인인 F.J. 후기나 J.L.R 아가시, 영국인 J.D. 홉스나
J. 친달이 그 주요한 인물이다.

후기는 1829년 베르나 오버랜드 산악의 군주라 불리는 횐슈테랄호
른 첫 등정 때, 정상의 60m 아래까지 오르면서 단념하고 두 명의
가이드에게 오르게 했다. 남서측 벽에서 후기 자테르(후기의 안장부)
로 나가 북서릉에서 달성했다고 발표되었지만 후에 취소된 경위가
있다. 그러나 이들을 첫 등정이라 인정한 문헌도 적지 않다.

아가시는 운테랄 빙하의 바위가옥에 머무르며 빙하연구에 몰두하
고 후기에 의해 기초가 부여된 빙하학을 크게 발전한 것으로 알려진
다.

홉스는 아가시의 가르침을 받고 빙하학의 권위자가 되었지만 곧이어 아가시와 대립한다. 1841년에는 융 프라우의 제4등정을 했다. 1820년 몽블랑 등산사상 최초의 참사가 일어나 하멜사건이란 소동이 있었지만 이때 눈사태 때문에 행방불명된 3명의 가이드의 사체와 유품이 홉스의 예언대로 41년 후에 빙하에서 발견되어 홉스는 이 때문에 일약 유명해졌다.

친달은 황금시대를 채색한 한 사람이다. 1861년 두 명의 가이드를 데리고 바이스호른에 첫 등정한 것을 시작으로, E. 윈파와 경쟁하도록 마타호른의 첫 등정에 정열을 기울여 그 이탈리아측의 리온릉에 피크 친달이라 그 이름을 남기고 있다. 그의 '알프스의 여행에서', '알프스의 빙하'는 고전이 되어 있다.

인간이여! 산이 손짓하여 부르고 있다. 거짓없이 살라 하고, 헛된 욕심 버리라 한다. 흐린 마음 모두 비우고, 하늘같이 맑고 풀빛처럼 투명하게 살라 한다.

2. 알프스의 황금시대

□ 등산 용구의 등장

알프스 초창기 등산에서는 주요한 용구도 없이 올라갔다. 예를 들어 피켈(등산용 도끼)도 그 전신이라고도 말할 만한 보통의 땔감용의 도끼로 긴 알펜스톡과 나누어진 별다른 것이었다. 또 아이젠(크램폰)은 옛부터 존재했다고 전해지고 있지만 이때의 알프스에서도 4개 손톱 정도의 것으로 실용적이지는 않았다. 등산 용구가 확실히 진화 발달하기 시작한 것은 역시 황금시대로 돌입했기 때문일 것이다.

알프스의 황금시대라는 것은 1854년 A. 윌스에 의한 마타호른 등정에서 1865년 E. 윈파에 의한 마타호른 초등정까지의 잇달음에 4000미터급 산들이 초등정된 시기를 가리켜 말해지고 있다. 이 시기가 되어 점차 등산용구에 대한 등산가들의 관심이 크게 부풀고 의식도 상당히 변해갔다. 윈파고안의 텐트도 그 하나이다. 이것은 바로 최근까지 약 100년간 지붕형 텐트로서 또 문자대로 윈파형 동산용 텐트로서 자취를 남기고 있다.

1864년. 마타호른 첫 등정 전해에 영국 산악회는 자일과 피켈에 대해 검토할 필요를 느끼고 그것을 위한 위원회를 도모해 위원장에는 후의 영국산악회장 C. 필킨톤, 위원에는 F.C. 그로브, H.B. 조지 등 6명이 더했다. 그로브는 1867년 위대한 가이드의 한 사람인 J.A. 카렐을 동반한 마타호른의 세 번째 등정을 이룬 인물이다.

산악회원이 가진 자일, 피켈을 같은 곳에 모으자 실로 다종다양한 것이 집적되었다고 한다. 그리고 이것들을 자료로 검토를 거듭해 실험을 시도해 위원회는 자일에 대해서는 알파인 클럽 로프라는 마닐라삼의 빨간 실을 넣은 공인(公認) 자일을, 피켈에 대해서는 오늘날의 모양의 원형을 따른 소위 필킨톤형 피켈을 제정해 공표했다.

이 자일은 버밍검상회에서 아서 필사에 넘겨 받아 오랫동안 자일의 규범이 되었고, 피켈은 곧 이어 스위스에서 성장해 그 스타일은 유명한 셍크, 에룩, 벤트, 우이릿수 등의 브랜드로 퍼져갔다.

□알프스의 가이드들

이 시대는 가이드의 활약이 뚜렷했던 시기였다. 그린델바르트, 째르마트, 샤모니, 바르도난슈, 그루마이유르나 말하는 기지 마을에는 쟁쟁한 가이드가 백가쟁명으로 북적거렸다.

처음부터 가이드가 된 남자들에 의하면 가이드 업이 직업이 된 것은 말하자면 청천벽력과 같은 것이었다.알프스 산기슭이 언 동안 살아가는 사람들에 의하면 마타호른이고, 융프라우이고간에 아름답고 장엄한 것으로써 우러러 존경했다고 말하기 보단 온갖 도깨비가 숨어있는 곳으로 공포의 대상으로 말해질 만 했던 것이다.

그것이 19세기 중반이 되자 무서울 만큼 가파르고 험하지만, 그렇기 때문에 등산이라는 스포츠의 대상이 되어 우르르 등산 애호가인

수 많은 현자(賢者)와 철인(哲人)들이 한 번쯤은 산에 대해 이야기 했고, 산에 대한 칭송을 아끼지 않았다. 산의 어디에서 그토록 불멸의 영원함이 나왔을까?

신사들이 모여 그들을 고용하기 시작한 것이다. 거기에다 영양 사냥이나 수정 채집, 혹은 여행인의 길안내, 밀무역의 수단 등으로 그럭저럭 살아가는 남자들이, 무서운 산을 좋아서 오르는 별난 사람들이 많아짐에 따라 손빠른 현금 수입의 매력을 알았던 것이다. 이 새로운 가이드라는 직업이 여름철만의 것이라 말해져도 충분히 생계를 유지할 수 있다고 생각하게 되기까지 대단한 시간은 걸리지 않았을 것이다.

무엇보다 이미 18세기 후반에, 드 소시르가 몽블랑 첫 등정에 상금을 걸었을 때부터 가이드는 생겨났지만, 이 때는 아직 극히 부업적이고 소수의 예외를 빼면 본업으로서 성공하지 못했다.

□ 등산가와 가이드

가이드가 차차 성업하게 되자 단골 손님도 늘어갔다. 그중에 하나의 산마다 계약이 아닌 시즌을 통해 고용되는 가이드도 출현할 정도다. 그렇게 되면 가이드도 이 가업에 부지런히 정성을 다하게 된다. 그러나 금전에는 별로 신경쓰지 않는 가이드도 많이 있었던 것 같다.

그렇게 했어도 가이드 일은 상당했다. 고용한 측은 실로 태평한 사람이고 오르는 기술도 도구의 인식도 낙석(落石)이나 설맹(雪盲)의 대책도 하나에서 열까지 가이드에게 일임한 것이다. 등산가는 고용한 주인, 말하자면 주인이고 목적한 산을 골라 계획을 세우고 임금을 지불하면 후는 가이드에게 맡기는 것이었다. 모험적 정신과 자신의 몸을 옮기는 체력과 필요경비를 부담하기만하면 그것으로 충분한 것이다. 가이드가 빙하에 스텝을 놓으면 그 뒤를 따라 가기만 하는 것이었다.

초기 영국산악회 회장인 L. 스티븐도 가이드를 고용했을 때는 결코 스텝놓기나 다른 일체 귀찮은 작업은 자신이 하지 않고 모두 가이드에게 맡겼다고 말하고 있다. 그것은 보통일로서 조금도 부자연스럽지 않았다. 사실 가이드도 손님에게는 알펜스톡만 갖게하면 좋다고 말하고 있었던 것이다. 요즘에도 평범한 산에서는 비슷한 일을 자주 볼 수 있다.

스티븐보다 조금 늦게 영국산악회 회장이 된 D.W. 프레슈필드는 알프스 등산보다 오히려 코카서스 히말라야 탐험에 힘을 기울여 큰 공적을 남겼으나, 스위스의 베르니나 산악에서 이따금 가이드없이 등산을 했을 때 자일에 몸이 묶여 버려 부상을 당했다. 동행한 일행이 조사해 보니, 자일의 묶는 법이 틀려있었기 때문이었다. 프레슈필드는 언제나 가이드를 고용한 등산을 했고, 자일을 묶는 것은 가이드에게 시켰으므로 자기자신은 자일의 정확한 묶는 법을 전혀 알지 못했던 것이다. 이것은 그가 영국산악회의 현직 회장이었을 때의 일이다.

□첫 등정을 둘러싼 의혹

등산 용구의 발달이나 변천에는 직접 관계가 있는 것이 아니고 조금의 유감까지 있지만 당시의 알프스 가이드들과 그들을 고용한 등산가들 사이에는 첫 등정에 대한 의식의 엇갈림이 흥미있는 형태로 존재하고 있고 황금시대의 막을 연 윌스의 베타호른의 등정에 그것을 볼 수 있기 때문에 소개하고 싶다.

이산은 세 개의 봉우리를 가지고 있고 산기슭의 그린델브르트 마을에서 자주 볼 수 있는 봉우리가 하스리 융 프 라우(3,701m)로 불리고 최고봉은 아니지만 사실상 베타호른 요컨대 주요 봉우리가 인정되고 있다. 최근의 지도에는 베타호른이라고만 기록되고 있다. 진짜 최고봉은 미텔호른(3,704m)이라 칭하고 주봉(主峰)의 동남동에 베타자텔이라는 안부(鞍部)를 띄우고 치솟아 있다. 그리고 거기다 동쪽에 또 하나의 봉우리 로젠호른(3,689m)이 있다.

최초로 올라간 것은 이 로젠호른이고, 1844년 8월 28일의 일이다. E. 데솔 등의 일행에 의해 행해졌다. 그리고 이때 고용된 가이드인 M. 반호르짜와 J. 야운이 삼일 후에 하스리 융 프 라우에 처음 등정하고, 이 두 사람이 베타호른 주봉의 정상에 최초로 오른 남자들로 되어 있다. 그리고 최고봉 미텔호른의 첫 등정은 1845년 7월 8일의 일이다. S.T. 슈페르와 세 명의 가이드에 의해 달성되었다.

　그렇지만 1854년 9월 17일 A. 윌스 일행의 베타호른 등정이 '첫 등정'이라 선전되어 상당히 유명해져 버려 황금시대의 막을 열었다는 중요한 시대로 기억되게 되었다.

□가이드들의 서비스 정신

　이 윌스의 등정시 가이드는 샤모니의 A. 바루마, A. 시몬, 볼기지 베루나 오버랜드의 D. 라우에나, P. 보렌의 4명이었다. 그리고 같은 날 C. 알루마, U. 가우후만이 나중에 올라와 결국 함께 등정했다. 이 4명의 가이드의 한 사람 샤모니의 바루마는 1786년 몽블랑 첫 등정을 이룩한 J. 바루마의 조카의 아들이고, 금전에는 완전히 무관심하고 욕심없는 그리고 순진한 가이드였다고 말해지고 있다. 등산 역사가의 한 사람 A. 랑은 황금시대의 위대한 가이드의 필두에 올려져 있지만 라우에나, 보젠도 조금 상술에 뛰어났었던 것이었다.

　당시의 스위스 가이드들은 가이드 일행만으로 현저한 미답봉에 오르는 것을 삼가했다고 말한다. 왜냐하면 돈과 여유가 있는 영국의 신사들, 즉 그들의 단골손님은 무엇보다도 첫 등정을 바래 제2등정, 제3등정보다 훨씬 보수를 많이 주는 것이 틀림없고, 가이드들은 이 명예있는 특전을 남겨두는 것을 특색으로 생각하고 있었기 때문이었다.

　라우에나도 보젠도 이런 가이드 특유의 말하자면 공리적인 서비스 정신을 가지고 있고, 이 베타호른을 '미답봉'으로 하고 싶었던 것이다. 베타호른은 이미 몇 번이나 올라졌고, 보렌 자신도 적어도 과거에 두 번은 올랐고 실제 3개월 전에는 E.J. 브락웰 일행의 가이드로 정상

바로 아래에 철봉을 세우고 왔음에도 불구하고 그런 일은 조금도 입 밖에 내지 않고 윔스의 관심을 사서 '첫 등정'에 성공한 것이었다. 융 프라우를 처음으로 오르고 싶었던 윔스가 계절이 9월이고 지나치게 늦은 이유로 베타호른으로 변경을 말했을 때 라우에나도 아직 누구도 오르지 않았다고 말했던 것이다. 그렇지만 결국 윔스 자신도 정상에 올랐을 때 먼저 등반한 사람의 증거품인 철로 된 봉에는 정신이 들었다고 한다.

찬란한 황금시대의 개막도 이렇게 복잡한 사정이 있었다. 그러나 이 당시 베루나 오버랜드의 가이드가 갖고 온 피켈은 도끼와 지팡이를 단단히 고정해 일체화한 최초의 것이고 라우에나는 이 피켈을 충분히 활용하여 발판놓기 설비(능선의 바람 아래쪽에 퍼진 눈의 덮임) 절단에 수완을 발휘하는 대활약을 연출하였던 것이다. 이 피켈의 출현은 등산 용구 발달사상 특필할 가치가 있다.

□찬란한 첫 등정시대

이 황금시대에 있어서 4,000m봉의 중요한 첫 등정을 들면 다음과 같다.(미디침봉과 아이가는 4,000m 미만, 괄호안은 등정자)

1855년 몬테 모자 듀홀슈피체(J.G. 스미스 등)

1856년 미디침봉 남쪽 봉우리(F. 드 뷰)

1857년 멘히(S. 포제스)

1858년 아이가(C. 바린톤)

　　　　나델호른(J. 친마만 등)

　　　　돔(J.L. 데이비스)

1859년 아레찌호른(F.F. 다켓)

　　　　린피슈호른(L. 스티븐)

　　　　그랑 콘반(C. 데빌)

1860년 그랑 파라디소(J.J. 카우웰 등)

1861년 리스캄(J.F. 하디 등)

　　　　카스톨(W. 마슈즈 등)

　　　　그로스 슈레크 호른(L. 스티븐)

　　　　바이스호른(J. 친달)

1862년 단 브란슈(T.S. 케네디 등)

　　　　테슈호른(J.L. 데이비스 등)

　　　　그로스 윗샤호른(A.W. 무아 등)

1863년 단 데랑(F.C. 그로브 등)

1864년 바루 데 잭란(E. 윈파 등)

　　　　찌날호른(L. 스티븐 등)

1865년 비오나세이침봉(E.N. 박스톤 등)

　　　　그랜드 조라스 윈파 피크(E. 윈파)

　1865년 7월 14일. E. 윈파, C. 하드슨, F. 더그라스, D.R. 하도가 가이드인 M. 크로, P. 타욱발 부자와 함께 숙원인 마타호른의 첫 등정을 이루었다. 그러나 이 영광도 하산 중에 발생한 조난사고로 4명의 생명을 잃어 비극으로 끝이 났다. 이에 대해서는 후에 서술하고 있지만 이것으로 알프스의 주요한 4,000m봉의 첫 등정이 달성되고 황금시대는 막을 내리게 된다.

3. 은(銀)의 시대

□보다 곤란한 길로

황금시대의 등산은 주로 빙설에 길이 통해져 가이드가 한결같이 발판을 놓고 나아가고 손님은 그 뒤를 오로지 따라가는 것이었다. 발판만 확실히 놓고 이것을 신중히 밟으면 오르내림은 가능했기 때문이다. 이 시대는 어느 가이드나 발판놓기는 솜씨가 좋았지만 특히 가이드의 왕이라 불린 M. 안데레크는 빼어났고 그보다 뛰어난 사람은 없었다고 한다.

마타호른의 첫 등정으로 두드러진 4000미터급의 거봉(巨峰)이 대개 등정되어 버려 이 황금 시대에 막이 내려지고 이어 그보다 약간 낮은 봉우리의 첫 등정이나 새로운 루트에 의한 거봉의 도전이었던 새로운 과제가 부상해 빙설경로에 더하여 이제까지 자칫 잊기 쉬웠던 가치인 바위가 많은 곳의 경로가 주목되게 되었다.

늘 정해진 경로로는 만족하지 않고 새롭고 어려운 소위 새로운 경로의 개척이라는 획기적인 발전 단계를 맞이한 것이다. 은(銀)의 시대의 도래이다.

일반적으로 첫 등정이라는 것은 가장 쉬운 경로부터 노려졌지만 대개 첫 등정이 행해져 버리자, 높은 수준의 등산가로서는 보다 어려움을 찾아 새로운 등반을 지향한다. 소위 손때묻지 않은 곳을 대상으로 하는 것이다.

동시에 커다란 주봉이 등정되어져도 그 근처에 존재하는 미등정의 위성봉이나 특징적인 바위봉우리에도 눈이 돌려졌다. 이렇게 차례로 내용이 질적인 향상을 이루어 다음에 오는 암벽시대 등반 용구를 구사하는 인공 등반의 시대로 묶는 중요한 가교의 계단이 은의 시대인 것이라는 말이 가능하다.

이 은의 시대라 불려지는 기간은, 1865년 마타호른 첫 등정 후부터 1882년의 에기유 듀 주앙(단. 듀 주앙)의 첫 등정까지 17년간으로 되어 있다. 물론 이것은 편의적인 구분에 지나지 않는다.

□이단자 마마리

이 시대의 특징은 본격적인 암벽등반의 도입이었고 또 가이드 없는 등산, 결국 안내인을 동반하지 않는 아마추어 등산자만의 등산의 유행이다.

이 두 가지를 함께 실천한 것이 A.F. 마마리였다. 황금시대의 스타가 E. 윔파라 하면 은의 시대의 스타는 확실히 이 마마리라 말하지 않으면 안 된다. 은의 시대와 그 직후의 십수 년이 어떤 시대였던가는 마마리의 소개로 충분한 것이다.

마마리는 윔파보다 15년 늦은 1855년 9월 10일 영국 켄트 주 도바에서 태어났다. 형제로 제혁업(製革業)에 종사함과 동시에 경제학자로서도 연구생활을 보내고 저작도 세상에 내고 있었다. 1871년 부르유에서 쩨르마트에 테오도르 고개를 넘었을 때, 처음으로 알프스에

아무것도 가진 것이 없어도 이 세상 모든 것을 다 가진 것같은 이 넉넉함, 하나도 내세울 것 없고 무엇 하나 가진 것이 없어도 부족함이 느껴지지 않는 산의 이 신비한 힘의 근원은 어디에 있을까?

매료되었다. 그가 등산가로서 명성을 얻은 것은 1879년 마타호른의 츠무토릉 첫 등반의 성공에 의해서였다. 당시 제1급 가이드였던 A. 부르게나와 다시 두 명의 가이드를 보탠 4명에 의한 쾌거였다. 이후 마마리는 부르게나와 짝이 되어 다음에는 B. 베네쯔를 더해 콜리온 첫 등반, 마타호른의 후르켄릉, 그랑살모의 시험 등반, 구레폰 첫 등정 등의 빅 크라임을 자주 행에 마마리의 이음은 서서히 높아 갔다. 1888년에는 가이드 H. 쯔르흐르를 데리고 코카서스에 원정해 디후다우(5,198m)에 첫 등정했다. 마마리는 이 해에 간신히 영국산악회 회원으로 추천되었다.

당시, 영국산악회에 가입이 허락되는 것은 지극히 어려웠다. 추천위원회에서 찬성의 흰 공 수에 대해 반대하는 검은 공이 1할이면 추천되지 않는 것이 된다. 마마리는 한 번 거부되었는데, 보수파 등산가의 높은 사람으로부터 오해나 편견으로 보여졌기 때문이다.

A. 랑은 이 마마리와 크릿지를 산행기록의 내용만이 아닌 산의 미에 대한 감성이나 초기의 산행의동기 등으로 대비해 양자를 대극으로 두어 이야기하고 있다. 확실히 크릿지는 산을 오를 때는 반드시 두 사람 이상의 가이드를 고용한다고 말해진다. 그러나 이 두 사람은 서로 상통하는 것을 지하수맥 같은 보이지 않는 곳에서 느끼고 있는 것 같이 생각된다. 마마리의 회원추천 때 투표상자의 책임자인 크릿지는 은근히 몇 갠가의 검은 공을 흰 공으로 옮겼다고 한다.

□ 가이드없는 등산으로

이후 1892년 이후 마마리는 소위 가이드없는 등산으로 바꾸어 J.N. 코리, G. 헤이스팅그스, W.C. 스린그스비와의 '불멸의 4인조'의 리더로서 샤모니 침봉군을 중심으로 한 암벽 등반에서 첫 등정을 포함하는 대담한 등반을 감행했다. 특히 1892년 프랑침봉의 북벽은 괴로운 설영(雪營)을 강요당하여 실패로 끝났지만 당시의 가장 과감한 빙벽 등반으로 불려진 것이다. 또 1893년의 루칸 침봉은 첫 등정이었고, 94년의 몽블랑의 브렌바릉은 가이드없는 첫 등반이었다. 그리고 이 해(年) 알프스에 있어서는 최후의 산행을 추억많은 마타호른 츠무토릉 제3등반으로 매듭을 지었지만 이것이 알프스와의 이승의 이별이 되었다.

마마리의 가이드없는 등산에로의 전향은 C. 필킨톤의 영향을 받았던 것이 아닐까하고 생각된다. 필킨톤은 남동생인 로렌스와 사촌인 F. 가드너와 함께 1878년부터 수 년간에 잭란, 라 메이주, 휜슈테랄호른에 가이드 없는 첫 등정을 한 것 외에 마타호른 , 치나로드호른 등의 주목할만한 가이드없는 등산을 수없이 많이 그가 자일이나 피켈에 관한 검토위원회의 위원장을 맡았던 것도 생각하면, 당시로써는 상당히 새로운 등산관을 가진 인물이었던 것이다.

필킨톤은 이 일련의 실적에 따라 가이드없는 등반을 평가하지 않고 혹은 냉담했던 영국산악회의 보수적인 등산가들을 완전히 납득시켰다고 말해지고 있다.

어쨌든 영국산악회의 장로들은 가이드없는 등산을 '등산사(史)에 역행하는 것'으로 결정짓고 '완전히 부조리이고 한심스러운 결과를 초래한다'고 단언하고 영국산악회의 이름에 있어 넓게 경고할 만하다고 주장하고 있었다.

그러나 실제는 이것과 모순되게 필킨톤뿐만 아니라 밀레는 1858년 J. 친달에 의한 몬테로자 단독 등정을 시작으로 영국산악회원 자신에 의한 가이드없는 등산은 실로 수없이 실시되고 있었던 것이다. 영국인에 의한 가이드없는 등산을 기록 중에서 주워 들면 끝이 없을 정도이고, 가이드없는 등산의 선구자는 사실 영국인이었다고 말하는 사람조차 있다.

이미 황금시대에 시작되고 있었던 가이드없는 등산은 은의 시대에 들어 한층 박차가 가해졌다.

□자일, 파디를 둘러싼 대논쟁

현재 자일을 묶는 파디는 통상 두 개로 이것이 표준적인 편성으로 정착해 있다. 확보기술이 확립해 있는 현재에서는 3명이기 때문이라고 말하며 특별히 위험하다고 하는 것은 아니고 3명이 되면 등반 소요시간이 대폭 길어지기 때문이다.

이 자일편성의 2인 유리설(有利說)을 누구보다도 먼저 제창한 것도 이 마마리이었다. 지금과는 달라서 등반의 스피드라기보다 낙석이나 추락의 위험을 피하는 안전면에서의 고려는 있지만 이것은 상당한 선경지명이라 말하지 않을 수 없다. 당시의 보수파 등산가들의 중요한 존재였던 W. 마슈즈, L.스티븐 등은 2인 1조는 한 명의 등산자 한 명의 안내자로 이루어진 것이라도 위험하다고 주장한 일도 있다. 그래서 C. 윌슨에게 이르러서는 자일의 사람 수는 어떠한 숫자라도 상관없지만, 두 명이라는 것만은 절대 좋지 않다고 정색으로 화를 내며 말했지만 이것은 확실히 마마리의 설에 대한 반대를 위한 반대였다고 생각된다.

물론 마마리도 사람 수는 경우에 따라 달랐고 반드시 두 명이 가장 좋다고 말한 것은 아니다. 적어도 두 명의 경우의 유리함은, 결코 적은 것이 아니다라는 것을 주장하고 있는 것이다. 검은 공 투표의 한 사건에서도 알 수 있듯이 마마리는 이유없이 편견으로 고통당했던 때가 있었던 것이다.

□'보다 높게, 보다 어렵게'

마마리는 결코 완강하지 않은 체구였지만 천성인 불요불굴의 정신과 불같은 정열로 이것을 보충하였다. 마마리는 등산을 순전한 스포츠로 보지않고 수련에 의해 얻는 기술과 곤란에 향해 서는 투지까지 등산의 진수라 믿고, 이것을 극한까지 추구하려고 시도한 최초의

알피니스트였다. 마마리가 제창해 실천한 '보다 높게, 보다 어렵게' 의 사조는 마마리즘이라 불리워져 당초 일부에서 이단시 되었던 일도 있었지만 후에 많은 신봉자를 얻어 주류를 이루기에 이르렀다.

마마리는 불후의 명작 「알프스, 코카서스 등반기」를 남겼으나 8 월 24일에 최후의 모습을 보인 채 두 명의 그루카병과 함께 소식을 끊었다. 그러나 그의 사조는 저작과 함께 명맥이 계속되어 살아나가 고 있다.

마마리의 잠자는 낭가 팔버트가 처음으로 등정된 것을 그로부터 약 58년 후인 1953년이고, 오스트리아의 철인 크라이머라 불리는

H. 브루에 의한 극적인 단독 등정이었다. 또 마마리의 목표였던 서쪽의 소위 디아밀벽은 더욱 늦어 67년 후인 1962년, 독일대원인 T. 킹스호버들에 의해 간신히 올라졌다. 이 긴 시간의 흐름에 마마리의 위대함이 느껴진다.

은의 시대는 확실히 마마리가 건축했지만 이 외에도 찬란히 기념할 만한 많은 등반이 있었다. 유감스럽지만 여기에서는 그 가장 대표적인 것을 서술하는 데 그친다.

H. 오가에 의한 그랑드 조라스 최고봉 오가 피크(1868년), C. 테일러 등의 몬테로자의 마리네리 크로왈(1872년), 같은 해 C. 덴트 등의 치날로드호른 동남릉, T.S. 케네디에 의한 몽블랑의 로세 듀 몽블랑 루트, E.B. 드카데루노에 의한 라 메이쥬주봉(1877년), 덴트 등에 의한 그랑 도류(1878년) J.E. 샬레 스트라튼 등의 가이드만 세 명인 프치 도류(1879년).

그리하여 1882년 7월 29일. 세라 4형제가 가이드인 마키냐 3형제를 동반해 에기유 듀 주앙 남서봉을, 그리고 8월 20일, W.W. 그라함이 두 명의 가이드를 데리고 같은 봉우리 북동봉을 첫 등정하여 은의 시대는 끝났다.

4. 새로운 등산으로

□ 가이드 없는 등산의 발달

은의 시대가 끝남을 알렸다고 해도 그 후 등산이 저조했다는 것은 아니다. 오히려 동부 알프스에서 볼 수 있듯이 독일, 오스트리아의 등산가 중심이 되어 내용적으로는 점점 상승하고 있다.

은의 시대와 그 직후에 독일어권의 등산가가 남긴 특징적인 업적은 두 개였다. 하나는 넓은 보급과 발전이고, 또 하나는 단독 등산을 암벽등반으로 바꿔, 새로운 분야를 열은 것이다. 그 배경을 보면 혜택 받은 영국인 등산가에의 대항의식이 있다.

영국의 특히 보수적인 정통파로 불려지는 사람들의 등산은 부유계급의 것이었고, 최고의 가이드의 도움을 쉽게 빌리는 것이 가능했기 때문에 가이드를 고용하는 것이 불가능한 사람들이 오랫동안 수련한 결과 겨우 획득한 실력을 최초부터 실현가능한 장점을 갖고 있었다. 그렇지만 독일, 오스트리아에서는 등산은 대중적이어서 중산계급이나 학생의 스포츠였기 때문에 가이드를 고용하는 것은 생각할 수 없었고 필연적으로 가이드없는 등산이 발달한 것이다.

그들은 노력에 의해 진짜 실력을 익히면 가이드를 고용하지 않아도 동등한 등산을 할 수가 있음을 알아 영국인 등산가에 대한 우월감을 가이드없는 등산 속에서 볼 수 있었다.

바꾸어 말하면 그런 까닭으로 단독 등반에 매료되었던 것이다.

□ 단독형의 충격

그리하여 그 매력의 궁극적 형태가 단독행이었다. 게다가 꼭대기를 목표로 하는 단독 등산이 곧 이어 암벽등반에 의한 단독행으로 발전해 갔던 것이다. 이것은 당시 영국의 산악계를 흔들었다. 영국에서는 아직 가이드없는 산행에 대해서 완전히 침묵한 것이 아니었으므로 이 단독등산의 풍조에는 커다란 충격을 받지 않을 수 없었다.

오직 혼자서 산에 오른다. 이 단독행의 기원을 밟아 보면, 황금시대에서는 1859년부터 '62년 사이에 행해진 많은 단독등산이 포함되어 있고, 그릿지에 대해서는 완전한 단독으로 고봉의 등산을 한 최초의 사람이라고 되어 있다.

바이에른 출신인 H.V. 발트는 귀족으로 나온 것이 이색적이지만, 동부 알프스에서 1870년에 칼벤델, '71년~'73년에는 베타슈타인으로 석회암의 산에서 찬란한 단독 등정을 계속한 이 분야에 있어서는 선구적 존재이다. 그래서 그의 '나에게 계속된 것은 죽음을 각오해라'라는 말은 독일, 오스트리아의 젊은 등산자 사이에서는 커다란 공감을 북돋은 것이었다. 이 바이렌만이나 발트의 단독행에 대해서 영국산악회의 '알파인 저널'지는 '알아도 모르고, 알고 싶지도 않다'고 완전히 무시하였다.

□ 과격하기까지 한 암벽 등반

발트의 영향을 강하게 받았던 사람으로 O.G. 랑마, G. 빈크라가
있었다. 랑마는 1887년 바리스 산악을 찾았고, 바이스호른, 치날로드
마타호른 서벽 시험등반 등을 했지만 그 주요한 활약의 장은 동부
알프스였었다. 게다가 새로운 루트에서의 격한 등반이 많았다. 그는
생물의 존재를 거부하는 바위와 얼음의 세계에서 전개된 등산은 일체
의 손쉬운 감정과 결별하고 자신의 모두를 걸고 산과 대결하는 것이
라 이해해, 자신의 사상을 표현하는 수단은 언어나 문장이 아니라
산과 싸우는 행위 이외는 아니라고 생각했다.

다른 한 사람의 빈크라는 '1880년대에 독일, 오스트리아 등산자
중에 등산사상 마치 혜성과 같이 순식간에 나타나서 또 홀연히 사라
져 버린 공포스럽고 불가해한 미혹의 등산자'였다.

빈크라가 그 이름을 부동하게 한 것은 1887년, 도로미테에서의
일련의 등반 속에서의 그때까지 화요렛의 암탑(岩搭)의 하나로서
무명이었던 빈크라 무의 첫 등반이었다. 그는 이 경이적인 모습으
로 우뚝 솟은 암탑의 첫 등반을 단독으로 장식한 것이었다. 그 외에도
빈크라 가밍, 빈크라 샤르테 등 그의 이름을 붙인 고유명사가 바위에
남겨져 있다.

빈크라의 등반마다의 지독함은, 그와 비슷한 암벽등반의 달인이었
던 R.H. 슈미트도 빈크라는 너무 지나치게 대담하다고 말해 함께
오르는 것을 피할 정도였다.

1888년 8월, 치날로드호른을 오른 직후 바이스호른으로 향한채
그는 소식이 끊겼다. 연로한 목동이 그쪽으로 가는 것을 본 것이
최후였다 한다. 그의 유체는 그로부터 68년 후, 1956년 빙하 속에서
19살의 소년의 모습대로 발견되었다.

□치구몬디의 활약과 죽음

마마리와 같이 가이드없이 오르는 등산자 중에서 불후의 이름을 남긴 것이 L. 풀체라와 오토와 에밀인 치구몬디 형제이다. 이 세 명은 이상적인 트리오로 불려져 등반은 많은 성공을 거두었다.

등반한 고봉의 수에 있어 가장 우수한 것은 크릿지였지만 풀체라의 등정 수도 1700좌에 미쳐 간신히 크릿지에 이르지 않았다. 풀체라는 알프스의 모든 산악에 발자취를 남길 뿐 아니라 1889년에는 아프리카로 넘어 킬리만자로에 첫 등정을 하고 '91년에는 코카서스에도 원정했다. 그는 에기유 듀 도류에서 추락해 부상한 것을 원인으로 1899년에 죽었다.

치구몬디형제 중 동생 에밀은 동부알프스나 도로미테를 시작으로 알프스 각지에서 실제로 많은 가이드없는 등산을 실천했고 그 여세는 그칠 줄 몰랐다. 그 중에서 그에게 있어 가장 마음에 흡족되었던 산행은 1885년 죽음 직전에 감행되었던 라 메이주의 주요부를 이루는 중앙봉에서 주봉(主峰)에 이르는 톱니 같은 암릉(岩稜)의 완전한 주파(走破)였다. 이것은 이 트리오에 의한 기념할만한 산행만이 아닌 등산사적으로도 중대한 기록이었다. 왜냐 하면, 라 메이주(3983m)는 몽블랑의 남서 약 60km에 위치하는 잭랑 산악의 대표적인 산으로 E. 윈파 시대부터 주목되고 있었고, 이 산악의 산들로의 등반은 샤모니 침봉악에 있어서와 같은 완력에 의한 것이 아닌, 말하자면 기술중심의 평균감각이나 루트를 발견 하는 능력이 요구되기 때문이었다. 게다가 이 코스는 대부분 숙련등산가가 뒷걸음질 친다 해도 이상하지 않은 난코스였던 것이다.

수일 후, 이 트리오는 라 메이주남벽(南壁)을 목표했다. 선두를

오르고 어려운 곳에 다달아 진퇴유곡에 빠진 에밀은 자일을 암각에 걸쳐 이것을 묶고 하강하기 시작했지만 자일이 암각에서 벗겨져 굴러 떨어져, 그 충격의 강도에서 자일이 끊어져 에탄슨 빙하에 무엇에도 닿지 않고 추락해 버렸다. 형의 눈 앞에서의 비극이었다. 빛나는 산경력의 베테랑인 에밀의 죽음은 커다란 파문을 던졌다. 특히 가이드없는 등산에 대한 비난은 강해져 생각을 다시 하는 소리도 커져갔다.

에밀 치구몬디는 단순히 암벽 등반의 명수에 그치는 것은 아니었다. 그는 총명한 두뇌로 산의 모든 현상을 고찰해 등산자에게 있어 위협되는 위험에 대해 논술했다. 그의 저서 '산의 위험'은 중판되고 후에 W. 파울케에 의해 증보개정되어 많은 등산자에게 도움이 되는 것이 많았다.

□암벽 등반과 새로운 하켄

20세기에 들어 독일, 오스트리아의 등산가도 현재 상태대로는 자신들의 등반이 벌써 한계에 다다른 것이 아닌가하고 생각하기 시작했다. 무언가 새로운 인공적인 수단을 구하지 않는 한 진전은 바랄 수 없다고 느낀 것이다.

이즈음 이미 하켄은 사용되고 있었지만 그 하켄(Haken)은 사용방법도 아직 극히 유치한 단계였고 개발의 여지는 충분했다. 그러나 그렇게 간단히 새로운 방법이 발견되는 것도 아니었다. 오랫동안 모색하는 시대가 계속되고 하켄도 여러 가지 형이 나타났다.

1910년에 H. 휘틀이 휘틀형 하켄을 고안하고 그즈음에 C. 헬초크가 소방단의 카라비너(Karabiner)를 도입한 것에 착안, 암벽 등반용으로 개량하자 이 고민은 급속히 해소 되는 전망이었다. 이들의 새로운 용구가 실용화되면 암벽 등반은 비약적으로 향상하고 안전성도 높아지는 것이 틀림없었다. 이 휘틀형 하켄과 카라비너의 등장은 등반사상 용구면에서 커다란 혁명이라 말할 수 있다.

그러나 차가운 시선도 있었던 것은 사실이다. 자일을 묶는 사람 수 편성에 대해 두 명이라는 것만은 안 된다고 노골적으로 마마리의 설에 반대한 C. 윌슨은 하켄을 불명예스러운 것이라 정했고 확실히 이런 생각이 당시 일반적이었다. 그렇지만 이 새로운 용구는 그러한 편견에 가득한 비판은 조금도 상관하지 않고 확실히 실용화의 길을 걸어 나갔다.

이즈음 눈에 띈 활약을 해서 잊어서는 안 되는 것이 G.W. 양구이다. 그의 우수한 등반은 수많았지만 특히 유명한 것은 브라이트호른의 양구릉, 그레포의 멜 드 그라스측의 직등(直登), 그랜드 조라스의 제비산릉(하강)이다. 가이드인 J. 크누벨과의 팀은 등산사상 최고의 그리고 완벽한 한 쌍이라 말해진 것이다.

1914년 제1차 대전이 촉발하자 등산은 침체했다. 양구는 전선에서 부상하고 한쪽 발을 잃어버렸고 휘틀이나 헬초크와 친했던 H. 듈파도 포탄이 명중해 22세에 전사한 것을 시작으로 많은 알피니스트가 죽었다.

양구는 대전 후도 부상에 아랑곳하지 않고 알프스의 고봉에 계속 올라 불후의 명저 「마운틴 그래프트」 등 몇 개의 저작을 남기고 영국 산악회 회장도 역임했다.

□알프스의 3대 북벽(北壁)

이 대전과 다음의 제2차 세계대전까지 약 20년간은 알프스에서는 3대 북벽과 W. 베르첸바하의 일련인 북벽 등반, 그리고 히말라야에서는 영국의 에베레스트원정 독일의 낭가 팔버트 칸첸즈가 원정이 눈에 띈다. 등산 용구는 눈에 띄게 발달한 시기이다.

알프스 3대 북벽이란 것은 마타호른 그랜드 조라스, 아이가의 북면 암벽을 가리키지만 각각 체르마트, 샤모니, 그린 델발트라는 알프스의 3대 관광지를 기록해 두고 있다.

이즈음 그중에서도 북벽이 떠들썩하게 된 것은, 북에 면하고 있기 때문에 일조 시간이 거의 없고 따뜻한 양광으로 혜택받은 것이 없는 것 등 등반 조건이 등산가에게 가혹하고 엄격하게 된 것에 가치와 매력을 발견했기 때문이다.

3대 북벽 중 먼저 마타호른 북벽이 아이젠 고안으로 이름 높은 A. 호레쇼프스키를 시작으로 용감한 등산가를 밀어낸후 드디어 1931년 프랑스의 토니인 슈미트 형제에 의해 등반되었다. 그들은 비용을 절감하기 위해 뮌헨에서 자전거를 가져왔고 강설에 의해 암벽의 부석(浮石)이 고정되어 낙석의 위험이 적게 되기를 기다려 공격하는 작전에 나서 훌륭히 성공한 것이다.

3대 북벽의 한 모퉁이가 함락하자 그것에 자극받은 듯 다음에 등반된 것은 그랜드 조라스 북벽이다. 그랜드 조라스는 프랑스 이탈리아의 국경 능선상에 6개의 봉우리를 동서로 길게 연결한 산으로 그 북벽을 프랑스측에 있어 표고차 약 1200m, 횡폭 약 1,300m에 이르고 병풍을 세운 듯한 모양을 하고 있다.

1935년 뮌헨의 R. 페터스 등에 의해 이 한 봉우리, 포안트 크로로 밀어올리는 루트, 크로측 등이 등반되어 '38년에는 최고봉인 오카 피크에 이르는 오카릉이 이탈리아에서 갑자기 나타난 R. 카신 등에 의해 싱겁게 등반되었다. 근처의 등산사가 몇 번이나 정찰하고 시험 등반을 반복했지만 그들은 이 암벽을 처음에 보고 금세 루트를 발견, 올라 버린 것이었다.

또 하나인 아이가 북벽은 이 카신들의 오카릉 첫 등반의 2주 전인 7월 하순 A. 헬크마이야 등에게 등반되었다. 이 때의 모습은 아이젠 항목에서 널리 알려지게 된다.

□전쟁 기간의 등산

W. 베르첸바하는 이 시기의 걸출한 등산가의 한 사람으로 아이스

하켄을 고안해 몇 개나 북벽 등반을 성공시켰다. 그 중에서도 특히 W. 멜크루와 함께 1931년 7월 그랑 샬모 북벽에서 연출된 맹렬한 바람 속의 4박에 이르는 설영(說營)과 그 결과 승리한 첫 등반은 알프스 등산사상 극히 드문 사투(死鬪)로 이야기되고 있다.

두 개의 세계대전 사이에 영국은 에베레스트에 7번이나 원정대를 파견했지만 성공은 대전 후에 이루어졌다. 1924년 정상에 달했을지도 모른다고 말해진 J. 말로리, A. 아빈의 행방불명은 매우 유명하다. 말로리는 에베레스트에 관한 책에는 꼭 등장하지만 어느 것이나 최고의 찬양으로 장식되고 있다. 아빈의 산에 남겨진 피켈이 다음 원정대에게 발견되지만 그 이야기는 뒤로 미룬다.

에베레스트가 영국의 산이라 하면 낭가 팔버트는 확실히 독일의 산이었다. 이보다 독일에 있어서 비정의 산이었다. 1934년의 원정에서는 독일대는 정상 바로 아래인 질바자텔의 안부(鞍部)를 넘으며 맹렬한 바람이 쳐들어와 철퇴를 여지없이 당했지만 그 길 도중 대장 W. 멜크루, 베르첸바하를 시작으로 9명이 이어 죽었다. 게다가 1937년의 원정에서는 밤중에 갑자기 습격한 눈사태 때문에 K. 빈 대장 이하 7명의 알피니스트와 9명의 셀파가 전멸하는 참사가 있었다.

간첸중가도 P. 바워 등의 노력도 허무하게 등정은 전쟁 후 영국대에게 넘겨주었다. 1939년 유럽에서 제2차 세계대전이 시작되자 등산은 당연히 중단하고 '45년 종전(終戰)에 의해 곧 이어 재개되었다.

□전쟁 후 등산

대전 후 등산 용구는 소재면에서 커다란 혁명이 일어났다. 먼저 나일론으로 대표된 화학섬유, 합성수지의 등장이다. 이것만이 아니고 철제인 것은 경합금으로, 신발 밑창은 고무제로 바뀌었다. 이것들은 등산자에게 상당히 커다란 복음이었다. 1950년 최초의 8,000m 봉 정복으로 안나프루나를 등정한 프랑스대는 전쟁 후 최신 장비를 갖추어 '나일론 부대'라고 불렸다. 거기에 등반 용구의 분야에서는 지금까지 없었던 것이 등장해 보다 안전하고 보다 신속한 등반이 실현되고 있었다.

그런 배경을 얻어 알프스에서는 대전 전에 데뷔하여 안나프루나에서도 활약한 L. 테레, G. 레뷰화가 스타로서 각광을 얻어 '무상의 정복자', '별과 바람' 등의 등반기록집은 한국의 젊은 등산가에게도 읽혀졌다.

□8,000m 시대

등산 용구의 비약적인 진보 발전으로 히말라야의 거봉이 차례로 등정되어 갔다. 8,000m 봉 14봉우리 첫 등정을 연대순으로 정리하면 먼저 표와 같이 된다. 이런 거봉은 서서히 캠프를 올리면서 고도순화하여 최후로 정상을 끝으로 같은 경로를 반복한다. 말하자면 '극지법(極地法)'에 의해 성공이 초래되어 왔다. 그리고 그 방법이 히말라야 공략법의 최선책으로 답습되어 정착했다.

히말라야에서도 처녀봉이 등반되면 알프스가 그랬듯이 제2등정, 제3등정이 이어지고 또 새롭고 다양한 루트에 의한 등정이 행해지게 된다. 그 루트의 발견도 다양화해 왔다. 극지법에 의한 정상왕복도 물론 대단해 보이지만 반대쪽으로 하강하는 혹은 두 개 이상의 봉을 묶는 트래버스(횡단, 종주)나 암벽 방벽의 수직의 세계로 또 계절도 온순 직후부터 동계로 향해지는 등 등정형식의 변화도 크다. 또 등산

대의 규모도 대 카라반(caravan)대를 이루어 행진하는 조직적인 대원정에서 적은 인원의 개인적인 라이트 일스텍티즘, 게다가 산소를 사용하지 않고 캠프도 최소한도로 하여 단독행까지 보이게도 되어왔다.

그리고 어떠한 곤란한 조건하에서 어떻게 단시간에 이루어졌는가가 평가의 대상이 되고, 또 한 사람의 인간이 얼마나 많은 고봉을 무너뜨렸는가가 관심의 적이 되었다.

□경이적인 히말라야 등산

최근 히말라야의 등반기록이 보도될 때마다 단련된 인간은 어디까지 그 능력을 발휘할 수 있는가를 알 수 없게 되고 있다. 거의 초인적인 것이다.

H. 블루가 낭가 팔버트에 단독 등정하고 40시간을 넘기는 고투 끝에 기적의 생활을 했을 때 세계의 등산계는 감동의 소용돌이에 휩쓸려 그는 '철인', '초인'으로 떠들썩했지만 최근 기록은 더욱 이것을 능가해 거의 경이 그 자체이기 때문이다. 그 중에서 독특한 보고를 들어 보자.

1988년 9월 프랑스의 가이드 M. 바탈은 에베레스트를 베이스캠프(base camp)에서 24시간 이내에 왕복해 보인다는 야심적인 계획을 가지고 네팔에 왔다. 9월 26일에 결국 그 공약은 편도(片道)만으로 끝났지만 소요시간 22시간 반으로 정상에 섰던 것이다. 세계 최고봉인 운디 앗센트로써 커다란 화제가 되었다.

유고슬라비아의 29세의 크라이머 T. 체센은 1989년 4월 27일부터 29일에 걸쳐 네팔 히말라야의 자누의 북벽에 새로운 루트를 개척해 단독 등정한다라는 믿을 수 없는 기록을 세웠다. 그는 27일 오후 캠프를 출발하여 해가 떨어져, 북벽이 얼고 흐르는 물이나 떨어지는 물도 없게 되기를 확인해 오르기 시작, 28일 15시 30분 등정, 도중 악천후 때문에 4시간 정도 설영한 후 29일 낮이 지나 캠프로 돌아왔다.

□쿠쿠치카와 끊어진 자일

폴란드의 J. 쿠쿠치카는 8,000m봉 전 14봉우리에 등정했다. 그의 경우는 로체를 제외한 모두가 겨울철 등정이나 다양한 루트에 의한 것으로 통상기의 통상 루트에서는 없었던 것이 현격히 독특하다. 거기에서 쿠쿠치카는 로체남벽을 완등하고, 이것을 가지고 마무리를 잘 장식하려고 생각한 듯하다. 1989년 10월에 폴란드인 17명과 스위스 , 이탈리아, 프랑스에서 각 한 명의 국제대를 이끌고 그는 로체로 향해 왔다.

8,300m 곳에서 설영한 다음 날인 10월 24일 아침, 아주 좋은 일기와 최고의 컨디션으로 기운을 내 쿠쿠치카는 R. 파블로브스키의 확보로 올라갔다. 정상까지 앞으로 겨우 170m를 남겨 놓은 채, 승리는 거의 손안에 든 것이었다. 그때 그는 갑자기 추락해 지점은 효과가 있었지만 자일이 끊겨 한순간에 3,000m 아래의 착지점까지 추락했다.

끊어진 자일은 거의 직경 6mm로 카드만즈 읍에서 다른 원정대로부터 구입한 것이었다고 한다. 유럽의 등산계는 9mm의 자일이라도 암벽등반에서는 2개를 동시에 사용하도록 지도하고 있다.

□등산사(史)와 등산 용구

그런데 드라마나 등산이 여기까지 와서 이것이 궁극인 형태인가 혹은 더욱 비약할까는 미리 판단해서는 안 된다. 어쨌든 1년간 8,000m봉 14봉우리 전부를 오르려는 남자가 나타난 것이다. 그래도 이러한 상황을 보면 이것이 과연 스포츠일까 라는 의문이 솟아 오고, 또 등산이란 무엇인가, 스포츠란 무엇인가, 하는 이야기로 까지 발전한다.

R. 메스너는 이러한 최첨단 히말라야 등산을 실천해 거봉인 전 14봉우리를 등정한 최초의 등산가이지만 그는, 등산은 스포츠가 아니

라고 확실한 인식을 가지고 있다.

캐나다의 캘커타에서 제15회 동계올림픽 대회가 열렸을 때 IOC 회장 사마란치는 메스너에게 이 전 봉우리 등정의 업적을 칭찬해 특별 메달을 증정하려 했지만 메스너는 등산을 스포츠가 아니라는 지론을 설명해 이것을 사절했다 한다.

어쨌든 몽블랑 첫 등정에서 시작한 200여 년의 스포츠 알피니즘의 오랜 역사 속에서 역할이 컸던 등산 용구에 대해 서술한 것에 대해 알프스를 중심으로 한 등산사를 극히 커다랗게 바라보았다. 거의 화제는 알프스에 한정되어 유감스럽게도 한국이나 안데스 그 외의 지역에 언급하지 않았지만 그것은 애초 등산 용구의 탄생이나 변천에 대해서는 알프스가 극히 깊은 관계를 갖고 있기 때문이고 알프스 등산사를 염두에 두고 이야기하는 것이 가장 적당하다고 생각했기 때문이다. 이 만족스럽지 못했던 부분은 다음의 2장에서 가능한 한 보충해 갈 작정이다.

여기서 먼저 오랫 동안 등산가에게 사랑받으며 어떤 때는 함께 풍설에 인내하고, 어느 때는 영광을 나누어 주고 다양한 중요한 시대를 만들어 주어온 용구, 그리고 감각의 시대의 등산사로로 키워져 성장해온 용구로 이제까지의 조연의 자리를 떨어뜨려 주역으로써 등산의 측면사를 이야기하게 하고 싶다고 생각한다.

제 2 장

등산 용구를 말한다

1.등산화

□등산화로 요구되는 것

　종류가 많은 등산 용구 중에서 등산화가 가장 중요하다고 생각하는 사람은 많다. 확실히 그대로이다. 그러나 신발이 가장 중요하다고 하는 스포츠는 등산에 한정되어 있지 않고 축구나 육상경기도 그렇다. 그렇지만 어쨌든 등산에 있어서 누차 그것이 강조되는 것은 등산이 다른 스포츠와 달라 기상변화의 지배를 받기 쉽고, 때로는 냉혹함을 드러내는 산이라는 대자연을 그 무대로 하기 때문에 신발이 가진 성능의 양부가 즉시 등산자의 생명을 좌우하는 일이 있기 때문이다.

　맨발로서는 가능하지 않은 스포츠가 많고 무엇이든 스포츠 용구로서의 신발은 모두 단순한 행보를 돕는 신발에 그치지 않는다. 발을 외부의 장애로써 지키는 방지 용구이고 그것 이상으로 적극적이고 과감한 플레이를 하는 공격적인 도구조차 되는 일도 있다. 하지만 그라운드 같은 시설로 한정된 플레이를 하는 스포츠라면 만일 신발에 나쁜 사정이 생겨도 생명에 특별한 일은 없지만 등산에 있어서는 그렇지 않다. 산속에서 특히 눈이나 얼음으로 갇혀진 세계에서 신발이 불량이기 때문에 걸을 수 없게 되었을 때 그것이 무엇을 의미하는

가를 생각한다면 그 중대함을 알 수 있을 것이다.

등산화가 가장 중요한 장비라고 말해져 가혹한 조건에 대응할 수 있는 성능으로 요구되는 것은 그 때문이다. 바꾸어 말하면 모든 스포츠화 중에서, 등산화는 견고함이 가장 중요한 것도 이런 이유가 있는 것이다.

등산로는 결코 걷기 쉬운 것이 아니다. 공원의 산보길과는 틀리다. 암릉(岩稜), 설계(雪溪), 계류(溪流), 하원(河原), 허물어지기 쉬운 급사면 등 걷기 힘든 곳 뿐이다. 거기에 더하여 비, 바람, 눈이 등산자를 한층 괴롭힌다. 그런 악조건을 모두 만족시키려 하면 자연히 견고하고 중후하게 될 수밖에 없다.

등산화의 발상지는 물론 알프스이지만 실은 영양 사냥꾼이나 수렵자나 수정 채집 등 산일에 종사하는 사람들이 평소 신발을 산행으로 개조하여 빙하나 바위밭을 돌아다니기 쉽게 한 것이 시작이다. 당시를 전하는 그림을 보면 두꺼운 구두창에 못이 많이 박혀있고 그중에 현재 아이젠에 상당하는 길이의 스파이크를 부착한 것도 있다.

□초기의 신발

1788년에 드 소시르가 몽블랑 산악의 주앙 고개에 오르는 동판화를 보면, 이 때는 아직 평야부에서 사용되는 신발과 거의 틀림이 없는 것이다. 그래서 빙하 위를 잘 걸을 수 없는 신발을 신고 있다.

그것이 얼마 안 있어 등산화라고 말할 수 있는 스포츠 부츠가 된 것은 영국인들이 등산을 위해 알프스를 가서 사냥이나 수정 채집 등을 하는 사람을 가이드로 고용하게 되었기 때문이다.

19세기 알피니스트나 가이드들이 사용한 등산화는 현재의 것에

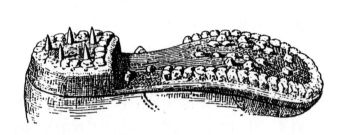

원파가 그린 등산화

비교해 상당히 약하고 화사했다. 윈파의 1864년의 글에 의한 '체르마트의 클럽실'이라는 스케치는 황금시대 등산자 풍속을 교묘히 그려 남김없는 걸작으로 여기에는 당시 제1급의 산악인만 20명 정도가 등산 모습으로 서술되어 있다. 그렇지만 차례대로 서술되어 있는 L. 스티븐, J. 볼, W. 마슈즈, J. 친달, A. 윌스 같은 쟁쟁한 거성들이 신고 있는 신발을 보면 우리들이 종전 직후의 것이라고는 믿을 만한 빈약한 신발이다.

무엇보다도 여명기가 말하는 것은 이처럼 등산화가 빈약해도 원파 등은 이러한 장비, 복장으로 감히 4,000m의 처녀봉에 도전하고 이어서 함락시켰다고하니, 이들의 용기있는 의기에 감탄하지 않을 수 없다. 이 그림이 그려진 때부터 조금 늦게 소위 은의 시대에 활약한 이탈리아의 가이드 E. 레이의 등산화는 이것도 원파가 서술한 곳에 보면 꽤 튼튼한 제작품으로 진보하고 있듯이 판단되어진다. 밑창이 두꺼워지고, 못이 빽빽이 박히고, 신뒤축에는 마마리가 고안한 스파이크가 사용되어 있다.

□신발 뒤에 못을 박는다

등산화는 다른 많은 신발이 그러하듯이 가죽제품이다. 요즘처럼 플라스틱 부츠도 보였지만 오랫 동안 모두 발등도 밑창도 가죽이었다. 따라서 가죽 밑창의 보호와 미끄러짐 방지로 또 후에 등반성을 높이기 위해 여러 가지 못이 고안되어 박혔던 것이다. 결국 못은 빙설이나 바위 표면을 확실히 받쳐 추락 방지와 자세 유지를 효과적으로 하기 위해 사용된 것이다.

그 못은 최초에 호브네일(둥근 머리형)이 있었고 그 이후 신발외연에 늘어 박은 측못으로써 프라이 윙구가 만들어졌다. 곧이어 U.H.U라든가 트리코니라는 성능 좋은 못이 나타났다. 전자는 스타라고도 불리고 밑창 중앙부분에 점점이 박혀진 발모양 못이고 후자는 No.1∼No.8로 종류도 많고 암벽 등반가에게 애용되었다.

특수한 것으로써 옛날엔 마마리 스파이크가 있었지만 이것은 빙하상에는 유용하지만 가죽 밑창을 상하게 하기 쉬운 것과 바위밭에서 부적합한 것이어서 그다지 사용되지 않고 마침 그때 등장한 아이젠으로 대신하게 되었다.

1930년대 말쯤 양질의 강재의 크라웬나겔미라는 못이 만들어졌다. 이 못은 산등성이를 타고 걷는 클링커와 바위밭 가까운 요철을 튼튼히 받치는 암등반용의 트리코니 성능을 함께 가진 것으로 아까운 일이었다.

이런 못을 어떻게 박을까가 이용자가 언제나 생각해야 하는 것이었고, 또 볼 만한 것이기도 했다. 각자가 경험과 있는 지식을 다 기울여 시행착오를 반복하면서 독특한 해결책을 고안해 내서 그것을 같은 편에게 피력해 자랑하는 것이 당시 젊은 등산가의 즐거움이기도 했

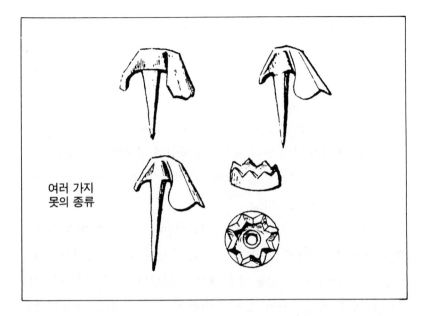

여러 가지
못의 종류

다.

못을 박는 것은, 자신의 산행 목적이나 취미에 의해 어느 종류의 위치에 박을까가 결정된다. 낮은 산의 산등성이를 걸을까, 높은 산등성이를 탈까, 또는 암벽등반일까에 따라 종류의 선택, 편성, 개수, 늘어놓는 법 등이 하나가 아니고, 즐거우면서도 매우 괴로운 것이었다.

□ 징 박힌 구두의 약점

그러나 이 징도 바위밭에서는 꼭 만능이 아니었다. 암벽 등반용으로 되어 있던 트리코니도 눈사태나 흐르는 물에 갈아져서 맨들맨들한 바위에는 약하다.

징 박힌 신발의 결점은 이외에도 있었다. 겨울철이 되면 이 징은

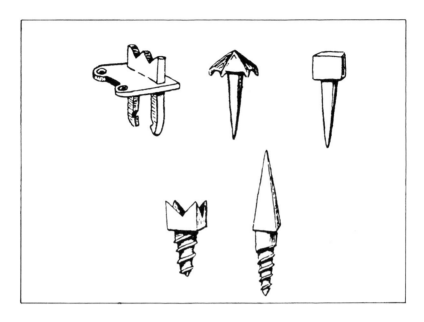

철제이므로 발이 굉장히 시린 것이다. 따라서 자연히 두꺼운 양말을 몇 겹이나 거듭해 신게 되고, 신발의 사이즈도 매우 큰 것을 선택할 필요가 있다. 때문에 바위 밭에 다다를 때 등, 자주 어려움을 겪게 된다.

또 징은 잘 빠진다. 산행을 종료해 구두 밑을 점검하면 징이 빠져 있는 것을 발견해 보충하지 않으면 안 되는 일이 자주 있다. 그리고 빠진 곳에 새롭게 박으면 그 주변 토대가 약하게 되 부분의 징이 여세로 연쇄적으로 빠져 버려 단 한 개의 보충을 위해 결국에는 몇 개나 박지 않으면 안 되는 처지도 된다.

이러한 결점을 모두 제거해 준 고무창의 발명은 등산자에서 커다란 복음이 되었다. 이러한 징을 박는 수고도 필요없고, 가볍고 단열효과가 높고 바위밭에서는 마찰이 비교적 없을 정도로 컸기 때문에 미끄럼에 강했다.

□비블람 솔의 등장

신의 밑창이 고무로 된 것은 1935년의 일이었다.

비블람 솔은 이탈리아의 등산가인 G. 젤바즈티의 요망을 받아 곧이어 같은 나라 등산가인 E. 카스티리오니와 V. 브라마니에 의해 고안되었다. 그리고 젤바즈티는 다음해 7월에 L. 드비스와 함께 간 잭랑 산악의 엘프로아드서봉의 북서벽 중앙주상암릉 첫 등반 때 실용화했다. 그 후 비블람 솔은 급속히 퍼져 1938년 R. 카싱 등에 의한 그랜드 조라스의 오카릉 첫 등정 때도 사용되고 있다.

비블람이라는 이름은 한 상표명이었고 계속해 피레리, 쩰마트 등의 상표도 나타나 이들은 금세 징을 일소해 버렸다.

□이중화의 등장

겨울철 등반이 더욱 고도화해지고 첨예화해지자 신발에 요구되는 조건도 한 단계 엄격하게 되어 갔다. 그 주된 것이 보온력이다. 게다가 이중으로는 당연히 제한이 보태어졌다.

암벽 등반에서 파트너의 행동 중에는 그 안전 확보를 위해 자일을 잘 풀지 않으면 안 되고 자신의 위치는 정지 상태이다. 결국 등반시간의 거의 반은 정지한 채로 있기 때문에 엄동기(嚴冬期)에 있어서 발의, 특히 발끝의 추위는 참기 어려운 것이다. 거기에서 행동을 방해하지 않기 위해 방한성을 높이기 위한 이중구조가 고안되었다. 외측은 종래대로 피혁제였지만 내측의 신발은 어느 메이커나 울의 펠트를 채용해, 속에는 그 주위를 보강도 겸해 엷은 피혁으로 싸기도 했다.

이것은 마침 성행하던 겨울철 등반을 목표로 하는 사람들의 수요에

응해 점차 보급해 갔고 곧 이어 겨울산에 있어서 상식적 장비가 되었다. 아이가 더블 브릭샤사의 루스코니 모델, 로버사의 홋호트리스토 모델 등이다. 갈비엘의 이벨날(마칼 모델)은 다른 것과 같이 내화 외에 여유를 만들어 그 방향의 내측에는 양모를 붙여 보온력을 높였다. 1869년 서독의 로버시는 결국은 3중화 트리프렉스를 개발했다.

이것들은 어쨌든 알프스에 있어서 겨울철 등반을 생각하게 만든 것이지만 네팔 정부의 히말라야 해금(解禁)도 있어서 히말라야에서도 시도되게 되었다.

□플라스틱 신발의 시대로

이즈음 스키는 이미 플라스틱화가 진행되고 있었고, 산악 투어 스키화에서도 서서히 시작되고 있었다. 외국의 등산대는 이것을 히말라야에서 시범 사용하고 성공을 거두어 플라스틱 신발의 효과를 인정하기에 이르렀다.

1980년 한 산악팀이 칸첸즈가 북벽에서 스칼파사의 플라스틱제 산악 투어 스키용 이중화를 대원에게 지급해 부적합한 경우에 대비해 도로미테사, 로버사의 이중 삼중화도 포함해 유행시켰다. 플라스틱제는 방수는 완벽했지만 무더움에 의한 결로(結露)는 피하기 어려워 발끝에 냉감이 붙어 다녔다 한다. 또 일부 대원은 코프락사의 플라스틱 이중화를 사용했지만 결국 보온력에서는 불만이 있었고, 대체로 양호했다. 모두 만족할 수는 없었지만 이런 실험이 개량을 계속해 곧 이어 본격적 플라스틱 등산화가 등장했다. 완전 방수와 무더위에 의한 결로(結露), 이것에 대한 단 하나의 괴로움이 해결되었을 때 플라스틱 등산화는 완성하지만 그 날도 멀지는 않았다.

□쾌적한 트레킹 슈즈

이렇게 본격적인 등산화로는 플라스틱이 기꺼이 받아들여져 차례로 주류를 나타내는 경향이 있었기 때문에 이제까지 오랫동안 친숙해져 있던 피혁제(皮革製) 등산화는 메이커도 생산을 대폭 줄이고 시장에서도 감소하고 있었다. 그리고 그 반면 하이킹이나 트레킹(히말라야 등의 산록 걷기), 한국의 여름산 등에는 소위 경등산화라든지 트레킹 슈즈(trekking shoes)라 불리는 극히 경쾌히 걷기 좋은 신발이 많이 나왔다. 이것은 총혁제(總革製)도 있었지만 거의가 두꺼운 나일론과 가죽의 조합에 의한 비교적 얇은 신발이다. 밑창에는 샹크라는 플라스틱판을 내장시켜 적당한 굳기를 지니게 해 장시간 보행에도 발의 피로를 적게 했다. 일반 스니커(sheaker)와 같이 극단적으로 유연한 밑창이면 발끝의 관절에 걸친 부담이 상당히 크기 때문에 피로가 빠르다. 트레킹 슈즈는 이것을 해소시키려 고려해 디자인된 새로운 타입의 신발이다.

발목이 숨은 깊이가 있는 것도 장애물과의 접촉이나 염좌(捻挫)를 방지하고 따뜻함을 보존하는 등의 효과가 있다. 나는 보통의 운동화를 신고 H에서의 하산 중 급히 내려와 염좌를 당한 일이 있었다. 다행히 짐이 가벼웠던 일로 급히 발목을 고정한 것이 효과가 커서 큰 일은 없었지만 그 후로는 꼭 발목을 덮을 수 있는 신발을 신게 되었다.

현재로서는 눈이 없는 시기의 산을 오를 때는 이 타입이 가장 적합하다 말할 수 있다.

□암벽 등반의 전용화

트레킹이 수평의 세계라 한다면 수직의 세계는 암벽 등반이라 할 수 있지만 이 암벽 등반에도 전용화가 발달해 일반적인 등산화는 암벽 등반으로는 적설기에만 사용되어 왔다. 오래전부터 마나 펠트를 밑창에 이용한 암벽 등반용의 전용화가 있어 일부 특별한 이들에게 애호되었지만 넓게 보급하기까지는 되지 않았다. 그러나 최근에 들어 날이 갈수록 성능이 향상해 요즘 그 세력은 대단하다.

종래 전통적인 스타일의 암벽 등반과는 달리 스포츠 등산이라든지 프리 등산이라는 등반경기가 융성해져 가기 때문이었다. 이 경기성을 도입했던 등반 스포츠는 요즘 자연의 바위밭이 주체이지만 반드시 자연을 필요로는 하지 않고 콘크리트나 목제의 인조벽에 인공적인 손 잡는 곳, 발 디딜 곳을 덧붙여 등반의 기술과 시간을 다투는 지금은 한창 세계적인 붐을 부르고 있다. 이어서는 올림픽 종목에도 첨가되어질 듯한 기미이지만 상당히 쇼적인 요소가 많아 그 의미로서는 현대적이라 말할 수 있지만, 그것만으로도 점점 이 신발에는 특수한 성능이 요구되어 간다.

이것에 사용하는 신발은 밑창에는 요철(凹凸)이 없이 완전히 평평하다. F1레이스의 자동차나 항공기의 차륜의 타이어에 사용되고 있는 고무가 극히 마찰력이 높기 때문에 이것을 신발 밑창에 도입했다고 한다. 이 고무의 성능과 단련된 근력에 의해 극한적인 곡예사를 연출하는 이 스포츠 등산은, 인간이 불가능에 도전하는 궁극적인 스포츠의 하나임을 느끼게 한다.

신발에 한정되지 않고 용구의 발달은 훌륭하지만 용구의 성능에 너무 지나쳐 등산의 본질을 잘못 파악하는 일이 없길 바란다. 어쨌든 신발에 대해서도 대단한 만능의 시대는 가고 때나 장소나 목적에 맞추어 나누어 신는 시대가 되었다.

2. 피켈

□알피니스트의 간판

옥외 스포츠라는 것은 어떻든 여러 가지 용구를 사용한다. 그러나 이것이 또 즐거움이기도 하다. 그 중에서도 등산은 전형적인 옥외 스포츠이므로 용구의 종류가 실로 많다. 산에 오르기 위해서의 용구만이 아니다. 옥외 생활을 보내는 생활 용구나 사계 그때 그때의 기상 조건에 대응하기 위한 의류나 방한복이 더해져 여러 갈래에 이르고 있기 때문이다.

그 수많은 등산 용구 중에서 알피니스트의 가장 마음에 드는, 말하자면 간판이 되는 것은 피켈이다. 등산에 흥미를 갖지 않는 사람이라도 피켈은 알고 있고, 때문에 사회인 산악회나 학교 산악부의 배지(badge)의 의장(意匠)에는 거의 이 피켈이 곁들여져 있다.

그렇게 말하자면 알프스 산록의 샤모니, 체르마트, 그린델발트는 정말이지 등산기지의 마을답게 묘지를 방문하면 알피니스트의 묘석에는 피켈을 그린 조형물이 만들어 있기도 하고 고인의 피켈이 끼워 넣어져 있기도 해서 고인의 추억의 실마리가 되고 있는 것이 많이 보여진다. 이것도 피켈 이외의 것은 아니고 산의 세계에서는 상징적인 존재인 것이다.

피켈에 대한 알피니스트의 깊은 생각은 이렇게 한층 더하지만 이것은 바다의 동서를 가리지 않는 듯하다.

□실용성보다도 장식품으로서

한국의 등산자의 사이에서 등산이라 하면 여름 산에 한정되어 있었다. 그래서 급한 눈 계곡을 오르내리고, 또 적설기의 산을 오를 수 있게 되자, 피켈의 필요성이 인정되어 보급된 것이라고 생각된다. 등산의 보급에 따라 피켈의 수요와 공급이 증대해 갔지만 그래서 아직 피켈을 진정으로 필요로 하는 사람은 극히 일부의 적설기(積雪期) 등산을 바라는 사람들에 지나지 않았다. 그래도 피켈은 팔려 갔고 불필요한 사람조차 사기를 원했다. 그러한 사람들에게는 실용적 장비라기보다 오히려 장식품일 뿐이었다. 피켈을 구입해 이것을 가지고 걷고 결국은 간판을 내걸은 것에 의해 알피니스트인 것을 자각하고 싶었던 것이 아니었을까 생각한다.

□피켈의 기원

피켈은 현재 상당히 완성도가 높은 등산 용구로, 사용자의 수준이나 사용목적에 응해 상당히 세분화되고 기능화 되어 있다.

이런 피켈도 기능면에서 보면 얼음을 깨뜨리거나, 깎기도 해 빙설에 발디딤을 만드는 도끼인 액스(axe)와 크레바스(crevasse)가 많은 빙하의 등강(登降)의 보조가 되는 지팡이인 알펜스톡의 두 가지가 합쳐진 것이다.

피켈은 정확하게는 아이스 피켈(Eis pickel)이지만, 이것은 독일어이고, 영어의 아이스 액스(ice axe), 프랑스어의 피오레(piolet), 이탈리아어의 피코차(piccozza)와 같다.

요즘 모양에 익숙해져 있는 우리들은 처음부터 대개 이런 모양을 갖고 있었던 것이라 생각하지만 멀게 거슬러 올라가 그 기원부터 현재까지의 변천을 보면 상당히 흥미가 생기는 일이 된다. 등산사 그 자체이다.

스포츠 등산이 시작되기 이전부터 고개를 넘는 여행자, 승려, 상인 등에 의해 빙하 위의 등강이 행해졌지만 그들은 이런 곳에서는 꼭 알펜스톡을 사용했다. 이 지팡이는 책에는 알펜스톡(Alpen stock), 알핀 스틱(alpine stick), 폴(pole), 바통(baton) 등으로 쓰여져 있고, 사람의 키보다도 큰 나무봉이었다.

1574년에 발표된 세계 최고의 등산기술서라고 불리는 J. 짐러의 알프스에 관한 논고에는 모두 이 알펜스톡을 비롯한 자일, 아이젠, 선글라스에 대한 해설이 있고 빙하 위의 등강에는 필요하다고 설명하고 있다. 짐러는 스위스의 쮜리히 대학에서 지리학을 강의하고 있었지만, 알프스 등산에는 관심을 갖지 않았다고 말해짐에도 불구하고 이런 기술을 했던 배경에는 이즈음 모두 빙하 위에서의 조난사고가 발생했기 때문일 것이다. 원문은 라틴어이지만 등산사가(史家)인 W.A.B. 크릿지에 의한 상세한 연구에 의하면,

"여행자가 얼음에 미끄러지기 쉬운 장소를 통과할 때에는 뾰족한 철로 된 석돌을 붙인 봉을 사용하고 거기에 기대어 휴식한다. 그리고 급한 도면의 등강 때에도 이 봉을 이용해 체중을 지지하는 역할을 한다. 이 지팡이를 알펜스톡이라 부르는데, 그것은 이 지방의 양치기의 풍습에 의한 것이다."라고 되어 있다.

또, 영양 수렵이나 수정 채집은 필요한 급준한 빙하나 설계(雪溪)를 오르내리기도 하고 횡단을 하기도 하지만, 그들은 빙설 위에 발디딤을 만들기 위해 항상 장작패기용의 도끼를 가지고 걷는다. 이 도끼는 액스(axe), 해치트(hatchet), 핼버드(halberd) 등이라 쓰여져 있고, 이것은 한국식 장작패는 도끼가 아니고 그것과는 다른 도끼라고 생각해야 한다.

□한 장의 동판화에서

주앙 고개 빙하를 오르는 드 소시르 일행

스포츠 등산의 선구가 된 몽블랑 첫 등정을 계기로 만들었던 H.B. 드 소시르가 1788년 7월 주앙 고개의 빙하를 오르고 있는 동판화가 있다. 이것은 C.T. 덴트의 「마운테니아린구」나 G. 레뷰화의 「미(美) 의 몽블랑 산악」에 거의 비슷한 것이 실려져 있고, 당시의 등산 풍경, 등산자의 풍속을 모조리 알 수가 있고, 이 때의 일행은 모두 알펜스톡을 사용하고 있다. 선두를 오르는 사람은 크레바스용의 사다리를 지고 있고, 주목할 것은 두 번째를 가는 인물의 알펜스톡의 앞부분으로, 막대 끝에 갈고리가 달린 듯한 것이 붙여져 있고, 오늘날의 피켈을 암시해 준다. 피켈의 원시적인 모양이 여기에 있다고 보아도 무방하다.

또 이 그림에서 더욱 우리들의 흥미를 끄는 점은 중앙에 있는 드 소시르가 3m 정도의 긴 봉을 옆으로 해 그 한 가운데를 이어 전후의 두 사람의 가이드에게 그 봉의 양끝을 각각 쥐게한 것이다. 드 소시르가 말하는 이 '이동식 목책'(F. 포록은 '사이를 맞댄 난간'이라 말하고 있다)과 함께 가는 방법은, 말하자면 자일로 묶어 조를 짜는 현재의 안자이렌(anseilen)의 방법과 같고 막대기에 자일의 역할을 대행시키고 있다. 드 소시르는「알프스 기행」속에서 '서로에게 폐를 끼치지 않는 확실한 방법'이라 자찬하고 있다.

알프스에서 사냥꾼이나 수정 채집자가 가이드를 시작해 손님에게 고용되게 되자, 그들은 보통 자신의 집에서 사용하는 장작 때기용의 액스를 가지고 나오고 손님에게는 알펜스톡을 권했던 것이다.

□액스와 스톡을 묶는다

액스(axe)와 알펜스톡(alpenstock)이 따로 따로 용구로써 존재한 시대는 오랫동안 계속된 듯하다. 그리고 이 사이에 알펜스톡의 앞에 액스를 묶어 붙인 것인 넓게 퍼져 갔다. A. 랑의「등산 백년사」에 의하면 이 두 개를 연결한 아이디어는 샤모니의 가이드가 빨랐다 한다. 샤모니 피오레라는 것이 그것이다.

알펜스톡의 머리에 액스가 처음으로 고정적으로 세공된 것은, 1854년 A. 윌스의 베타호른 등정 때로 되어 있다. 이것은 알프스 황금 시대의 개막이라고도 불려지는 기념할 만한 등산이었고 이때 윌스가 고용한 벨나오버랜드의 가이드가 이 새로운 피켈을 가지고 있었고, 동시에 고용되었던 샤모니의 가이드가 이것을 보고 눈이 휘둥그래졌다 한다. 윌스의「원더링 아망 자 하이 알프스」에 의하면,

"벨나오버랜드의 일행이 가져 온 스톡은 훌륭히 그 용도에 적합하다. 그것은 튼튼한 생목의 목편으로 나무껍질과 마디도 붙은 채이

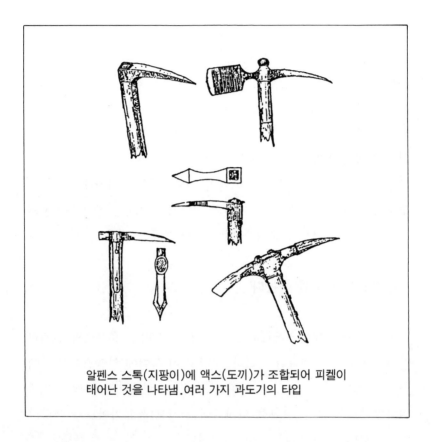

알펜스 스톡(지팡이)에 액스(도끼)가 조합되어 피켈이
태어난 것을 나타냄.여러 가지 과도기의 타입

고, 4피트 정도의 길이가 있고 그 끝에는 강한 철로된 석돌이 박혀
있다. 그리고 다른 한쪽 끝에는 각각의 방향으로 4인치 정도의 무거
운 철로 된 머리를 붙여 그 머리 한쪽은 필요에 따라 얼음을 깨기
위한 날카로운 스파이크를 이루고 있고 다른 한쪽은 폭이 넓은 편평
한 칼날로 세공되어 있어, 마치 유리 자르는 칼 같은 모양을 하고
있다. 이런 종류의 알펜스톡은 샤모니에서는 혼히 볼 수 있는 것이
아니다. 오버랜드의 일행의 도구가 매우 편리한 것에 놀라 처음보는

샤모니의 가이드들은 자주 부러운 표정을 나타내었다.” 이 평평한 칼날형이라 말하는 머리 부분은 지금과 같은 수평이 아니라 수직, 즉 자루와 평행이 되고 확실히 큰 도끼의 모양이다.

이것이 수평으로 된 경위는 흥미있는 주제이지만 지금껏 명확하지 않다.

가이드들의 경험에 의해 차차 고정된 것일 것이다. 가이드인 M. 크로나 25세였던 E. 윈파의 포트레트로 보는 피켈을 비롯해 그때 많은 것은 종형(縱型)이었지만, 언제의 것인지 윈파가 가이드의 왕이라 불렸던 M. 안데레크의 것을 본따 만들었다는 피켈은 모두 수평으로 되어 있다.

□영국산악회 공인 피켈

1864년 영국산악회는 피켈과 자일에 관한 특별위원회를 열어 이 대표적인 등산 용구에 대해 검토를 시작했다. 6명의 위원으로 구성된 이 위원회는 회원에 대해 한번 생각해 볼 가치가 있는 피켈과 자일의 제출을 요구해, 이들을 참고로 하면서 결론과 실험을 행했다. 순진한 반면 자신의 의견을 굽히지 않는 완강함을 함께 가진 등산자 기질에 더해 자신이 소유한 용구에 대한 이만 저만이 아닌 애착과 이것에 핑계가 된 수많은 산 경력, 동시에 비밀스러웠던 기념이나 추억이 있었던 것조차 굉장한 얘기가 있었던 듯하다. 그 결과가 같은 해 7월 5일 회합에서 발표되어 위원장 C. 필킨톤의 이름을 딴 피켈과 붉은 실이 들어간 알파인 클럽 로프가 영국 산악회 원장의 공인 용구가 되었다. 이 피켈과 자일은 그 후 오랫동안 이것들의 규범이 되었다. 피켈은 대장간이 등산가의 요구에 따라 만드는 수제품이었기

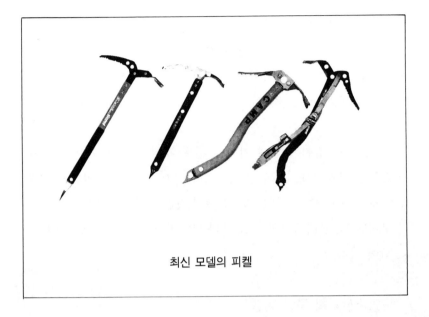

최신 모델의 피켈

때문에 액스 부분의 피크의 커브나 머리부분의 크기에 차이가 생겼지만 현재의 피켈의 원형은 이 필킨톤형이다.

이 필킨톤형 피켈의 현재까지의 변천을 그 모양에서 간단히 살펴보면 아래와 같다.

먼저 지팡이보다도 도끼, 즉 액스의 요소가 강조되어 차례로 대형화하고 거꾸로 자루는 차차 짧아졌다. 그리고 두부(頭部)에는 카라비너용의 구멍이 뚫리고 피크 부분의 커브나 끝의 날카로움이 보다 고성능화 되고 또 자루가 일부를 매고 경합금화되었다. 그러나 거기에는 기본적으로는 변하지 않았다. 자루의 경합금화는 가볍고, 강하고, 노화하지 않고, 품질이 균일하게, 가공이 쉽다는 이점들이 있다.

□빙벽용 피켈

빙벽을 피오레 트랙션으로 오름

　만약 최근의 피켈 양식으로 새로운 경향이 나타났다고 말한다면 통상의 등고(登高)나 종주(縱走)가 주체인 일반 등산자용과 빙벽 등반 지향의 특별 등산자용으로 확실히 구별되는 것일 것이다. 전자는 등산의 질이나 내용에서 형상의 변화는 그다지 보이지 않지만 후자는 두부의 형상, 구조가 상당히 바뀌고, 등반의 대상에 따라 혹은 또 자신의 등반 기술이나 취미에 따라 선택할 수 있게 되었다. 예를 들면 피크 부분이 종래의 형태 위에 반대측으로 휘어진 '바나나 피크'라 불리는 형이나 세미튜브라는 반원통 모양 피크도 등장하고 거기에 이들을 목적에 따라 나사 한 개로 풀고, 교환할 수 있는 신기축(新機軸) 제품이 등산자에게 환영되고 있다.
　이러한 한층 기능화된 말하자면 실용 하나만을 고집하는 피켈은 시대의 요구에 의해 생긴 것이고, 이 현대적인 피켈이 어떻게 사용되고 있는가를 보는 것에 따라 현대 등산계의 최첨단의 모습을 알 수가 있다.

등산사를 뒤돌아 볼 것도 없이, 등산은 '쉬움'에서 '어려움'으로, 그리고 '낮은 곳'에서 '높은 곳'으로 나아왔다. 결국 용이한 산등성이나 계곡의 코스에서 정상이 한도에 이르러지면 다음은 어려운 암벽, 빙벽에 루트가 구해진다. 그리고 알프스에서 히말라야로 보다 높은 곳으로 시도되어진다. 알피니스트는 항상 보다 높은 곳을 동경하고 보다 어려운 것을 구하는데 그치지 않는다.

□피오레 트랙션

현재의 최첨단 등산자들은, 전에는 오르는 것을 생각조차 못 했던 암벽이나 빙벽을 등반의 대상으로 하려 하고 있다. 이들의 벽은 크고 급준(急峻)하고 곤란하고 어려워, 공포스러운 곳이다. 때문에 피켈은 몸의 균형을 유지하기 위해 지팡이로서 찌르던가, 발디딤을 안정시키기 위해 빙설면에 발디딤을 만드는 등의 지금까지 통상 행해졌던 용법과는 다른 사용법이 되고 있다. 지팡이도 아니고 도끼도 아닌, 단단한 얼음에 일부러 박아 세운 피크에 전신(全身)을 의지한다고 할 수 있는 궁극의 용구이다. 현재 두껍고 단단하고 완전히 얼음이 된 벽면을 오를 때, 피오레 트랙션이라는 기술이 사용된다. 한쪽 손에 피켈, 다른 한 손에 아이스해머(피켈의 피크. 반대측이 블레이드가 아니라 해머로 되어 있는 것)를 가지고 서로 크게 휘둘러 피크를 빙벽에 푹 찌른다. 두 개의 피크가 얼음에 확실히 파 들어가 있을 때 아이젠의 전조를 차 넣고 몸을 끌어 올린다. 이 동작을 반복해 등반을 계속한다. 좌우 중 한편에 해머를 사용한 것은 안전확보를 위해 후술한 아이스 하켄을 치기 위함이다.

이 가장 첨단적인 등반기술, 피오레 트랙션은 오르는 기술과 이것을 도와주는 용구가 훌륭히 조화한 모습이라 볼 수 있다.

□스위스의 명품 셍크와 위릿슈

피켈의 본격적 생산의 시작은 스위스였으므로 피켈 대장간이 많은 것도 당연하다. 그 수많은 피켈 직업인 속에서 가장 이름을 떨친 사람은 그린델발트의 C. 셍크일 것이다. 셍크가 단련한 피켈은 스위스를 대표하는 명품으로 알려져 그 본거지에서도 상당히 손에 넣기 어려운 귀중품이었다.

셍크에게 관련된 피켈이 몇 개인가 실려 있는 책을 보면,

"셍크에게는 하나의 재미있는 버릇이 있다. 하나의 피켈이 완성되면 그것을 자신의 침대 위에 올려 놓는 것이다. 그리고 마음 갈 때까지 그것을 바라본 후, 꼭 스스로 싸서 주문한 사람에게 보내는 것이다. 말로 한 것은 아니지만 자신의 작품에 대한 크나큰 애착을 나타내고 있다."

마타호른 산록의 첼마트 북쪽 변두리 텟슈마을에는 또 하나의 명브랜드 위릿슈가 있다. 이 상품의 이름은 지금도 상점 앞부분에서 볼 수 있고 변함없이 목제의 자루로 통하고 있고, J. 위릿슈는 대단한 애주가인 듯 일하는 곳보다 술집에서 취해 있는 쪽이 많았다고 전해지고 있다.

□마로리의 유품이 아니었다

위릿슈에는 이런 이야기도 있다.

1933년 영국의 제4차 에베레스트 정복 때 W. 하리스와 L.R. 웨이저 두 대원이 동북릉의 바로 밑에서 거의 신품으로 보이는 한 자루의 피켈을 발견해 가지고 돌아왔다. 두부는 빛나고 있고 위릿슈의 이름을 확실히 읽을 수 있었다. 이것은 1924년 제3차 원정에서 정상을 목표로 한 채 행방불명이 된 G.H.L. 마로리나, A. 아빈의 것에 틀림없었다. 이 두 사람의 최후의 모습을 본 N.E. 오델은 이 피켈의 진짜 소유자에게 관련하여 목제 자루로 만들어진 111이라는 칼자국의 실마리를 풀려고 당초부터 마로리나 아빈의 양가족에게 문의하기도 했다.

1962년이 되어 아빈의 큰형이 이따금 부친의 유품을 정리할 때 군인용 지휘봉에 새겨진 111이라는 평행선을 발견해 오델에게 알려왔다. 아빈은 아버지의 습관을 흉내낸 것이다.

30년이나 자세한 조사를 받지않은 채 위릿슈를 사용할 만큼의 것이라면 마로리가 틀림없다는 정도의 선입관에서 이것은 마로리의 것으로 오랫동안 영국산악회의 도서실 벽에 걸려져 있던 피켈이 이렇게 해서 아빈의 것임이 증명되었다. 1921년 22년의 에베레스트 원정에 이어 그 위에 세 번째의 싸움에 도전하려고 하는 마로리가 "왜 에베레스트에 오르는가?" 라는 질문에 이렇게 대답했다고 말해진다. "그것이 거기에 있기 때문에(Because it is there)."라는 대사와 함께 마로리가 전설이 많은 영웅이라는 것을 증명하는 것이기도 하다.

□트로츠키 암살 흉기

피켈에 관한 이야기로는 어두운 에피소드도 있다.

때는 1940년 8월 20일 저녁, 장소는 멕시코의 코요아칸. 소련 혁명가 L. 트로츠키는 자신을 사랑해 주는 젊은이들이, 스탈린이 파견한 암살자 집단의 습격을 4개의 망루에서 경계 감시하는 속에서 서재에서 R. 멜카델이 바친 논문을 열심히 읽고 있었다. 스탈린에 의한 암살 계획이 착착 진행되고 있는 것은 알고 있었고, 또 사실 3개월 전에는 20여명의 습격을 받았을 정도의 트로츠키는 당연히 극도로 경계는 하고 있었지만 설마 이 멜카델이 자신의 생명을 노리고 있으리라고는 생각지 않고 확실히 신용해 방심하고 있었다.

등 뒤에서 조용히 살며시 다가온 멜카델은 자루를 짧게 만든 피켈을 품에서 끄집어내어 트로츠키의 정수리를 목표로 휘둘러 무참히 때렸다. 다음날 트로츠키는 절명했다.

이 멜카델이라는 남자는 처음에는 정치적 무관심을 가장해 잭슨이란 가명으로 트로츠키의 여성비서 S. 아게로프에게 접근해 감쪽같이 약혼자가 되는데 성공한다. 곧 이어 트로츠키의 신뢰를 얻고 자신의 논문을 읽히기까지 된 것이다.

흉기로 된 피켈은 프랑스에서 구입했다는 것에서 생각하기에 카모 시카 마크의 F. 시몬의 제품이었다.

3. 아이젠

아이젠이란 것은 철을 의미하는 독일어이지만 등산 용어의 경우, 정확하게는 스테이그 아이젠으로 등산화의 밑에 부착해 빙설상의 등강을 보조하는 칸지키의 것이다. 영어, 프랑스어에서는 크램폰(crampons)이라 말한다. 러시아어에서는 코시카(고양이)라 말하는 걸 보면 확실히 설면을 잡고 걷는 아이젠 보행술이 고양이의 걷는 법을 생각나게 하는 것에서 왔을지도 모른다.

아이젠은 피켈과 함께 가장 대표적인 빙설 등반 용구이지만 피켈의 훌륭함에 가려져서 아이젠은 실용적 가치를 그다지 인정받지 못 하였다. 적어도 과거에 있어서는 그랬었다.

그러나 생각할 것도 없이 등산은 발로 오르는 것을 제1의 기본으로 한다. 그렇기 때문에 등산화가 가장 중요한 등산 용구라 말해져 왔었고 같은 의미에서 빙설상의 등강에 있어서는 아이젠이 완수할 수 있는 기능상의 중요함은 상당히 커서 그 신뢰도는 피켈을 능가한다고 생각해도 좋다. 아이젠이야말로 가장 표면에 나와 정당히 평가되었다.

등산에는 여러 가지 형태가 있지만 그 중에서도 일반적인 설산등산에 있어, 특히 초급, 중급 수준에 있어서 피켈은 간단한 지팡이 대신으로 미끄러질 경우의 정지 용구 등의 역할을 한다. 결국 소극적 용법의 경계를 벗어 나지 않는다고 생각할 수 있다.

□ 확실한 기반

한편, 아이젠은 이러한 수준에 있어서조차도 적극적으로 활용되는 것이 요구되고, 등산자는 그 덕분으로 안전을 지켜 나가 등산에 필요한 시간을 절약하고 노력을 절감하고 추측하기 어려운 효과를 얻는 아주 큰 것이다. 또 미끄러짐을 예감할 수 있는 도면에서도 공포감을 해소해 주거나 적어도 덜어 주는 것은 틀림없다. 필요성에 있어서 아이젠과 피켈을 비교할 때 일반적으로는 아이젠이 주역이고 피켈은 협조역이라 말해도 과언이 아니다.

높은 수준의, 말하자면 피오레 트랙션으로 대표되는 요즘의 빙벽 등반 같은 수직 세계에서 이 양자는 처음으로 관련성을 발휘해 적극적 대책으로 사용되고 있다. 무엇보다도 이 경우의 피켈은 종래의 관념에 기초한 피켈과는 조금 모양을 달리하고 있는 것이고 꽤 진화한 특수한 목적에 적응한 용구임을 알 필요가 있다.

어쨌든 지금이야말로 아이젠은 눈이나 얼음에 덮여진 산을 안전, 신속, 확실히 등강하기 위한 필요불가결한 상식적인 용구로 되고 있다. 예를 들어 아이젠 없이 등반할 수 있다 해도 하강할 때에는 아이젠이 완수하는 확실함은 무엇에도 바꿀 수 없는 중요한 존재이다. 눈이나 얼음의 경사에서의 많은 사고는 하강시에 일어나는 것이고 아이젠에 의해 방지한 경우는 결코 적지 않았다라 생각된다.

□ 아이가 북벽에서 증명된 위력

A. 헥마이어둥이 아이가 북벽에서 사용한
12개 갈고리 아이젠

등반사 중에서 아이젠의 효과를 증명하는 등산 보고는 많이 기록되어 있지만 1938년 7월 아이가 북벽을 무대로 연출된 2조의 아이젠에 대한 사고법의 차이는 우리의 흥미를 끌기에 충분하다. 과제로 남겨진 미등의 대암벽의 등반을 이루기 위해서는 새로운 용구의 개발이 필요하다는 것을 여실히 나타내는 이 첫 등반극은 새롭게 등장한 축조부 12개조 아이젠(수벽에 박으려고 신발의 앞 방향에 2개의 갈고리가 나온 아이젠)의 성능을 유감없이 증명한 것이다.

아이가 북벽은 당시 모두 등정된 마타호른 북벽, 그랜드 조라스 북벽(크로측릉)과 함께 알프스 3대 북벽의 하나로 첨예한 등산자의 불타는 눈이 향해지고 도전을 받고 있었다. 그리고 모두 8명이 이 암벽에서 죽었던 것이다. '죽음의 비바크', '힌트 슈트에서 트라버스' 등의 지점은 언제나 희생자가 따르고 있다.

이 해 7월 21일. 3조의 6명의 용기있는 등산자가 이 북벽에 오르고 있었다. A. 헥마이야와 L. 헬크는 이 위험한 암벽에서의 6명은 너무나 무모하다. 판단해 날씨가 악화되는 이유로 하산해 버린다. 나중의 4명은 등반을 속행하지만 L. 후라이슬, L. 브랜코프스키조는 낙석사고 때문에 끝없이 계속 하강했다. 이미 산기슭에 도착했던 헥마이야가 망원경으로 보니 한 조만, 즉 H. 하라와 F. 카스파렉 조만이 오르고 있었다. 퇴각의 이유가 없었던 헥마이야조는 22일 새벽 다시 암벽으로 되돌아 간다.

"다시 한번 망원경으로 보았다. 카스파렉은 첫 번째 설벽에서 두 번째로 팔이 닿는 한은 힘으로 커팅(피켈에서 발디딤을 단계상 만드는 일)을 하면서 나아가고 있었다. 아마 그는 12개조의 아이젠을 신고 있지 않았던 것 같다. 때문에 그는 얼음의 크로얼에 깊은 계단을 파지 않으면 안 되었다. 많은 시간의 손실과 많은 중노동이다. 그러나 우리들의 12조 아이젠은 계단을 필요로 하지 않았다. 단순히 자일의 길이에 따라 적은 장소를 마련해 확보하기 위해 하켄을 박을 뿐이었다.

나는 처음으로 12개조 아이젠을 사용한 것이다. 그 성능의 장점에는 놀랐다. 그리고 그 갈고리 앞이 직등 때에 주는 안전성은 또 가장 급준한 등로에서도 쾌적한 것이었다. 최초의 설벽은 수분 후 정복되었다."(A. 헥마이야「알프스의 세 개의 벽」)

□신형 아이젠에 의한 성공

헥마이야 조는 이날 오전 중에 선행한 하라 조를 뒤쫓아 버렸다. 결국 고성능 아이젠의 덕분으로 하루를 벌은 이유(H. 하라 '하얀 지주')가 될 것이다.

하라는 눈이나 얼음의 장소에서는 카스파렉이, 바위밭에서는 자신이 선두에 서서 오르는 것으로, 아이젠 한 발분의 중량을 경감시키려고 생각한 것이었지만 12개조 아이젠의 성능을 눈앞에서 보고 큰 충격을 받았다. 후에 카스파렉도 "옛 세대의 사람들의 시간이 걸린 계단기술은 새로운, 전혀 없던 예리한 아이젠 기술에 의해 바뀌었다."('아이가 북벽에 도전한다')라 술회하고 있다.

축조부 아이젠의 등장은 등산 용구사에 있어서 하나의 획기적인 사건이다. 이후 대부분 아이젠은 축조부로 되어 갔다.

결국 이 4명은 하나의 조로 서로 협력하면서 24일 오후 3시30분, 마의 암벽으로 이름높은 이 아이가 북벽의 첫 등정에 성공했다.

□신병기의 등장

그러나 앞 방향에 축조가 붙은 12개 아이젠이 처음 사용된 것은 이 아이가 북벽의 첫 등정 때는 아니다. 10개조의 아이젠의 갈고리 끝에 2개의 갈고리를 더 붙인 기발한 발상은 1932년 이탈리아의 등산가인 L. 그리벨에 의해 생긴 것이라 말해지고 있다. 그리벨은 에기유

드 벨트(4,122m)의 윈파 크로와르에서 이것을 시험할 때 스텝 커팅으로 앞서가던 그룹을 금세 따라 잡아 버려 축조의 경이적인 효과를 실증했다. 이 결과에 주목한 독일, 오스트리아의 등산가들은 곧 이것을 채용하기 시작한 것이다.

예를 들면 1935년 6월 뮌헨의 R. 페터스와 M. 마이야는 그랜드 조라스 북벽의 크로측 능의 첫 등정 때 이 빙설 부분이 많은 루트에서 12개조 아이젠을 유효하게 사용해 성공을 거두었다.

그리벨은 거기에 이 축조를 사용한 기술(프론트 포인트 테크닉)을 한층 효과적으로 하기 위해 조인트 부분이 굽지 않도록 철 막대기를 붙여 고정했다고 한다.

헥마이야들은 이 실적을 인정해 걱정은 되었지만 사용했다. 그들의 아이젠으로 시도해 본 동안은 조인트 부분없이 일체가 되어 있는 것 같다. 하라나 카스파렉은 아이가 북벽에 도전할 시점에서 이 '신병기'를 알지 못했던 것일까? 카스파렉의 이야기는 그것을 말하고 있는 듯 들리지만.

이 아이젠의 유리함이 인정되어 60년 가깝게 된 지금에서는 전세계의 알피니스트에 의해 극히 상식적인 표준 용구로서 완전히 보급해 있다. 우리 나라에도 예외는 아니지만 그래도 아직 소수의 축조에 대해 회의적인 사람이 있다. 실패의 원인이 된다라는 것이 그 이유이지만 한 번이라도 실제 사용해 보면 기우인 것을 이해할 수 있다.

□아이젠이 불필요한 시대

유럽에서는 알프스가 만년설로 덮여져 있기 때문에 옛부터 스위스의 J. 짐러와 같이 빙하상의 등강에서의 아이젠의 효용에 대해 설명

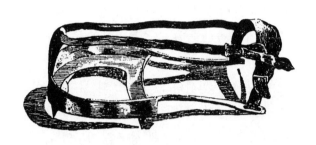

드 소시르의 3개 갈고리 아이젠

하는 사람이 있다. 또 H.B. 드 소시르는 몽블랑이나 그 외의 산에서 3개조의 아이젠을 사용한 것이 알려져 있다. 현재의 아이젠을 연상할 정도가 아닌 것은 말할 것도 없지만 어쨌든 유치한 모양이면서 빙하의 완경사면에서는 애용하고 있었다.

이런 용구가 있다면 빙하상에서는 유효하다고 말한 것은 옛부터 알려져 있었고, 후년 알프스 황금시대라 불려 눈부시게 전개된 첫 등정의 시기가 돼서도 4개, 5개 정도의 간이 아이젠으로도 불편함을 느낌도 없고 관심도 없었다. 그때는 오로지 한 사람이라도 많은 가이드를 고용해 무수한 발디딤을 만들어 오르는 것만을 생각하고 있었기 때문일 것이다. 4000m급의 고봉에서도 가장 쉬운 루트에서 등정하는 것만을 목표로 하게 되면 충분히 큰 발디딤만 만들면 간이 아이젠으로도 혹은 그것조차 없어도 오를 수 있다면, 그러면 아이젠을 진지하게 생각할 것도 없고, 따라서 발달할 수도 없었다.

E. 윈파는 친구인 T.S. 케네디로부터 4개조 아이젠을 받은 일이 있었다. 그러나 그는 지금까지 본 가장 훌륭한 아이젠이라고 인정하고는 있지만 확실히 발디딤만을 만들지 않는 한 역시 역할을 해내지 못할 것으로 거의 사용한 일이 없었다. 아이젠 보다 발디딤판을 중시한 윈파와 당시의 모습을 볼 수가 있다.

그 윈파의 마타호른 첫 등정에 이어 소위 '은의 시대', 즉 1882년의 댄 듀쥬앙(4,013m와 4,009m의 쌍두봉)의 첫 등정까지의 17년간에서도 아이젠의 진보는 보이지 않는다.

□영국인의 아이젠 무용론(無用論)

그 후 선구자들이 오르지 않은 산기슭이나 위성봉 등에 주목하기 시작할 즈음 차차 아이젠은 개량 발달해 갔다. 갈고리의 수도 6개, 8개, 10개로 증가해 가고 서서히 그 유효함이 인정되고 특히 독일, 오스트리아 등산가들에게는 호의를 가지고 맞아 들여졌다. 그러나 의외로 영국의 등산가들에게는 냉대되고 있었다. "아이젠의 사용법을 배운 사람은 죽마타기를 배우는 것과 같은 이익밖에 얻을 수 없을 것이다."라고 비판하기도 하고, 아이젠은 '도깨비의 발명품'등이라 배척되었다고 말해진다.

당시 영국의 지도적 입장의 많은 등산가는 아이젠이라는 것을 신뢰할까 걱정이 들었는지 또는 사악한 길이라 생각했는지 호의적인 기분을 갖지 않았다.

아마 자신들에게 있어 필요없는 것은 등산계 전체에서도 필요없다고 생각했던 것일까? 또 그들은 등산을 스포츠로 하는 인식도 독일, 오스트리아의 알피니스트들의 그것과는 상당히 차이가 있어 변함없이 보수적이었다. 당시의 영국산악회원의 많은 수는 현재의 스포츠맨이 생각하듯이 스포츠의 기록이라는 것은 곧 바뀌어 써지는 것이고, 불가능이라 믿었던 것도 가능해질 수 있다는 것을 생각하지도 못했고, 등산의 장래에 대해 전망하는 일도 없고 또 후진에 대해서도 이해나 관용도 나타내지 않은 것 같다.

1900년 전후에 들어 연이어 등산기술서가 출판되자, 모두 아이젠의 훌륭함을 인정하게 되었지만 아직 눈이나 얼음의 경사의 실제 등반에는 피켈에 의한 발디딤판을 주체로 한 해설이 되어 있다.

□에켄슈타인형 아이젠의 등장

이즈음, 그 과학적 재능을 등산에 주입해 나중의 세대에게 큰 공헌을 한 O. 에켄슈타인이 지금까지의 아이젠으로 개량을 더해 한층 완성한 8개조, 10개조 아이젠을 고안해 스위스의 A. 휴프하프 사에게 만들게 했다. 이것은 1910년의 일이라고 D. 스콧은 말하고 있지만 이미 그것보다 전인 1892년 M. 콘웨이가 이끄는 카라콜무 탐험대가 사용해 성과가 있었다고 말해진다. 에켄슈타인은 이 대의 부대장격으로 참가하고 있었지만 도중에서 대를 이탈해 버렸다. 그는 명석한 두뇌와 섬세한 성격을 가졌으나, 이것이 화가 되어 타인과의 협조성을 줄여 오해나 편견을 받게 된다.

무엇보다도 에켄슈타인 자신도 처음에는 아이젠을 경멸하고 있던 한 사람이었다. 그러나 1886년 H. 로리아와 조를 짠 호벨크호른(4,219m)에서 루트를 다르게 한 것도 있었고, 얼음의 등반에서 아주 지쳐버려 이때 처음으로 아이젠조차 불가결한 기본적 용구인 것을 알았다.

에켄슈타인형 10개 갈고리 아이젠

그는 자신이 지금까지 가지고 있었던 아이젠 무용론(無用論)은 완전히 자신의 무지와 편견에 기초한 것임을 깨닫고, 입장을 바꾼 것이다. 그리고 바로 최근까지의 아이젠의 기초이며 원형이 된, 세상에서 말하는 에켄슈타인형 10개조를 완성시킨 것이다.

그 후 그는 아이젠을 정교하게 구사하는 것으로 에켄슈타인형 10개조를 완성시켰다.

게다가 당시 유행하고 있던 무겁고 커다란 피켈은 필요없다고 해 한 손으로 취급할 수 있는 전체 86cm, 피크의 길이 18cm, 무게 1kg이라는 그 때로서는 아주 가볍고 짧은 피켈도 고안했다.

에켄슈타인은 아이젠과 피켈을 짜 맞춰 동시에 사용함으로서 양쪽 모두를 보다 기능화시킨 기술을 실행한 최초의 사람으로 또 등산화의 밑창에 박은 징을 개량하고 자일의 꼰 것에 따른 묶는 법을 연구하기도 하고 과학자로서의 능력을 충분히 발휘한 등산가였다.

곧 이어 스위스의 가이드들도 아이젠을 사용하게 되고, 그때까지의 부당한 시선도 점차 사라져 갔다.

□호레쇼프스키형

에켄슈타인형은 아이젠 자체로는 좌우 구별이 없다. 조인트 부분의 움직임으로 결정된다. 신발에는 좌우가 있기 때문에 아이젠도 이것에 대응한 형을 만드는 것이 이상이라고 하는 생각이 나타나고 고안된 것이 호레쇼프스키형 아이젠이다.

고안자 A. 호레쇼프스키는 뮌헨의 슈미트 형제에 의한 마타호른 북벽 첫 등정의 선구로서 이미 1923년에 이 북벽을 시험등반하고 헤른리릉의 평평한 곳으로 내팽개친 등산가이다.

□H 블루의 후크식 아이젠

이 후크식은 이미 1953년 독일, 오스트리아의 낭가 팔비트대에서 시험되었다. H 블루는 고투의 끝, 단독으로 등정에 성공하지만 하산을 시작해 얼마 안 있어 오른발 아이젠의 스트랩이 완만해 후크에서 떨어졌기 때문에 이 아이젠이 벗겨져 버렸다. 아차하는 순간에 아이젠만은 묶는 것이 가능했지만 스트랩은 눈의 도면으로 흘러내려 버렸다. 그 대용품이 되는 끈 하나 갖지 않은 블루는 왼발의 아이젠과 2개의 스키 스톡을 의지해 어두워진 낭가 팔버트를 단 혼자서 하강을 계속했다. 피켈이라 말하면 파키스탄 국기를 묶어서 산꼭대기에 남겨 둬 버린 것이다.

8,000m나 높은 곳에서 텐트도, 침구도, 식량도, 그리고 물조차도 없이 노숙을 면치 못하게 된 블루는 다음날 어떻게 해도 아이젠이 필요한 바위와 얼음의 급경사면에 당도했다. 블루는 어찌할 바를 몰랐지만 방풍 바지의 끈을 풀어 오른발의 아이젠을 묶어 보았다.

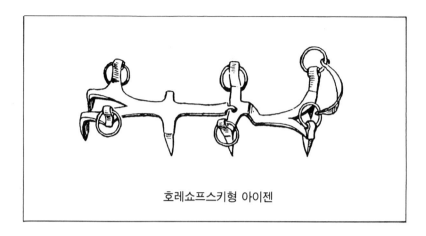

호레쇼프스키형 아이젠

그렇지만 몇 발자국도 가지 못해서 풀어져 버렸다. 이 절망적인 노력을 몇 번이나 반복했지만 마침내 블루는 이 아이젠을 아예 남측의 암벽으로 던져버렸다. 그렇지만 블루는 초인적인 인내를 보여 환각에 빠진 몽유병자와 같이 되면서 드디어 제5캠프로 살아 돌아온 것이다.

블루를 고생시킨 이 후크식은 일반적으로 그다지 유행하지 않았다.

이 때부터 등산화의 밑은 못에서 고무로 변해갔다. 그리고 앞부분에 소위 축조를 붙인 12개 갈고리 아이젠이 등장하기 시작한다. 동시에 아이젠의 성능을 보다 한층 효과적으로 하기 위해 자신의 등산화에 맞추어 주문하는 사람도 늘고 있었다. 아이젠의 사이즈는 1호에서 4호까지 4단계밖에 없었기 때문에 사람들 전부 만족시킬 수는 없었던 것이다.

□획기적인 현대의 아이젠

최신 아이젠의 갈고리는
빙벽에 박는 것만이 아닐,
얼음과 바위가 섞인 곳에
서도 유효하다.

아이젠은 신발에 꽉 맞게 갈고리의 위치는 구두의 외측으로 같은 간격으로 배열되고, 동시에 갈고리의 끝은 항상 샤프하게 되어 있는 것이 이상이다. 그리고 그 장착은 신속히 되어 사용중에 이탈해 버리는 일이 없도록 한다.

전세기 말부터 금세기 초에 걸쳐서의 오늘날에서는 고전이라 말할 수 있는 중요한 기술서를 저서한 C.T. 덴트, H. 레반, J.W. 양구, W. 아브라함은 당시 이미 등산화와 아이젠이 정확하게 맞지 않으면 위험한 것을 지적하고, 그 중에는 스케이트를 예로 들어 설명하고 있을 정도이다. 오랜 시간 이런 요구에 따라 드디어 유럽에서는 1950년대

중반경부터 사이즈 조절이 가능한 형식이 개발되었다. 지금까지의 한 켤레 한 켤레를 전문인이 빨간 철의 덩어리를 불려 나가며 완성해 가는 단조(鍛造)라는 수작업에서 강판 구멍을 뚫어 가공하는 공장 생산으로 바꿔 갔기 때문에 조인트 부분에서 조절할 수 있는 방법이 생각되었다. 또 제강기술의 향상과 함께 쉽게 양재가 나오게 되어 동등 이상의 강도가 경량으로 얻을 수 있게 된 것도 커다란 장점이 되었다.

등산 용구의 개발이나 개량에 상당히 커다란 공헌을 한 등산가로 미국인 I. 슈이너드가 있다. 슈이너드는 1967년 친구인 T. 흐러스트와 함께 리지드식 아이젠을 고안했다. 이 아이젠은 사용자가 좋아함에 따라 조립해 등산화에 맞추기도 하고 갈고리의 위치를 결정할 수도 있는 획기적인 구조를 가진 제품으로 갈고리 끝으로 서도 휘지 않고 빙벽의 등반에 호적하다.

게다가 거기에서 맞닥뜨리지 않으면 안 되는 것이 피켈의 항목에서도 서술한 피오레 트랙션이라는 기술이다.

이것은 2개의 액스(피켈과 아이스 해머)를 사용해 매우 급준한 설벽이나 빙벽을 오르는 기술이지만 이 때의 아이젠의 효과는 상당히 크고 체중의 대부분이 앞의 축조 2개에 걸려 있다. 때문에 이 재질, 형태, 위치, 각도는 등반의 성부를 좌우하는 중대한 포인트가 된다.

그리고 체구인 스트랩으로서 마, 피제는 모습을 감춰 나일론이나 네오플렌 등 강도가 있어 동결하지 않는 것으로 바뀌고 방법도 하나 조이고 두 개 조이는 고정식으로 진전했다. 현재에서도 스키 체구 같은 수동식은 있지만 원터치로 장착할 수 있는 형식이 차차 주류를 차지하게 되고 있었다.

이렇게 공법, 구조, 재질 등 일련의 진보의 은혜를 받아 아이젠은

현저하게 변신해 갔다. 등산 용구가 바뀌었다고 말해지는 중에서
아이젠의 진보가 가장 현저하다고 나는 생각한다. 그렇다고 하면
아이젠이 현대 알피니즘에 있어서 가장 중요한 용구인 것을 증명한다
고 생각해도 좋은 것이다.

4. 자일

□의지나 상황을 전하는 신경

알프스나 히말라야를 말할 것도 없이 국내의 산에 있어서도 바위밭을 등반하기도 하고 저습지를 거슬러 올라가기도 하고 혹은 급한 설계를 하강하기도 할 때에는 자일을 원하게 된다. 하이킹이라든지 트래킹 같은 즐거운 산등성이를 걷는 것이 아니라 암벽등반, 겨울철의 높은 산, 폭포가 많은 저습지 같은 등산이 되면 자일은 매우 중요한 용구가 되어 등산자와 자일은 긴밀한 관계가 된다. 문자대로 생명의 밧줄이고 끊어도 끊어지지 않는 관계란 마땅히 이것이다.

등산자가 자일을 묶는 일은 서로 돕는 일이다. 2인 1조가 되는 것이 보통으로 이상적이지만 혼자서 오를 때 다른 한 사람은 이것을 확보한다. 자일을 묶는 순간부터 이 두 사람은 서로의 위기를 구하는 것을 맹세하고 행동과 운명을 함께하는 것을 암묵 속에서 이해한다. 말하자면 육체만이 아닌 정신도 묶여서 한 사람이 되는 것을 의미하는 것이다. 그래서 자일을 묶는 일——이것을 등산자는 안자이렌(ànseilen) 이라 말하고 있다——은 상당히 중대하고 엄숙한 일이다.

이 때의 자일은 단순히 하나의 밧줄에 그치지 않고 서로 의지나 상황을 전하는 신경인 혈관이 된다. 게다가 마음이 맞는 사람끼리 또는 숙달한 사람끼리의 안자이넨 한 조는 상대의 사소한 생각이나 행동이 자일의 움직임 하나로 알 수 있다고 말한다. 자일이 흐르는 듯이 움직이고 있을 때 또 꼼짝않고 움직이지 않을 때 상대가 어떤 상황에 놓여지고 있는가. 무엇을 생각하고 있는가를 예로 모습이 보이지 않아도 이해할 수 있는 것이다. 그리고 일단 완급하면 곧 그리고 정확히 대처해 생명을 구하고 피해를 최소한으로 그치게 한다.

옛부터 자일 한편인 우정은 단단한 줄로 묶여져 형제 이상으로 친하다고 말해져 온 이유도 여기에 있을 것이다.

□격시(隔時) 등반과 동시 등반

암벽등반에서 안자일렌해서 오르는 경우 보통은 이렇게 한 사람씩 오르는 격시 등반이라는 형태를 취하고 한 사람이 오르고 있는 동안 다른 한 사람은 한 곳에 머물러 상대를 확보한다. 그러나 정말 쉬운 곳이라면 동시 등반(한편으로는 연속 등반이라고도 한다)이라고 해 두 사람이 동시에 안자이렌 채로 오르는 것이 있다. 오히려 격시 등반보다 한층 신중히 행동할 필요가 있다.

실제로 바위밭에서는 눈의 경사면에서도 시간을 절약하기 위해 동시 등반으로 행동하는 일이 자주 있다. 이 경우도 상대가 미끄러졌을 때 순간 확보태세로 들어가 확실히 멈출 수 있다는 보증이 없어서는 안 된다.

자일을 묶은 조가 오르는 광경을 아직 본 적이 없는 사람은 안전을 지키기 위해 자일을 사용하는 것을 머리로는 이해하고 있고, 마음 속으로는 한 사람이 추락할 경우 다른 한 사람도 끌려 떨어지게 되는 것은 아닌가라고 걱정한다. 이런 일이 있으면 무엇 때문에 자일을 사용하는지 알 수 없지만 처음 보는 사람에게는 자연히 의문일 것이다.

이런 의문을 해소하는 것이 확보기술이다. 자신이 떨어져도 상대가 떨어져도 서로가 확실히 확보하고 있어서 연좌됨을 방지하는 이 기술은 등산기술 중에서도 어렵고 잘 훈련해 습득하지 않으면 안 된다. 성가시지만 극히 중요한 기술이다. 최근은 보조 용구가 발달해 이용법을 습득하면 비교적 쉽게 확보할 수가 있게 되었다.

□자일로 확보하는 기술

등반 용구의 항목에서 서술했듯이 최근 등반에서는 여러 가지 보조적인 용구의 발달과 그 효과적인 사용법에 의해 확보기술은 현격히 안정하고 확실하게 되었다. 자기자신을 지키는 셀프 빌레이(self belay) 등반 중의 추락의 거리를 짧게 하기 위한 러닝 빌레이(running belay), 그 충격을 가능한 한 완화시키면서 멈출 수 있는 다이내믹 빌레이 등 일련의 확보기술도 하켄(haken)이라는 바위못을 바위밭에 박고 거기에 카라비너라는 고리로 자일을 고정해 그 위에는 다른 용구를 응용하는 것으로 안전하게 실행된다.

그래도 만약 자일이 끊어진다면 새로운 걱정이 생길지도 모른다. 확실히 자일의 절단사고는 적지 않다. 오늘날의 나일론제 자일은 늘어남에 의해 충격을 완화하기 때문에 추락 그것에 대해서는 마닐라 마제(磨製)보다 상당히 강하다고 해도 좋다. 그러나 추락시에 있어서 자일에 다른 무언가의 힘 혹은 자극이 있으면 그 범주를 벗어난다.

예를 들면 가장 많은 예가 자일이 바위에 스치는 경우이다. 바위 표면은 매끈매끈한 바위도 있지만 보통은 불규칙한 요철을 갖고 있어 크거나 작거나 암각으로 되어 있다. 이것이 날카롭거나 V자상으로 갈라져 있고, 또 나이프와 같이 칼모양을 나타내고 있어 추락에 의해 자일이 기세 좋게 이 부분에 닿게 되면 자일은 아주 간단히 잘라져 버린다. 이 점에 대해서는 후에 이야기하지만 자일을 사용하는 등산을 하는 사람은 확보기술에 숙달하는 것과 함께 자일의 성능에 대해 상세한 지식을 배워 옳게 사용하지 않으면 안 된다. 필요함에 따라 용구의 이점을 살려, 결점을 보충하는 것이 기술로 생각할 수 있다.

□ 빙하에 숨은 갈라진 틈

유럽 알프스 빙하에서는 비록 경사가 적은 평탄한 곳에서도 안자이렌(anseilen) 하는 것이 상식이다. 빙하라는 것은 알 수 없을 만큼 천천히 갈라져 움직이고 있기 때문에 크레바스(갈라진 틈)가 두루 미치는 곳이 있다. 새로운 눈이 쌓이게 된 후에 작은 크레바스는 숨겨져 소위 히든 크레바스가 되고 중도까지 진행된 구렁텅이 같이 되어 있기 때문에 빙하 위에서는 경사에 관계없이 항상 위험이 감추어져 있다. 꼭 안자이렌해서 서로가 크레바스 대책을 강구할 필요가 있다.

알프스의 빙하 위를 등강하는 것 자체는 스포츠로서의 등산이 시작된 아득한 이전부터 행해지고 있었다. 수렵꾼이나 수정채집은 물론 교역하는 상인, 신앙을 넓히고 구하기도 한 순례가 몇 번이나 고개를 넘는 일이었다. 그리고 이미 16세기 중기에는 쮜리히 대학의 지리학 교수 J. 짐러가 빙하의 등강에는 알펜스톡이나 선글라스와 함께 자일의 필요를 설명하고 있다.

□자일을 싫어하는 가이드들

짐러의 이 시사가 풍부한 경고에도 불구하고 알프스 황금시대의 가이드들은 반드시 빙하 위에서 자일을 사용하는 것을 좋아하지 않아 손님과 의견이 대립하는 일이 자주 있었다. 알프스 황금시대라는 것은 1854년 베타호른 등정부터 1865년 마타호른의 첫 등정까지의 주로 영국인 등산가가 가이드를 고용해 알프스의 4000m봉을 연속해서 빨리 올랐던 시기를 가리킨다.

그 황금시대를 단단히 동여맨 마테호른 첫 등정과 하산 중에 일어난 조난에서 영광과 비극을 동시에 맛본 E. 윈파는 「알프스 등반기」
중에서,

"산안내자들이 눈에 덮인 빙하 위에서 로프를 사용한 것을 싫어한
것은, 하나는 다른 산안내인들에게 냉대받는 것을 두려워한 것
때문이다. 아마 이것이 가장 큰 이유일 것이다."

라고 지적하고 하찮은 돋보임을 위해 생명을 경시하는 무식함을 경고
하고 있다. 그리고 그 중에서 가이드 M. 크로가,

"아침에도 로프를 필요로 하는 것은 바보 자식뿐이다."고 호언
장담하면 윈파는,

"크로, 자네는 갈라진 틈을 잘 볼 수 있으니까 피해 통과할 수 있겠
지만 나는 자네가 가르쳐 주지 않으면 알 수가 없어. 때문에 자네
에게는 위험하지 않아도 나에겐 위험하다."

고 반론했다. 그리고 윈파는 경험에 의해 날카롭고 풍부해져도 결국
신이 아닌 한 인간의 일이므로 분별할 수 없는 크레바스를 틀림없
이 피할 수 있는 일이란 있을 수 없다고 생각하고 있었던 것이다.

　가이드들이 자일을 사용하는 것을 피하는 원인을 윈파는 다음과
같이 분석하고 있다.

"첫째, 숙련한 등산가는 자신은 괜찮다라는 자신이 있기 때문이
다. 둘째로, 그만큼 숙련되지 않은 등산가는 남들로부터 비웃음을
당할 것으로 생각해 자신보다도 숙련된 등산가의 흉내를 내고 싶다
고 생각하기 때문이다. 셋째, 완전히 무지 또는 게으르기 때문이
다. 그 원인은 어떻든 간에 이렇게 간단하고 그리고 효과가 큰
로프를 묶는다는 준비성을 버리고 사용하지 않는다는 것에 대해
나는 소리를 높여 반성을 재촉한다."

□미숙한 기술의 한계

빙하 위에서만 아니고 암릉에서도 또 똑같이 가이드가 손님과의 안자이렌을 거부하는 예는 상당히 있었다 한다. 그것은 완전히 확보한 자신이 없었기 때문이다.

당시의 가이드는 가이드로서의 직업적 의식이 현대의 가이드에 비교해서 아직도 상당히 낮았고, 현재 같은 확보기술이 확립되어 있지 않은 위에 용구도 빈약했다. 등산로를 안내하는 일이 주였고, 기술면까지 보살펴 주는 혹은 지도하기까지에는 이르지 못했던 것이다.

"J.F. 하디는 윈슈테랄호른에서 샤모니의 일류 가이드의 한 사람인 오규스토 시몬에게 아무리 설명해도 로프를 사용하게 할 수가 없었다. 시몬은 로프에 묶여져 있으면 '누군가가 운나쁜 미끄러짐을 할 경우 다른 사람도 이끌려 떨어져버리는 것은 정해져 있다' 때문에 쓸데없는 것이라기 보다 오히려 나쁜 것이라고 대답했다. '아니오. 주인님, 여기에서는 한 사람 한 사람이 자신의 일만으로 얽매이는 이유입니다' 고 말했다.'"(A 랑 「등산 백년사」)

또 체르마트에서의 마타호른 제2등정 때 J. 엘리어트는 제1급가이드인 P. 크누벨을 고용했지만 크누벨이,

"로프를 손에 쥐고 있기 때문에 그에게 로프를 묶는 법이 안전하니까 로프로 묶으라고 했지만 아무리 해도 묶으려 하지 않았다."

라 한다. 그 엘리어트는 이 다음 해인 1839년 슈렉호른에서도 가이드에게 안자일렌을 요구했지만 거부당해, 그리고 추락해 죽었다.

□자일 불필요의 시대

유럽이 그런 상황일 때 우리나라는 자일의 사용법은 물론 필요성조차 이야기하지 않았다. 결국 당시의 등산자들의 자일과 그것을 구사하는 암벽 등반에 대한 인식은 거의 전무했던 것이다.

기껏해서 '나무에 매달릴 때, 낭떠러지를 내려올 때, 휴대품을 일괄할 때, 동굴을 탐험할 때, 출입의 통로를 연락할 때'라든지 '낭떠러지를 내려올 때에도 밧줄을 거목에 매달아 묶고 다른 끝에서 자신의 몸을 묶어 밧줄을 손으로 잡고 천천히 내려옴'이라든지, '혹은 밧줄의 끝에 돌을 매달아 나뭇가지에 던져 절벽을 오르고 또는 계류를 건너는 용으로 도움이 되게 한다' 정도의 것으로 가는 밧줄을 지니고 갈 정도였다.

어쨌든 자기자신의 안전확보에 사용하는 것이 주이고, 상대를 확보하는 '많은 사람을 염주같이 묶는 법'이나 '알프스식 등반법'이라 칭한 기록이 매우 드문 예로써 보여질 뿐이다.

□수많은 조난과 자일

자일에 얽힌 조난의 이야기는 실로 많다. 절단에 의한 비극이 가장 많지만 자일은 잘리지 않아도 안자이렌 한 팀 전원이 염주같이 얽인 것 같이 되어 불행한 결과가 되었던 비참한 예도 있다. 물론 정교한 자일 조작에 따라 위험하게 어려움을 면한 경우도 알려져 있다.

여기에서 자일에 관계한 2, 3개의 사고를 소개하지만 그것은 이들의 조난 사고가 말하는 무언의 충고에 귀를 기울여서 겸허하게 우리들 자신의 지식이나 기술을 보고 평가하고 사고 없는 즐거운 등산을 계속하고 싶기 때문이다. 그리고 인간이 사고를 넘어 보다 높은 안전성을 추구하는 기술이 되어 관련 용구를 개발해 온 것을 나타내고자 하는 것이다.

자일의 끊어짐에 의한 수많은 조난 중에서 세계의 등산사 가장 유명한 것은 1865년 7월 14일의 마테 호른 첫 등정 후에 발생한 윈파 대의 것이다.

□마테호른과 윈파

많은 등산가들이 도전해서는 실패하고 거의 절망적으로 보인 이 산이, 드디어 오르게 됐다는 것만으로도 커다란 놀라움이었지만 그 보상으로 4명이나 목숨을 잃었던 일로, 세계가 침통한 것도 무리는 아니었다.

당시의 자일의 소재는 천연섬유인 것은 말할 것도 없다. 마닐라마 대마가 사용되고 있었다. 앞에 영국산악회가 위원회를 개최해 등산에 적합한 자일을 발표한 것은 앞에 서술했다. 윈파도 당연히 이 시험을 패스한 공인된 자일을 가장 신뢰하고 있어 마닐라 마제를 좋아했다. 사실 그는 이 해의 등산에서는 이 종류의 자일 100피트인 것을 2개 애용했다고 확실히 말하고 있으므로 이 등산 때도 준비 한 3개 중 2개(200피트의 신품과 동등 이상인 강도를 가진 150피트)도 이 시험에 패스한 제품이었음에 틀림없다. 그러나 남은 한 개는 보조적으로 사용할 작정으로 창의 개폐용인 굵은 밧줄이었다. 일반적으로 하강이, 오르는 것 보다도 곤란한 것을 알고 있던 윈파는 손 잡는 곳이나 발디딤이 부족한 어려운 곳에 다다를 때를 예상해 그 때에는 이것을 보조 자일로서 바위에 묶어 소위 고정 자일로서 사용하고 이것에 의지해서 내려 오려고 생각한 것이었다. 이전에도 사용한 일이 있었기 때문에 한 사람씩 조용히 매달리는 정도라면 충분히 견딜 수 있다

126

에드워드 윈파(1865년)

고 믿었던 것이다.

결국 잘린 자일은 이것이었다. 가이드인 P. 타크발다(아버지)는 윈파의 의도를 알지 못하고 이 보조적 자일을 안자이렌용으로 결국 주 자일로 사용해 버린 것이다.

□ **영광에서 비극으로**

이 등산대는 각 4명(E. 윈파, C. 하드슨, F. 더글라스, D. 하드)와 가이드 3명 (M. 크로, P. 타크발다 부자)으로 모두 마테호른의 첫 등정에는 정열을 가지고 있어서 등산 직전에 편성된 말하자면 즉석 혼성조였다.

첫 등정의 영광에 취해 있던 일행이 아직 그 흥분이 식지 않았을 때 비극이 일어났다. 내려가기 어려운 곳에 다달았을 때 7명은 3개의 자일로 완전히 한 조가 되어 동시에 행동을 취하고 있었다. 이것은, 한 사람이 미끄러지면 자일로 이어서 끌려 떨어지게 되는 가능성이 있는 것을 의미하고 있다.

선두에서 2번째에 있던 하드가 돌연 미끄러졌다. 그리고 바로 아래에 있던 선두인 크로의 배후를 밀었다. 이 두 사람의 하중에 의해 그 위에 하드슨 더글라스가 이어서 끌려 미끄러져 떨어진 것이다.

다음에 위치해 있던 타크발다(아버지)는 큰 충격을 받았지만 다행히도 안정한 장소에 있어 순간적으로 단단한 바위에 달라붙었기 때문에 어떻게 견딜 수가 있었지만 그의 앞에서 자일이 끊어졌다. 4명은 마테호른 빙하를 목표로 북벽을 1,000m 이상이나 거꾸로 떨어져 갔다.

□원파대의 문제점

이 당시는 자일을 사용하고는 있어도 아직 하켄 카라비너가 발명되기 한참 전의 일이라 확보기술도 없는 것과 같았다. 앞에도 서술한 것과 같이 자일을 묶는 것을 거부하는 가이드가 있을 정도이다.

이 비보는 엘마트의 마을을 흔들었다. 그리고 곧 이어 전 유럽으로 전했다. 엘마트에서는 타크발다가 고의로 자일을 자른 것은 아닐까 라는 소문이 흐르기도 하고 자일을 묶은 순서나 7명이 한 조였던 것 등으로 문제가 모아져 정부는 사문위원회 (크레메츠위원장)까지

128

윈파가 그린 마타호른과 첼마트 마을(1865년)

조직해 원파와 타크발다(아버지)에게 심문했다.

이 등산대에 만약 과실이 있다고 하면 그것은 보조 로프를 안자일렌용으로 사용해 버린 초보적인 실수로 보이듯 자일에 대한 인식이 충분하지 않았다는 것. 대원으로서는 한 조였어도 자일을 묶는 반은 둘, 이상적으로는 3개로 나뉠 필요가 있었던 것이다. 만약 이 때 자일이 잘리지 않았다면 7명 전원이 떨어져 죽었을지도 모른다는 것이다.

□세계 제2의 고봉 K₂에서

교묘한 확보기술에 의해 아슬아슬하게 어려움을 면한 예를 하나 소개한다. 이것은 1953년 8월 10일, 세계 제2의 고봉, 캐라코람의 K₂인 고도 7500m 지점에서 전개되었던 아메리카대의 이야기이다. 천우신조의 행운도 묵인할 수 없는 이런 고도에서 어쨌든 한 사람이 다섯명의 미끄럼을 막은 것이다.

8명의 대원이 제8 캠프(약 7,800m)에 들어갔지만 이 중 A. 길키가 폐전색에 걸렸기 때문에 일각이나 빨리 베이스캠프로 수용하지 않으면 안 되었다. 올라온 루트는 깊은 눈이 쌓여 있고 설맹의 위험이 컸기 때문에 곤란했지만 얼음의 도면을 하강하기로 했다.

바람과 추위 속에서 어려움을 겪으면서 제7 캠프 근처까지 왔을 때, 자일을 묶은 대원의 짜임이 하강개시 때와는 많이 바뀌어 있었다. C. 하우스톤(대장)과 R. 베츠, G. 벨과 T. 스트레저가 각각 조이고 병이 걸린 길키와 P. 세닝이 확보하고 있었다. 길키에게는 또 한 개의 자일이 나와 그 끝이 만나고 있었으므로 D. 모레날이 그 자일을 자신에게 묶었다. 결과적으로는 이 판단이 행운이었던 것이다. 한

사람 B. 그렉만이 조금 떨어진 곳에서 있었다. 길키와 모레날의 자일은 거의 수평으로 되어 있고 그 윗부분에 하우스톤 등 2조의 팀이 있었다.

먼저 벨이 미끄러지고 파트너인 스트레저를 끌고 내려갔다. 이 두 사람의 자일이 하우스톤, 베츠 조의 자일에 연결되어, 연좌되어 버렸다. 그 두 조의 자일이 그 위에 길키와 모레날의 자일에도 당겨져 모레날을 흔들어 떨어뜨린다. 미끄러진 5명의 충격 하중이 모두 길키에게 걸려 그 윗부분을 확보하고 있던 세닝은 결국 합계 6명의 체중과 충격을 받는 것이 되었지만 그는 훌륭히 이것에 견뎠다.

이 때 세닝은 빙벽에 얼어 붙어 있던 커다란 돌의 산측의 눈에 피켈을 콱 박고 그 자루에 자일을 돌렸다. 추락을 목격한 순간 그는 돌연히 자신의 전 체중을 피켈의 두부에 걸침과 동시에 자일을 조금만 비켜놓고 충격을 완화시킨 것이다.

이 자일을 조금 비켜 확보한다는 것은 상당히 숙련을 요구하는 고등기술로써 이것에 세닝의 수완의 기치를 볼 수가 있었다. 그는 "16분의 7인치의 로프가 마치, 4분의 1인치의 밧줄인가 하고 생각될 정도로 가늘게 늘어지며 끊어져 갔다."(「K$_2$——비정의 산——」)이라 서술하고 있다. 11mm의 자일이 어쨌든 6mm에 못 미치는 가는 끈이 되어 간 것이다.

5. 등반 용구

□ 용구를 둘러싼 논쟁

그런데 바위나 얼음이 지배하는 등산의 세계에서는 자일이 틀림없이 중요한 존재인 것이 이해되었다고 생각되지만 그 뒤를 받아 이 자일의 기능을 더욱 향상시키는 움직임을 갖는 소도구인 등반 용구를 등장시키고 싶다. 이들의 소도구는 이것 자체는 그다지 의미를 갖지 않지만, 자일과 맞추어서 사용하는 것에 따라 합승적인 효과를 나타내 바위나 얼음의 등반의 안전성은 헤아릴 수 없을 정도로 높아지는 것이다.

암벽을 가능한 한 위험하지 않고 즐겁게 오르려고 하면 여러 가지의 용구의 도움을 빌리지 않으면 안 된다. 현대의 암벽 등반은 손과 발로 오르는 기술만이 아니라 이들의 등반 용구를 민첩하게 그리고 정확히 사용하는 기술도 맞춰 가지지 않으면 안 되는 곳까지 와 있다. 게다가 수준이 높아지면 두뇌적인 기술로 그것을 더욱 강하게 하도록 할 수 있다.

예를 들면 하켄 하나를 박아도 어떻게 필요한 곳을 확보해서 무리 없이 박을까, 또 확보의 경우도 상대의 추락에 대해서 몸이나 요구에 어떻게 충격의 부담을 적게 해서 그치게 할 것인가 등 어쨌든 주요한 등반 용구의 기능이나 사용목적을 숙지하는 것만이 아닌 완전히 사용해 완전히 다루는 기술을 가질 필요가 있다. 그리고 그 이해를 깊이 하기 위해서는 더욱 나아가 그 탄생과 변천에도 흥미를 깊게 하는 일이 중요할 것이다. 그리고 어떤 의미로는 더욱 중요하지만 이들 용구가 등장했을 때 어떠한 필요가 있고 어떻게 받아들여져 있는지 용구에서 본 알피니즘의 포착법, 바꾸어 말하면 등산사조에 대해서도 생각하는 것을 잊어서는 안 된다.

새로운 목표를 달성하는, 결국 암벽에 새로운 루트를 만들기 위해서는 새로운 용구 도입을 적극적으로 인정하는 사람들이 있는 한편, 지칠 때까지 이것을 배제해 자신의 손과 발만을 의지해 오르는 것을 주장하는 사람들도 적지 않고, 서로 대립한 역사도 있다. 어느 쪽이 보다 스포츠적인지 주된 쟁점이다. 결국은 전자가 주장하는 용구의 적극적 도입이 대세를 차지해 암벽 등반의 발전이 있었지만 후자의 의견도 결코 매장된 것이 아니고 지금 생기고 있다.

양자의 선택은 옳고 그름의 문제가 아니고 가치관, 자연관에 의한 주의의 문제이다. 오늘의 히말라야에 있어서는 무산소 등정, 적은 팀에 의한 단기 등정(알파인 스타일) 등을 생각할 때 이러한 경향도 이 논쟁과 무관계한 주제는 아닐 것이다.

□2인 1조로 암벽 등반

막상 이러한 문제를 근거로 해 개개의 등반 용구에 대해 서술하기 전에 기본적인 등반의 시스템을 이야기해 둘 필요가 있는 듯하다. 2인 1조의 경우를 예로 해 그 원칙적인 등반법을 보자.

먼저 서로 확보하기 위해 자일을 묶는다. 결국 안자일렌을 한다. 선두자(톱이라 한다)가 오를 때 후속자(세컨드 또는 라스트라 한다)는 톱의 추락에 준비해 확보한다. 톱은 오르면서 필요에 따라 하켄을 박은 카라비너를 첨가해 자일을 고정해 간다. 이것을 러닝 빌레이(running belay)라 한다. 설사 톱이 추락해도 이것이 지점이 되고 낙하의 충격을 브로크해 라스트가 멈출 수 있게 된다. 하켄을 어디에 박을까는 톱의 역량과 경험에 의한 판단에 맡기지만 필요 이상으로 박거나 하켄의 위치가 나쁜 자일이 지그재그로 사행하면 자일과 카라비너의 마찰이 크게 움직여 자일의 흐름이 유연하지 않아 자신이 오르기 어렵게 되기 때문에 러닝 빌레이는 요령좋게 고정하지 않으면 안 된다.

톱이 자일의 길이 범위내에서 일단 떨어진 곳에 도착하면 하켄을 박을지, 혹은 남에게 지점을 구해 먼저 자기 자신을 묶어 상대의 추락이 있어도 연루되지 않는 안전방책을 취한다. 이것을 자기확보라 하고 매우 중요한 자기방위 수단이다. 이것이 완료한 후 라스트를 올려보내고 이번에는 톱이 라스트를 확보한다. 라스트는 톱이 올랐던 루트를 따르면서 러닝 빌레이로 사용한 하켄이나 카라비너를 회수해 오른다. 이것을 반복해 하나의 등반이 완성된다.

암벽 등반을 하강할 필요가 발생하면 뒤에 서술한 현수하강기를 사용하는 것이지만 하켄도 또 이때의 지점으로서 중요하다.

암벽 등반에서는 어느 것이라도 하나 틀리면 목숨을 잃게 되는 일도 있으므로 이런 등반 용구를 모두 등반기술을 도와주는 보조적 존재라고 말해도 소홀하지 않다. 이하 암벽, 빙벽 등반에 사용되는 대표적인 등반 용구를 들기로 한다.

□하켄과 카라비너

하켄이란 것은 암벽의 갈라진 틈(crack)에 박는 갈고리로 마우엘 (외벽) 하켄이라 말할 수 있고 산중 사이사이에서는 생략해서 하켄이라 불려지고 있다. 또 피톤, 페그라고 말해지기도 한다. 이 하켄을 박아야만 하는 크랙(crack)은 자연의 조형물이기 때문에 형상도 크기도 한 가지가 아니다. 따라서 이것에 대응시키기 위해 하켄은 실로 많은 종류가 만들어져 있다.

가장 초기의 원시적인 하켄은 사진을 거는 후크 같은 L자형을 하고 있었다. 오늘과 같은 카라비너를 통하는 구멍이 없는 것은 암벽 등반용 카라비너가 아직 발명되지 않았기 때문이다. L자형의 구부러진 부분을 위로 향하게 박고 자일을 단지 걸쳐 두는 것이다. 선두에 오르는 톱이 추락했을 때 자일이 이 L자형의 하켄에 걸려 당기면 훌륭히 멈추게 되는 것이지만 루트도 자일도 유동적이고 기대 대로는 되지 않았던 것은 아닐까 생각된다. 거기에서 자일을 걸었기 때문에 L자형의 각을 아래에서 보고 이것을 구부려 자일을 끌게 한 것도 있었다.

얼마 안있어 두부에 구멍이 뚫려 거기에 짧은 보조적인 끈을 통해 고리를 만들어 이 고리에 신체를 묶은 자일을 쉽게 풀어 그것을 통하는 방법이 취해져, 이어서 그 끈의 고리 대신에 둥근 고리를 부착한 링하켄이 만들어졌다. 그리고 더욱 발전해 두부에 더욱 큰 고정적인 구멍을 가진 하켄이 등장했다.

□휘틀 하켄 탄생

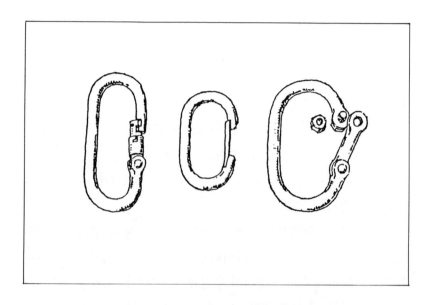

이것이 오스트리아의 등산가인 H. 휘틀에 의해 고안되었던 세상에
서 말하는 휘틀 하켄이다.

현재 우리들이 사용하고 있는 하켄이 이것으로, 시대와 더불어 약간
개량되고는 있지만 기본적으로는 거의 변하지 않았다.

이 휘틀은 양치기에서 가이드가 된 사람으로 동부 알프스에 있는
천부적인 등산가로서 잘 알려져 있다. 그가 처음으로 하켄을 사용한
것은 1910년 7월 이 지방의 치구온디스피츠 북동벽에서였다. 또 그는
O. 헬초크, H. 듈파와 함께 새로운 등반 용구를 적극적으로 받아
들여 새로운 기술에 이해를 나타낸 인물이기도 하다.

일행인 헬초크는 후에 서술한 것과 같이 카라비너의 개발에 착수해
서 하켄의 사용을 보다 효과적으로 하고 또 등반을 빠르게 하는 데
성공하지만 또 한 사람인 듈파는 듈파지츠라 불리는 새로운 자일기술
을 고안해 냈다. 결국 세 명은 하켄, 카라비너, 자일의 삼위일체의

등반기술에 있어서 신기축을 가져와 암벽 등반을 새로운 방향으로 발전시킨 것이다. 그리고 이것이 오늘의 암벽 등반의 기본적인 스타일이 되어 있다. 그들이 개척한 곤란한 루트의 많은 것이 오늘날에도 그 가치를 잃지 않고 있다.

듈파 기술은 암벽에서 막다랐을 때 자일에 매달려 퇴각하는 말하자면 현수 강하, 혹은 등반 루트를 옆으로 찾아 이동할 때 이 현수강하 기술을 응용하는 자일 횡단 등 예전에 누구도 시도한 적이 없는 수단이다.

이에 따라 암벽 등반이 비약적으로 발전했다는 사람조차 있다.

아직 듈파는 피아노를 자주 칠 정도의 예술가 기질이 있고, 자신이 오른 루트에 의해 암벽에 그려진 라인에도 아름다움을 구했다고 전해져 그 미의 완성을 위해서는 하켄, 카라비너 등 용구에 의한 인공적 수단도 거부하지 않았다.

그러나 또 한편으로 하켄, 카라비너를 사용한 것을 단호히 거부한 그룹도 존재했다. "우리에게 이어지는 것은 죽음을 각오하는 것이다."라고 말했던 H.V. 발트의 영향을 받은 O.G. 런마, J. 그기, P. 프로이스 등 일련의 등산가였다. 특히 프로이스는 하켄, 카라비너는 어디까지나 긴급보조 용구이고, 돌연 공포스럽게 다가온 위험한 때에만 그 사용이 정당화된다고 주장해 실제에 그것이 옳다는 것을 증명하려고 했다.

□하켄, 카라비너를 거부한 프로이스

프로이스는 1912년 뮌헨에서 식물생리학 학위를 취득한 학자임과 더불어 산악계에 있어서는 실천만이 아니고 문필을 가지고도 활약하

현재 표준적인 D형 카라비너

고 세련된 문체, 날카로운 이론, 재치있는 유머로 자기의 등반론을 전개하고, 암벽 등반의 순수성을 주장할 때에도 기품이 무너지지 않고 이성적으로 논했던 등산가였다.

마침 이때 듈파도 도르트문트에서 뮌헨으로 이주 해와서 두 사람은 서로 존경하는 벗이 되어 있었다. 그러나 하켄, 카라비너의 사용이나 단독 등반이라는 점에 있어서는 주의주장은 어디까지나 정반대였다.

프로이스는 동부 알프스만이 아니라 트로미테나 서부 알프스의 몽블랑 산악까지 발을 뻗쳐 생애 1200개의 봉우리에 올랐지만 그

중에서 300은 단독 등반, 150은 첫 등반이었다고 한다. 프로이스가 그 등반에 대한 생각을 명확히 나타냈던 것은 트로미테의 건파니레 바소 디브렌트라는 양초를 박아 세운 듯한 암탑인 동벽의 첫 등반이다. 1911년 7월 29일, 그는 단독으로 하켄, 카라비너, 자일 등은 일체 갖지 않고 단지 2시간에 이룩했다. 이 획기적인 등반도 제2등정을 목표로 한 등산가가 추락해 죽었기 때문에 점차 평판이 높아져 이후 17년간 누구도 오른 일이 없다. 그리고 1937년이 되어 E. 코미치가 프로이스와 동일한 스타일로 트로미테에 올랐기 때문에 새삼스럽게 이 루트와 프로이스의 이름이 높아졌다. 그 프로이스도 1913년 동부 알프스의 던슈타인산에 있는 만틀코겐 암벽에서 또다시 단독 등반을 시도해 최상부의 경사가 덮어 쒸워지게 된 소위 오버행에서 추락하여 불과 27세의 젊음으로 죽었다. 주의마저 틀린 친구인 듈파는 프로이스의 죽음에 커다란 충격을 받아 묘앞에서 아이처럼 울었다는 이야기다.

□ 카라비너의 탄생

링하켄의 고리나 휘틀 하켄의 구멍에 보조적인 끈의 고리를 붙여 카라비너의 대용을 했던 때가 조금 이어졌지만 이 때의 헬초크는 카라비너의 존재에 주의가 미쳤다.

이는 하켄과 자일을 연결한 고리로 일부가 개폐될 수 있도록 만들어져 있다. 처음에는 철제였지만 현재에서는 일부를 제외하고 경합금제이다.

암벽 등반 용구로서의 카라비너의 발명은 뮌헨 출신의 헬초크에 의한 것이라 생각되고 있다. 그는 이따금 연습 중인 소방대원이 벨트에 장착하고 있는 서양배 모양의 고리를 본 것에서 이것을 암벽 등반에 응용할 것을 문득 생각했다. 그는 이 아이디어를 연구해 실제 등반에 사용할 수 있도록 안전면에서의 연구를 더했던 것이다.

카라비너의 그림을 곁들인 해설이 최초로 나타난 것은 1853년 벨린 소방대의 간행물로 '벨린 벨트 후크'로 불려지고 있었다. 1880년에 창설되었던 바이에른 소방대는 일시에 이것을 채용했지만, 오랜 뒤에 마기우스사가 더욱 경량인 '울무 벨트 후크'를 개발했기 때문에 1907년인가 8년에 이것으로 바꾸었다. 1910년에는 이 카라비너를 사용한 확보법을 생각해내고 휘틀도 다시 산행에는 꼭 이것을 휴행했다. 그러나 현재의 등산자와 같이 풍부한 수량은 아니다. 단지 2개였다고 한다.

□초기 카라비너

카라비너가 등장해 실용화되기까지는 하켄의 고리나 구멍에 하나씩 자일을 속에 넣는 극히 귀찮은 작업을 행하지 않으면 안되었다. 게다가 그것을 위해서는 몸에 묶여 있는 자일을 일단 풀 필요가 있기 때문에 위험한 행위였다.

보조 로프로 만든 고리를 장치해 카라비너 대용으로 하는 방법도 처해졌지만 이 고리를 크게 만들어 처음부터 하켄에 붙여 두고 바위 밭에 박은 후 고리를 뽑는다고 칭해 이 고리를 몸과 함께 빠져나가는 지금 생각하면 우스운 일을 매우 성실하게 실행한 사람도 있었다.

□가볍고 신뢰성이 높은 카라비너

완성된 카라비너가 한 번 사용되면 그 편리함과 안전성이 곧 이해되어 등산자는 다투어 도입되어 카라비너는 급속히 보급하고 있었다. 카라비너의 개발과 암벽 등반의 세계에서는 획기적인 현상이고 암벽 등반을 크게 발전시켰다.

1913년 뮌헨에 스포츠점 슈스터가 개점하자 등산자의 요구에 대해서 아주 호의적인 이해를 나타내 여러 가지 등산 용구를 제공하지만 카라비너도 그 중요한 것의 하나였었다. 1921년에는 니켈 메키 가공을 해 35년에는 스크루 카라비너, 결국 불필요하게 열려버리는 것을 방지하는 안전장치 부착의 카라비너를 팔기 시작하고 있다.

카라비너의 생산은 제2차 세계대전에서 등산용으로서는 일시 중단된 것으로, 보급함에 따라 점점 메이커도 늘고 유럽 각국에서 만들어지게 되었다.

현재, 카라비너는 모두 경량화를 위해 듀랄루민을 재료로 하고 있지만 역학적인 연구와 실험의 결과, 구조를 개량해 강도는 철제와 비교해도 손색이 없다. 철과 듀랄루민(duralumin)에 의한 중량과 강도의 비교는 크기나 형태에 의해 각기 다르기 때문에 단순한 비교는 의미가 없다. 가볍게 되면 그것만 많은 수를 가져갈 수 있고 결국 이것이 안전확보에 연결하게 되고 경량화는 등산자에게 있어 환영하는 것이다. 카라비너의 중량과 강도는 사용자의 희망에서 보면 이율배반하고 있지만 과학기술의 발달과 등산가의 경험에 따라 해결한 것은 정확하다. 거기에 조작면에서도 개폐부를 'ㄑ'모양으로 구부린 신형은 굵은 자일도 쉽게 걸고 분리가 가능하여 주목할 만한 개량이 행해지고 있다.

카라비너는 등산계만이 아니고 군사, 소방, 광산, 선박 등 넓은 분야에서 사용되고 있지만 그것은 그 편리함과 신뢰성이 크기 때문이

142

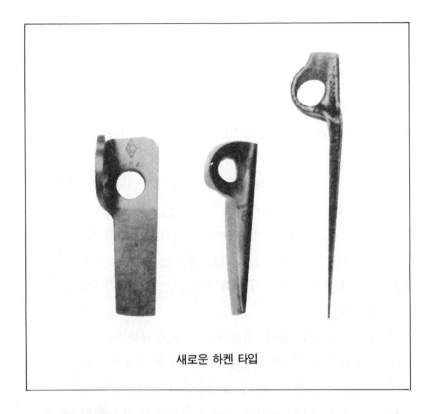

새로운 하켄 타입

다.

□다양한 하켄류

또 한편, 하켄은 암벽의 갈라진 틈 같은 크기나 형상을 특정할 수 없는 것을 대상으로 하기 위해 이것에 대응하는 종류는 실로 많다. 초기의 하켄도 물론 적지 않은 종류가 있었지만 1957년부터 10년간에 I. 슈이너드가 개발한 하켄에 의해 종류도 사이즈도 완비되고 망라되었다.

메이커도 많은데 슈이너드 에키프먼트사의 나이프브레드, 비가브, 로스트얼, 앙글, 러프라 이름 붙여진 일련의 하켄류는 그 규격이 체계화되어 모두 거의 갈라진 틈에 적응할 수 있고 2개 또는 그 이상 조합하여, 즉 겹쳐 박으면 그 실용성이 한층 높아진다.

특히 러프라 불리는 하켄이 1960년 요세미테의 가트피너클 서벽 첫 등반을 위해 특별히 개발되었을 때 보통의 하켄으로는 박을 수 없는 매우 미세하고 얕은 틈에 박아 실용 한계의 궁극인 하켄으로서 주목을 받았다. 이것은 모두 크롬 몰리브덴을 포함하는 견질이고 뛰어난 강도를 갖는 특수강철이기 때문에 몇 번이나 반복해 사용하고 훌륭한 모든 등산가에 적합하다. 또 손이나 발이 들어갈 만큼 큰 틈에는 듀랄민제의 봉봉이라는 대형 하켄도 있다.

그러나 어떠한 우수한 하켄으로도 암벽에 반복해서 박았다 뺐다 하면 바위 밭이 황폐해져 버리는 것은 부정할 수 없다. 그래서 암벽을 상하게 하는 것도 아니고 등산가의 안전도 지키려고 고안된 것이 초크이다. 자연보호라든지 환경 보전이라는 사상의 퍼짐과 함께 타이밍이 맞아 두꺼운 하켄에 대신하는 새로운 등반 용구로서 크게 부각되었다.

□베르첸바하와 아이스하켄

바위에 박는 하켄의 시작이 H. 휘틀의 공적에 의한다고 하면 빙벽에 사용되는 아이스하켄 그것은 W. 베르첸바하일 것이다.

베르첸바하는 1900년 뮌헨에서 태어났지만 그 해는 마침 독일, 오스트리아 최대의 등산가로 불렸던 L. 플체라의 죽은 해이고 마치 대등산가의 탄생의 변화를 생각하게 한다. 등산가 크릿지에 따르면

플체라의 고봉등정 리스트는 1700좌에 미치고 베르첸바하도 1934
년 W. 멜크루 등과 낭가 팔버트에서 등산사에 남는 장절한 최후를
마칠 때까지 짧은 생애에 940회 등정을 이루고 그 중 서부 알프스의
4000m 봉은 72, 첫 등반은 암벽 등반 30, 빙벽 등반 20이라는 혁혁한
산역의 소유자이다. 거기에 보태어 루트를 발견하는 재능이 뛰어나게
우수한 점에서 후의 등산가들에게서 루트 파인팅의 천재라 불리고
게다가 암벽 등반 루트의 난이에 따라 등급 붙이기를 체계화한 최초
의 남자이기도 하다.

그가 스스로 고안한 아이스하켄을 실천에 사용한 것은 1924년
7월 F. 리겔과 조직한 그로스 비스바하호른의 북서벽의 등반에 있어
서이다. 이것은 그의 일련의 북벽행의 서곡이 된 기념할 만한 산행이
기도 하다. 그 상부의 핵심부는 얼음의 오버행으로 '아이스하켄이
한 개 또 한 개와 얼음에 힘껏 때려박아 손잡이나 발디딤이 얼음에
새겨졌다.'(W. 베르첸바하 「북벽집」)하고 곧 이어 승리한 것이다.

이 때의 아이스하켄은 평형으로 선단은 날카롭게 갈리고 빠지는
것을 방지하는 조각이 붙여져 있고 카라비너를 통하는 구멍이 붙은
링하켄이었다. 길이는 18, 22, 24cm 3종류가 있었다. 이 등반에 의해
아이스하켄은 새로운 빙벽 등반 용구로서 실용성이 증명되어 베르첸
바하는 이 아이스하켄을 휴대하고 다음의 북벽에 도전하게 된다.
그리고 이들의 실적이 많은 수요를 불러 널리 공급되고 그 결과 빙
벽, 북벽의 등반이 성행하게 되었다.

□아이가 북벽의 성공

1938년 아이가 북벽 첫 등반에서도 12개 갈고리 아이젠 외에 이

아이스하켄이 위력을 발휘했다. '경사로' 상부의 난관을 돌파할 수 있었던 것도, '스파이더'로 눈사태에 견딜 수 있었던 것도, '정상에 떨어져 나온 갈라진 틈'에서 추락으로부터 구할 수 있었던 것도 모두 아이스하켄의 덕분이었다. 헥마이어는 이때 아이스하켄을 30개 준비했지만 단면이 V자형의 앵글(angle)형으로 평형인 베르첸바하형보다 강도적으로는 훨씬 진화한 것이었다. 1947년 제2등정에 있어서 L. 체레이, L. 라슈널은 이 첫 등반 때 남겨둔 하켄에 상당히 도움을 받았다.

1939년이 되어 뮌헨의 스포츠점 슈스터는 단면이 활형(弓型)이라고도 말할 수 있는 활처럼 휜 융겔 아이스하켄을 발표했다. 역시 링하켄이었다. 제2차 세계대전에 의한 중단 후 스위스의 스키 등산용구점인 아첸호퍼사가 파이프형의 아이스하켄을 팔기 시작했다. 이것은 원주상의 통으로 몇 군데인가 세로로 슬럿이 트여져 있는 것이 새로운 특징이었다. 1936년경 모든 파이프형 하켄은 이탈리아에서 만들어졌다고 한다.

□얼음의 성질과 아이스하켄

1960년대에 들어 스크류식의 아이스하켄이 등장한다. 직경 6mm 정도의 철제의 둥근 봉을 선단부만 나선상으로 한 형식으로 오스트리아 스튜바이사의 개발에 의한 것이었다.

산에 있어서 얼음은 자연현상에 의해 생성되었기 때문에 그 물질로서의 성질은 균일하지 않다. 쌓여진 눈이 저온이나 바람의 작용에 의해 빙화한 것이나, 녹은 물이 다시 동결한 것 등 얼음의 성인은 각양각색이므로 단단함 하나로도 상당히 틀리다. 물이 동결한 얼음은

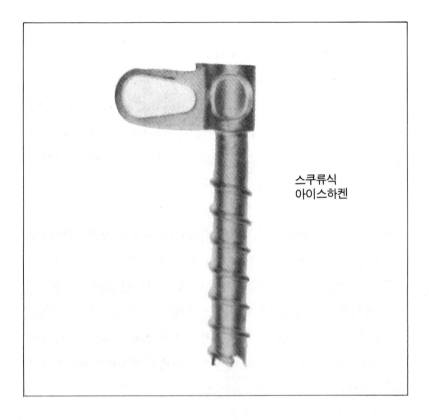

스쿠류식
아이스하켄

상당히 단단하고 박는 식 하켄을 사용하면 얼음을 파괴해 버리는 일이 있다. 그 괴로움을 해소한 것이 스크류식이다.

현재에서는 스크류식이 주류를 차지해 이어지고 있지만 유럽 알프스에서는 얼음의 다양성을 위해 박는 식의 개량도 행해지고 있다.

아이스하켄 타법은 급준한 얼음의 벽에 박는 아이젠의 축조의 약간 선단에서 자신의 체중을 지탱해 가면서 아슬아슬한 태세로 박거나 빼기도 하기 위해 상당히 어렵고 훈련을 요하는 기술이다. 그렇지만 그것 이전에 얼음의 물질의 성질과 아이스하켄의 형상과의 적응성을 알지 못하면 안 되는 것이 한층 빙벽등반을 곤란하게 복잡하게 하고 있다. 그러나 또 그런 점에 재미가 숨겨져 있는 것이라고도 말할 수 있다.

□클린 클라이밍(clean climbing)

어떤 단단한 암벽에서도 횟수를 거듭한 하켄의 사용에 의해 갈라진 틈은 파괴해 버리는 것이다. 특히 단단히 박힌 대형 하켄을 뺄 때는 주위의 바위를 부수지 않으면 안 되는 일이 있다.

이 폐해를 방지함과 함께 하켄을 박거나 빼기도 하는 시간이나 노력을 혼자서 할 수 있는 것을 장점으로 해서 등장한 것이 클라이밍 초크이다. 바위밭을 손상시키지 않는다는 점에서 이러한 초크류를 사용하는 방법을 클린 클라이밍이라 부르는 일이 있다.

암벽의 갈라진 틈에는 바위가 끼어져 있는 것을 자주 보지만 이것을 초크 스톤(chock stone)이라 말하고 등반의 도움이 되는 일이 많다. 손잡이(핸드 홀드)나 발디딤(풋 홀드)으로서 이용할 수 있는 것만이 아니라 이 쵸크 스톤에 보조 밧줄을 둘러 카라비너를 고정하면 먼저 서술한 러닝 빌레이로서 확보 지점으로 할 수도 있다. 결국 하켄과 같게 사용할 수 있는 것이다.

□공업용 너트(nut)에서의 유용

이 수법을 적극적으로 사용하기 시작한 것은 영국의 등산가들이었다. 그들은 포켓에 돌을 넣고 오르고 갈라진 틈에는 이 돌로 인위적인 초크 스톤을 만들어 하켄의 대용을 시킨 것이다. 곧 이어 이 착상을

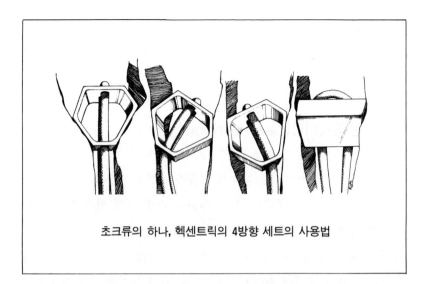

초크류의 하나, 헥센트릭의 4방향 세트의 사용법

더욱 발전시켜 공업용의 너트를 제기하게 되었다. 이 너트는 수나사의 볼트에 대응하는 6각형을 한 수나사이고 누구나가 어디에서도 용이하게 입수할 수 있는 것이다. 거기에 이 너트는 건축이나 기계 등에 넓게 사용되어 있는 공업부품이기 때문에 규격화가 계속되어 사이즈가 풍부하였다. 중심부의 구멍에 끈이나 테잎을 붙여 두면 휴행하기 쉽고 곧 카라비너를 걸어 사용할 수 있는 등 이점이 많이 있고 초기의 클린 클라이머에게는 대단히 반겨졌다. 그러나 너트는 결국 공업부품이고 등산 용구로서 개발된 것이 아니고 어디까지나 유용함에 지나지 않으므로 등반용으로서의 기능에는 한계가 있다. 거기에서 더욱 비약적으로 발전시키고 있던 것이 오늘날의 클라이밍 초크이다.

완성된 초크도 너트라 불리는 것이 있는 것은 그런 경위가 있기 때문이다. 공업용 너트는 철제가 보통이지만 등반용으로 만들어진 클라이밍 초크는 경량화를 위한 카라비너 같은 경합금제이다.

형상은 다양하고 초기의 것으로도 쐐기형, 원주형, T자형, 육각형 등이 있고 각각 몇 개의 사이즈도 갖고 있었다. 그후 여러 가지 형이 나타났지만 점차 개량되어 현재에서는 쐐기형과 육각형으로 정착되어 있고 어느 것이나 개량된 형태이다.

□바위를 상하게 하지 않는 새로운 초크류

예를 들면 최초의 육각형은 단순한 정육각형이었지만 변형 육각형으로 했다. 이것은 갈라진 틈과 초크가 이상적인 상태로 꼭 맞지 않아도 힘의 운동방향은 바꿀 수 있는 캠의 원리로 추락 방향으로 몸무게가 초크로 전환을 주어 갈라진 틈에 보다 한층 안정시키는 효과를 이용한 것이다. 슈이너드의 걸작의 하나인 Hexentric(헥센트릭)이 그것이다. eccentric(치우치다)와 hexagon(육각형)을 비꼰 정교한 명명이다.

쐐기형은 갈라진 틈에 꼭 맞게 고정되면 회수가 곤란하지만 쐐기형 본체를 활처럼 휘게 해서 바위와의 접촉을 면이 아닌 점으로 개량하는 것으로 회수를 쉽게 했다.

현재에서는 캠의 원리를 응용한 제품이 늘어 적응할 수 있는 갈라진 틈의 허용범위를 크게 한 캠 초크가 주류가 되어 있다. 우주항공학의 기술자이고 등산가이기도 한 L. 쟈다인의 설계에 의한 프렌드 캠 로크가 그 대표 예이고 1970년대 후기부터 세계적으로 퍼졌다.

이것은 4개의 회전 캠을 가진 각각이 독자적으로 움직이는 구조를 위해 요철이 있는 복잡한 틈에서도 적응할 수 있고 안정된 지지력을 발휘한다. 주축의 방향으로 움직이는 힘이 캠을 회전시켜 틈을 넓히는 힘으로 바꿔 추락의 충격을 지탱해 주는 것이다. 사이즈도 합리적으로 구조화되어 있어 주축도 구부리기 쉬운 것으로 만들어져 수평 틈에도 적응할 수 있게 되었다.

클라이밍 초크를 사용해 오던 등반은 역학적인 지식이나 유연한 사고가 요구된다. 상당히 두뇌적인 게임이 될 것이다. 두 개 이상의 초크를 겹쳐서 사용하는 스타킹 반대방향으로 힘을 옮기는 오퍼지션(oppostion) 등의 용법도 있고 시작해 보면 흥미는 끊이지 않는다.

초크만으로 의해 열려진 루트는 갈라진 틈이 손상되는 일이 없이 하켄과 같이 남게 되는 일도 없어서 첫 등정시의 가치를 잃지 않는다. 또 조용히 등반을 즐기는 것도 초크 클라이밍의 커다란 매력이라 생각할 수 있을 것이다.

□ 암벽 등반의 3개의 도구

해머는 인류 문명사와 함께 있어온 도구이므로 암벽 등반에 하켄이 사용되기 시작했을 때 이것을 치는 도구로 이미 존재한 보통의 해머를 활용해 사용했다고 상상해도 이상하지 않다.

그렇지만 의외인 곳에 오르면서 주운 돌로 하켄을 박았다는 것이다. 헨드리히라는 사람이 쓴 「알피니스트」(1911년 간행)에 등산가가 돌을 쥐고 번쩍 쳐들고 막 하켄을 박으려고 하고 있는 그림이 있지만 등산가는 해머를 휴대하지 않은 듯하다.

해머의 등장은 곧 이어 나타난 휘틀의 하켄과 함께 있었다고 생각된다. 해머, 하켄, 카라비너는 최근까지 암벽 등반의 3개의 도구로 불리고 이 3종 세트의 원조는 역시 휘틀, 헬초크, 그리고 듈파일 것이다.

　해머로 하켄을 박는 작업은 노력이 필요하고, 거기에 더해 마지막에 오르는 사람이 하지 않으면 안 되는, 빼서 거두는 작업은 귀찮다. 빠지지 않게 박는 것이니까 당연하지만 박은 하켄을 모두 남겨 둬버려서는 결국에는 손잡이가 없게 되어 곤란하니까 라스트에게 있어서 회수 작업은 커다란 임무이다. 특히 큰 산을 등산할 때 있어서는 중대하다.

　현재 해머는 두부에는 카라비너를 거는 구멍이 뚫려져 있지만 이것은 하켄의 회수를 쉽게 하기 위함이다. 여러 개의 카라비너를 쇠사슬과 같이 연결해 역방향으로 충격을 걸어 빼는 짜임으로 되어 있다.

□한쪽 손에 아이스해머, 다른 쪽에 피켈

　로크해머는 경량으로 만들어지면 타격력이 약해져 어쨌든 어느 정도의 무게를 필요로 하므로 등산가에게는 그다지 좋아하지 않는 존재이지만 같은 해머라도 아이스해머가 되면 피켈과 같이 인기가 있다. 하켄을 박는 면과 반대쪽이 날카로운 피크로 되어 있어 빙벽에 박고 피켈과 같이 손잡이로 하기 때문에 보다 적극적이고 공격적인 용구라 말할 수 있다. 이 때문에 미묘한 기능이 요구되어 그 선택에도 실용으로도 관심도는 높다. 피켈과 병용하는 피오레트랙션의 테크닉에는 빠지지 않는다.

□위험이 많은 하강

　등반에는 등고(登高)만이 아닌 하강도 있다. 이 하강은 등고보다 훨씬 어렵고 부주의하면 자주 위험하기도 하다. 사고는 하강 중에

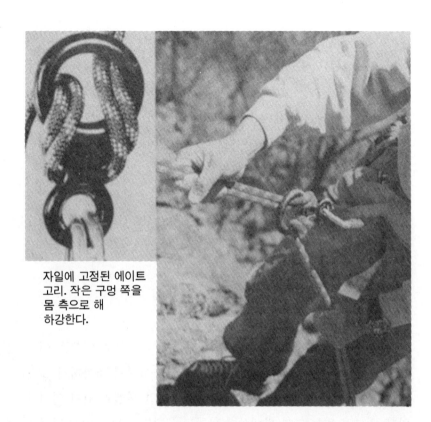

자일에 고정된 에이트
고리. 작은 구멍 쪽을
몸 측으로 해
하강한다.

많이 일어나는 것이고 경솔한 행위는 주의하지 않으면 안 된다.

암벽 등반의 경우는 더한층, 등반 루트를 충실히 하강하는 것은
그 곤란함이나 위험도가 일반 등산의 유례없이 매우 크다. 또 불가능
한 일도 있다.

거기에서 자일에 신체를 완전히 의지해 버리고 이 자일에 매달려
하강하는 현수하강(懸垂下降)이라는 기술이 고안되었다. 이 기술에
의해 어떤 암벽도 빠르고 안전하게 하강할 수가 있게 된다.

자일에 매달려 줄줄 하강하는 이 현수하강은 초보자에게는 처음

맞는 공포스럽고 위험한 곡예와 같은 기술로 생각할 수 있지만 암벽 등반의 기술 중에서는 그만큼 어려운 것은 아니다.

□ 듈파식 현수하강

이 현수하강의 기술을 처음으로 만들어 낸 것은 독일의 도르토문트 출신이고 제1차 세계대전에서 젊은 나이에 전사한 H. 듈파이지만 현수하강기가 보급되기 전까지 현수하강이라 말하면 이 듈파식이었다. 지금에는 용구에 의존하는 하강법이 보급되어 있지만 이 듈파식은 자일만 있으면 누구나 가능하므로 암벽 등반은 하지 않는 사람에게도 만약에 준비해 습득해 두면 좋다. 종주 등산에도 긴급시에 역할을 하기 때문이다.

이 듈파식은 자일을 신체에 감고 그 마찰을 하중의 제동으로서 이용하는 하강법으로, 어깨에 돌리는 '어깨째 움직임'팔에 감는 '팔에 관련해 움직임' 등의 방법이 있다. 그러나 완전히 공간에 매달리는 소위 공중현수나 무거운 짐을 등에 질 때의 신체가 받는 고통은 피할 수 없고 의복의 손상도 피할 수 없다. 그래서 자일의 마찰을 신체에서 기구로 대행시키는 것에 의해 이런 문제점을 해소시키려 고안된 것이 일련의 하강기(디젠트)이다.

□ 여러 가지 하강기

현수하강기의 최초의 것으로서 넓게 세상에 소개된 것은 데산돌 아랑이다. 첫 등반으로 유명할 뿐 아니라 당시 프랑스의 등산계에서는 용구의 연구개발의 제일인자이기도 하고 하강 후 자일 회수기나

정교한 카라비너 등을 발표한 알피니스트이다. 또 도류 서벽 첫 등반
이나 마칼(8,463m) 등정 등으로 알려진 G. 마뇨누도 데산돌 마뇨누
를 고안했다.

이것은 2개의 카라비너와 세트로 사용한 것으로 상당히 경량인 것이
다. 같은 모양으로 카라비너와 병용한 것으로 같은 프랑스제의 데산
돌 살레가 있다. 이것도 더없이 단순한 것이다. 이어서 미국의 CMI,
SMC사가 브레이크 바라는 카라비너의 부녹품과 같은 하강기를 만들
었지만 이 시기는 등반용 안전벨트가 나오기 시작한 것과 겹쳐 우리
나라에서도 차차 보급을 보여 이에 본받아 유사품이 국산화될 정도가
되었다.

　1970년경 일단 기능적이 된 현수하강기가 나타났다. 스위스제의
화모가 그것으로, 고가였지만 본격파에게는 환영되어 호평이었다.
거기에다 수년 후 로버트라는 하강기도 고안되어 후에 서술하는 등고
기(登高器)의 기능도 일면 가지고 있지만 성능의 면에서는 보급되지
않았다.

□취급하기 쉬운 에이트(eight) 고리

　현재 현수하강기가 말하면 거의 피겨 에이트 링(figure eight ring)
이다. 이것은 문자대로 아라비아 숫자의 8자형으로 다루기 쉬운 것과
확실함을 위해 하강기를 완전히 구축했다고 말할 수 있다.

　현수하강만이 아닌 파트너에 대한 확보도 이미 어깨에 관한 움직임
법 등이 행해지고 있었지만 지금의 에이트 고리가 확보법에도 적용되
고 있다. 확보라는 점에서도 에이트 고리는 취급하기 쉬운 신뢰성이
있어 등산가가 애용하는 점이 되고 폭넓게 보급되었다.

□ 현수하강의 의미

현수하강기가 침봉(針峰)이 많은 서부 알프스에서 탄생한 것은 당연한 이유가 있다. 등반 종료 후 일반등산로를 더듬어 찾아 귀착할 수 있는 것이 거의 불가능한 침봉악에서의 등반은 하산도 자일에 의한 현수하강에 의존하지 않으면 안 된다. 현수하강의 빈도가 극히 높기 때문에 그 필용성도 긴급을 요하고 이 발명을 낳은 것이다.

그러나 그 외에도 현수하강이 필요하게 되는 장면은 많다. 암벽등반에서는 등반 중에 생각지 않은 문제가 발생하는 일이 있다. 날씨의 악화, 낙석, 추락에 의한 사고, 피로 등의 사고가 그것이다. 결국 보통의 하강만이 아닌 긴급 사태에 직면하는 일도 많다. 그러한 때에 발디딤에서 현수하강에 의해 급거 탈출하지 않으면 안 되기 때문에 이 기술과 함께 하강기의 필요성은 크다. 그 의미로는 한국의 암벽등반에 있어서도 완전히 똑같고 초보자의 단계에서 사용법을 잘 습득하여 이해해 두어야만 한다. 또 계속 등반을 포함해 의도적인 암벽하강도 현재 적극적으로 행해지고 있다고 생각하면 점점 필요불가결한 용구가 되고 있다.

 또 최근의 경향이지만 암벽 부분을 올라 끝나면 산 꼭대기를 목표
로 하지 않고 즉시 하강해 버리는 사람이 많아진다. 등반이 목적이
아니라 암벽 등반이 목적이어서 등반 종료점에서 산정상까지 무거운
등반구로 숨차하는 것을 싫어하기 때문인지. 이것도 현수하강기나
안전벨트의 발달이 있는것이다.
 어쨌든 등산 용구 속의 에이트 고리의 중요성은 크지만 반면 이
에이트 고리를 만일 떨어뜨려 버리면 현수하강을 할 수 없는 사람이
많다. 듈파식도 알고 있겠지만 다른 용구, 예를 들면 카라비너, 해머
의 자루, 앵글형의 하켄 등으로 대용하는 기술도 습득해 둘 필요가
있다.

□긴급시의 최후 수단

 오스트리아의 알피니스트, K. 플주크가 생각해 냈다고 말해지고
그 이름을 붙인 플주크 매듭이라는 일종의 자일의 묶는 법이 있다.
자일에 그 이분의 일에서 삼분의 일 정도의 굵기의 보조 로프의 고리
를 칭칭 감듯이 묶는 방법이지만 이 매듭인 점을 잡고 슬라이드하지
않는 한 이 고리는 움직이지 않는다는 성질을 갖고 있다. 상당히 단순
하지만 여러 가지 장면에서 활용할 수 있는 편리한 묶는 방법이다.
 안자이렌하고 있고 빙하의 크레바스나 바위밭 등에서 추락했을
경우 이 플주크법을 알고 있으면 멋있게 위기에서 탈출할 수 있고
또 제3자를 구출할 때 상당히 유효하다. 그 외 위험방지나 안전대책
으로 효과적인 방법으로 그 용도는 넓다.
 그러나 평소부터 훈련해 두지 않으면 긴급시에 느닷없이 시도해도
원활하게 진척되지 않는 때가 있다. 그리고 이 플주크법을 더욱 손쉽

게 사용할 수 있게 고려되어 발명된 것이 등고기(어센트)이다.

□ 등고기(쯅高器)의 활용

최초로 나타난것은 유마루라는 제품이었다. 알프스의 가이드인
A. 유시와 전기공학사인 W. 마루티, 두 사람의 스위스인에 의해 고안
된 점에서 그들의 이름에 인하여 유마루라 이름 지어졌고 1959년에
발표되었다.

적응할 수 있는 자일의 굵기는 7~14mm. 플주크와 틀린 점은 플주

크가 상하 양 방향으로 슬라이드할 수 있는 것에 대해 이 유마루는 상부로의 슬라이드만으로 아래 쪽의 무게에는 고정되어 버리는 점이다. 자일을 고정해 무게를 더해서 캄이 움직이고 자일을 심하게 단단히 죄어 충분히 체중을 이용할 수가 있다. 원래 추락시 자기탈출 수단으로서 고안되었기 때문에 오른손 용, 왼손용 두 개가 한 조가 되고 각각으로 발을 올리는 보조 로프가 부속되어 있다.

그러나 한 개의 자일을 고정해 당겨 두기만 하면 등고기(登高器)의 도움을 빌리는 것으로 어떠한 경사면도 안전히 오를 수가 있기 때문에 히말라야와 같은 높은 산의 등산에 있어서 루트작업이나 노동하는 작업에 없어서는 안 될 존재가 되어 또 아이가 북벽의 직등 같은 등반도 등고기가 있기 때문에만 이룰 수 있는 것이었다.

이 등고기의 기능은 암벽 등 위험한 몇 곳에 있어서는 조난자의 곤란한 구조 작업을 크게 돕는 것으로서 이 방면에서의 활용에 중요한 사명을 이루고 있다.

6. 배낭

□피로를 좌우하는 배낭

배낭은 등산을 계획해 그 준비를 시작할 때부터 등산을 끝내고 돌아올 때까지 계속 사용해 쉬는 일이 없는 용구이다. 필요한 용구 일체 외에 식량, 의류 등을 가득 넣고 등에 지고 급등에 헐떡인다. 어떤 형태의 등산이라도 없어서는 안 되는 가장 기본적인 용구이다.

손에 물건을 매달고 걷는 일이 얼마나 어려운 일인지는 모두 알고 있는 일이지만 한 번 배낭을 사용해 그 편리함을 알게 되면 누구나 보자기나 손에 드는 가방보다 훨씬 중요히 여기는 것을 인정한다. 거기에 경험을 쌓으면 배낭의 단점이 체력의 소모를 현저히 좌우해 피로의 차를 확실히 나타내는 것도 알 수 있다. 배낭은 물건을 집어 넣는 단순한 봉투가 아니라 산의 도면을 등강할 때의 사람의 체형을 확실히 연구해 그것에 기초해 합리적으로 설계되지 않으면 안 된다.

등에 매고 물건을 움직이는 지혜는 물론 우리나라에 있어서도 원시 인 옛부터였다. 그 대표적인 운반구인 나무로 만든 지게는 항상 생활 애 밀접해 있고 각각의 지방에서 고유의 모양을 가지면서 전승되어 곳에 따라 현재에서도 훌륭히 실용적으로 공급되었다.

□지게에서 배낭으로

우리나라에서 등산이라는 스포츠가 유행하기 시작했을 때 등산자는 배낭등이라는 것은 없고 자신이 지는 짐은 보따리나 어깨에 거는 식의 봇짐 정도의 사소한 것이었다. 등산자의 옷차림이라 말하면 옷자락을 걷어올리고 다리에 짚신을 신고 야숙을 할 때에는 초롱등을 하고 당연히 도중을 걸어서 여행하는 산악탐험이었다.

그런 등산의 요람기에 알피니스트의 눈을 가지고 확실히 배낭을 보고 등산 용구로서 실용성을 인정하게 된 것이다.

□등에 지기 쉬움의 추구

키슬링은 옆으로 넓은 것보다 적당히 세로로 긴 형이 적합하다. 좌우로 너무 넓으면 무게의 균형이 지켜지기 힘들고 중심을 취하기 힘들기 때문이다. 그 중심이 좌우 중앙에 위치하지 않으면 적은 흔들림에도 몸의 균형을 무너뜨려 예를 들면 좁은 암릉이나 미끄러지기 쉬운 곳을 우연히 만났을 때 위험을 느끼는 일조차 있다. 이것은 등에 지는 법이나 파킹법이 미숙한 것도 있지만 옆으로 넓은 만큼 이 영향이 크게 되어 버린다.

최근의 배낭을 보면 모두 세로로 길게 되어 있는 것은 기본적으로 이 점을 중시하기 때문이다. 유럽의 배낭은 옆으로 넓은 것은 없다.

이 10년 정도 배낭은 극단적으로 개선되어 적당하게 되었다 한다. 그것은 등산자가 배낭을 등에 지고 산호를 걸을 때 어떠한 자세가 되는가, 결국 사람의 골격의 구조나 근력의 움직임이 그때 어떻게 움직이는가, 그리고 등산자가 배낭을 쾌적하게 등에 지는 것이 가능하면 어느 만큼 체력을 저축할 수 있고 또 고통에서 해방되는가 등 기본적인 문제나 요구를 실험적으로 또 경험적으로 해명하는 것에 의해 배낭의 형태를 고치고 개선해 갔기 때문이다. 그 결과 오늘의 최신식 배낭에서는 같은 중량을 채워도 그만큼 비교해 가볍게 된 듯한 착각조차 느낄 수 있는 것이다. 등에 닿는 밀착감도 부자연하지 않다. 또 배낭을 진다는 표현이 있었을 만큼 양측 어깨에서 지탱한 것이지만 지금의 진화한 배낭은 어깨만이 아닌 등 전체, 그리고 허리 등 매우 넓은 범위에서 중량을 받는 구조가 되어 있다. 따라서 중요한 부분에 부착되어 있는 벨트의 매는 법까지 자신의 체형에 맞춰 두면 파킹의 능숙 불완전은 문제가 되지 않는다.

□새로운 작업

현재 시장에 나와 있는 많은 등산자가 애용하고 있는 비교적 큰 배낭에는 어느 메이커나 새로운 아이디어를 포함해 그 특징적인 개량 점으로 경쟁하고 있다. 그 중에서 주된 점을 들어 보면 최근의 배낭이 어떤 형태로 어떻게 기능적인가를 알 수 있다.

먼저 등에 닿는 면에 맞추어 세로로, 그리고 허리에 맞춰 옆으로 각각 커브시키고 벨트로 묶는 것으로, 몸과 일체감을 주고 자세가 무너져도 배낭의 흔들림은 없다. 다음에 등에 진 벨트의 부착점은 배낭의 허리이지만 이 부분을 사용자의 신장에 맞춰 상하로 이동할 수 있는 조절식으로 되어 있다. 뚜껑에는 지퍼 달린 주머니를 붙여 적은 물건들의 수납을 편리하게 하는 한편 본체의 짐이 많고 적음에 따라 뚜껑의 위치를 겹치지 않게 비켜 본체의 깊이를 조절할 수가 있다. 특히 대형이 되면 등에 진 벨트의 어깨 부분과 본체 상부를

1933년경의 편동(片桐)제 키슬링형 배낭

연결하는 짧은 벨트를 붙여, 이 당기는 상태에 따라 짐의 중심을 몸에
가깝게 하게 되어 있다. 세세한 점으로는 열고 닫음이 편리한 플라스
틱제 부분이 사용되어 원터치가 가능해지게 되어 있다. 추운 동산에
서 두꺼운 장갑을 낀 채로 개폐할 수 있는 것은 실로 어렵다.

　이렇게 기능적으로 옛날의 배낭과는 완전히 틀리지만 이것은 일상
우리들을 둘러싼 모든 생활 용구로 보는 변화와 완전히 똑같다. 적은
아이디어라도 상품에 살린 경향은 등산 용구도　결코 예외는 아니
다.

□큰 것은 작은 것을 겸하지 않는다

재료면에서도 목면범포(木綿帆布)시대는 완전히 가고 나일론을 비롯해 색채가 풍부한 가벼운 화학섬유가 되었다. 이것에 따라 개발된 방수가공 기술도 진보를 이루어 비나 눈에 대해서도 안심할 수 있게 되었다. 특히 겨울산에도 얼지 않는 것은 나일론만의 커다란 이점이다. 크기에 있어서도 실로 종류가 많아졌다. 이것은 등산의 형태가 다양하기 때문이다.

큰 것은 작은 것을 겸한다고 하지만 배낭에 관한 한 거의 이 말은 맞지 않다. 사이즈의 크고 작음은 대체로 산행일수에 의해 비례하지만 등산의 내용, 결국 같은 일수에서도 하이킹 종주, 암벽 등반 또 산장 숙박과 텐트 이용, 거기다 계절 등으로 큰 격차가 있다. 산행내용이나 목적에 따라 선택하지 않으면 안 된다. 또 산악 투어스키, 산악 사진촬영이 되면 그 나름의 기능이 필요하다.

어쨌든 배낭 선택은 등산화와 같이 어렵다. 배낭을 정확히 선택하면 등산은 제구실을 한다고 할 수 있다. 그만큼 경험을 필요로 하는 것이고 초보자는 당황하기 마련이다.

7. 텐트

□샤모니의 마을에서

알프스 산기슭 등산기지 마을은 여름이 되면 세계 각지의 등산자로 붐빈다. 특히 최고봉 몽블랑을 우러러 보는 샤모니는 가장 활기차고 몇 갠가 있는 캠프장은 어느 것이나 색색의 텐트로 묻히고 세계 알피니스트의 사교장이 된다. 그리고 각 국어의 환성이 뒤섞여 주위의 침봉(針峰)에 메아리친다. 이 캠프장을 다 뒤덮어버리는 텐트는 오토캠프용이 있고 높은 장소용, 모든 샘플이 집합해 그 모습은 마치 텐트의 견본도시이다.

우리들은 텐트라 말하면 알프스 황금 시대의 대표적인 등산가의 한 사람인 E. 윈파를 생각하지만 그 윈파는 지금의 샤모니에 잠들어 있다. 윈파가 지금의 샤모니나 첼마트 캠프장을 본다면 어떤 얼굴을 할까?

윈파는 등산 용구나 장비에는 항상 깊은 관심을 가져 스스로 고안도 하고 개정도 해서 독창성이 있는 점을 보인 사람이었다. 텐트도 그 하나이다.

□윈파 텐트

윈파는 1862년 오랜 연구의 결과 후에 텐트의 기본형이 된 소위 윈파형을 완성시켰다.

본체의 산지는 인도산 목면 캘리코 지역으로 스코틀랜드의 호아 방직이라는 것이었다. 치수는 지면 부분이 내림 안 길이로 6피트 정방형으로 입구와 그 반대측 벽도 역시 한 변이 6피트의 정삼각형인 지붕형이다. 그리고 이 형이 텐트의 하나의 표준으로 정착하게 된다. 1953년 에베레스트 첫 등정에 성공한 J. 핸트대가 채용한 미드형도 이 윈파의 지붕형의 개량으로 볼 수 있다.

윈파의 오리지널 텐트의 6피트라는 숫자는 직물의 폭으로 그대로 사용한 것으로 지붕에 약간의 솔기를 만들지 않고 끝낼 수 있었기 때문이다. 본체의 천은 좌우로도 1피트 정도 길게 두어 내측에 말아 들게 했다. 그리고 마루에 까는 그라운드 시트는 종횡 9피트 평방 고무줄의 방수지를 사용해 실제 마루 면적보다 넓은 것은 사방의 남는 부분은 떼 올려 바람의 침입을 막기 위한 것이라 윈파는 설명하고 있다.

지탱하는 기둥에 대해서는 상당히 신경을 써 중요시했다. 길이 6피트 반, 직경 1인치 4분의 1인 물푸레나무의 둥근 봉 4개로 입구와 그 반대측에 각각 2개를 위에서 ×형으로 끼워 철 볼트로 고정했다. 그리고 끝에는 철로 된 돌출이 튀어나와 있다. 지탱 막대기의 강도로서는 중앙에 걸린 100파운드의 정지 하중에 패스하면 어떤 바람에도 견딜 수 있다고 생각해 일단 기준으로 했다. 그러나 지주(支柱)는 오늘날과 같이 짧게 자를 수 없고 긴 채로 있었기 때문에 운반 휴행하기가 불편했다고 생각된다. 당기는 밧줄은 1개로 텐트 본체 속을

윈파 텐트

통해 천정의 느슨함을 막고 전후 2개의 말뚝으로 지탱할 수 있다. 수용인원은 4명이고 중량은 23파운드(10Kg)이다.

□윈파형의 보급

윈파 텐트의 규정은 극지탐험가인 L. 마크린톡 텐트와 기본적인 점에서 모두 일치하고 있다고 윈파 자신이 서술하고 있지만 아마도 크게 참고로 한 것이라 생각할 수 있다. 마크리톡은 1845년 북극권 탐험으로 출발해 행방불명이 된 J. 프랭크린 일행 130명의 수색을 위해 4차례의 극지탐험을 행해 북극권에 관한 큰 공적을 남긴 인물이다.

윈파의 텐트는 그 자신이 알프스나 안데스에서 사용한 외에 코카서스에서 D.W. 후레시필드나 A.W. 무어가, 카라콜름에서 W.H. 콘웨이가 사용해 실용적이고 좋다는 것이 증명되었다.

이와 같이 많은 사람들에게 사용되는 것과 함께 이 윈파 텐트도 차례로 개량이 보태어져 갔다.

예를 들어 지주는 가볍게 하기 위해 대나무가 사용되고 그 중앙에 놋쇠 이음매를 만들고 2개를 연결했다. 윈파가 방수는 완전하지 않다고 고백했지만 곧 이어 윌즈덴의 방수지가 사용되어지게도 되었다. 이 윌즈덴은 런던 서부의 마을로 방수가공의 발상지로서 알려져 있다. 이 외 랜턴을 매단 루프, 적은 물건을 넣어두는 대형 주머니 등이 붙여져 있고 텐트 생활에 필요한 거주성이 개선되어 있다.

□마마리의 텐트

윈파 텐트가 매우 유명하기 때문에 그 그늘에 가려졌다는 이유도 있지 않지만 마마리 텐트라는 것이 있었던 일은 의외로 알려져 있지 않다. 고안자인 A.F. 마마리에 대해서는 모두 제1장 '은의 시대'항에서 상세히 서술했다.

그리고 마말리의 텐트는 어떤 것이었을까? C.T. 텐트의 '마운테니어링'에 삽화가 게재되어 있다.

형상은 마루 부분이 내림 4피트, 안길이 6피트인 4각형으로 입구는 야구의 홈 베이스 같은 모양을 하고 있고 전체적으로는 지금도 자주 눈에 띄는 집모양이다. 부속품으로서 폼은 없고 피켈을 거꾸로 세워

마말리 텐트

대용할 수 있다. 거주성을 희생으로 해도 경량으로 행동력을 우선한 마마리다운 독특한 발상이라 할 수 있다. 중량은 3파운드 반(1.6Kg)의 가벼움 때문에 실천적 등산가를 기쁘게 한 것이 아닐까. 생산지는 율즈덴의 방수범포, 그라운드 시트는 고무줄인 방수지로 옵션이었다.

□히말라야와 마마리 텐트

이 텐트도 G.W. 영이나 T. 롱스터프 등 저명한 등산가들에게 환영

되어 개량되어 갔다.

예를 들면 영은 만일 포터로 운반시키면 윈파 텐트였고 자신이 짊어지는 것이라면 마마리 텐트가 좋다고 추천하고 이 경우 지주로 하는 피켈이 점점 짧아져 가는 당시의 경향을 고려해 10~12인치의 대통을 준비해. 돌출한 이음매로 이용하는 것을 제안하고 있다. 레번도 완전히 같은 것을 서술하고 있다.

그 위에 그라운드 시트는 본체에 매어 붙어 있다. 롱 스타프는 1905년 히말라야의 낭드 데비에서 마마리 텐트를 사용했지만,

"우리의 천막은 길이 6피트 반, 높이 3피트, 폭 4피트이다. 마마리형의 천막에는 원래 밑이 붙어 있지 않지만 나는 밑을 붙이게 고쳐 대개량을 시도했다. 그렇게 한 것이 보온에 훌륭하고 풍우에 견디는 뿐만이 아니라 그 속에 우리들이 옆으로 되어 있으면 천막이 바람으로 날라갈 걱정도 없었다."고 말하고 있다. 그리고 역시 지주로는 피켈로, 짧은 대통을 붙인 것이다.

개량형으로는 아마의 섬유, 즉 린네르가 사용되게 되었다. 영은 이것을 "견이다."라고 말한 점에서 마마리의 텐트는 견제라고 말해진 일이 있었다.

텐트는 마마리 텐트를 높이 평가하고 있었지만 자신의 코카서스원정에서는 한층 큰 7피트의 윈파형을 3인용으로 사용하고 있었다. 그리고 가는 텐트의 중량을 경감하고 싶다고 할 뿐 악천후나 열사에 의한 불쾌함으로 참지 않으면 안 되는 것은 실수라고 지적하고, 특히 원정과 같은 장기간의 텐트 생활에는 텐트의 주거성이 상당히 중요한 것을 강조했다. 그리고 지금에선 상식적인 부속품인 프라이 시트의 필요성을 이미 이 시절에 설명하고 있다. 프라이 시트라는 것은 텐트 본체 위에 다시 한장 씌운 천으로 이것에 의해 비에 대한 방수도

츠달스키의 첼트. 중앙은 환기구멍

이 두 개의 천 사이의작은 공간에 의한 태양의 복사열 방지와 실내의 보온 효과를 가져오게 된 것이다.

□알펜 스키의 창시자 츠달스키

마마리와 같은 시대 사람으로 역시 가볍고 편리한 텐트에 대해 흥미를 가진 인물이 있었다. 윈 근교의 리리엔펠트 산에서 스키 기술의 연구에 힘써 알펜 스키의 창시자가 된 M. 츠달스키이다.

츠달스키의 스키술은 리리엔펠트파 스키술이라고 하고 독일, 오스트리아의 급준한 산지의 활주에 적합한 기술이고 오늘날에도 기초기술로서 정착하고 있는 쉬템 보겐은 그가 만들어 낸 것의 하나이다.

츠달스키는 스키의 리리엔펠트식 꽉 죄는 기구를 고안함과 동시에 산악지대에서의 불시의 노숙에 대비해 마마리형보다 간편한 텐트도 만들었다. 츠달스키 첼트색(Zeltsack)이라 불리는 오늘의 첼트색의 원형이다. 등산자 두 사람이 마주 보고 앉아 푹 덮을 정도의 공간을 가진 지붕형의 천이라 하면 좋을 것이다. 지주도 당김 밧줄도 말뚝도 없이 속에 들어간 사람 자체가 이 첼트를 지탱하는 것으로 비나 바람에 직접 닿는 것만을 막을 뿐인 간단한 텐트이다.

□츠달스키의 첼트(Zelt)

첼트라는 말은 독일어로 영어의 텐트와 동의어이다.

이 가볍고 간편한 첼트는 어느 산행에서도 습관적으로 휴행해야 하는 장비이다. 산에서의 긴급 사태. 예를 들면, 예기되지 않은 노숙에 빠져 거기에 날씨가 악화되어 등산자가 완전히 곤란에 빠진 경우 등에 실로 믿을 만한 존재가 된다. 첼트의 덕분으로 위기를 벗어난 예는 상당히 많고 동시에 이것을 장비로 하지 않았기 때문에 돌이킬 수 없는 결과를 초래하는 사례로 또 적지 않다.

첼트에 익숙해진 등산자는 이 첼트를 긴급용만이 아니라 의도적으로 요컨대 적극적으로 사용하는 것을 알고 있고 행동반경을 확대해 한층 고도에서 과감한 등산을 즐기고 있다.

□위랜스의 박스텐트

고야(高野)가 해설한 다각추 텐트

 1967년 종래의 형과는 완전히 다른 기발한 텐트가 개발되어 실제로 높은 곳의 강풍 아래서 사용되어 성공했다.

 D. 위랜스는 현재 영국을 대표하는 알피스트의 한 사람이지만 1962년~1963년의 남파다고니어 답사대에 참가했을 때 지붕형이나 집형의 텐트는 그 산역에서의 맹렬한 바람에 도저히 견딜 수 없다는 것을 알고 하나의 묘안을 생각해냈다. 위랜스는 단지 나무와 타르를 바른 방수지로 소형의 상자를 닮은 소형 텐트를 조립해 결국 이것이 원정을 성공에 이끌었다. 게다가 이 아이디어를 1965년 히말라야의 가우리상칼 원정에서 사용한 위랜스 박스라는 텐트의 프로토 타입

(proto type)으로 발전시켰다.

그 후 1967년 거의 똑같은 것이 I. 크로에 의해 남파다고니어의 호토레스에서 시험되어 대원의 호평을 얻었다. 이 때의 것은 철제 앵글(L자형 밧줄)의 프레임과 캔버스지를 사용했기 때문에 무거운 것이 괴로웠다. 거기에서 위랜스는 1970년,안나프루나 남벽대를 위해 더욱 개량을 해 "프레임에 알미늄, 튜브, 지붕과 홀에 방수와 합성목면인 콤비네이션을 사용해 더욱 가벼운 것을 고안했다."(C. 보닌튼 「안나푸르나 남벽」)

이 내림 120cm, 안길이 200cm, 높이 120cm, 중량 13.6Kg 두 사람용의 높은 장소용 상자형 텐트는 지금까지의 텐트에 비해 무겁지만 몇 개인가의 장점을 갖고 있었다.

먼저 당김줄이나 말뚝 등을 필요로 하지 않고 끌어당길 수가 있는 것이 커다란 매력이었다. 급한 경사에서도 눈이 없으면 똑바로 서 있을 수가 있고 주위에 눈이 쌓이면 한층 안정해 있는 것이고 내부는 쾌적한 안정감을 유지한 것이다.

또 이것은 부산물인 듯 하지만 지붕에 쌓인 눈이 대낮의 햇빛에 의해 녹아 수고하지 않고 식료수를 얻을 수 있다는 것이다. 귀중한 연료나 시간을 크게 절약할 수 있다는 것은 대원들에게 뜻밖의 장점이었다.

이 박스 텐트는 내풍성, 방수성, 거주성에 뛰어났으나 일반 등산계에서는 넓게 퍼져 가지는 않았다.

□등산자의 오아시스⇨텐트

등산자에게 텐트란 무엇이냐 하면 산의 험한 기후에서 몸을 지켜 주는 안전지대이고 안심하고 생활할 수 있는 숨쉬는 장소이다. 즉, 비가 계속 내리고 눈보라가 미친 듯 날뛰고 등산행동을 할 수가 없을 때 위험을 피해 날씨의 회복을 기다리는 피난 장소, 혹은 하루의 괴로운 등산에서 해방되어 천천히 호연한 기운을 키우고 일행들과 단결을 즐기는 안식의 낙원, 게다가 내일의 행동에 대해 작전을 세우는 회의실인 것이다.

따라서 텐트에 요구되는 조건은 내풍성, 방수성, 거주성이고 이것들이 일단 만족되면서도 박스 텐트가 일반에게 보급되지 않았던 것은 단 하나, 무거웠기 때문일 것이다. 바람에 대해 강하게 된 것의 구조상 프레임(frame)이 많아진 것이었다. 장비품을 비롯해 식량이나 연료의 운반도 모두 인력으로 하지 않으면 안 되는 등산에서 중량은 커다란 문제인 것이다.

주거공간이 크게 쾌적한 생활이 되는 텐트를 만들면 당연히 무거워진다. 경량화하면 그 반대가 되어 강도도 쾌적함도 희생할 수밖에 없다. 이것은 등산자에게 오랜 시간의 과제가 되고 더욱이 체념하는 감정까지 일고 있었다. 하지만 이 서로 상반되는 조건도 서서히 해결하는 방향으로 향해 간다.

□지오데틱 돔의 등장

사각망형 텐트의 붐이 일자 곧 이어 더욱 합리적인 텐트가 나타났다. 귀에 익지 않은 단어지만, 지오데틱 돔 텐트라 불리는 과학적으로 설계된 새로운 텐트가 그것이다. 고안자는 B. 프라라는 미국의 건축학자였다. 프라는 먼저 구가 가진 구조 역학적인 특징에 주목해 이것을 건축물에서 실증하려고 했다.

외압에 대해 언제나 안정한 강도를 가질 수 있는 형상은 구체(具體)이다라고 생각한 건축가 B. 프라는 1947년 최초의 파츠에서 최대의 강도와 주거공간을 가진 건조물은 지오데틱 돔이라는 결론을 냈다. 그는 이 이론을 응용해, 세계 각지에서 실용화했다.

건축물에서 성공을 거둔 프라는 험한 자연환경 속에서 영위되는 옥외 여가생활에서의 텐트에 있어서도 그것을 도입하려 시도해 1975년 노스웨스트사와 협력해 세계에서 최초의 지오데틱 돔 텐트 '오벌 인텐션(oval intention)'을 탄생시켰다.

그리고 다음에, 이것을 영국, 캐나다 합동에 의한 파다고니아 원정대에게 시험용으로 시켰을 때 맹설 속에서 이 텐트만이 날아가지 않았다는 좋은 성적을 거두었다.

이 강함의 비밀은 당연히 구조에 있지만, 그 포인트는 텐트를 하나의 구체로 생각해, 모든 프레임을 그 지오데틱 라인, 즉 '곡면상의 두 점간의 곡면에 흐르게 해 최단거리를 정한 선' 상에 프레임은 모든 방위의 방향에 견딜 수 있기 때문에, 서로 보강하는 교묘한 구조로 교차되어 있다.

현재는 이 지오데틱 구조의 돔 텐트가 텐트에 요구되는 여러 가지 조건을 가장 만족해 주는 것으로, 내외의 등산자의 지지를 얻어, 확실히 시장점유율을 늘리고 있다. 동시에 또 사각망의 돔 텐트도 가격면에서 젊은 등산자에게 호평되어 어쨌든 돔형을 한 텐트가 전성이다.

□돔 텐트(dome tent)의 원형

그러나 생각해 보면 돔형 텐트의 역사는 오래된다. 등산용으로서는 1933년 제4차 영국 에베레스트 원정대(라트레지 대장)에 의한 사용

지오데틱 돔 텐트

이 최초이지만, 그 원형은 극지탐험용인 악텍크 텐트이다. 거꾸로
되짚으면 중국 북부나 몽고의 파오에 그 루트가 구해지는 것은 아닐
까 생각된다.

무엇보다도 라트레지대의 이 텐트는 같은 돔형을 하고 있어도,
현재의 지오데틱 구조나 사각망형 텐트와는 기본적으로 틀렸다. 같은
종류라 생각할 수 있는 이 두 개의 텐트는 반세기 가까이나 떨어져
있기 때문에, 닮고 있지 않은 것도 당연하다. 전자는 많은 대원이
서서히 전진 캠프를 나아가면서 정상을 목표로 하는 소위 극지법이
주체인 히말라야 등산에 이용되고, 후자는 많은 인원의 단기 등산,

이동 캠프식의 종주 등산에 이용된다. 비록 히말라야에서 사용해도, 단기간이라도 그것도 알프스를 오르는 형으로 사용된다. 또, 소재도 구형(舊型)은 천은 목면이고, 프레임은 대나무가 보통이었지만, 신형(新型)은 나일론, 초듀랄민 글래스파이버라는 신소재이다. 따라서 당연히 중량 내풍성은 물론 동결에 의해 미치게 하는 설영철수 등의 작업의 곤란함의 차는 극히 크다.

라트레지가 이끄는 제4차 에베레스트대는, 신규로 채용한 이 구식 돔형 텐트를 캠프 3A와 캠프 4조로 사용했다. 차갑고 강한 바람이 부는 장소였지만, 기대에 따랐다.

E. 시프턴은 캠프 3A에 대해, "나는 이 전에는 없었던 듯한 장비를 가지고 있었기 때문에, 상당히 안정했고, 바람의 습격에 대해서도 평안했다.(중략) 이 텐트는 세우기에 힘들지만, 한 번 세우면 잘 세워진 통나무집같이 기분이 좋았다." 라고 완전히 신뢰를 하고 있었다. 또, F.S. 스마이스는 허리케인과 같은 격렬함으로 눈바람이 미친 듯 날뛴 캠프 4에 대해서 "우리들은 극지형 텐트를 얼마큼 고맙다고 생각할까, 그것은 전혀 눈을 통과시키지 않고, 단지 사람만 들어가기에 '플렙(flap)'을 열었을 때, 한두 번만 작은 분설이 분류와 같이 흘러들어 올 수 있었던 것이다."고 감사를 깊이 하고 있다. 그러나 특히 바람이 강한 캠프 3A는, 이 폭풍우로, 정착한 곳에서 날려갈 뻔했다.

시프턴에 의하면 이 텐트는 직경 60cm의 원형 마루를 가지고, 프레임은 대나무로 만들어져, 그 위 외측에 천을 덮고, 그 내측에는 내측을 당기는 천을 매단 이중구조였고, 그 간격은 30cm 정도나 있었지만 스토브를 켜면 상당히 따뜻하고 쾌적했다고 한다.

카마보그형 텐트. 캠프 5의 모습

□등산에 관심을 갖는 초보자를 위한 한 마디

등산의 긴 역사를 되돌아 보거나 그 발전의 과정을 보면 그 내면에는 등산 용구가 도움이 된 것을 인정하지 않을 수 없다. 이것을 보는 법을 용구 중심으로 보면 이들의 탄생과 변천, 그 자체가 그대로 등산사의 흐름이 되고 있다.

진열되어 있는 오랜 용구들 앞에 서면 이들은 무언 중에 사람과 산과의 전쟁을 이야기하는 기분이 든다. 그리고 영광과 비극, 행복과 불행, 우정과 경쟁심이 꼬여, 마치 이 용구가 산 증인인 것 같이, 오랜 시대의 등산 드라마를 생생하게까지 전해준다.

이들 용구를 꼼짝않고 주시하고 있으면, 우리들은, 과연 유용히 활용하고 있는가라는 의문과 기능이나 목적에 익식이 부족하지는 않은가라는 반성이 솟아온다. 용구는 우리들에게 그런 것을 조용히 묻고 있다.

인간이 손과 발만으로 잡고 오르는 한계는 결코 높은 것이 아니다. 그 한계가 보였을 때 그것을 타고 넘을 수단으로서, 용구가 개발된다.

새로운 용구가 탄생하면, 그때까지 미해결이었던 과제가 해결된다. 결국 오를 수 없다고 생각되었던 곳이 오를 수 있게 되고, 등산은 새로운 국면을 맞는다. 그리고 또 다음 세계로 맞부딪치면 다시 새로운 용구가 요구되는 것이다. 이렇게 새로운 용구가 반복해 나타나고 그때마다 등산은 확실히 발전해 가지만, 어떤 용구도 사용하는 것은 등산자인 인간인 것이라는 것을 잊어서는 안 된다. 무엇을 사용하는가와 함께 어떻게 사용하는가가 문제된다.

등산자의 용구 사용법의 하나로 등산이 건전한 발전을 이루는가, 혹은 추락해 버리는가, 방향지어진다고 하면, 이것은 커다란 문제이고, 한 사람 한 사람이 잘 생각하지 않으면 안 되는 테마이기도 하다.

피켈이나 아이젠의 등장으로 등산은 비약하고, 하켄이나 카라비너의 출현으로 암벽 등반은 획기적인 발전을 보여, 안전성은 상당히 높아졌다. 확실히 아이젠이 등장했을 때에는, 커다란 반발이 있었고, 하켄 때도 이것을 거부한 사람이 있었다. 그러나 이들의 발명과 그 사용은 등산의 본질을 오인한 것이 아니고, 어느 때의 흐름을 지나보면, 스포츠로서의 건전한 확립에 커다란 힘이 되어 왔다.

그래도 용구라 말하는 것은 시대의 흐름에 따라 생각하는 법도 바꾸어 꼭 고안자의 의도대로는 사용되지 않는 일도 있다. 하켄과 그것에 이어져 묻히는 폴트 사용상의 변천에도 '무엇을 어떻게 사용하는가'의 문제를 단적으로 볼 수가 있다.

하켄이나 카라비너가 나타났을 때 이들을 사용한 암벽 등반을 인공 등반이라 불렀다. 이러한 등반 용구를 사용하는 것 자체, 인공적인 수단으로 본 것이다. 실제상의 사용목적은 만일의 추락에 준비한 예방조치였다. 결국, 암벽에서 미끄러져도 끼워 박은 하켄을 지점으로 해서 큰 추락을 막으려는 것에 지나지 않았던 것이다. 어디까지 안전대책을 위한 것이고, 스포츠로서의 정통적인 용법이었다. 현재의 하켄을 고안한 H. 휘틀도, 소방사의 카라비너에서 힌트를 얻어 암벽 등반용 카라비너를 실용화한 O. 헬초크도, 현실에는 최저한도의 수량만을 휴대해 여기야말로 하는 곳밖에 사용하지 않았었다.

그러나, 하켄의 효과를 알자 이용이 더욱 두드러지기 시작해, 차츰 적극적으로 암벽에 박아져갔다. 곧 이어 난도가 높은 암벽에 오름에 따라, 이것을 등산을 위해, 많은 하켄을 이어 때리고, 직접 이것을 손잡이로, 발디딤, 혹은 줄사다리의 지점으로, 등반자가 나아가 스스로의 체중을 실어 오르는 스타일을 만들어 나갔던 것이다. 이러한 등반법이 유행하기 시작했을 때, 고쳐서 이것을 인공 등반(아티피셜 클라이밍)이라 불러 종래의 등반법을 자유 등반(프리 클라이밍)이라 구별했다.

시대가 나아감에 따라 오를 수 있는 암벽도 늘고 차례로 거기에 남겨둔 하켄에 묻혀버리게 되었다. 처음 올려질 때가 가장 어려운 것은 당연한데, 후에 오르는 사람이 늘어남에 따라 점점 하켄의 수가 많아진다는 기묘한 현상이 여기저기서 발견되게 되었다. 그 지나침을 지적하는 소리가 들려도, 이 경향은 사라지지 않고, 오히려 세력을 더해갔다.

하켄에 의한 인공 등반으로는 만족할 수 없는 사람들은 새로운 용구의 고안으로 다음 단계로 나아갔다. 하켄을 박을 수 있는 클럭이 없는 매끈매끈한 한 개의 바위의 대암벽은 등산가에게 말할 수 없게 매혹적이었지만, 이러한 암벽을 종래의 하켄으로 대신하는 '신형 하켄'을 박는 것으로 오르려고 생각한 것이다. 그것은 익스펙션 피톤, 소위 채워넣는 볼트로 이미 건축현장에서 사용되고 있던 앙카볼트에서 왔다.

암벽에 송곳으로 구멍을 뚫어, 볼트를 박아 하켄과 같은 기능을 가져오는 이 채워넣는 볼트도, 처음에는 부분적인 사용이었지만, 곧 이어 넓게 유행하자, 물량 작전으로 등반자가 정상으로 향해 자의적인 라인을 끌고, 혹은 정상에서 기하학적인 수선을 내려, 그 직선으로 충실히 오르는 직상주의라는 형식이 퍼져 갔다. 이 채워넣는 볼트와 인공등반을 이용한 것으로 등반불가능한 암벽은 없게 되었다.

그러나 일시 유행을 보인 채워넣는 볼트에 의한 인공 등반 루트의 개척도 최근은 어느 나라에서나 그 세력이 일찍 그림자를 감추고 있다고 한다. 인공 등반 자체도 한 고비 지나, 그 세력도 서서히 식어가고 있는 듯이 보인다. 암벽 등반은 직접 바위의 요철에 손과 발을 두고 오르는 것이 원점으로 되고 진수라는 것이다.

여기에 이르기는, 일찍이 채워넣는 볼트의 남용에 대한 떠들썩한 비난을 세계적인 여론으로 해 불러 일으킨 하나의 '사건'이 있었던 것이 그다지 관계가 없지는 않을 것이다.

이 사건으로는, 이탈리아의 등산가, C. 마에스트리가 1971년, 남미 남단부의 파다고니아에 있는 셀로 톨레라는 괴이한 암탑에 3000개라

고도 4000개라고도 말해지는 대량의 채워넣는 볼트를 박아 등정했다
는 뉴스가 퍼졌을 때 일어났다. 게다가 이것이 콤프레서를 이용한
전동드릴에 의한 굴착이었다. 1년 후 영국, 스위스 합동대의 보고에
의하면, 하나의 발디딤에 16개나 박았고, 겨우 2m 가까이에 하켄을
박을 수 있는 클럭이 있으면서 볼트를 연이어 박았다는 것이다.

　마에스트리는 먼저 1958년, 이 산의 동면에 최초의 공격을 걸었
다. 같은 해 마에스트리가 라이벌로 보고 있던 이탈리아의 명 등산가
W. 보나티와 C. 마우리도 서면에서 시도했지만, 자꾸 실패하고 돌아
왔다. 다음해, 마에스트리는 T. 에가, C. 파바와 함께 전년같이 동면보

다 노스 콜을 거쳐, 북릉에 루트를 취해, 악전고투의 끝, 첫 등정에 성공한다. 하강 중 눈사태가 나 노스 콜을 잃어, 마에스트리는 베이스 캠프에 있던 파바에게 겨우 발견되어 구사일생을 한다.

이 등정은 조난이 있었던 것으로, 전대미문의 대업적이라 칭찬되는 한편, 시간의 경과와 함께 의문의 눈으로 보여지게 되었다.이 때의 보고는 등정 부분의 기록이 극히 불명료한 것이기 때문에, 혹은 상세한 설명을 회피하려 한다고도 받아들여져, 그 등정의 신빙성에 의혹의 눈이 향해진 것이다. 이 셀로 톨레는 당시 일류 등산가의 주목을 받은 존재였던 것만으로 세계의 관심은 컸다.

그 때문인지 어떤지 마에스트리는 1970년 7월 여행에 지쳐 와, 목표를 동남릉으로 옮겼다. 그는 헬리콥터로 장비, 기재, 식량을 수송하고 이 문제의 볼트의 분별없는 박기를 시작한 것이다.

등정의 목적을 이룬 그는 일단 하산 5개월 후 다시 와서 이제까지 없었던 좋은 날씨의 도움으로, 이 등정에 성공해, 결국 제2 등정도 그의 것이 되었다. C. 크라우스, E. 아리온드가 함께였다.

1년 후 같은 루트를 시도한 영국·스위스 합동대가 마에스트리의 볼트 연타의 모양을 전하자, 세계의 산악지는 모두 다 모여 그의 행위를 비난했다.

"일찍이, 세계에서 가장 어려운 산의 하나를 매우 용감하고 훌륭히 등반에서 첫 등정했다고 주장했던 남자——마에스트리가 이 로맨틱한 피크를 둘러싼 모든 향기를 손상시키고, 저런 비열한 전술을 사용해 제2등정을 하기 위해 다시 이 산에 해 놓은 이런 일을 어떻게 생각한 것인지 이해할 수 없다."라고 영국의 「마운틴」지는 전하고 있다.

또 그는 같은 잡지의 인터뷰에 대답하고, 윤리는 "등산의 세계에 있는 것이라 생각지 않는다."고 단언해 "하켄이 있다면 박고, 완전히 매끈매끈 하면 볼트를 박습니다. 장래 나를 지탱하기에 충분한 접착제가 발명되면 즉시 사용해 보겠습니다."고 말하며 등반은 자신에게 있어 자유의 표현인 것을 강조하고 있다.

그러나 어떤 사람은 채워넣는 볼트도 여기까지 오면 완전한 자연파괴라 말한다. 만약, 파타고니아의 대지가 마에스트리 개인 소유지이고, 셀로 톨레가 완전히 사유물이라 해도 정원석이나 식목과는 틀려 멋대로 파괴행위는 허락할 수 없다고 주장한다. 게다가 대자연은 미래를 포함한 인류 전체의 것. 그리고 지구상에 살아 숨쉬는 전생물의 것이고, 마에스트리 한 사람의 것은 아니라는 논리인 것이다.

한편 이 셀로 톨레에 최초로 도전했던 한 사람 보나티는 채워넣는 볼트를 박는 것에 반대 입장을 취하고 있던 등산가이다. 그는 비록 사용하지 않아도, 배낭 속에 감추어 가지고 있던것만으로, 그것은 실패라고 엄격히 생각하고 있었다 한다. 그는 몽블랑 산악의 그랜캡 산 동벽의 첫 등정을 비롯해 많은 초인적인 등반을 이루고, 1954년에는 이탈리아의 K2원정대에 최연소 대원으로 참가, 제1급의 활약을 했던 이탈리아 등산사상 다섯 개의 손가락에 드는 대등산가이다.

이 셀로 톨레 한 건으로 인해 끓어 오른 논쟁에서 무엇을 배울 것인가?

먼저 등산이라는 행위는 유구한 대자연 속에서 행해지고 이 필드는 당연히 존중되지 않으면 안 되는 것을 다시 인식해야만 할 것이다. 그리고 등산을 도와주는 용구는 문명에 의해 만들어진 이기이다. 요컨대, 우리들은 자연과 문명의 쌍방 은혜를 받으면서 등산을 하고 있는 현실을 확실히 확인할 필요가 있다.

최근 등산지가 전하는 것에 의하면, 미국의 콜로라도 주에서는 이 채워넣는 볼트의 사용을 법률에서 전면금지하고 위반자에게는 처벌로 임한다 한다. 전기드릴의 소음과 미관상의 손실이 그 이유이지만, 등산자측에서는 이것에 대해 강력한 반론은 없는 듯하다.

지금은, 등산 용구의 '무엇을 어떻게 사용할까'의 기술론이나 방법론적인 문제만이 아니라, 등산관, 자연관, 문명관을 포함하는 새로운 대문제로서 눈앞에 현실로 드러나고 있는 것이다.

이 책에서는 7개의 주요한 등산 용구를 예를 들어, 그 발자취를 더듬어 보았지만, 실제로는 눈에 띄는 변화를 이루면서 접촉하지 못한 것은 많다. 예를 들면, 의류에서는 방수성과 투습성이라는 본래 사용하지 않는 기능의 양방향을 충족시키는 획기적인 재질이 우주개발의 프로세스에서 생겨 '젖지 않고, 무덥지 않다' 비옷으로서 혹은 방한옷이나 침낭 등에도 실제 폭넓게 이용되고 있다. 또, 용구라고는 말할 수 없지만, 식량도 크게 변화해, 가벼움과 다양성, 보존성에 뛰어난 것을 손쉽게 얻을 수 있게 되었다.

혹은 현재는 독립한 스포츠로서 넓게 도입되고 있는 스키도 원래는 눈속 보행구였지만, 설산의 빠른 등강수단으로 도입되었을 뿐이고, 현재도 산악 스키라는 형태로 설산에서의 등산에 적극적으로 활용되고 있고, 테마로서는 여기서 문제 삼았었다. 덧붙여서, 특수한 하산방법으로, 패러팬트를 사용해 풍력을 빌려 비행해 하산하는 것도 행하여지고 있고, 이미 8,000m 봉에서의 하강도 성공하고 있다. 그러나 이 책에서의 목적과 지면 관계상, 등산 용구로서 확실한 역사를 가진, 그리고 한결같이 등산 용구로서 넓게 인식되어 있는 것에 화제를 제한하게 되었다.

이 책의 목적은, 먼저 일반 독자에게 등산사 속에서 비교적 방치되어 온 등산 용구의 탄생과 변천, 보급에 초점을 맞추고, 거기에 사람들의 정열과 지혜가 있었던 일을 알아 보는 것이다. 그리고, 일찍이 등산에 친숙하여 현재는 멀어진 사람들에게는 새로운 용구의 일부를 소개해, 등산이 보다 쾌적하고, 보다 안전히 되어 있는 것을 소개해, 등산의 즐거움을 기억해 내게 하고 싶다는 바람도 있다. 더욱, 현재 하이킹이나 등산을 즐기고 있는 사람들에게는 이미 시간의 흐름 속에 사라져 가버린 과거의 용구의 모습이나, 새로운 용구가 등장할 때마다 일어난 격한 논의 등에서 지금부터의 산행에 새로운 모습으로 도움을 주는 것이 있었으면, 하고 생각할 것이다.

이런 바램이 어느 하나, 실현될 수 있을지는 어쩐지 불안하지만, 이 테마에는 다른 하나 커다란 과제가 있는 것을 알아챌 수 있다.

등산이라는 행위는 원래 순수한 놀이이다. 때문에, 무엇을 어떻게 사용할까를 충분히, 먼저 순수하게 생각해야 한다고 말할 수 있다. 결국, 목적을 위해서는 수단을 가리지 않는다면 등산의 즐거움도, 환희도 없다.

순백의 눈의 대경사면을 아이젠을 삐걱거리며 오른다. 빛나는 태양의 빛을 받으며 바위밭에 자일을 늘인다. 혹은 정적 속에 동물이나 식물의 숨소리를 느끼며 숲을 소요한다. 물론, 그곳에는 정도의 차는 있어도 급변하는 기후를 비롯해 많은 위험, ――게다가 많은 경우, 생명을 위협하는 위험도 기다리고 있다. 그러나 이들도 포함한 대자연과의 만남이 등산의, 그리고 그 기쁨의 원점이다.

이렇게 되면, 자연과의 접촉의 장소에 등산 용구라는 '문명'의 무언가를 가지고가 어떻게 사용할까, 혹은 무엇을 가지고 가지 않는가가 중요한 점이 된다. 무엇이 없더라도 즐거웠다라는 말도 많이 틀리지만, 한편, 무엇이 없었기 때문에 얻을 수 없었던 기쁨도 반드시 있을 것이라면 그것에 우리는 눈을 돌릴 수 있지도 않을까? 그리고 이것

은 아마 등산에 한한 것은 아닐 것이다. 이것을 생각할 때, 이 책의
주제에는 필자의 당초 의도와는 다르게, 우리들 현대인에 있어 정말
로 커다란 테마가 숨겨져 있는 것이라고도 생각한다. 자연과의 진실
한 만남이 점점 요구되는 현재 이 책이 이러한 물음에 대해 생각할
계기가 되면 뜻밖의 기쁨이겠다.

제2부

올바른 등산 도구 선택법

제1장

실패의 예로 보는 등산 도구
선택의 요령

□장비의 중요성

'산과 친해지기 위한 초보 등산 모임'에 나가기 시작한 지도 벌써 오래 되었다. 나는 그동안 많은 산악인들을 모임에서 만났다. 주최측 에서는 매회 필요한 장비를 안내서에 써서 알리고 있지만, 실제로 참가자 분들이 사서 구비하고 가져 오는 용구를 보고 있으면, 가끔 걱정스러워진다. 목적에 맞지 않는 것이나 곧 바꾸고 싶어지지 않을 까라고 생각되는 것 등 사기 전에 한 마디 상담해 주었으면 쓸데없는 돈을 쓰지 않아도 될 것들을 보면 몹시 안타깝다. 그 안타까움이 이 책을 쓰기 시작한 동기일지도 모른다. 미흡한 이 글이 조금이라도 여러분의 참고가 되어, 용구 선택의 실패로 헛되게 해버렸을지도 모르는 돈을 산에 가는 교통비라도 해서, 좀더 산을 즐기게 할 수 있다면 기쁘겠다.

이 책을 쓰는 데 있어서 주의한 점이 두 가지 있다. 하나는 '이런 것도 있다. 저런 것도 있다'라고 단순히 용구를 목록식으로 나열하는 것은 가능한 한 피하고, '이 목적에는 이런 타입이 적합하다. 이런 타입은 부적합하다'라고 확실히 써 가는 것이다. 또 하나는 현장 경험 에서 얻은 '과연'이라고 생각하는 것 같은 대수롭지 않은 연구를 많이 아로새겨 나가고 싶다라고 하는 것이다.

따라서, 여기에 쓰여 있는 것은 보편적인 등산인의 생각이다. 혹 시, 선배에게 배운 것과 모순되는 점이 나올지도 모른다. 그러나, 사람 각각이 산에 요구하는 것이 다르듯이, 도구에 요구하는 것도 또한 달라야 당연하다. 최종적으로 선택하는 것은 항상 자기 자신이 라고 하는 사실을 잊지 말자.

그럼, 먼저 몇 가지의 실제로 있었던 실패의 예를 보면서 용구

산의 도구는 목적에 맞는 것을 선택한다.

선택의 기본적인 주의 포인트를 살려 보자.

□장비는 간편한 것이 최고

서늘한 바람이 부는 여름 고산(高山)의 능선은 지상 낙원이다. 그러나 그곳에 이르기까지의 수림대 등산은 상당히 고생스럽기 마련이다. 편한 산을 노리고 산등성이를 오르고 있던 K씨(29세, 회사원), 여러 사람의 행렬로부터 조금씩 뒤처지기 시작해서, 도중 휴식에서 배낭을 내던지듯이 내리고, '아——피곤해, 아——힘들어, 내일부터의

산의 장비는 단순한 것이 좋다.

식량을 모두 여기에서 꺼내 버리자'라고 지친 표정을 짓는다. 안에서는 과일 4개, 완두콩 통조림 2캔, 오이 5개, 주스 2팩 등이 계속 나왔다. 피곤하면 먹으려고 준비한 것이지만 그 무게가 원인으로 완전히 지쳐 있어서는 아무 소용도 없다.

이와 같은 예는 많이 있다. '산장에서 입으려고', '하산하면 옷을 갈아 입으려고' 옷 1벌. '좋은 사진을 찍기' 위한 고급 카메라와 삼각, 교환 렌즈. '절대 춥지 않도록'이라고 하는 다운 재킷……확실히 있으면 좋구나라고 생각하는 것뿐이다. 등산에는 즐기고자 하는 마음도 중요시 여기기 때문에, 여유가 있으면 갖고 싶은 것도 있다. 그러나 이런 모든 것을 배낭에 넣으면, 너무 무거워서 지쳐 버린다. 즐거움이나 쾌적을 위한 도구의 무게가 원인으로, 지쳐서 풍경도 눈에 들어오지 않는 것 같아서는 아무 소용이 없다.

장비의 기본은 간편한 것이 가장 좋다. 산에서의 즐거움은 도구 속에 있는 것이 아니라, 역시 대자연의 풍경이나 동료와의 대화속에 있는 것이다. 도구는 어디까지나 조역이다. 생각해 보면 우리들의 일상 생활에서도, 이런 주객 전도를 여기 저기에서 볼 수 있다. 행복을 위한 한 수단밖에 아닌 물건의 소유가, 어느 사이엔가 목적이 되어 버려서, 잇달아 등장하는 새로운 물건을 손에 넣기 위해서 모두 바쁘고 언짢은 듯한 얼굴을 하고 있다……필요 최소한의 물건밖에 없는 산은, '자신에게 있어서 무엇이 가장 중요한 것인가'를 재확인시켜 주는 절호의 공간이다.

□ '최소한 필요한 것'과 '있으면 유용한 것'

간편한 것이 가장 좋다고 해도, 필요한 것까지 갖지 않는 것은 간편함이 아니라 장비 불충분, 무모 등산이라고 불린다.

지금은 베테랑인 C씨(38세)가 고교생이었을 무렵의 체험담. 동료 3명이 하이킹에 나섰지만, 도중에서 아마 작업길인 듯한 샛길에 빠져 버렸던 것 같다. 그곳에서 지도를 보려고 찾았지만, 놀랍게도 3사람 모두 지도를 갖고 있지 않았다고 한다. '뭐 지도표가 있을 것이고 누군가가 가져 올 것이다'라고 생각하고 있었던 것이다. 주위는 점점 어두워졌지만, 여기에서 3사람 모두 전등을 갖고 있지 않다는 사실도 깨달았다. '당일치기 하이킹에 전등 같은 것 생각도 하지 않았던 것' 같다. 결국 어떻게 해서 민가가 있는 곳까지 내려 왔다 한다.

굳은 날씨를 위한 장비는 최소한 필요한 것 중의 하나.

작년 가을, 산에서 큰 비를 만난 적이 있다. 여느때는 '비도 역시 즐겁다' 라고 생각하고 있지만, 이 때만큼은 호우와 바람과 추위로 무심결에 하늘을 원망스럽게 생각할 정도였다. 비옷을 제대로 준비하지 못해서 무척 고생도 했다.

그래서 간단하고 필요 충분한 장비를 갖기 위해서는 '안전을 위해서 최소한 필요한 것'과 '쾌적을 위해서 있으면 유용한 것'으로 나누어 생각해 보면 좋을 듯하다. '최소한 필요한 것'은 반드시 준비하고 거기에 '있으면 유용한 것'을 체력이나 기호에 따라서 첨가해 가면 좋다. 구체적으로 어떤 것이 그것에 해당하느냐는 나중에 자세히 이야기하자.

□ 돈이 들어서 산에 갈 수 없다!?

처음 여름산 강습에 참가할 예정인 L씨(20세, 학생)가, 나에게 상담하러 왔었다. 산에 오르는 것은 거의 처음으로 장비는 아직 아무 것도 갖고 있지 않다. 그래서 스스로 용구점을 돌거나 잡지의 여름산 특집을 보거나 해서 조사한 결과, 대충 전부 갖추기 위해서는 매우 돈이 든다는 사실을 알고, 예산 초과로 산에 갈 돈이 없어져 버린다. 어떻게 하면 좋을까? 라고 하는 상담이다.

확실히 잡지의 광고에 실리는 옷이나 장비를 전부 갖추고 있으면 제법 목돈이 되어 버린다. 등산은 비교적 돈이 들지 않는 취미활동이라고 생각하지만, 그래도 처음에 대충의 것을 갖출 때까지는 어느 정도의 돈이 든다. 그래도, 잠깐 기다려 보자. 아무것도, 1부터 10까지 완벽한 장비를 처음부터 갖추지 않아도 좋다.

예를 들면 방한복으로서의 플리스 재킷은 가볍고 따뜻해서 매우 좋지만, 평소 사용하고 있는 스웨터라도 특별히 별 지장은 없다. 최신 프리즈 재킷은 전에 있던 스웨터에 비해서 쾌적에는 차이가 있지만, 스웨터라고 해서 장비 불충분으로 위험한 것은 아니다.

마찬가지로 헤드 램프는 가볍고 양손이 자유로와지기 때문에, 산에서는 중요하다. 그러나 우선 창고 구석에 자고 있는 손전등이라도 사용할 수 있다. 전등을 아무것도 갖고 있지 않다고 하는 것은 당연한 얘기지만 위험해서 어차피 살 거라면 헤드 램프를 권한다. 그러나, 어쨌든 당장은 오래된 손전등밖에 없어도, 산에 가지 않는 것보다는 가는 편이 좋다.

방한복은 평소 입고 있는 스웨터로 우선 대용

이렇게 생각해 가면, 여기에서도 역시 장비를 '안전을 위해서 최소
한 필요한 것'과 '쾌적을 위해서 있으면 유용한 것'으로 나눠 보면
알기 쉬워지는 것을 깨닫는다. '안전'쪽만 확실하면, '쾌적'쪽은 조금
씩 갖춰 가면 된다.

□어차피 살 거라면 만족할 수 있는 것을

그런데 우선 가지고 있는 것으로 사용할 수 있는 것은 그것으로
해결한다고 해도, 없는 것은 역시 사야 할 것이다. 앞의 항과 언뜻

모순하는 것 같지만, 만일 살 거라면 다소의 돈을 아끼지 말고, 언제까지나 만족할 수 있는 것을 사는 것이 현명하다.

작년부터 등산을 시작한 B씨(25세), 회사 선배로부터 가을 산에 가자는 권유를 계기로, 그렇다면 필요한 것을 갖추어야 겠다는 생각에 혼자서 등산 용구점에 갔었다. 먼저 배운대로 비옷 코너로. 여러 가지의 비옷을 보자, 선배가 '습기가 잘 차지 않고 쾌적'이라고 말한 제품은 가격이 비싸다. 그것들과 외관상으로는 거의 다르지 않는 제품으로 반액 정도의 것도 있다. '뭐 나는 우선 이 정도로……'라고 생각하고 싼 쪽을 샀었다.

첫 산행은 공교롭게도 비가 와서 재빨리 갓 산 비옷을 입고 출발했다. 출발 전은 으스스할 정도였지만 등산에서는 비옷 속이 무덥다. 땀이 물방울이 되어 비옷의 안쪽에 붙어, 그것이 T셔츠를 적셔서 몸에 착 달라붙는 느낌으로 기분 나쁘다. 그래도 하는 수 없다고 라고 생각하고 걷고 있었지만, 그렇지 않아도 산에 익숙치 않은 몸에는 이 무더움은 영향을 주어 더욱 지쳤다. 간신히 도착한 산정은 바람이 세차게 불어, 젖은 몸으로는 5분도 서 있을 수 없어서 기념 사진만 찰칵 찍고 곧 하산했다. 미끄러지기 쉬운 길을 내려와서 산마루 오두막집에 도착하여 겨우 안심했다. 배낭을 내리고 비옷을 벗자 안쪽은 땀이 고여서 바깥쪽과 같을 정도로 흠뻑 젖어 있다. 그런데 선배의 비옷을 보자 안쪽은 거의 젖어 있지 않았다. 여기에서 비로소 비옷의 차이를 깨달았다. 그래서 선배는 추운 산정(山頂)에서도 여유만만한 얼굴을 하고 있었던 것이다.

그 후, 몇 번인가 같은 일이 있었다. 더구나 맑은 날이라도 바람이 강할 때, 그 선배는 선뜻 비옷을 바람막이로서 걸치고 있었다. 자신의 비옷은 사우나복과 같아서, 도저히 그럴 마음이 내키지 않는다. 그래

다소 돈은 들어도 좋은 것은 나중에 차이가 나타난다.

도 잠시 동안은, '이 비옷도 막 샀고……'라고 생각하고 참고 있었다.

올해가 되어 B씨는 결국 다시 새로운 비옷을 샀다. 처음부터 이것을 샀을 경우에 비해 1.5배의 돈을 사용한 셈이 된다.

이와 같은 예는 한없이 많다. 쌌지만 무거운 텐트를 결국 사용하지 않게 되어 버린 T씨. 슬리핑 백이 흠뻑 젖는 슬리핑 백 커버에 후회하고 있는 M씨. 울퉁불퉁 걷기 어려운데 곧 비가 스며드는 신발을 전문점이 아닌 곳에서 사서 불평하는 C씨. 필자가 보고 들은 중에서 제일 많았던 것이 이런 종류의 실패이다. 싸구려는 비싸게 매겨지

낭비하지 않는 도구 선택의 요령을 파악하자.

는 경우가 많다.

　단, 도구 중에는 비싸지면 매우 좋아지는 것과, 조금만 좋아지는 것이 있다. 비옷 등은 매우 좋아지는 예이지만, 그런 경우에는 어느 정도 돈을 아끼지 않아야 될 것이다. 조금밖에 좋아지지 않았는데 비싼 것의 예는 나중에 이야기하자.

□모두에게 있어서 좋은 도구는 없다

　여행 도중 알게 된 K씨(32세, 간호사)의 이야기. 소속해 있는 산악회의 리더에게 '○○의 배낭은 좋다'고 권유받고 자신도 같은 것을 구입했다고 한다. 그러나 아무래도 나에게는 짊어지기 어려워서…… 라고 하는 것이다. 권유받은 메이커의 배낭은 확실히 밸런스가 좋은 훌륭한 배낭이다. 그러나 그 모델은 등 부분이 길기 때문에, K씨와 같이 신장이 작은 사람이 짊어지면, 허리에 잘 분산되어야 할 하중이 아래로 치우쳐 버려서, 어깨에 부담이 가는 것이다. 아무리 훌륭한 도구라도, 모두에게 있어서 훌륭한 것이라고는 단정할 수 없다.

　신발도 마찬가지이다. 예를 들면 가죽제 가벼운 피제경등산화 중에서, 가볍고 일반적으로 피트감이 훌륭하고, 방수성이 좋은 것은? 이라고 질문받으면 몇 개의 상품명을 들 수 있다. 그러나 발 모양의 천차만별로, 등의 높이, 폭의 넓이, 뼈의 나온 정도 등 모두 다르다. 역시 그 사람의 발에 맞는 신발이 제일 좋은 신발이다. 어느 수준 이상의 좋은 배낭이나 신발을 그 사람에게 맞도록 몇 가지인가 늘어놓을 수 있지만, 그 중 어느 것인가 하나를 정하기 위해서는, 자기 자신의 감촉에 솔직해질 수밖에 없다.

자신에게 피트하는 도구를 선택하지 않으면 이렇게

어떤 산을 오르느냐에 따라서 다른 산의 도구 선택

□목적을 확실히 하지 않으면 실패한다

크기 뿐만 아니라 목적에 따라서도 선택하는 도구는 달라진다.

여름의 북알프스에서의 강습. 지금까지 산에 오른 것은 학교의 소풍 정도라고 하는 Y씨(21세, 회사원)가 처음 등산을 하는데 무겁고 투박한 등산화를 사 왔다. 옛날부터 등산을 하고 있는 숙부에게 '북알프스에 가려면 본격적인 등산화가 없으면 안 된다'라고 하는 말을 들었지만, 결과는 완전히 패배였다. 신발을 질질 끌듯이 걷고 있었다. 게다가 발에는 큰 상처가 생겼다. 나중에 자세히 서술하겠지만, 무거운 등산화는 주로 눈이나 얼음을 걷도록 설계되어 있다.

얼음이 있는 산을 오르지 않는 무설기(無雪期)의 산을 걸을 때는 가벼운 등산화 쪽이 적합하다.

이런 예도 있다. 필자의 친구인 M씨(30세, 공무원)는 작년에 금방 산 텐트를 버리고, 또 새로운 텐트를 다시 샀다. 거주성(居住性)의 좋음이 자랑거리인 텐트였지만, 단독 산행이 많은 그에게 있어서는 너무 무겁다고 하는 것이 그 이유이다. 반대로 주로 가족 캠프 등에서 사용한다면 거주성을 최우선시키는 편이 사용하기 편리할 것이고, 그외의 계절에만 사용하는데 히말라야 8000m의 풍설에 견디기 위한 중량과 가격은 쓸모없는 것이 될지도 모른다.

마찬가지로 예를 들면 단독 산행이 많은 사람이 대형 가솔린 난로를 사도 쓸데없는 무게를 짊어질 뿐일 것이고, 빙벽전용의 피켈은 종주에서는 거의 장식에 불과하다.

그래서 자신은 앞으로 어떤 등산을 해 나갈까(하이킹, 숙박 중심의 종주, 텐트 숙박의 종주, 얕은 골짜기나 바위 등산, 설산, 단독, 2~3인, 여러 명 등)를 확실히 하고, 그 목적에 맞는 용구를 선택하는 것이 실패하지 않기 위한 중요한 조건이 된다.

□ 바겐 세일에서는 필요한 것만을

여기 저기의 등산 용구점에서, 결산기나 시즌말에 바겐 세일을 많이 한다. 용구에 대해 잘 알고 있는 사람과 함께 가서, 자신이 계획적으로 필요로 하고 있는 것이 마침 있으면 많이 살 수 있는 세일이지만, 회장의 분위기에 그만 쓸데없는 것을 충동 구매해서, 결국 창고 속에 잠재워 버렸다고 하는 경우도 많은 듯하다. 또한 회장에서

느긋하게 점원의 설명을 받는 것은 거의 불가능에 가깝기 때문에 자신의 목적에는 맞지 않는 것을 사 버렸다고 하는 예도 있었다. 바겐세일에는 가능한 한 용구에 대해 아는 사람과 함께, 그리고 아무리 싸도 사용하지 않는 것은 사지 않는다고 하는 점을 염두에 두고 나서 나가는 것이 현명한 듯하다.

□산행 직전과 시즌 후반에 산 물건은 실패하기 쉽다

산행 직전에 산 물건은 요주의이다. 올해부터 등산을 시작한 H 씨(26세). 그때까지 당일로 야유회만 다녀보았지만 드디어 텐트 숙박 산행에 나가게 되었다. 여러 가지 장비를 사야 한다고 생각했으나 시간이 좀체로 나지 않았다. 겨우 출발 전날이 되어, 폐점 직전의 용구점에 뛰어 들어갔다. 슬리핑 백과 매트,그리고 큰 배낭도 사려고 생각했지만, 갖고 싶었던 모델이나 마음에 드는 배낭. 자신에게 맞는 사이즈가 마침 재고 품절이었다. 그렇다고 해서 산행을 중지하는 것도 아깝기 때문에 원하지 않는 것을 사지 않을 수 없었고 지금도 '이 배낭의 색깔, 별로 좋아하지는 않지만'이라고 말하면서 사용하고 있다.

시즌 후반에 산 물건도 마찬가지이다. 예를 들면 4월이 되고 나서 설산용 도구나 웨어를 사러 가도, 컬러나 사이즈가 대폭으로 제약받아 버린다. 반대로 새 계절용의 웨어 등은 여름을 지나면 상당히 물품이 적어진다. 일반적으로 여름산 용품이라면 5~7월, 겨울산 용품이라면 12월경이 재고가 가장 풍부한 시기이다.

□용구점과 좋은 교제를 하는 법

시즌 후반의 물건 구입은 조금
기다려라!

친한 가게를 만들면 좋은 의견을 얻을 수 있다

　설산 강습에서의 일이었다. 수림 한계를 넘어서 '자, 그럼 이제부터 아이젠을 착용해 봅시다'라고 할 때, 한 사람의 참가자가 빙벽용 아이젠을 꺼내는 것이다. '어, 빙벽을 할 수 있습니까?'라고 물었더니, '아뇨, 종주에 사용한다고 했지만 지금은 재고가 이것밖에 남아 있지 않고 이것도 종주에 사용할 수 있다고 점원이 말하길래……'라고 하였다. 뭐 확실히 종주에 사용할 수 없는 것은 아니다. 그러나 특히 초보자에게 있어서 사용하기 어려운 것은 사실이다. 이런 때, 신뢰할 수 있는 용구점에서는, '이것은 용도가 다르니까' 라고 정확히 조언해 준다.

초보자에게 있어서, 용구점 직원의 조언은 귀중하다. 점원이라면 모두 산의 베테랑과 같이 보이기 마련이다. 그러나 실제로는, 이전은 잘 올랐지만 지금은 그다지 가지 않는다고 하는 것 같은 사람이 있는 것도 사실이고, 적절한 조언보다도 재고 관리 쪽에 중점을 두는 경우도 극히 소수이지만 존재하는 것이 현실이다. 또한 겨울은 등산용품과 스키용품이 같은 층에 같은 정도의 면적으로 진열하는 체인점 등의 경우, 마침 상대가 스키 출신으로 등산 경험이 거의 없는 경우도 있다. 물론 점원이 산을 매우 좋아해서 장사는 뒷전으로 미루고 어드바이스해 주는 가게도 분명 존재한다.

그래서 양심적인 가게에서 적절한 어드바이스를 받는 요령인데, 먼저 여기 저기의 가게를 돌고, '이 사람이다'라고 생각하는 사람이 있는 곳을 정해서, 그곳의 친숙한 고객이 되는 것이 제일 좋은 것 같다. 저쪽 가게는 이것이 싸다, 이쪽 가게는 저것이 싸다, 라고 용구점 집시와 같이 돌아다니며 사는 경우에 비해서 확실한 것을 구입할 수 있다. 친숙한 고객이라면 가게 쪽도 긴 안목에서 어드바이스해 주고, 무료 수리 등 어떻게든 편의를 도모해 주는 경우가 많을 것이다. 단순한 가격 비교보다도 결과적으로 득이 되는 일이다!

제2장

당일치기부터 산장 숙박에
필요한 등산 도구

□우선, 이런 것이 필요하다

그럼, 구체적인 하나 하나의 장비에 대해서 해설해 나가자. 많은 사람이 처음에 시작하는 등산 스타일은, 눈없는 시기의 당일 코스부터 숙박의 종주일 것이다. 그리고 그것을 위해 필요한 장비는 그밖의 등산의 기본도 되기 때문에, 먼저 이것부터 해설해 나가기로 한다.

'안전을 위해서 최소한 필요한 장비'를 들어 보자. 먼저 큰 것은 신발·배낭·비옷의 세 가지이다. 이 세가지는 등산용의 것을 확실히 갖추면 당신이 매우 수월해지고, 기분적으로도 '좋——아, 산으로 간다!!'라고 하는 기분이 든다. 초보자라면 이 세 가지는 꼭 정확한 것을 갖추는 것이 산과 사이가 좋아질 수 있는 지름길이라고 할 수 있을 것이다.

소도구로서는 지도·자석·전등·물통류·나이프·방한구류·비상용품·필기용구 등을 들 수 있다. 이것들은 모두 반드시 갖추도록 하자.

사진은 여름 북알프스의 산장 2~3박을 모델로 한 장비의 한 예이다. 당일치기라면 이 사진에서 갈아 입을 옷 등이 불필요해질 것이고, 눈계곡 등산의 긴 코스나, 만일 소량의 잔설이나 초설이 생각되는 시기라면 가벼운 아이젠이나 스패츠 등이 필요해질 것이다.

사진에 찍혀 있는 도구말인데, 사실은 그저 아무렇지 않게 선택한 것이 아니다. 가장 좋은 것을 조금 의식하면서 선택해 보았다. 물론 앞에도 썼듯이 목적이나 조건, 체형이나 기호는 사람 각각 전부 다를 테니까, 모두 이것을 사면 좋다고 하는 의미는 결코 아니다. 게다가 촬영 시기의 사정으로 적합치 않은 것도 있다. 그저 한 예로서의 참고 정도가 되길 바란다.

'산과 친구가 되기 위한 입문강좌'의 원데이 하이크

□신발──무거운 등산화는 필요한가

제1장의 실패의 예에서도 언급했지만, 산을 걷기 위한 신발에는 여러 가지 종류가 있다. 각각 목적, 장소, 용도에 따라서 거기에 맞는 연구가 이루어져 있다.

우선 옛날부터 있는 등산화는 무겁고 투박하다. 10년 정도 전까지는 등산용의 신발이라고 하면 거의 이런 것이나, 캐라반 슈즈(이것은 상품명이기 때문에, 정확하게는 헝겊제 가벼운 등산화의 일종,이라고 말해야 하지만) 밖에 없었다. 본격적인 등산쟁이는 가죽의 투박한

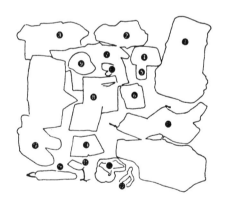

① 배낭 ② 방한복 ③ 비옷 ④ 배낭 커버 ⑤ 물통 ⑥ 비상 팩
⑦ 셔츠 ⑧ 필드 팬츠 ⑨ 캡 ⑩ 벨트 ⑪ 갈아입을 셔츠, 양말,
스태프 백 ⑫ 나이프 ⑬ 라이트 ⑭ 지도 ⑮ 컴퍼스(실버 NO3)
⑯ 우산 ⑰ 신발

흙이나 바위 위를 걷는다면 가벼운 등산화가 쾌적

등산화를 신는 사람이라고 하게 되어, 비로소 등산화를 손에 넣었을 때는 자신도 등산쟁이 축에 끼이게 된 듯한 기분이 들어 약간 기뻐했다. 근교의 산도 전부 이것으로 갔었다.(지금 생각하면 믿을 수 없을 것 같은 이야기이지만.) 그 후, 가벼운 등산화를 손에 넣고 처음 신어 보았을 때의 놀라움은 지금도 잊을 수 없다. 지금까지의 등산화보다도 훨씬 걷기 쉽다. 그 후 눈이 없는 시기에 나의 등산화가 등장하는 기회는 없어졌다.

등산화는 어째서 저렇게 무겁고 투박할까? 그것은 눈이나 얼음에 대해서 만전의 준비를 하고 있기 때문이다. 눈 속에서도 안전한 보온성·방수성을 유지하기 위한 두꺼운 가죽, 아이젠을 착용해도 구부러지지 않는 신발 바닥, 아이젠 밴드를 조여도 혈행을 나쁘게 하지 않기 위한 단단한 측심(側芯), 그리고 단단한 눈을 킥해도 아프지 않는 발끝, 그런 결과들이 저 무게와 단단함이다. 이것들은 설산에서는 중요한 기능이 되지만, 흙이나 바위 위에서는 과잉된 장비가 된다. 과잉 장비는 피로의 원인, 그리고 피로는 위험의 원인이 된다. 한 설에 따르면 신발 무게의 1킬로그램의 차이는, 배낭의 무게 5킬로그램에 해당한다고 한다. 일반적인 등산화와 가벼운 등산화의 무게의 차는 평균 1킬로그램 정도이다. 가볍고, 그리고 적당한 단단함과 부드러움을 가진 가벼운 등산화 쪽이, 역시 흙이나 바위 위를 걷는 용도에는 적합하다.

□신발──고정 관념에 사로잡히지 말고

그럼, 어째서 이전은 등산화뿐이었을까? 아마도 등산이 유럽으로부터의 수입으로 시작되어 오래 그 영향을 받아 온 데에 원인이 있을 것이다. 유럽 알프스의 피크에 서기 위해서는, 여름이라도 눈과 얼음 위를 걷는다. 그래서 앞의 조건을 만족시킬 신발이 필요해진다. 그것을 그대로 우리나라의 흙과 바위길에 적용시켜도 역시 무리가 있다. 한때 전성을 자랑한 알피니즘이, 더욱 거기에 박차를 가했다. '보다 높게, 보다 곤란하게'를 표어로, 무설기(無雪期)는 적설기(積雪期)를 위한 스텝에 불과하다고 하는 발상에서 항상 겨울에 신는 신발로 트레이닝을 하게 된 것이다.

최근에 와서 자유롭게 사람 각각의 방법으로 산을 즐긴다. 이와 같은 생각이 겨우 정착하기 시작해서인지 무설기를 위해서 걷기 쉬운

슬슬 오래된 고정관념을 버려 주기 바라는 등산화 선택

가벼운 등산화가 잇달아 출현하기 시작했다. 처음에는 사실 필자도 '비전문가가 신는 신발'이라고나 하는 것 같은 편견의 눈으로 보고 있었지만, 실제로 신어 보고, 고정 관념에 사로잡힌 것의 잘못을 절실히 깨달았다.

　'무거운 짐에는 무거운 신발이 균형이 잡힌다'고 하는 의견도 있지만, 이것은 아무래도 보행법의 문제인 것 같다. 힘껏 쾅쾅 발을 내던지는 듯한 거친 보행법에서는 가드가 단단한 신발 쪽이 좋을 것이다. 그러나 정확한 체중 이동으로 연직 방향으로 정가중을 반복하고 있으면, 무거운 짐에 가벼운 신발이라도 아무런 지장이 없다. 필자는 짐이 40킬로를 넘을 때도 가벼운 등산화를 선택하고 있다. 단, 상당한 중하로 긴 불안정한 하산이 계속되는 것 같은 경우는, 무설기라도 단단한 등산화가 유효할 것이다. 그리고 장기간의 종주에서 신발 속을 적시고 싶지 않을 때에도 이용 가치가 있을지도 모른다. 무슨 일이나 반드시 예외가 있음도 또한 알아 두기 바란다.

□신발──가벼운 등산화 중에서 선택한다고 하면⇨① 헝겊제의 경우

그럼 가벼운 신발이라면 뭐든지 좋은가? 라고 하면, 역시 조깅 슈즈나 스니커는 등산에는 별로 적합치 않다. 지나치게 얇은 신발 바닥은 지면의 요철(凹凸)을 직접 발에 전달해서 지치기 쉽게 하고, 발목도 어느 정도 가드되어 있는 편이 염좌 등 쉽게 하지 않게 된다. 또한 미끌미끌한 솔(sole)은 질퍽거리는 흙 위에서는 미끄러지기 쉽고 방수력도 없기 때문에 대수롭지 않은 풀이슬도 곧 스며든다. 뭐 스니커라도 산을 걸을 수 없는 것은 아니지만, 이왕이면 걷기 쉬운 신발 쪽이 즐기는 여유가 생긴다. 그래서 경등산화 정도가 필요해지는 것이지만, 한마디로 가벼운 등산화라고 해도 이것 역시 여러 가지 종류가 있다.

우선 헝겊제의 가벼운 등산화. 이전은 캐라반 슈즈로 대표되는 것 같은 타입이 전성이었다. 그러나 걷기 수월함, 내구성, 무게 등의 면에서 이미 한 시대 전의 것이 되고 있다. 1950년대 마나슬루 등정의 어프로치용으로 개발된 이래, 기본적인 점은 변하지 않기 때문에 무리도 아니다. 그것을 대신해서 등장한 것이, 코듀나일론 등 튼튼한 헝겊으로 만들어진 트레킹 슈즈이다. 지금까지의 등산화의 이미지

왼쪽은 원근 캐러반 슈즈. 오른쪽은 최근의 트레킹 슈즈
(하이테크 · 셀라라이트)

를 극복하는 듯한 디자인으로 가벼움과 피트감이 상승하여 산뜻한
기분으로 걸어 갈 수 있다. 표준적인 무게는 800그램~1킬로그램
정도이다. 발끝은 가죽 등으로 보호하고 있어 상당히 상태가 좋다.
결점은 비에 약하다는 것이다. 표면에 발수(撥水) 가공이 되어 있지
만, 폭우를 만나면 신발 속가지 스며든다. 고어텍스(Gore-Tex) 등
을 사용해서 이것을 막고 있는 것도 있지만, 내구성 문제에서 아직
문제가 남는 듯하다.

□신발──가벼운 등산화 중에서 선택한다고 하면⇨② 가죽제
의 경우

다음에 가죽제의 가벼운 등산화이다. 이것도 크게 나눠서 2종류 있다. 우선 모양의 이미지로서 등산화를 그대로 부드럽게 한 것 같은 타입. 헝겊제보다도 젖음에 강하고 발 보호도 양호하지만, 가벼움과 피트감의 점에서는 헝겁제쪽이 우수하다.

그리고 모양의 이미지로서 헝겊제 트레킹 슈즈를 가죽제로 한 듯한 타입이 있다. 컬러링도 베이지, 올리브, 그레이 등 풍부하다. 한마디로 표현하자면, 헝겊제의 피트감과 가죽제의 방수성을 합친 것이라고 말할 수 있다. 디자인・기능 모두 매우 양호하여, 앞으로의 무설기・등산용의 주류기를 이루어 갈 것이다. 표준 웨이트는 1300g~1400g 정도. 질좋은 가죽을 사용한 것은 간단한 설산에도 사용할 수 있다. 단 한가지 옥의 티는, 가격이 비싸다는 것이다.

□신발──발에 맞는 신발을 선택하기 위해서는

이들 헝겊제・가죽제의 가벼운 등산화 중에서 자신의 목적이나 기호, 예산에 따라서 선택해 가면 좋다. 앞 장에서 썼듯이, 사람의 발모양은 천차만별이기 때문에 '어느 메이커의 어느 것이 좋다'라고는 일률적으로 말할 수 없다. 자신의 발에 맞는 신발이 제일 좋은 신발이므로 신중히 선택하도록 한다.

발에 맞출 때의 포인트는, 우선 발끝에 여유가 있어, 속에서 발가락을 움직일 수 있는 것. 끈을 조여 보고 발뒤꿈치가 뜨지 않는 것. 그리고 잠시 신어 보고, 어디나 닿는 듯한 위화감이 없는 것 등이다. 가능한 한 신뢰할 수 있는 등산용품 전문점에서 선택하면 사이즈에 대해서 적절한 지도를 받기 쉬울 것이다(이것을 싫어하는 듯한 가게에서는 사지 않는 편이 좋을 것이다). 최초로 발에 맞는지 어떤지 짐작하

바로 앞쪽 좌측이 조금 전까지는 가죽제 가벼운 등산화의 주류였다.
다른 3종류는 가죽제 가벼운 등산화의 뉴에이지라고도 부를 수 있는
타입으로, 안에서부터 마인들 라사, 로바 트레커, 로바 레디라이트.
레디스 모델은 발목이 약간 얕고, 패드도 부드럽다.

등산화 선택의 포인트를 알아 두자.

무릎을 구부리고 뒤에 손가락 1개
들어갈 정도의 여유가 있는 것을

우선 발을 넣고 발끝을 앞에 댄다.

끈을 조여보고 뒤꿈치가 뜨지
않고 발에 닿는 곳이 없는 것을

다음에 뒤꿈치를 쿵쿵 대 본다.

좋은 신발은 정확히 화살표
부분부터 구부러진다.

장심 부분부터 발이 구부러지는
사람은 없을 것.

지 못해도, 여러 가지 신발에 발을 넣어 보면 차차 그 차이가 느껴지게 될 것이다. 신발은 걷고 있는 동안 계속 행동을 같이하는 것이다. 역시 가격보다는 신었을 때의 기분을 중시하는 편이 나중에 후회하지 않는 방법이다.

□신발──가끔씩은 신발을 애지중지해서

오랜만에 산에 가려고 신발을 꺼내 보니, 놀랍게도 곰팡이 투성이었다고 하는 것도 제법 흔히 듣는 이야기이다. 또한 모처럼의 방수력도 손질 나름으로 수명이 전혀 달라진다. 항상 발 밑에서 버텨 주는 신발에게, 가끔씩은 인사를 하면서 관리를 잘 하자.

헝겊제의 경우, 관리는 비교적 간단하다. 더러움을 대충 닦거나 씻어 흘리거나 해서, 다음은 통풍이 좋은 그늘에서 잘 말린다. 그리고 포피 양용(布皮兩用)의 발수 스프레이를 뿌려 주면 효과적이다. 요소를 오일 드레저 등 본피로 보강하고 있는 것의, 가죽 부분에 대해서는 다음의 가죽제의 경우를 참고로 하자.

가죽제의 경우, 더러움을 대충 털고 말리는 데까지는 같다. 다 마르기 직전에 크림을 발라 준다. 여기에서 주의해야 하는 것은, 크림에는 크게 나누어 가죽에 침투해서 보혁·영양·방수의 역할을 하는 오일과, 가죽에 침투하지 않고 표면에 피막을 만들어서 방수력을 높이는 왁스가 있다. 전자는 밍크 오일 등으로 대표되지만, 많이 사용하면 가죽이 흐물흐물해져 버린다. 가벼운 등산화의 경우, 최초의 1회와, 다음에는 고작 연 1회 정도 발라 주는 것이 좋다.

산장 등에서 젖은 신발을 빨리 말리려고, 스토브 바로 옆에 놓거나 하는 경우를 흔히 본다. 응급 대처법은 되지만, 너무 가까이에 놓아서

항상 버텨 주는 신발 손질을 잊지 않도록

가열하면 가죽의 수명을 극단적으로 단축시키므로 부디 주의하자.

또한 가죽제품을 오래 넣어 둘 때는, 곰팡이 방지제나 습기 제거제를 같이 넣어 두는 것도 좋은 방법이다.

더욱 효과적으로 방수력을 높이기 위해서는 솔기를 시판 솔기막음액으로 막아 주는 방법도 있다.

□배낭──**여러 가지 배낭의 색의 종류**

시험삼아 손을 뒤로 깍지끼고 걸어 보자. 균형이 없어져 도저히

배낭을 바꾸면 좀더 편한데

오랫동안 걸을 수 없게 된다. 걷고 있을 때에 움직이고 있는 것은 발 뿐만 아니라, 손도 큰 포인트가 되고 있음을 알 수 있을 것이다. 그래서 양손이 자유로와지는 배낭이 필요한 것이다. 배낭에 다 넣을 수 없다고 해서 짐을 손에 들고 걷고 있는 사람을 가끔 본다. 아무리 가벼운 것이라도 손이 자유로와지지 않는다고 하는 이유만으로 피로가 상당히 다르다는 사실은 알아 두자.

그런 배낭의 형태에도 여러 가지 종류가 있다. 그 하나 하나에 대해서 해설해 나가자. 먼저 국민학교 중학교에서 흔히 사용하는, 가로로 길고 양사이드에 큰 포켓이 달린 타입. 원조 소풍 배낭이라고 하는 느낌이지만, 등산에는 권할 수 없다. 거의 예외없이, 아무리 벨트를 조절해도 짐이 무턱대고 뒤로 당겨져 버린다. 여름에 이런 종류의 배낭으로 올라가서 피곤한 듯한 얼굴을 하고 있는 가족을 흔히 보거나 하면, 무심결에 '아, 배낭이 조금 더 적절한 것이었다면, 훨씬 즐겁게 걸을 수 있었을텐테' 라고 마음 속으로 중얼거리게 된다.

□ 배낭──키슬링은 이제 삼가하자

키슬링(kissling)형은 조금 아까의 원조 소풍 배낭형과 상통하는 결점이 있어, 상당히 잘 지지 않는 한 짊어지기 어려워서, 그다지 권할 수 없다. 천도 면범포로 더러움이나 물을 흡수하기 쉬워, 곰팡이가 발생하는 경우도 있다. 아직도 고교·대학의 산악부 등에서 채용하고 있는 곳이 있는 듯하지만, 후술할 이너 프레임형(inner frame) 형의 뛰어난 대형 배낭이 시판되고 있는 현재, 키슬링은 선택할 장점이 거의 없다라고 해도 과언이 아니다.

이런 스타일은 재고하기 바란다

짊어지는 연습이 된다고 하는 의견도 있지만, 그런 연습은 최근의 뛰어난 배낭 앞에서는 별로 실용적인 의미가 없다. 게다가 키슬링에 무거운 짐을 넣고 계속 짊어지면, 구조적으로 요통이나 등골의 비뚤어짐을 유발하기 쉽고, 또한 '배낭 까짐'이라고 해서 피부가 신발 까짐과 같이 붉어지는 것도 키슬링에 많은 현상이다. 더욱더 가로로 긴 스타일은 수풀에 걸리기 쉽고, 좁은 바위밭 길에서의 엇갈림 등에서는 위험한 경우조차 있다.

앞으로 평생 산을 즐길 수 있을 젊은 몸이 요통 등이 생기고 건강이 좀먹어 들어가는 것을 보면, 고정 관념이나 전통이라고 하는 이유

만으로 구태 의연하게 키슬링을 사용하고 있는 것은 부디 재고해
주기 바란다.

유일한 장점으로서는 대형 배낭으로서는 싸다고 하는 점을 들 수
있지만, 건강은 돈으로는 되찾을 수 없고, 매회의 산행에 사용하는
것이기 때문에, 산행 1회당으로 환산하면 가격의 차는 그 정도도
아니게 된다.

더러운 키슬링에 여름이라도 울의 희끗희끗한 무늬가 있는 무릎
아래를 졸라맨 바지, 땀내나는 듯한 긴소매 셔츠에 무거운 듯한 등산
화를 터벅터벅거리고── 라고 하는 스타일이, 많은 사람에게 등산이
라고 하는 건강하고 창조적인 즐거움을 무시하게 하는 원인의 하나가
되고 있다.

□배낭──데이팩(day pack)은 타운에 편리

당일 산행 등에 사용되는 데이팩형. 루트는 미국 웨스트코스트의
학생들이 캠퍼스에서 사용하기 시작한 것인 듯하다. 이것을 짊어지고
T셔츠에 트렁크스로 스포츠 사이클에 걸터 타면, 과연 캘리포니아의
푸른 하늘!! 이라고 하는 느낌으로 좋다.

여닫기의 수월함, 지면이나 탈 것의 바닥에 쿵하고 놓았을 때의
안정성, 손에 들었을 때의 균형 등, 어느 쪽인가 하면 타운유스에
편리하도록 설계되어 있다. 산에서 어느 정도 무게의 짐을 넣었을
경우, 하중이 모두 아래를 향해서 가해지는 구조이기 때문에, 같은
짐이라도 후술의 어택배낭형보다 약간 무겁게 느낀다. 그대신 거리에
서 사용하는 데에는 편리하고 최근은 펜케이스나 카드홀더가 달린
것도 있어, 나도 평소에 애용하고 있다.

캐쥬얼 감각의 데이팩

또한 언뜻 데이팩형이지만 하중 밸런스를 잘 생각한 등산용의 것도 있다. 전면이 풀오픈으로 내용물의 넣고 꺼내기에 편리하다.

□배낭──우리의 자연 조건에 맞지 않았던 프레임 배낭

다음에 프레임(frame) 배낭형이다. 70년대 미국에 히피 무브먼트나 플라워 무브먼트와 전후해서 자연으로 돌아가는 '(BACK TO THE NATURE)'라고 하는 정신으로 제창되어 많은 젊은이가 그것을 실천했다. 그때까지의 정복적인 등산과는 다른 그 정신은 국경을 넘어서 널리 공감을 불러 일으켰다.

단 한 가지, 프레임 배낭의 가장 밑에 슬리핑 백을 동여매고──라고 하는 스타일까지도 몽땅 그대로 직수입된 것이 좋지 않았다. 확실히 중심이 높은 프레임 배낭은 짐을 가볍게 느끼게 해 준다. 그러나 광대한 미국의 들판과는 달리, 자연의 벌판이라고 하면 거의 산이라고 말할 수 있는 우리나라에서는, 튀어 나온 프레임이 바위밭이나 수풀에서 방해가 되었다.

그 후 프레임을 배낭 안쪽에 세트한 이너 프레임(inner frame) 배낭이 등장하자, 이 타입은 거의 볼 수 없게 되어 버렸다.

□배낭──밸런스가 좋은 어택 배낭

그럼, 드디어 본명의 어택(attack) 배낭형이다. 현재 등산용으로서 사용되고 있는 가장 일반적인 타입이다. 하중의 분산에 의한 체중 중량의 가벼움, 균형의 좋음, 수풀이나 바위밭에서 사용하기 수월함 등의 뛰어난 특징이 있다.

232

언젠가 자취를 감춘 프레임 배낭

같은 어택 배낭형이라면 뭐든지 같다고 하는 일은 절대 없다. 그림 왼쪽의 배낭과 같이 헐렁헐렁한 주머니에 벨트를 달았을 뿐이라고 하는 타입은 하중이 아래 방향으로 가해져서 그 부담은 어깨에 집중 한다. 오른쪽의 배낭은 인간 공학적인 배려로 중심이 가장 적합한 위치에 오기 쉽도록 커팅되고 또한 하중은 아래로 달아나지 않고 요골(腰骨)에서 받도록 설계되어 있다. 따라서 부담은 어깨와 허리에 분산되어 같은 짐을 넣어도 가볍게 느끼는 배낭이 된다.

처음으로 하나 사는 배낭이라고 하는 경우라면, 이 어택 배낭형이 나 데이팩형 중 하중 밸런스가 뛰어난 것으로, 30 l ~35 l 정도의 크기를 권한다. 눈이 없는 시기의 당일치기부터 산 오두막 1~2박까 지 사용하는 거라면, 이 정도가 응용 범위가 넓은 크기이기 때문이 다.

□배낭——몸에 맞는 배낭을 구분하는 법

배낭도 신발과 마찬가지로, 모두에게 있어서 좋은 배낭이라고 하는 것은 아니다. 앞항의 조건 중에서, 어쨌든 자신의 몸에 맞는 것을 선택하는 것이 좋다.

자신의 체형에 맞는지 어떤지를 구분하기 위해서는, 먼저 등 부분 의 길이가 포인트가 된다. 이 길이가 맞지 않으면, 그림과 같이 요골 에서 받아야 할 하중이 아래로 달아나거나 허리 뒤에 가해져 버리거 나 해서, 아무리 우수한 배낭이라도 짊어지기 어려워진다. 대형 배낭 에서는 이 길이를 조정할 수 있는 것이 많지만, 중·소형 배낭은 거의 고정되어 있기 때문에, 사고 나서는 조정이 불가능하다.

특히 신장이 작은 여성 등의 경우, 이 길이가 맞는 배낭을 찾는데

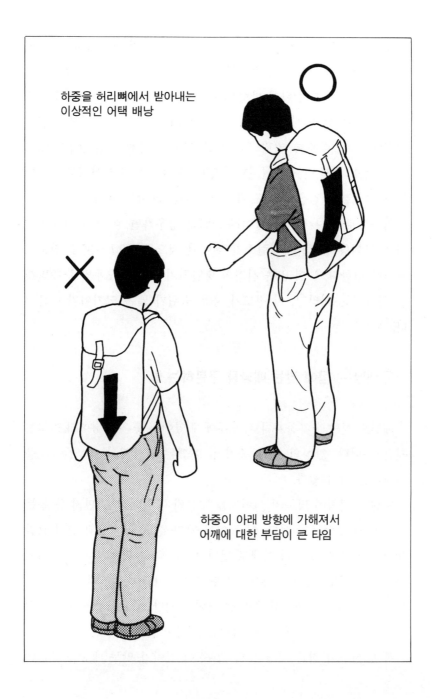

하중을 허리뼈에서 받아내는
이상적인 어택 배낭

하중이 아래 방향에 가해져서
어깨에 대한 부담이 큰 타입

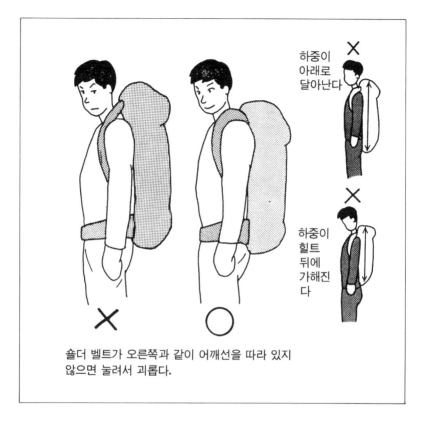

하중이
아래로
달아난다

하중이
힐트
뒤에
가해진
다

숄더 벨트가 오른쪽과 같이 어깨선을 따라 있지
않으면 눌러서 괴롭다.

상당히 고생한다.

숄더 벨트(shoulber belt)의 형도, 그림과 같이 죽지가 '목덜미의
움푹한 곳' 주변부터 나와서, 어깨 모양에 맞도록 조정하는 것이 이상
적이다. 맞추는 법으로서는, 우선 짊어지고 나서 배낭의 하단을 허리
뼈 위치에 대고, 허리 벨트를 허리에 단단히 조인다.

그 외에도 숄더 벨트 죽지의 간격이나 벨트의 커브, 배낭의 폭
등으로 체형과의 조화는 여러 가지로 변한다. 제일 좋은 방법은 여러
가지 배낭에 같은 무게의 것(가능하면 10Kg 이상)을 넣어서 짊어지
고 비교해 보는 것이다. 속에 둥글게 만 신문지를 넣고 전시된 가벼운

236

배낭을 아무리 짊어져도, 차이는 알기 어려운 법이다.

□비옷──판초나 레인코트는 어디까지나 임시 변통

비옷에는 여러 가지 모양과 소재가 있다.

우선 모양인데, 오래도록 등산용으로 사용하려고 생각했다면, 판초형이나 레인코트형은 그다지 적합하지 않다. 능선 등에서 바람을 수반하는 비를 만나면, 곧 하반신, 그리고 더욱 전신이 흠뻑 젖어버린다. 등산용에는 역시 재킷과 팬츠로 나눠진 세퍼레이트형이 가장 좋다.

소재면에서도, 판초나 휴대용 레인코트에 흔히 사용되는 비닐은, 무덥거나 쉽게 찢어진다고 해서 어디까지나 임시변통이라고 생각하는 편이 좋을 것이다. 반투명의 비닐 등은 안쪽이 빽빽이 물방울이 고이는 것을 흔히 볼 수 있고, 나뭇가지 등에 걸리면 간단히 찢어져서 비닐 조각을 걸치게 된다. 이것들은 등산용 비옷이라고는 말할 수 없지만, 싸기 때문에 젖어도 위험이 없는 시기의 당일 산행에, 산에 오른 적이 없는 사람을 꾀어서 우선 가보자고 하는 용도에는 사용할 수 있다.

□비옷──사용되는 소재의 여러 가지

그럼 등산용으로서 주로 사용되고 있는 비옷의 소재를 순서대로 설명해 나가자.

하이파론

합성 고무를 나일론 등의 천에 코팅한 것이 있다. 방수력은 강하지만 투습성(透濕性)이 전혀 없기 때문에, 어쨌든 무덥다. 내구성(耐久性)이나 내오염성이 뛰어나기 때문에, 자전거 여행이나 운동량이 적은 용도에 적합하다.

엔트란트

나일론 등의 천에 미세한 구멍을 가진 특수한 우레탄 수지를 코팅한 것. 약간의 투습성이 있지만, 실제로 입어 보면 역시 '무덥구나'라고 하는 인상은 피할 수 없다. 방수력도 실험 데이타에서는 고어텍스 등보다 뒤떨어진다. 고어보다도 가볍고 간편해진다고 하는 이점은 있다.

고어텍스

'물방울은 통과하지 못하지만 수증기는 통과시킨다'고 하는 이 소재가 개발되고 나서, 비옷의 세계가 크게 변했다. 처음 고어텍스의 비옷을 입었을 때, 비가 내리는 날의 산행의 인상이 싹 변한 것을 지금도 선명하게 기억하고 있다. 고어텍스의 정체는, 0.2미크론의 작은 구멍이 1평방 인치당 90억 개나 뚫린 필름이다. 이 구멍은 물방울의 약 2만분의 1, 수증기 분자의 약 700배에 해당하기 때문에 앞에 말한 바와 같은 특성이 생긴다. 이 필름을 나일론 등의 천에 라미네이트해서 제품이 되는 것이지만, 오래 사용하고 있으면 필름과 천이 벗겨질 가능성이 있다라고 하는 결점이 있다. 등산 등 운동량이 많은 경우의 비옷에 적합하다. 몸의 더러움 등으로 인해 성능이 열화하는 것을 막는 가드가 붙어 있는 것과 없는 것이 있으며, 전자는 제2세대라고 불려서 비옷 등에, 후자는 제1세대라고 불려서 기름에 약한 대신에 투습성이 좋아, 텐트 등에 사용되고 있다.

미크로텍스

고어텍스와 매우 비슷한 구조의 방수 투습소재이다. 고어텍스와 비교해서 구멍이 평균 0.6미크론으로 크기 때문에 투습 능력은 양호하지만, 반면 고어의 제1세대와 같은 구성이기 때문에 더러움에 대해서는 약하다는 일장 일단이 있다.

바이온II

인간의 피부와 같이 소재의 분자간을 수증기가 통과한다고 하는 새로운 소재. 최대의 특징은 신축성으로 늘어나는 비옷도 탄생했다. 투습 능력은 고어에 비해서 떨어지는 것 같지만, 새로운 분야로의 방수 투습 소재의 응용을 기대할 수 있을 것 같다.

□비옷──가능하면 쾌적한 비옷을

고어덱스나 미크로텍스라고 해도 만능이 아니고 각각의 소재 모두 일장 일단이 있지만, 아무리 방수성이 좋아도 무덥고 안쪽이 흠뻑 젖어 버려서는, 운동량이 큰 등산 용구로 다시 사용할 마음이 생기지 않는다고 하는 것이 유감이다.

가격은 방수 투습성이 좋은 비옷이 확실히 비싸지만, 비를 맞았을 때의 기분의 차이나, 윈드 브레이커(wind breaker)나 간단한 설산의 겉옷으로서도 사용할 수 있어 응용 범위가 큰 점을 생각하면, 그렇게 비싼 것도 아니다.

물방울은 통과시키지 않고 수증기는 통과시키는 기능을 가진 고어텍스

   단, 고어나 미크로라면 절대로 무덥지 않다고 오해하고 있는 사람도 있는 것 같다. 아무리 방수 투습 소재라고 해도 그 투습 능력에는 한계가 있다. 지금까지 투습성이 없는 비옷을 입고 있던 사람이 고어나 미크로를 입으면 큰 감동이 있지만, 처음 입는 비옷이 고어텍스라고 하는 사람은 '뭐야, 무덥지 않을까?'라고 생각할지도 모른다. 현실에서는 짐을 짊어진 등반에서 전혀 무더움을 느끼지 않는 소재라고 하는 것은 없다. 그럼 어디가 다르냐 하면, 배낭을 놓고 휴식했을 때에 땀이 서서히 증발해서 상쾌한 상태로 되돌아 오느냐, 그렇지 않으면 안쪽에 물방울이 되어 착 달라 붙느냐의 차이 등으로 말할

수 있을 것이다.

□비옷──결정수는 소재 뿐만이 아니다

그런데 소재에 의한 비옷의 차이는 지금까지 써 온 대로이지만, 그럼 방수 투습성능이 좋은 소재를 사용한 비옷이라면 어느 것이나 같으냐라고 하면 절대 그렇지는 않다. 사용하고 있는 나일론의 천, 솔기나 지퍼의 방수처리, 커팅이나 후드(hood)의 모양, 포켓의 사용하기 수월함이나 봉제의 정성 등으로 제품으로서 비옷의 좋고 나쁨이 결정된다. 자신에게 있어서 좋은 비옷을 구분할 수 있는 포인트를 몇 가지 들어 보자.

천

예를 들어 고어텍스의 경우라면 고어의 필름 자체는 모두 공통이지만, 그것을 어떤 천으로 만드느냐에 따라 차이가 생긴다. 일반적으로 두툼한 천을 사용하면 튼튼하지만 무겁고 부피가 커지게 되고, 얄팍한 천을 사용하면 가벼워지지만 마찰이나 걸림에는 약해진다. 삼계절(三季節)의 종주(縱走) 중심이라면 가볍고 간편해지는 것을, 또 바위 등산이나 설산에까지 겸용할 생각이라면 두툼하고 튼튼한 것을 선택하는 것이 좋을 것이다. 얄팍한 것이라도 바리스텍크로스 등 강도가 높은 천을 사용해서, 어느 정도 그 약점을 커버한 제품도 있다. 어쨌든 가능한 한 부드럽고, 파카로서 선뜻 걸쳐도 가슬가슬 위화감이 없는 천이 좋다고 생각한다.

솔기

비옷은 솔기에 주의가 필요하다

아무리 방수성이 좋은 소재를 사용해도, 솔기는 바늘로 구멍을 뚫는 것이기 때문에 당연히 거기로 물이 침입해 온다. 이것을 막기 위해서, 대부분의 비옷에는 솔기에 심 테이프가 붙어 있다(고어텍스 제품의 경우, 금색의 라벨이 붙어 있는 제품이 심 테이프 가공필의 표시이다). 그러나 심 테이프의 방수력은 그다지 강하지 않기 때문에, 역시 솔기는 비옷의 위크 포인트라고 말할 수 있다. 따라서 솔기는 가능한 한 적은 편이 좋다. 그림을 비교해 보자. 오른쪽의 비옷에서 특히 어깨 부분에 솔기가 있는 경우, 배낭의 숄더 벨트의 압력으로 솔기로 물이 들어가기 쉬워진다. 왼쪽의 비옷은 가장 영향이 적은

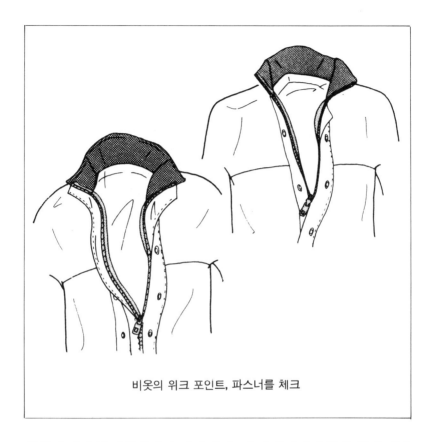

비옷의 위크 포인트, 파스너를 체크

옆구리 아래의 라인에만 솔기가 있다. 이 방법이라면 천을 입체 재단
해야 하기 때문에 가격은 올라가지만, 보다 비에 강한 양질의 비옷이
라고 말할 수 있다.

지퍼

솔기와 마찬가지로 지퍼도 비옷의 취약점이다. 그림과 같이 위부터
플랩을 한 겹으로 단 것과, 2겹으로 덧씌우듯이 된 것이 있고, 당연히
후자 쪽이 비에 강해진다. 그 중에는 발수 지퍼를 사용한 것도 있다.
또한 목덜미 위까지 지퍼가 있는 편이, 세차게 부는 비에 효과적이

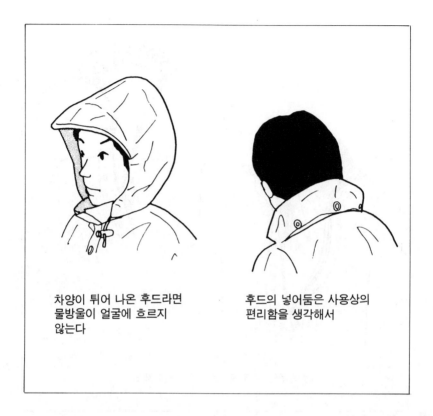

차양이 튀어 나온 후드라면
물방울이 얼굴에 흐르지
않는다

후드의 넣어둠은 사용상의
편리함을 생각해서

다.

후드(hood)

후드가 목덜미 속으로 넣어지는 타입은, 바람막이로서 사용할 때에
후드가 방해가 되지 않는다. 수납은 지퍼라면 입은 채 후드를 꺼내기
가 어려워, 스냅 버튼이 더 낫고, 벨크로(매직 테이프) 고정이 제일
좋다. 후드의 전면에는 차양이 튀어 나온 것 쪽이, 얼굴 위를 물방울
이 흐르는 경우가 적어진다. 스타일 면에서도 이 차양이 없으면, 코드
를 조이면 '바다 유령'이 되어 버린다. 모자와 병용할 때도, 차양이

있는 편이 잘 어울린다. 차양이 시야를 가리거나 하지 않기 위해서, 부드러운 심을 넣거나 해서 연구되어 있는 것이 양호하다.

그 외에 소맷부리의 시스템이나 움직이기 쉬운 커팅, 봉제의 성김이나 말단 처리, 포켓의 개폐나 목덜미 안감의 소재 등도 포인트가 된다.

□비옷——투습성(透濕性)의 비옷은 손질 나름으로 수명이 연장된다

모처럼 비싼 투습성의 비옷을 샀는데, 벌써 비가 스며들게 되어버렸다——이것도 흔히 듣는 이야기이다. 소재의 항에서 이야기했듯이, 고어텍스나 미크로텍스 등의 라미네이트 소재는 매우 우수한 성능을 가지고 있지만, 힘이 가해지는 부분이나 구부러지는 부분의 기포와 필름이 박리(剝離)한다고 하는 문제는 해결되고 있지 않다. 따라서 어느 정도는 소모품으로서 결론지을 수 없는 면도 있다. 그러나 손질 나름으로 수명에 상당히 차이가 생기는 것도 확실하다. 그래서 '빨리 못 쓰게 되어 버렸다'고 하는 사람의 예를 보면서, 관리의 포인트를 살펴 나가자.

방수력(防水力)과 발수력(撥水力)을 혼동하고 있는 경우

가장 많은 경우이다. 비옷의 방수력의 핵심은 바깥쪽에 보이는 천이 아니라, 안쪽에 라미네이트나 코팅되어 있는 소재에 있지만 겉에 나와 있는 나일론천(기포)에도 발수 가공이 되어 있다. 발수란 물을 통과시키지 않는 방수와 달리, 물을 튀겨서 구슬로 만들어 떨어뜨리는 힘이다. 이로 인해 필름의 방수력을 도움과 동시에, 더러움의

발수 효과가 떨어지면 발수 스프레이를 뿌린다

침투나 물을 흡수해서 비옷이 무거워지는 것을 막고 있다.

그러나 이 발수 가공은, 사용해 나가는 사이에 점점 효과가 떨어진다. 그래서 표면의 나일론이 물을 흡수하게 되어, 고어의 필름 등이 건조하고 안쪽이 젖어 있지 않아도 '방수력이 없어졌다'고 착각해 버리는 것이다. 대책은 간단. 발수 효과가 떨어지지 않도록, 시판 발수 스프레이를 가끔 스프레이해 주면 좋다. 특히 세탁 후는 정성껏. 스프레이하고 나서 저온의 다림질을 가볍게 하면, 효과가 오래 지속된다. 지구의 생태를 파괴하는 프레온가스 사용의 스프레이는 가능한 한 피해서 선택해 주기 바란다.

지나친 세탁의 경우

곧 고어의 비옷이 못 쓰게 되었다고 한탄하는 T씨. 잘 들어 보니 사용할 때마다 매회 세탁기로 몽땅 세탁하고 있었다고 한다. 이래서는 소재를 못살게 굴고 있는 것과 같은 법. 매회의 손질은 걸레로 더러운 부분을 대충 닦고 그늘에서 잘 말리는 정도로 그치도록 한다. 그리고 여러번 사용해서 냄새 등이 마음에 걸리기 시작하면 세탁한다.

세탁방법은 먼저 세탁기나 대야에 찬 물 또는 미지근한 물을 채우고, 세제를 푼다. 고어텍스 등의 특성을 가능한 한 손상하지 않도록 배려된 전용 세제도 시판되고 있다. 그리고 나서 비옷을 이 속에 담그고, 손으로 눌러 빨든가, 성가신 경우는 세탁기의 '약'으로 세탁한다. 더러움이 특히 심한 부분만, 부드러운 솔로 문질러 줘도 좋을 것이다. 비벼 빨기는 피해야 한다. 헹구기는 정성껏 한다. 세제가 남아 있으면 고어 등의 성능이 발휘되지 못한다. 탈수기나 건조기에는 넣지 않고, 그대로 통풍이 좋은 그늘에 말린다. 이 외 드라이클리닝도 기본적으로는 가능하므로 제품에 붙어 있는 세탁표시에 따라 주자.

더러움이 너무 심한 경우

앞의 경우와는 반대로, 너무 더러워져 있어도 피부의 영향 등에 의해 방수 투습소재의 성능을 떨어뜨린다. 지나친 세탁도 안 되지만, 계속 하지 않는 것도 오히려 좋지 않다. 특히 미크로텍스의 경우는 이것이 눈에 두드러진다. 물론 사용하고 나서 케이스에 넣은 채 다음 산행에 또 가져 간다고 하는 것은 예외이다. 당신 옆에는 아무도 모여들지 않게 될 것이다. 비옷은 항상 마른 상태에서 보관하자.

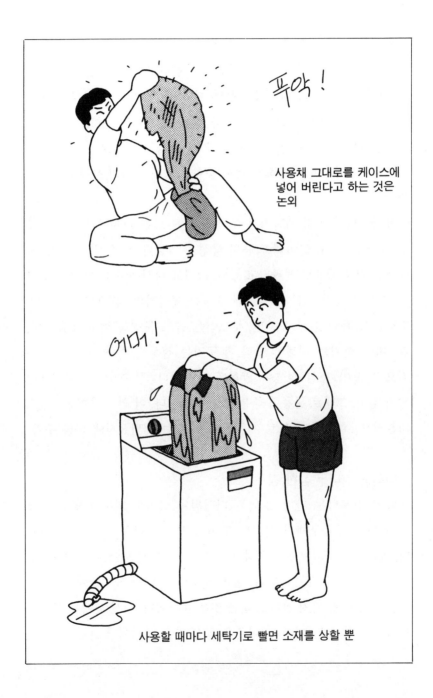

□비옷──비가 내리는 날에 활약하는 소도구들

접는 우산

비옷 외에 접는 우산이 있으면 1개 가지고 간다. 바람이 없는 대수롭지않은 비라면 일부러 비옷을 껴입지 않아도 우산을 확 펴면 되고, '곧 그칠 것 같은 비로구나'라고 할 때도 망설일 필요 없다. 비옷을 입었을 때라도, 우산을 함께 사용하면 성가시게 모자를 쓰지 않아도 되는 경우도 있다. 물론 우산은 무덥지 않다. 열차나 버스를 기다리는 동안 대수롭지 않게 어슬렁 어슬렁 걷는 데에도 편리하고, 의외로 맹점인 것이 역부터 집까지의 길이다. 텐트 숙박의 경우는 특히 물긷기나 화장실 등 출입이 많아, 우산은 필수 휴대품이다.

최근에는 등산용으로 가볍고 간편한 것도 개발되어 바리스텍크로스나 글라스파이버 등의 소재를 이용해서, 경량화해도 강도를 떨어뜨리지 않도록 연구된 것도 있다.

배낭 커버

이것도 필수 휴대품의 하나이다. 배낭에는 일단 우레탄 방수 가공이 되어 있지만, 비옷과 달리 완벽한 것이 아니라 큰 비를 만나면 속까지 스며든다. 산장이나 텐트, 교통 기관 속 등에 가지고 들어가는 것도 곤란한 일이다. 배낭 커버가 있으면, 비로 질퍽질퍽해진 지면 위에 배낭을 놓을 때의 더러움 막이도 된다. 일반적으로는 하이파론제(배낭은 호흡하지 않기 때문에)로 색에 거는 배낭이 있으면 더욱 좋다. 이것이 없으면 강풍 때에 커버가 날아가 버린다. 커버 바닥에 물빠짐 구멍도 있으면 좋을 것이다.

이것으로 빗속의 보행도 상쾌해진다

등산용으로 개발된 몽베르 트레킹엄브렐러. 초경량이지만 강도를
손상하지 않도록 연구되어 있다.

레인스패츠

의외로 알려져 있지 않는 것 같지만, 있으면 도움이 되는 것 중의
하나이다. 문자 그대로 비가 내리는 날의 스패츠(spats)로, '라이트
스패츠' 등의 이름으로 시판되고 있다. 설용의 것보다 훨씬 가볍고
간편하게 되어 있기 때문에, 선뜻 비옷과 함께 가져 갈 수 있다. 이것
의 이점은 신발과 발의 틈으로 비가 침입하는 것을 막는다, 비옷에서
가장 더러워지기 쉬운 옷자락의 안쪽을 커버함으로서 비옷을 오래
지속시킨다, 비옷의 옷자락이 발에 휘감기는 일도 없어 발놀림이
경쾌해진다, 스타일 면에서는 비옷 상하 속에서 꽉 조인 원포인트가

비대책이 완벽하다면, 비가 내리는 날의 소요도 맑은 날과는
또 다른 운치가 있어서 즐겁다.

된다, 등을 들 수 있다. 쇼트보다도 롱 쪽이 더러움을 막고 쉽게 벗어
나 떨어지지 않는 점에서 권장할 수 있다.

낮은 산의 가랑비 때 등에 이 레인스패츠와 우산으로 경쾌하게
걷거나 하고 있다(물론 비옷은 배낭 속에 갖고 있다). 또한 진창의
길에서 이것을 신으면, 귀가 기차 속에서 빈축을 사지 않아도 된다고
하는 이점도 있다.

□지도──기초 항목

지도를 읽을 수 있으면 등산의 즐거움도 배가한다

　강습회 안내를 만들 때, 장비란에는 반드시 지도와 자석을 넣고 있다. 그래도 가끔 '지도는 가져가지 않으면 안 됩니까?'라고 하는 질문을 받는 경우가 있다. 강습회이니까 길을 잃을 리도 없고, 일부러 지도를 사는 것도……라고 생각되겠지만, 그런 때야말로 지도와 자석을 확실히 갖고, 그 사용법을 마스터해 주기 바란다. 강습회는 산에 '데려가 받는' 장이 아니라, 한 사람 한 사람이 스스로 산과 마주할 수 있게 되기 위한 과정이기 때문이다.

　지도를 읽는 것과 그것을 가끔 꺼내 보는 습관을 들이는 것은, 등산의 기술 중에서 가장 중요한 것이라고 생각하고 있다. 확실히 최근은 지도표가 정비된 산도 늘어났다. 그러나 항상 지도표가 있다고는 할 수 없고, 있어도 다른 방향을 향하고 있는 경우도 생각할 수 있다. 흔히 있는 조난 소동 중에는 '아주 조금이라도 지도와 자석을 사용할 수 있으면, 그쪽 방향으로 간다고 생각할 수 없는데'라고 생각되는 경우도 많다.

동시에 지도를 읽을 수 있다고 하는 것은, 등산을 몇 배나 재미있게 하는 마법의 문이기도 하다. 등산은 매우 창조적인 운동으로, 그것은 지도 없이는 생각할 수 없는 것이기 때문이다.

길을 잃지 않기 위해서 뿐만 아니라, 적절한 시간 배분으로 지치지 않기 위해서도 지도는 유효하다. 오늘날의 코스의 표고차는 전체적으로 어느 정도일까? 현재 장소가 지금 여기이니까, 그 사이 어느 정도를 오른 것일까? 산장이나 정상까지는 앞으로 어느 정도면 도착할까? 앞으로 경사는 급해질까 완만해질까, 산의 정상 바로 앞에 속을 것 같은 피크는 없을까……등, 이런 점을 알고 있는 것과 아무것도 모르고 한결같이 걷는 것에서는, 정신적인 불안감이나 피로는 전혀 다른 것이다. 산에서 지치지 않는 요령은 체력이나 보행법 뿐만 아니라, 사실은 이런 점에도 숨어 있다.

□지도──어떤 지도를 가지고 갈까

산에서 사용하는 지도에는, 국토지리원의 2만 5000분의 1, 5만분의 1 지형도나, 코스 타임 등 여러 가지 정보가 기재된 등산용 지도가 있다. 등산용 지도는 산역마다 1장으로 정리되어 있기 때문에 사용하기 쉽고, 코스 타임을 비롯해 산장 등 시설의 상황, 버스 정류장의 위치, 주의 장소 등이 쓰여 있어 움직일 때에도 매우 유용하다. 단,

산행 중에 가끔 펼쳐 보는 것이 독도 마스터의 지름길이다

단독산행의 연습을 하고 있는 동안은, 보다 세밀한 지형까지 읽을 수 있는 2만 5000분의 1 지형도를 함께 가져 가면, 지도를 읽는 즐거움이 더해서 매우 좋은 공부가 된다.

반대로 국토지리원의 지형도뿐인 경우는, 쉴 새 없이 등산자가 지나가는 것 같은 메인루트부터, 거의 폐도에 가까운 발자국까지 모두 같은 파선으로 표시되어 있기 때문에, 뜻하지 않은 사고의 원인이 되는 경우가 있다. 숲길의 상황 등도 대개 등산용 지도 쪽이 정보가 새롭기 때문에, 가능하면 최신 등산 지도와 대조하고 나서 나가는 편이 더 좋다.

그 외에 '저 멀리 보이는 산은 무엇일까?'라고 생각했을 때에는 20만분의 1 지세도가 적절하다.

□지도──사용하기 쉽게 하는 한 연구①

능선 주변에 경계가 있어서 지도가 두 장이라 매우 보기 힘들 경우가 많다. 바람이 있는 산 위에서 2장의 지도를 마주 연결하여 나침반을 대는 것은 지극히 어려운 일이다. 그래서 미리 필요한 부분을 멘딩 테이프로 마주 붙이고 나서 복사를 떠 1장으로 정리하면, 산 위에서도 매우 사용하기 쉬워진다. 필요에 따라서 확대나 축소를 하면, 더욱 보기 쉬워진다.

비가 내리는 날도 곤란하다. 등산용 지도는 방수지를 사용하거나 하고 있지만, 국토지리원의 지형도나 그 복사는 비에 젖으면 특히 접은 선 부분이 곧 읽을 수 없게 되어 버린다. 그렇다고 해서 배낭 속에 넣고만 있어서는 아무 소용이 없다. 비가 내리는 날에 지도를 펴는 것을 좀 귀찮고 성가셔한 탓으로 큰 길을 돌아서 가는 꼴이

방수 지도케이스는 효과가 뛰어나다

된 괴로운 경험이 내게도 있다. 지도는 빈번히 꺼내야만 유용한 것이다. 그래서 지도의 방수 연구를 몇 가지 소개한다.

전용의 방수 케이스에 넣는다

주둥이를 3겹 정도로 접어서 벨크로로 고정시키는 방수 지도 케이스가 시판되고 있다. 이거라면 물에 젖지 않는 한 방수는 빈틈없지만, 부피가 커져서 포세트나 벨트 포치에 넣기 어렵다고 하는 결점이 있다.

지도 그 자체를 방수가공하는 방법도 있다

비닐 봉지에 넣는다

투명하고 두툼한 튼튼할 것 같은 비닐 봉지에 넣고, 주둥이를 검 (gum) 테이프로 단단히 고정시킨다고 하는 방법도 있다. 가장 간단한 방법으로 부피가 커지지도 않지만, 거칠게 다루면 찢어진다.

지도에 방수 가공을 한다

앞의 2가지 방법으로는 넓은 범위를 한 번에 볼 수 없다(즉, 케이스나 비닐 크기의 범위밖에 볼 수 없기 때문에). 그래서 지도 자체에 방수 가공해 버리는 방법이 있다. 또한 가정용의 환기풍 가드(환기풍

날개의 표면에 피막을 만들어서 기름때째 벗기는 것)를 칠해도 방수 가공이 된다. 이 방법은 수고가 드는 것과 가격이 비싸지는 것이 결점이다.

나는 평소의 산행에서는 한결같이 비닐 봉지 방식을 활용하고, 얕은 골짜기 등산 등 지도를 포치에 넣은 채 헤엄쳐 다니고 싶을 때에는 두 가지 이상의 방법을 병용하고 있다.

□지도──사용하기 쉽게 하는 한 연구②

자북선(磁北線)이라고 하는 것을 아는가? 나침반이 가리키는 북과 실제의 북극점 방향과는 다소 벗어나 있다. 지형도는 실제의 북극점이 바로 위가 되도록 만들어져 있기 때문에, 자석이 가리키는 북(자북)을 덧써주지 않으면 정확한 방향을 모른다. 그것이 자북선이다. 어느 정도 벗어나 있느냐, 라고 하는 것은 그 장소에 따라서 다르다.

지형도의 틀 밖을 보면 반드시 '자침 방위는 서편 약 6도 40분' 등이라고 써 있다. 이 경우라면, 분도기를 대고 바로 위에서 6도 40분 왼쪽으로 비켜난 선을 그어 주면 된다. 길이 확실한 코스를 걷고 있는 한은 그다지 신경쓰지 않아도 좋은 오차이지만, 그렇지 않을 때는 그어 두는 편이 현명하다. 또한 이것을 그어 두면 목표물의 방향이 지도와 딱 일치하기 때문에, 지도를 보는 즐거움이 배가한다.

지도 외에, 안내서에 북이 나와 있는 곳이라면, 그 필요한 부분을 복사해서 배낭에 넣어 두는 것도 좋을 것이다. 그 날의 행정분 뿐만 아니라, 관련하는 주변 부분도 복사해 두면, 진로의 결정 등에 유용하다.

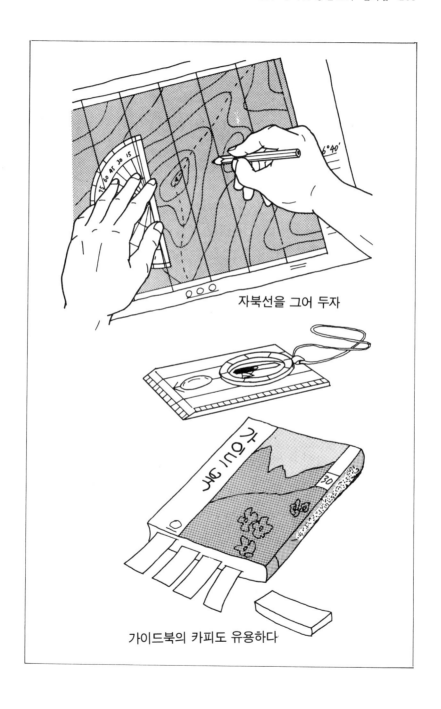

자북선을 그어 두자

가이드북의 카피도 유용하다

□지도──나침반은 작은 정보 센터

지도와 반드시 함께 사용하는 것이 나침반이다. 가끔 어느 쪽을 향해도 자신의 진행 방향을 위로 해서 지도를 펴고 있는 사람을 흔히 보는데, 이래서는 도움이 안 된다. 우선 나침반을 사용해서 지도를 올바른 방향으로 향한다고 하는 것이 단독산행의 최초의 기본 동작이다.

등산에 사용하는 나침반을 선택할 때, 포인트가 되는 조건이 몇 가지 있다. 우선 속에 오일이 봉입되어 있어 바늘이 휘청거리지 않을 것. 그리고, 회전하는 다이얼에 화살표가 붙고 문자판이 투명해야 할 것.

웨스트 포치나 벨트 포치에 넣어 두려면 그림A와 같은 타입이 모든 경우에 사용할 수 있지만, 바지 포켓에 넣는다면 B와 같은 것도 상관없다. C와 같은 군대용은, 등산에는 사용하기 어려운 경우가 있다.

□반드시 지참하기 바라는 전등 종류

제1장의 실패의 예에서도 썼지만, 전등을 갖고 있지 않았다고 하는 허술한 원인에 의한 사고는 의외로 많다. '당일치기 하이크 정도'라든가 '오두막에서 그리 멀지 않으니까'라고 생각하지 말고, 행동 중은 전등을 반드시 지참하자.

그럼 어떤 전등을 지참하면 좋을까? 앞에도 썼듯이 오래된 손전등이라도 우선 어떻게든 되지만, 어차피 사려면 역시 헤드 램프 쪽이 가볍고 사용하기 쉬울 것이다. 전지는 저온이 되면 기능이 저하한

컴퍼스의 여러 가지

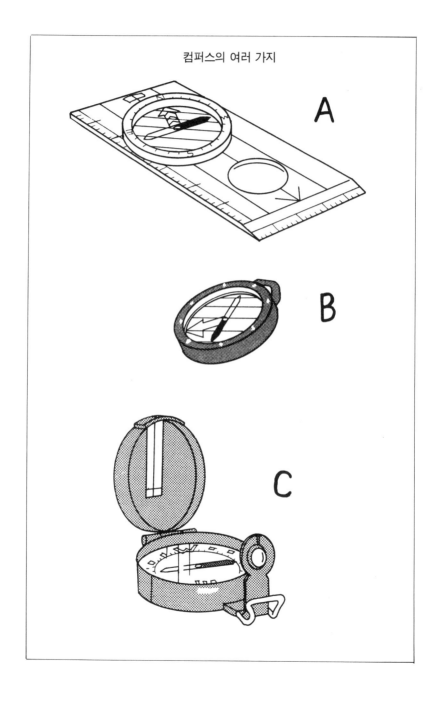

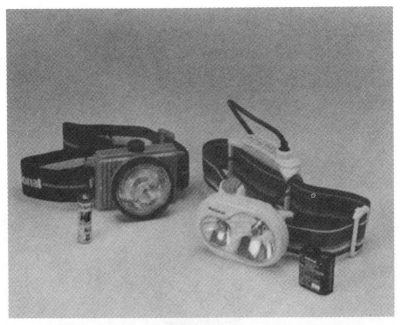

왼쪽은 단구건전지 4개 사용의 보편화된 것으로, 일반적으로는
이것으로 좋다. 오른쪽은 전지 사용의 것으로 혹독한 조건에
적합하다.

다. 단(單) 3전지 2개 사용의 것은, 전지의 소모가 심해서 추운 계절
에는 부적합하다. 반대로 리튬 전지를 사용한 것은 저온에 강해 장시
간의 사용에 견딘다. 야영이나 야간 구조 활동의 가능성이 어느 정도
높아지는 것 같은 바위 등산이나, 히말라야 등 극한용에는 리튬 전지
사용의 것이 유효할 것이다.

　스위치의 모양에도 주의하자. 배낭 속에서 눌려 켜져 버릴 가능성
이 있는 것은 미리 전지를 1개 빼든가, 접촉부에 종이를 끼워 두는
등 예방책이 필요하다.

　최근은 할로겐구를 사용한 것도 있어 매우 밝지만 전구 수명이

짧기 때문에 주의한다. 어쨌든 건전지와 전구의 예비는 반드시 잊지 않도록 하자.

건전지는 가능한 한 한 신뢰할 수 있는 메이커의 것이 좋을 듯하다. 망간 전지와 비교해서 알칼리 전지는 2~3배 오래 가지만 수은 함유량이 수백 배나 높은 것도 있기 때문에, 살 때에 '수은 무사용'의 표시를 표준으로 하는 것도 하나의 현명한 방법이다. 자기 멋대로 산에 놀러 가는데 지구에 오염 물질을 쓰고 버리는 것은 아무래도 부끄러운 일이다.

□고작 물통, 그러나 물통

산에 가져 가는 장비로서 우선 누구나 떠올리는 것이 물통이다. 국민학교 소풍의 준비물에도 제일 처음에 쓰여 있곤 했다. 물을 옮길 수 있는 통이면 뭐든지 좋은 건 아니다.

산의 맛있는 물을 어떻게든 맛있는 채 갖고 다니고 싶은 법이다. 그래서 용기를 검토해 보면 예를 들어 옛날부터 사용되고 있는 폴리 탱크. 이것은 독특한 폴리 냄새가 물에 배어 버려서, 모처럼의 산의 물이 허사가 되어 버린다. 폴리탄은 오래되면 마개부분에서 미묘하게 물이 샌다고 하는 결점도 있다. GI 물통이라고 불리는 것도 물이 새기 쉽다.

일반적으로는 알루미늄제로 버클식의 마개가 달려 있는 것이 좋을 것이다. 가볍고 냄새도 없고, 물도 거의 새지 않는다. 단, 이전 바클의 마개를 거꾸로 막아서 배낭 속을 물에 적신 친구가 있었다.

와인이나 스포츠 음료 등 다른 마실 것을 넣어도 냄새를 옮기지 않기 위해서, 안쪽에 코팅 가공한 것도 있다. 종래는 에나멜 수지로

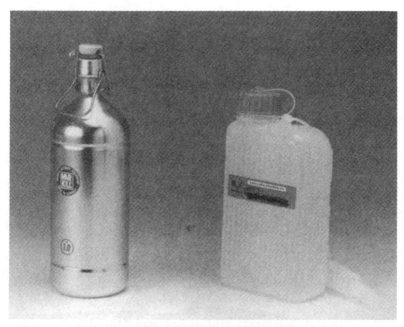

왼쪽은 냄새나 부식을 방지하는 가공 처리된 알루미늄 물통
(마르킬·1ℓ). 오른쪽은 폴리탱크(에바뉴)

움푹 패면 금이 가거나 하는 것이 결점이었지만, 움푹 패어도 좋은
신제품이 발매되었다.

물통의 크기인데, 하루에 필요한 물의 양은 사람에 따라, 또 계절에
따라 상당한 차이가 있는 듯하다. 일반적으로는 0.75ℓ~1ℓ 정도의
것이 표준일 것이다. 여담이지만, 작은 계곡 등 지도에 물터라고 기재
되어 있어도 계절에 따라서는 말라 있는 경우도 있으므로, 너무 과신
하지 않는 편이 좋을 것 같다.

□여름이라도 필요한 보온 포트

슬림으로 휴대성이 좋은 스텐레스포트. 보온성도 양호하다.
음료는 기호에 맞게 부디

높은 산이라고 해도 여름산의 대낮은 제법 덥다. 그래도 '아——
, 깬 얼음이 먹고 싶다!'라고 생각해도 대부분의 경우대로 되지는
않는다. 그런 때에는 오히려 뜨거운 홍차라도 한 잔 마시면, 단순한
물을 마시는 것 보다도 목의 갈증이 멈추고, 피로도 풀린 것 같이
느껴진다. 보온 포트는, 겨울 뿐만 아니라 여름이라도 이런 식으로
의외로 활약한다. 행동 중에 버너로 물을 끓이는 것보다도, 바람이나
기후를 신경쓰지 않아서 좋고 효율적이다. 나는 물통을 갖지 않고
보온 포트만을 가지고 가는 경우도 흔히 있다.
  보온 포트라고 하면 이런 경우가 있었다. 산행 중에 앞 사람의

배낭에서 똑똑 물이 떨어지고 있는 것을 발견. 서둘러서 배낭을 열어 보니, 유리제 포트의 내용물이 깨져서, 바깥쪽 플라스틱의 틈으로 물이 흘러 나오고 있는 것이다. 야외에서 사용할 거라면, 유리제에 비해 조금 무겁기는 하지만 스텐레스제 쪽이 좋을 것이다. 최근에는 스텐레스제로 슬림한 타입이 출현해서, 상당히 가벼워졌다. 가볍다고 하는 점에서는 티타늄 합금을 사용해서 매우 가벼운 것도 있지만, 비싼 편이다.

이 기회에 내용물 이야기인데, 더울 때에는 비교적 신맛이 나는 음료가 좋을 듯하다. 예를 들어 홍차라면 설탕을 조금 넣은 레몬 티. 생레몬이 무거우면, 시판 분말 비타민 C라도 좋을 것이다. 추울 때에는 달고 약간 걸쭉한 것이 좋다. 예를 들면 밀크티나 코코아. 따뜻해지기 때문이라고 제멋대로 이유를 붙여서 그만 걸쭉하게 넣어 버리는 브랜디 티. 그 외 조금 색다른 것으로서 따뜻한 생강차나 뜨거운 스포츠 드링크, 아기의 음식인 뜨거운 물을 탄 농축 주스 등, 뭐든지 시험해 보자.

☐ 컵 이야기

강습회의 밤, 산 오두막이나 텐트 속에서 미팅이라고 칭하는 잡담의 시간이 있다. 그 때에는 배낭 속에서 약간의 알콜을 꺼내어 모두에게 돌리지만, 산장 숙박의 경우 등 컵을 가져 오지 않는 사람도 있다. 이런 때에 술을 마실 기회를 놓치기 때문에 컵을 반드시 가져 간다—라고 하는 것은 농담이지만, 당일치기나 산장 숙박이라도 컵은 여러 가지로 사용할 수 있어 '있으면 유용한 것' 중의 하나이다.

바로 앞쪽은 셀라컵. 안쪽의 2개는 인슐레이트 컵의 스텐레스제와 플라스틱제. 기능과 분위기를 생각해 주기 바란다.

먼저 맛있는 샘물을 퍼서 마실 수 있다. 이것은 여름산의 묘미 중 하나이다. 컵 속에서 티백(tea bag)의 홍차를 넣거나, 분말 드링크를 녹이거나 할 수 있다. 포트의 내용물이 전부 같은 맛이라면 질리기 때문에. 캔맥주도 일단 컵에 따르고 나서 마시는 편이 훨씬 맛있어진다.

한마디로 컵이라고 해도 여러 가지 종류가 있다. 식기 세트의 부속품과 같은 폴리제는 좀 무드가 부족하고 냄새도 걱정된다. 알루미늄제는 가벼워서 좋지만, 모처럼의 뜨거운 음료가 곧 식어 버리는 결점이 있다. 셰라컵이라고 불리는 스텐레스제는 직접 불에 얹을 수 있어, 달걀 부침부터 커피까지 응용 범위가 넓은 것이 특징이다.

인슐레이트 컵이라고 불리는 것은 2중으로 된 것이다. 속이 반진공 상태로 되어 있어 뜨거운 것은 뜨겁게, 찬 것은 차게 유지하면서 천천히 마실 수 있다. 커피는 여유를 즐기는 음료이기 때문에, 이 천천히 라고 하는 것이 뭐라고도 말할 수 없는 이점이다. 이 인슐레이트 컵의 플라스틱제의 것과 스텐레스제의 것을, 산행에 따라 나눠 사용하고 있다. 가벼움을 중시하고 싶을 때는 플라스틱제로 또 좀 분위기를 즐기고 싶을 때는 스텐레스제로 한다. 좋아하는 컵으로 멋진 시간을 보내 보자.

□나이프는 단순하게

나이프의 용도는 무수하게 있고, 어쨌든 1개는 지참하는 것이 좋다. 일반적인 등산용으로서는, 예를 들면 스위스 아미(army) 나이프라고 불리는 접는 나이프가 흔히 사용되고 있다. 이것도 가능한 한 단순한 것은 그중에는 20여 종의 기능이 딸린 농담과 같은 제품도 있다. 어째서 농담이냐 하면, 너무나도 많이 딸린 기능 때문에 본체가 두껍고 너무 무거워져서, 중요한 나이프로서는 사과 껍질조차 벗기기 어렵다. 마개 따개나 와인 따개, 귀이개나 줄까지 달려 있어, 과연 항상 산에 병맥주나 와인을 병째 가져 가는지, 혹은 겨우 며칠의 산행 중에 손톱 손질을 해야 하는지, 잘 생각해 보자.

여행자용이나 파일럿의 불시착 대비용으로서는 그 나름대로의 기능도 필요하겠지만, 등산용으로서는 칼의 대용 뿐이나, 캔 따개와 마개 따개(이것은 캔이나 병을 열기 위해서가 아니라, 그 선단에 달린 마이너스 드라이버 부분이 물건을 비틀거나 하는데, 여러 가지

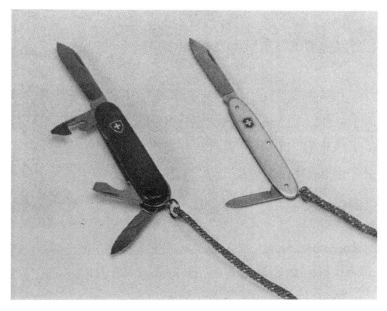

오른쪽은 단순한 나이프 블레이드 뿐인 것. 왼쪽은 거기에 3가지
기능이 플러스 된 것. 등산용에는 이 정도로 충분하다.

로 필요하다) 정도로 충분할 것이다. 산스키나 XC스키를 하시는
분은 플러스 드라이버도 달려 있으면 더 좋다. 스위스 빅토리녹스사
제의 것 등이 대표적이다.

슈퍼마켓이나 철물점 등에서. 스푼이나 포크가 세트된 것이 팔리고
있지만, 그다지 권할 수 없다. 대부분의 경우 나이프로서 매우 안
들고, 스푼으로서도 사용하기 어렵고, 게다가 무겁다.

좋은 나이프라도 손질하지 않고 사용하고 있으면, 단순한 철판이
되어 버린다. 간단한 샤프너라도 좋기 때문에 구입해서, 조금 갈아
주는 정도만 해도 몰라볼 만큼 잘 들게 된다. 가정용의 식칼도 갈

수 있기 때문에, 샤프너를 사도 절대 헛되지 않을 것이다.

□언더와 겉옷이 옷의 포인트

그럼, 이번은 옷의 이야기이다. 옷 중에서 가장 중요한 것이, 직접 피부에 걸치는 언더와, 가장 바깥쪽에서 비·바람을 막는 겉옷이다. 그래서 먼저 언더의 이야기부터 하기로 한다.

어째서 언더가 중요할까? 산에 오르면 땀을 흘려서 옷을 적신다. 휴식으로 앉았을 때나 능선상에서 바람을 맞을 때 등, 피부에 닿는 것이 젖어 있으면 급속히 체온이 뺏긴다. 비로 젖어 버렸을 때도 마찬가지이다. 한여름이라도 북알프스 등 고산(高山)에서는, 안개가 나오고 바람이 있을 때 등 제법 으스스하다. 이 점에서 코튼(cotton) 제품은 부적합하다. 일상 생활에서는 코튼은 매우 쾌적해서 평소에도 화학 섬유를 거의 사용하지 않고 코튼 100%의 셔츠를 즐겨 애용하고 있지만, 한번 젖어 버리면 좀체로 마르지 않는다고 하는 결점이 있다. 가벼운 당일치기라면 코튼(cotton) 셔츠도 괜찮지만, 무설기나 고산이나 1박 이상의 봄·가을산, 겨울의 저산(低山) 등에는 피하는 편이 무난할 것이다.

무설기의 언더로서 가장 권할 수 있는 것이 오론 등의 소재이다. 몸에서 나온 땀을 재빨리 바깥쪽으로 방출하는 작용이 높기 때문에, 피부 표면이 항상 산뜻한 상태로 유지되어, 면 셔츠와 같이 찰싹 등에 붙는 느낌이 없다. 휴식 때, 코튼을 입고 있는 사람이 서둘러서 또 1장 걸치고 있는 것을 곁눈질하면서 여유있는 얼굴로 앉아 있을 수 있다. 피부 감촉도 화학 섬유인데 비해서 양호하고, 말라 있을 때의 착용감은 코튼에 가까운 것이 있다.

오론 T셔츠 2종류. T셔츠는 겹쳐 입기의 콤비네이션이 용이하다.
(왼쪽＝키후우샤 오리지널, 오른쪽＝셸라 디자인즈)

　오론은 보통 8대 2 정도의 비율로 코튼과 혼합되어 제품이 된다. 이 코튼 대신에 다크론 폴리에스텔을 사용하여, 보다 속건성을 높인 것이 몽베르사가 개발한 위크론이다. 착용감도 오론과 마찬가지로 양호하다.

　폴리프로필렌, 클로로파이버 등의 소재는 오론보다도 더욱 보온력·속건성(速乾性)이 뛰어나지만, 여름 산에서 입기에는 너무 덥고, 또한 착용감에 있어서도 한 단계 뒤떨어지기 때문에, 겨울산 옷의 장에서 다시 자세히 이야기하기로 한다.

　언더라고 해도, 소위 내복과는 달라서 이것 1장으로 행동하는 경우

라가 셔츠와 폴로셔츠. 캐쥬얼한 분위기다.(왼쪽＝타라스브루버,
오른쪽＝몽베르)

도 많다. 컬러플한 T셔츠, 침착한 폴로셔츠, 행동적인 라가셔츠 등
디자인도 여러 가지 있으므로 멋을 즐길 수 있다.

　다음은 겉옷, 이것은 앞에서 얘기한 바와 같이 고어텍스 등의 비옷
이 제일이다. 비 뿐만 아니라 바람도 잘 차단하고 무덥지 않기 때문에
방한복으로서 사용할 수 있다. 모든 것을 짊어지고 걷는 산에서는,
하나의 도구나 옷이 다기능으로 작용하는 것은 중요한 포인트이다.

□조금 추울 때의 중간복

276

언더와 겉옷만 확실히 하고 있으면, 무설기라면 우선 '안전'의 범위는 확실하다. 그 밖의 중간복은, 당장은 평소 사용하고 있는 셔츠나 스웨터라도 상관없다. 쾌적한 옷의 일례를 참고로서 그림에 나타내 두었다.

중간복으로서 최근 인기가 높은 것이 플리스 재킷. 가볍고 따뜻하며, 만일 젖어도 곧 마르고, 움직이기 쉽고, 그리고 세탁기로 간단히 세탁할 수 있다고 하는 이점이 있다. 이전은 곱슬마디가 생기기 쉽다고 하는 결점이 있었지만, 이 결점을 극복한 플리스 소재가, 신틸라, 알마딜라, 포라플리스 등의 이름으로 수없이 시판되고 있다. 겨울은 겉옷을 따로 입는 경우가 많기 때문에 셸이 없는 두툼한 것이 가장 좋지만, 무설기는 휴식때 조금 추울 때에 1장 살짝 걸치면 바람도 막을 수 있는 나일론 셸이 달린 조금 두툼한 것이 적합하다. 추울 때는 바람을 수반하는 것이 보통이기 때문에.

중간복으로서 울(woll)도 천연 소재 특유의 맛이 있다. 고급 울을 사용해서 워셔블 가공한 것이 빨아도 보푸라기가 일지 않고, 반소매 위에 입었을 때 따끔 따끔하지 않는다.

□방한복은 어느 정도 지참하면 좋을까

한여름이라도 거리의 더위를 기준으로 옷을 생각하면 안 된다. 대낮은 거의 반소매 셔츠 1장으로 지내지만, 시시 각각 색을 미묘하게 바꾸는 저녁 무렵의 하늘을 보고 싶다, 빨려 들어갈 듯한 온 하늘의 별 밤을 우러러 보고 싶다, 운해 저쪽의 한 점이 붉은 기를 더해가는 해돋이를 기다리고 싶다고 할 때에 능선 위에서 가만히 앉아 있는 것은 상당히 춥다. 텐트의 경우라도, 방한복이 충분하면 쾌적한 옥외

봄, 가을산

여름의 고산

이것이 좀 추울 때의 레이야드의 일례

에서 경치를 즐기면서 단란한 식사 준비가 가능하다.

　일반적으로 고도가 100m 올라갈 때마다 기온은 0.6도 내려간다고 생각되고 있기 때문에 단순 계산으로 표고 0m의 거리가 섭씨 30도일 때는 3000m의 고산은 12도. 단, 이것은 숫자상의 이야기로, 직사일광 하에서는 실제 기온 보다 훨씬 덥게 느끼고, 바람이 있으면 기온보다 상당히 춥게 느낀다. 얕은 골짜기나 눈 계곡의 바로 옆도 기온이 갑자기 내려간다.

　당연한 얘기지만 지나치게 가져가는 것도 곤란하기 때문에, 여러 가지 계절이나 고도를 체험하고 자신에게 적당한 옷을 가져간다. 옷의 양에 대해서는 정말로 경험이 위력을 발휘한다.

□겉바지는 기호품을

　하반신은 젖으면 다리가 올라가지 않게 되는 코튼 진(cotton jean) 이외는 무엇이나 상관없다. 기호품을 입도록 하고, 권장한다면 일자(一字) 바지이다. 움직임을 방해하지 않고, 면·폴리에스텔·폴리우레탄 등의 혼방이기 때문에, 젖어도 그대로 입고 있으면 의외로 빨리 마른다. 스타일도 단정하고 교통기관이나 타운 유스에서도 위화감이 없다.

　니커도 기능적이고 바지자락을 더럽힐 걱정도 없지만, 체형에 어울리는 사람이 적은 것은 확실한 듯하다. 또한 울 니커는 아무리 고산이라도 너무 덥다. 산은 울의 희끗희끗한 무늬의 니커와 두툼한 긴 소매 셔츠가 아니면, 안 된다고 하는 고정 관념이 있는 사람은 한 번 다른 스타일로 산을 걸어서 비교해 보자.

　이 기회에 말하자면, 어디까지나 개인적인 기호이지만, 같은 색의

움직이기 쉽고 건조가 빠른 것을 선택한다.(오른쪽＝셀라디자인즈,
중앙 왼쪽＝ 타라스브루버)

긴 소매 셔츠를 입고 같은 니커(knicker)를 신은 집단을 아직도 만나
지만, 아무래도 이상한 느낌이 든다. 사람이 10명이나 모이면, 밝은
색을 좋아하는 사람도 있지만 차분한 색을 좋아하는 사람도 있는
것이 자연스런 기분이 든다. 모든 것을 한 색으로 갖추려고 하는 발상
은, 어떤 경우라도 그다지 좋은 것은 아니다. 하긴, 다양한 사람들
속에 그런 집단이 하나 정도 있는 것도 또한 재미있는 일일 것이다.
　니커와 함께 촌스러움의 대표와 같이 일컬어져 온 저지(jersey)도,
요즘은 옷자락에 니트를 사용하거나 해서 패션성을 첨가한 것이 주류
가 되었다. 움직이기 쉬움, 속건성 등 기능은 상당히 좋다.

여름산을 반바지로 씩씩하게 걷는 것은 매우 좋지만, 부디 햇빛에 타는 것에 조심한다. 하산하고 나서 울상을 짓는 친구가 있었다.

□중요한 조역, 양말, 모자, 장갑

중요한 것인데 의외로 경시되고 있는 것이 양말이다. 신발의 속이 까지는 원인의 대부분은 신발에 있지만, 양말이 그것을 조장하거나 예방하거나 하고 있는 경우도 적지 않다. 우선 면 제품은 땀에 젖어서 상처를 일으키기 쉬우므로 부적합하다. 양말의 젖음과 주름이 발이 까지게 되는 큰 원인이 되기 때문이다. 울이나 오론 등의 소재로 눈이 총총한 것을. 최근은 스포츠 트레이너의 어드바이스로 보행용에 요소의 서포트가 연구된 것이나, 신발 속에서 움직이지 않도록 바닥에 미끄러짐 스토퍼가 붙은 것, 더욱 '보장 기간 중에 발이 까지면 원상대로 한다'고 하는 것까지 나타났다. 하긴 어떤 좋은 양말을 신고 있어도, 신발이 맞지 않으면 역시 안 되겠지만.

모자도 햇빛막이, 바람막이로 활약한다. 여름의 직사 일광을 하루 종일 쬐면, 심할 때는 머리 피부까지 햇빛에 타서 벗겨지는 경우가 있고, 일사병의 원인도 된다. 또한 머리에서의 발열량은 상당한 것으로, 바람이 불고 추울 때 모자를 착용함으로서 상당히 따뜻해진다. 그래도 등산에서 쓴 채라면 더운 것도 확실하다. 그래서 간단히 탈착할 수 있도록 배낭의 숄더 벨트에, 카라비너(karabiner)를 사용해서 매달아 두는 것도 하나의 방법이다. 일사나 바람을 피할 수 있으면 어떤 것이라도 좋지만, 차양이 있는 모자라면 비가 내릴 때에 이것을 쓰고, 위에 비옷의 후드(hood)를 걸치면 쾌적하다. 소재는 충분한 투습성과 다소의 방수성이 있는 고밀도 코튼 등이 가장 적합하다.

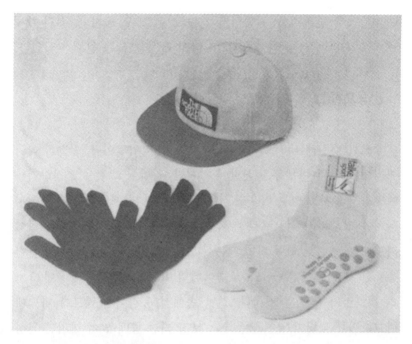

양말은 보행을 도와주는 중요한 소도구이다. 모자나 장갑도
소재를 선택하면 쾌적.

봄이나 가을의 악천후 때 등, 손가락 끝이 차가와져서 고생하는
경우가 있다. '언더 글러브', '이너 글러브' 등의 이름으로 팔리고 있는
폴리프로필렌이나 클로로파이버로 된 매우 얇은 장갑을 배낭의 주머
니에 숨겨 두면, 이런 때에 필요하다. 면 군용장갑은 취사 때에는
활약하지만, 젖으면 차가와지기 때문에 보온용에는 부적합하다.

□ '비상 팩' 가지고 있습니까

어느 정도 산에 오르고 있는 사람의 배낭에는 '비상 팩'이라고 부를 수 있는 것이 반드시 들어 있을 것이다. 이것은 내용물까지 모두 세트로 되어 시판되고 있는 것이 아니기 때문에 스스로 무엇이 필요한지를 생각하면서 만든다. 시험삼아 비상 팩 속을 하나씩 점검해 보자.

외상용 의약품

비상용품이라고 들었을 때에 먼저 떠오르는 것은 없을까? 가장 많이 쓰이는 것은 소독약과 반창고일 것이다. 대수롭지 않은 상처라면 이것으로 해결된다. 출혈이 있는 상처에는 붕대와 가제. 붕대는 신축성이 있는 것이 누구에게나 감기 쉽고, 지혈대로서도 사용할 수 있다. 단, 올바른 응급처치의 지식을 충분히 몸에 익히고, 가제는 벗길 때에 아프지 않은 알루미늄 상착의 것 등도 있다. 무엇에나 사용할 수 있는 삼각건. 작은 핀셋. 의외로 활약하는 가시 뽑는 집게, 염좌 등의 소염제. 그리고 테이핑 테이프. 테이핑 테이프는 염좌나 골절 등의 고정 외에, 신발 까짐의 방지에 유용하다. 신발 까짐의 주인은 발과 외부와의 마찰이다. 그래서 '신발이 닿을까?'라고 생각하는 부분에 미리 테이프를 붙여두면 마찰을 막을 수 있다. 피부에 대한 정착력은 뛰어나기 때문에 한 번 시험해 보자. 등산용품점에서도 팔고 있다.

내복약

자신에게 맞는 것을 적당히. 감기약, 위장약, 항생 물질 등. 설명서도 함께. 정기적으로 갈아 넣어 준다.

예비 전지 · 전구

의외로 잊기 쉽다.

뜻밖에도 유용한 비상 팩

가는 삼노끈

빨래 장대나 텐트 칠 때의 로프의 발, 신발 끈이 떨어졌을 때, 교통기관에서의 짐 고정, 길을 잃었을 때의 안표 등, 어쨌든 여러 가지로 사용할 수 있다. 3mm×5m 정도 있으면 좋을 것이다.

방수 매치 · 착화제 · 소형 양초

불은 어쨌든 생명선이기 때문에 젖어도 괜찮은 것을 넣어둔다. 가스라이터는 저온하에서는 붙지 않는 경우가 있다. 생사를 가르는 것 같은 야영에서는 상황에 따라서 모닥불도 중요하다. 착화제(着火

劑)가 있으면 젖은 나무도 불이 붙기 쉬워진다. 물론 평소는 국립공원 내에서 이런 행동을 하면 안 된다. 양초 1개 있으면 간이(簡易) 텐트 야영 때 등, 마음 든든함과 따뜻함이 전혀 다르다.

호루라기

소리보다도 훨씬 멀리까지 울린다. 특히 설산에서는 소리가 의외로 미치지 않는다. 상황에 따라서 팩에서 꺼내 목에 걸어 둔다.

구조 시트

매우 얇은 알루미늄의 단열 시트. 간이 텐트를 갖고 있지 않는 경우, 야영에 유용하다. 부상자가 생겼을 때는 안정된 장소에 뉘이고, 이것을 덮어 주기만 해도 정신적으로 상당히 안정된다. 손 안에 들어갈 정도의 크기이지만 한 번 펴면 좀체로 원래 크기로는 접을 수 없으므로 주의한다.

이런 것을 산행 때마다 일일이 준비하고 있으면 큰 일이다. 그래서 방수·밀폐성이 좋고 깨지기 어려운 용기(플라스틱으로 고무 파킹이 들어있는 도시락용 밀폐 용기 등)에 항상 담아 두고, 산행에는 어떤 경우라도 배낭에 넣어 가도록 한다.

□계획서와 긴급 연락 카드

비상 기회에 이런 이야기를. 어느 월요일 아침, 우리집의 전화가 울렸다. 상대는 들은 적이 없는 목소리라 누군지 금방 생각나지 않아서 설명을 듣고 겨우 알았다. 이전 3회 정도 나의 강습회에 참가하신 분의 부인이다. '남편이 ○○산에 간다고 하면서 나간 채 돌아오지

않는다. 어떻게 하면 좋을까?'라고 하는 내용이다. 그녀로서도 어디에 어떻게 연락을 하면 좋을지 몰라, 우선 강습회를 떠올리고 내게 전화해 본 것이다. 나는 이렇게 대답했다. '우선 9시까지 기다려 보십시요. 만일 무슨 사정으로 하산할 수 없게 되어, 안전히 야영이라도 하고 있었다면, 날이 밝은 후 행동을 개시한다고 해도 그 시간에는 전화가 있는 버스 정류장까지 내려올 겁니다. 그래도 연락이 없다면 다음 방법을 생각합시다.'

이것 저것 생각하면서 다음 연락을 기다리고 있자니, 생각대로 그 후 곧 '내려왔다'고 하는 전화가 왔다. 발을 삐어서 늦어져, 그래도 헤드 램프를 켜고 하산하려고 했지만 마침 지나가던 산장 사람에게 불러 세워져서, 하룻밤 쉬고 나서 밝을 때에 내려가는 편이 좋다는 권유로, 그 말을 따랐다고 하는 사정이었다. 다음날 회사나 가족을 생각한 나머지 무리하게 행동해서 목숨을 잃으면 아무 소용도 없으므로 이것은 올바른 안전책이다. 다만 여기에서 문제는, 본인 이외는 ○○산에 간다'라고 밖에 몰랐던 점. 이래서는 가령 사고였다고 해도 찾을 방법이 없다. 이런 예는 의외로 많은 것 같다.

그래서 필요한 것이 계획서이다. 가족이나 동료에 대해서도 어느 산에 어떤 코스로 갔는지를 알 수 있는 메모가 필요하다. 확실한 산악회에 입회해 있는 사람이라면 그런 때의 시스템이 되어 있을 테지만, 그렇지 않은 경우도 메모 정도는 만들어서 책상 위에 놓고 나가도록 한다. 앞 페이지에 있는 것은 한 강습회에 참가한 만든 서클의 계획서이니까 참고로 하자.

다음에 또 하나. 만일 사고를 당하면, 가장 힘이 될 수 있는 것은 어쨌든 주위에 있는 등산자이다. 그 자리에서 처치할 수 있는 것은 하고, 그곳에 마침 그 자리에 있던 사람들이 부상자를 옮겨 내릴 수

등산계획서

멤버 (회원외도 동행의 경우는, 그 사람의 긴급시 연락처를 별기)

Name	Tel	Name	Tel
(G.L)			
(S.L)			

★ 코스

月／日	

★ 왕복 교통 ＿＿＿＿＿＿＿＿＿＿＿＿＿＿＿＿＿＿＿＿＿

★ 에스케이프 루트＿＿＿＿＿＿＿＿＿＿＿＿＿＿＿＿＿＿

★ 장비	건전지 예비	버너(커트리지)	테르모스	
	비상용 팩	매치·라이터	경아이젠	
동식(일분)	칼	코펠	아이젠	
식량(일분)	양말 예비	스푼·젓가락류	롱 스패츠	
물	언더 예비	텐트	피켈	
비옷	필기용구	슬리핑 백	스톡	
우산	티슈페이퍼	슬리핑 백	선글라스	
방한복( )	타올	매트	모자류	
방한복( )	현금	체트	햇빛차단제	
지도	비닐봉지	양초·랜턴	기호품	
자석	배낭 커버	서브색		
전등	스패츠	장갑(예비)		

긴급연락카드

· 조난자 성명 _____ 혈액형 _____
· 조난자 주소 · 전화 _____
· 가족 등 긴급시 연락처 전화Ⓐ _____
· 소속회의 명칭 _____ 연락처Ⓑ _____
　　　　　　　　　　　　　　전화 _____
· 의뢰자 _____ 연락처 _____

　　조난자와의 관계 ┬ 같은 모임
　　　　　　　　　　└　(　　　　　　　　　)

· 의뢰일시 　　　월　　　일　　　시
· 사고발생일시 　　　월　　　일　　　시　　　분쯤
· 사고발생지점
· 조난자가 현재 있는 지점
· 사고의 상황
· 조난자의 상태
· 의뢰사항 □헬리콥터를 요청하고 싶다.
　　　　　 □구조대를 요청하고 싶다.
　　　　　 □상기Ⓐ Ⓑ에 연락해 주기 바란다.
　　　　　 □상기사고를 목격했기 때문에 보고한다.

있으면 그보다 더 좋은 일은 없다. 그러나 경우에 따라서는 구조를 요청해야 하는 경우도 있다. 그래서 지나가는 등산자에게 이야기로, 전해달라고 부탁했을 경우, 놀라서 어찌 할 바를 몰라 중요한 사실이 전달되지 않거나 하는 법이다. 그래서 종이에 써서 건네 주는 것이 제일 좋지만, 미리 그림과 같은 긴급연락 카드를 만들어 두면, 필요 사항을 빠뜨리지 않고 정확히 전달할 수 있다.

□스태프 백에서 쾌적 팩

배낭 속은 잘 정리되어 있는 것보다 더 좋은 일은 없다. 또한, 중요한 의류 등을 적시지 않기 위해서도 파킹은 중요하다.

그래서 스텝 백이 활약한다. 이것은 나일론 방수포 등으로 만들어져 드로우 코드(draw code)로 입구를 조일 수 있는 소도구 자루를 말한다. 파킹의 순서를 이야기하자면, 먼저 빈 배낭에 큰 비닐 봉지(가정 쓰레기 봉지로서 흔히 사용하는 것이다)를 넣는다. 찢어지기 쉬우므로, 가능한 한 두툼한 것을. 그리고 그 속에 사용 빈도나 꺼내는 순서를 생각해서 팩해 가는데 이 때에 '예비 양말과 T셔츠는 저 스텝 백에, 스웨터는 이 스텝 백, 소도구류는 이쪽 스텝 백……'라고 세분해서 넣고 나서 정리한다. 이렇게 하면 필요한 것을 곧 꺼낼 수 있고, 방수 대책도 만전이다. 나는 작은 '선물용 스텝 백'이라고 하는 것도 갖고 있어, 콘택트렌즈 케이스, 포켓 티슈, 휴대용 칫솔, 귀마개 등을 넣고 전등과 함께 머리맡에 놓아 둔다. 여러 가지 크기, 모양(둥근 바닥, 평평한 바닥)이 있기 때문에, 필요한 것을 조금씩 더 사도록 한다. 물론 성가시지 않으면 비닐 봉지라도 대용할 수 있다. 최근은 내용물을 곧 알 수 있는 메시 스텝 백도 등장했다. 물론 메시는 방수가 아니지만, 고도구의 정리 등 적재 적소에 사용할 수 있다.

□웨스트 백은 여러 가지로 필요

예전에는 배낭외의 소도구통이라고 하면 벨트 포치가 전성이었다. 그러나 이것은 재킷을 위에 입으면 상태가 좋지 않고, 또한 최근의 배낭은 웨스트 벨트가 확실하기 때문에 벨트 포치는 방해가 된다. 그래서 그 대신에 웨스트 백(waist bag)을 가진 사람이 늘어났

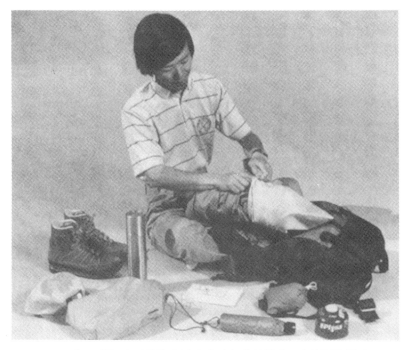

스태프 백을 잘 사용하면 정리와 방수의 일석이조의 작용을 한다

다.

나의 경우는 조금 큼직한 보호 패드가 들어있는 것을 사용하고, 속에 포켓 카메라, 휴지, 지도, 나침반 등을 넣고 있다. 지도와 나침반은 실제로 가끔 꺼내 보지 않으면 의미가 없는 것이기 때문에 웨스트 포치는 필수휴대품이라고도 말할 수 있다. 카메라도 일일이 배낭속에서 꺼내고 나서 찍다 보면, 산행의 리듬은 흐트러진다. 웨스트 백에 넣어 두면 순간 걸음을 멈출 뿐으로, 다른 동료에게도 폐를 끼치지 않는다. 바지나 셔츠의 포켓을 볼록하게 해서 움직임을 방해하거나, 내용물을 떨어뜨리거나 할 걱정도 적어진다. 이것은 상당히 중요한

292

웨스트 백에는 자주 사용하는 것을 넣어 걷는다

편리하다

품목 중의 하나이다. 단, 바위밭에서는 방해가 되기 때문에, 이 때만큼은 배낭에 넣어 둔다.

□사람에 따라서는 제일 중요한 장비, '술'의 용기를 생각한다

산의 밤, 산장이나 텐트 속에서 동료와 마시며 이야기를 나눈다. 주로 본 풍경이나 사건으로 시작되어, 어느 사이엔가 인생이나 장래의 꿈에 이르기까지, 산에서는 이상하게 여느때는 할 수 없는 것 같은 여러 가지 이야기가 활기를 띤다. 혹은 혼자서 위스키를 컵에 따르면서 하늘에 뜬 별과 촛대에 깜박거리는 불을 바라본다. 혹은 또 유유자적한 행정의 하루, 와인 조금과 치즈로 흡족한 산의 정상에서 한 때를 보낸다…… 어쨌든, 산과 알콜과는 상당히 깊은 관계에 있는 것 같다. 물론 전혀 마실 수 없는 사람에게는 관계없는 이야기이다.

그런데 여기에서는 술의 내용물이 아니라, 용기의 이야기를 해본다. 위스키를 병째 가져 오는 사람도 많은 것 같다. 조금 여담이 되지만, 나는 가끔 마음이 내키면 쓰레기를 주으면서 하산한다. 산에서 좋은 추억을 가져가기 때문에 답례로 뭔가 하고 싶어서이다. 그래서 깨달은 것은 빈 깡통과 나란히 의외로 내던진 빈 병이 많은 점이었다. 내용물이 없어져도 그다지 가벼워지지 않기 때문에 그만 놓고 가고 싶어지겠지만, 그렇다면 처음부터 병을 가져 가지 말아야 한다. 쓰레기의 문제 뿐만 아니라, 불필요한 무게는 등산의 큰 적이다. 가능하면 용기를 가볍게 하고 그만큼 내용물을 늘려 가기 바란다.

내가 흔히 사용하고 있는 것은, 물통의 항에서 소개한 냄새가 배지 않는 가공을 하고 있는 알루미늄 물통이다. 알콜류 전용에 0.5리터와 0.3리터의 것을 준비해서 필요에 따라 적절히 사용하고 있다.

텐트 속에서 동료와 술을 마시며 이야기하는 즐거움

전용 스키틀도 시판되고 있다. 기능은 어쨌든, 분위기는 최고일 것이다.

대량의 알콜을 운반하기 위해서는, 청량 음료수의 플라스틱 용기가 유효하다. 주로 1.5 *l* 의 것으로 가볍고 냄새도 배지 않고 내용물도 잘 새지 않는, 매우 편리한 물품이다.

이 기회에 내용물의 이야기를 조금 하기로 하자.기호품이기 때문에 내용물은 어쨌든 즐기던 것이 제일이지만, 내가 지금까지 가져가서 호평이었던 것을 몇 가지 참고삼아 소개한다. 우선 매실주이다. 이것은 계절이나 성별을 불문하고 많은 사람에게 호평이다. 적당한 신맛과 단 맛으로, 한 모금 마시면 금방 피로가 회복되는 느낌이다. 매실의 엑기스는 건강에 좋다고 한다. 온몸이 흠뻑 젖어, 녹초가 되어 겨우 도착한 텐트 속에서, 먼저 뜨거운 스포츠 드링크의 물에 탄 매실주라고 하는 것을 만들면 '그 맛을 잊을 수 없다'고 말해 준 사람도 있었다. 자가제의 나무 열매·풀 열매의 술도 매우 산다워서 각광받는다. 똘배, 산포도, 들장미, 장딸기 등 우리집 선반에는 여러 가지 진열되어 있다. 겨울산에서는 무턱대고 단 것이 맛있게 느껴지지만, 주류도 예외는 아니다. 물 탄 위스키에 설탕을 넣은 것조차 믿을 수 없을 정도로 음료가 맛있으니까 이상하다.

장기 산행에서 효율이 좋은 것을 찾는다면 알콜도가 높은 것을 선택한다.

이야기하는 김에 장비 얘기에서 조금 벗어나지만, 산에서의 알콜은 자작을 매너로 하기 바란다. 함부로 남에게 따라주고 마시게 하는 사람도 있지만, 귀중한 술이 낭비될 뿐만 아니라 다음날 산행에 지장을 초래하는 경우도 있기 때문이다.

왼쪽은 스키틀, 중앙은 코팅 가공한 알루미늄 물통, 오른쪽은
청량음료수의 빈 용기. 용량에 따라서 선택해 주기 바란다.

□의외로 잊기 쉬운 상식적인 것

이것은 나 자신의 실패담이다. 산행의 아침, 열차 시각에 늦어질
것 같아 신발끈을 묶는 것도 초조해서 현관을 뛰어 나갔다. 조금 더
빨리 일어나면 좋았을 이야기이지만. 역까지 종종걸음으로 달려가서
차표를 사려고 생각하자, 놀랍게도 지갑을 잊어버렸다! 몹시 당황해
서 되달려와서, 현관을 열자마자 신발도 벗지 않고 무릎으로 기어
지갑있는 데까지 갔다는 한심한 이야기이다.

지갑을 비롯해서, 너무나 일상적인 것이기 때문에 오히려 잊기

서두르면 그만 일상적인
것을 잊기 쉽다

쉬운 것이 몇 가지 있다. 예를 들면 시계. 도착하는 교통은 차치하고, 산에 들어가 버리면 시계 따위 별로 보고 싶지 않다고 하는 것이 본심이지만, 페이스의 목표도 서지 않는 것 같아서는 곤란하다. 덧붙이자면 팔목 시계는 방수로 알람 기능이 있는 것이 산에서는 필요하다.

　필기용구도 어쨌든 여러 가지 일에 필요하다. 휴지도 좀 많이 가져가는 편이 좋을 것 같다. 크고 작은 비닐 봉지도 가져간다. 쓰레기 봉지로서는 물론 젖은 비옷을 안에 넣거나 용도는 여러 가지이다. 타올이나 보험증, 시간표의 필요한 부분 복사 등도 잊지 않도록 하자.

제3장

텐트 숙박에 필요한 등산 도구

□텐트에 누워 보고 싶어지면

당일치기나 산장 숙박의 산행을 오랫동안 계속하면, 텐트에서 자는 데에 흥미를 갖는 사람도 많을 것이다. 학교 서클이나 산악회에 들어가면, 어쩌면 처음부터 텐트일지도 모른다.

지구 위에 잠들다──이 말이 딱 들어 맞는 것이 텐트 산행의 매력이 아닐까? 산장에는 또 산장 나름대로의 좋은 점도 있겠지만, 산장의 경우는 안에 들어가 버리면 외부와 어느 정도 차단되어 버린다. 그에 비해 텐트는 바람의 속삭임, 계곡 소리, 새 소리 등 항상 자연을 피부로 느낄 수 있어, 자못 '산에 왔구나'라고 하는 기분이 든다. 하긴 좋아도 싫어도 바깥 세계를 느끼는 것으로, '어젯밤은 하룻밤 내내 굉장한 바람이었다'라고 하는 경우도 흔히 있다. 그래도 그럴 때가 오히려 언제까지나 즐거운 화제로 남거나 한다.

여름 시즌이나 연휴 등은 텐트의 독무대. '오늘은 요 1장에 3명!'이라고 말하고 있는 산장 안을 힐끗 보고, 어쨌든 텐트를 치기만 하면 부유한 개인 공간이 완성된다. 동료들과의 대화가 흥이 오르는 것도 텐트가 아니고서는 불가능한 분위기.

'같은 솥의 밥을 먹는다'고 하는 말대로, 텐트 속에서 랜턴이나 양초의 불을 둘러싸면서, 이러쿵 저러쿵 서로 이야기하고 있는 것은 매우 행복한 한 때로, 서로가 진정한 산친구임을 느끼게 해 준다. 그리고 뭐니뭐니 해도 돈이 들지 않는 점이 큰 매력이다.

산장 숙박에 비해서 필요한 것은, '먹고 자기' 위한 도구이다. 즉 버너, 코펠, 음식, 슬리핑 백(sleeping bag), 매트, 그외 소도구, 그리고 텐트이다. 배낭도 대형의 것이 필요할 것이다. 다음 페이지의 사진은 여름의 북알프스, 텐트 2~3박을 상정하고 필요한 것을 나열해 보았

즐거운 대화가 무르익는 것도 텐트 생활의 매력

다. 참고로 하자.

□연료별 버너의 특징

처음에 '먹기' 위한 도구부터 이야기하자. 이 도구들은 텐트 산행 뿐만 아니라, 산장 숙박에서 자취의 경우나, 당일치기의 산 정상에서 커피를 마신다, 호화스러운 런치를 만든다고 했을 때에도 필요한 것이다.

우선, 버너이다. 연료별로 각각 다음과 같은 특징이 있다.

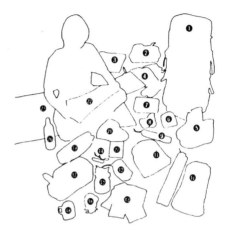

① 배낭 ② 방한복 ③ 비옷 ④ 갈아입을 셔츠와 양말, 스태프 백 ⑤ 신발 ⑥ 배낭 커버 ⑦ 비상팩 ⑧ 전등 ⑨ 우산 ⑩ 텐트 ⑪ 슬리핑 백 ⑫ 슬리핑 백 커버 ⑬ 식량 ⑭ 나이프 ⑮ 버너와 커트리지 ⑯ 랜턴 ⑰ 코펠 ⑱ 컵 ⑲ 매트 ⑳ 물통 ㉑ 모자 ㉒ 지도와 나침반 ㉓ 텐트 매트.

산행 형태에 따라서 지참하는 버너도 변한다

가솔린

파워는 강력, 바람이나 저온에 강한 버너이다. 그러나 가솔린의 인화성은 높아 텐트 내에서의 버너에 의한 사고의 대부분은 가솔린 버너로 일어나고 있다. 뭐 상식적인 주의만 게을리하지 않으면 아무 일도 없지만, 어쨌든 주의는 필요하다. 점화까지 안전하게 화력 점검 등 작업이 필요하다. 가끔 관리를 할 필요가 있다. 본체 체중은 가스 버너보다도 무거워진다. 소형 버너는 상온 화력이 하이 파워가 :: 버너보다도 약해, 그다지 사용이 적어진 감이 있지만, 연료를 많이 ᄀ져 가도 부피가 커지지 않기 때문에 장기 산행에 적합하다. 대형 버너는 그 화력의 세기로 많은 사람의 파티에 적합하다. 또한 맹렬한 저온이 되는 엄동기에는 마음 든든한 파트너이다.

등유

가솔린에 비해서 인화점이 낮아 안전하지만, 점화할 때까지 보다 수고와 시간이 걸린다. 일단 불이 붙어 버리면 화력은 가솔린과 동등해진다. 상당히 주의를 기울여도, 배낭 속이 어쩐지 등유 냄새가 나는 난점은 있다. 소형의 것은 거의 시판되고 있지 않기 때문에 대인원용을 사용하게 된다. 연료는 싸고 입수하기 쉽다.

가스

지금 가장 일반적으로 사용되고 있는 버너이고, 어쨌든 취급이 간단하다. 슛, 팡!하고 불이 붙는다. 조리 틈틈이 일단 불을 멈추고 다시 붙인다고 할 때에도 별 문제가 없다. 안정성도 높고, 고장도 거의 없다. 산에서 가장 곤란한 것은 버너의 작동이 안 될 때이다. 옛날부터 엄동기라도 가솔린 버너가 작동이 안될 때의 예비로서 가스 버너를 반드시 가져 간 것도 납득할 수 있다. 화력도 상당한 끓어넘침이 아닌 한 변함없다. 가벼운 점도 매력이다. 예전에는 화력이 약하다고 하는 결점이 있었지만, 최근에는 높은 화력의 것이 발매되어 상온에서는 다른 가솔린 버너를 능가한다. 단 바람과 저온에는 약하고, 가스의 잔량이 적어졌을 때도 화력이 저하하기 때문에, 그것들을 가능한 한 보완하는 연구가 필요하다. 연료가 도중에서 없어져 버려도 가스통을 교환하기만 하면 괜찮지만, 사용필의 가스통을 부디 그대로 산의 쓰레기장에 놓고 오지 않도록 한다. 소각장에서의 사고의 원인이 된다. 산행을 거듭하면, 어중간하게 가스가 남은 가스통

버너의 여러 가지. ① 옵티머스 45L. 등유사용 곤로. ② 호에부스 625. 대형 가솔린의 대명사적 존재. ③ 콜맨피크 I. 가솔린 사용으로 화력 조절이 용이. ④ 프림스 2243. 하이파워 가스곤로의 대표격. ⑤ EPI·BP 슈퍼. 휴대성이 좋다.

이, 방 안에 몇 개나 데굴데굴 굴러다니게 되는 것이 난점이다. 랜턴 용으로 사용하든가, 혹은 방 안에서 야외 기분을 즐긴다든가 하여 완전히 사용하도록 한다. 아직 완전히 사용하고 있지 않는 것을 쓰레 기 수집에 내보내는 것은 매우 위험한 일이다.

알콜 · 고형 알콜

액체 알콜을 사용하는 버너나, 고체 알콜 연료에 직접 불을 붙이는 타입도 있다. 화력 등에 있어서 산에는 부적합하다. 단, 라면 한 컵 정도는 만들 수 있기 때문에, 최대한의 경량화를 꾀하고 싶을 때에는 기억해 두면 편리하다.

□가스 버너 중에서 선택한다고 하면

우선 처음에 버너를 1대 사야 될 경우는 가스 버너가 좋을 것이 다. 가스 버너 중에서도 종류가 여러 가지 있다.

우선 대표 선수가 이와타니 프림스 2243. 사실은 이 버너가 발매되 고 나서 가스 버너에 대한 평가가 싹 변했다. 그때까지 '초보자용' '서브 버너용'이라고 보여지고 있던 가스 버너가, 일약 중심부대로 뛰어 올랐다. 3000Kcal / h로, 어쨌든 높은 화력이다. 커피 한 잔 정도 의 물이라면, 가솔린이나 등유의 버너에 가볍게 불을 붙이면 점화할 무렵에는 이미 끓어 버린다. 십자형의 삼발이도 바람의 영향 을 최대한으로 억제하도록 연구되고, 코펠을 얹었을 때의 안정성도 충분하다. 화력 조정은 손잡이를 돌리기만 하면 된다.

옛날의 가스 버너를 사용한 분은 알겠지만, 조절 손잡이를 돌려도 용수철과 같이 손잡이가 되돌아와, 조금 더 크게 하려고 생각하면

오른쪽은 프림스 2243에 옵션의 안정 플레이트를 부착한 것. 하이
파워가스 버너의 대표. 왼쪽은 프림스 2263비온.

커지거나 해서 좀체로 뭉근 불이 되지 않는다. 본체만의 중량은 22
0g이었다. 손잡이를 돌리고 버튼을 누르기만 하면 점화되는 자동
점화 타입도 있다. 자동점화의 경우는, 코펠 등을 얹고 나서 점화하는
것이 요령으로, 가스를 많이 내보내면 점화하기 어려운 경우가 있
다. 본체만의 중량은 300g, 옵션도 풍부하다. 먼저 안정 플레이트.
사진과 같이 버너를 안정시키는 플라스틱판으로, 싼 데 상당히 우수
한 것이다. 큰 코펠을 얹을 때나 위에서 프라이팬을 덜컥덜컥 움직일
때, 그리고 겨울의 텐트 안 등에서는 특히 고마운 것이다. 이전은
베니어판을 가져 갔지만, 사용하기 수월함은 그것에 비할 바가 아니

다. 그리고 나서 가스 잔량이 적을 때나 저온하에서 위력을 발휘하는 파워 부스터. 이것은 나중에 자세히 서술하기로 한다.

프림스사 중에서 경량 타입이 2263비온. 출력은 2400Kcal / h로 2243에 비해서 떨어지고, 삼발이의 모양도 작은 코펠용이지만, 본체만의 중량 130g과, 가스 버너중 제일 가벼움을 자랑한다. 조금이라도 짐을 가볍게 하고 싶은 사람이나 단독행 용으로 권할 수 있다.

프림스와 나란히 일컬어지는 것이 EPI. 우선 대표적인 것이 BP 슈퍼. 프림스 2243의 뒤를 쫓아 발매된 높은 화력의 버너이다. 출력은 2400Kcal / h로 프림스 2243에 비해서 그다지 차이는 없지만, 이것은 앞의 프림스 2263 비온에도 같은 말을 할 수 있지만 버너 헤드의 구경이 작아, 보통의 2~3인용 코펠을 얹어서 사용하여 비교해 보면, 숫자상의 차보다도 물의 비등이 느리게 느껴진다. 반대로 셀라컵이나 작은 코펠을 얹으면 불이 집중해서 빨리 끓는 역전현상을 볼 수 있어, 단독산행에 적합하다. 하긴 경량화(輕量化)에 대해서는 본체의 무게 200g으로, 프림스 2263 비온에게 한 걸음 양보한다. 자동 점화의 SA모델도 있어, 본체의 무게 308g, 더욱 본체 150g이라고 하는 경량 타입도 발매되었다.

EPI사 중에서 최강력 타입이 PS슈퍼. 숫자상의 수치는 BP슈퍼와 같지만, 큰 방풍을 달고, 버너 헤드 구경도 크게 해서 프림스 2243에 가까운 성능을 내고 있다. 그러나 무게는 본체만 320g으로 다소 무거워진다. 역시 자동 점화의 SA형이 있어 본체의 무게 340g, 옵션 파워 차저나 플레이트도 프림스와 마찬가지로 라인냅되어 있다.

가스통과 본체가 세퍼레이트로 나눠져 있는 타입이 EPI 알파인 스토브. 안정성이나, 사용 중의 가스통 교환의 수월함이라고 하는 점에서는 유리하다. 단, 바닥이 뜨거워지기 쉬우므로, 텐트 내에서

왼쪽은 EPI BP 슈퍼. 케이스는 가스통을 세트한 채 넣을 수 있는
크기다. 오른쪽은 EPI PS슈퍼.

사용할 때는 베니어판을 지참해서 까는 등 충분히 주의한다. 출력
2640Kcal / h, 본체 중량 350g. 자동 점화식은 370g이다.

　더욱이 프림스와 EPI의 가스통은 호환해도 실용상 거의 지장 없어
(메이커에서는 일단 권하고 있지 않지만), 산행 중에 부족해졌을
경우 등, 융통을 하기 쉬운 이점이 있다.

□가스 버너를 사용할 때의 한 연구

　그런데 우수한 수많은 특징을 가진 가스 버너말인데, 앞에도 썼듯

이 ① 바람에 약하다, ② 저온 때나 가스 잔량이 적어지면 화력이 저하한다고 하는 약점이 있다. 이 점을 보완하는 방법을 소개한다.

우선 바람에 대해서는, 각 메이커에서 삼발이의 모양 등 여러 가지 연구를 하고 있지만 완전한 것은 아니다. 가장 간단하고 확실한 방법은 슈퍼 등에서 팔리고 있는 튀김 가드. 3면을 알루미늄 박지로 둘러싸도록 되어 있는 것이다. 짐이 되는 크기나 무게는 아니기 때문에 이것을 하나 배낭에 넣고, 옥외에서 버너를 사용할 때에 바람 위쪽에 세워준다. 이 때, 열이 가득 차서 가스통을 과열해 버리면, 매우 위험하다. 불기로부터 충분히 떼어서 세워 두자.

저온이 되면 어째서 화력이 떨어질까? 가스 버너는 가스통 내의 액체 가스를 기화시켜서 연소한다. 이 때에 기화열이 빼앗기기 때문에, 가스통은 점점 식어간다. 차가와지면 안의 액체 가스는 기화하기 어려워져서 화력이 저하한다. 이것의 대처법은 가스통을 따뜻하게 해 주면 좋다고 하는 것이 된다. 가스의 잔량이 적어졌을 때도 대처법은 마찬가지이다.

따뜻하게 하는 방법으로서는, 앞에서의 튀김 가드 외에, 프림스사와 EPI사에서 각각 전용의 파워 부스터, 파워 차저가 발매중. 속에 열전도율이 높은 액체가 봉입되어 있어, 사진과 같이 버너 헤드부의 불길을 가스통으로 전달한다. 상당히 간단하고 효과적인 방법으로 권할 수 있다.

그 외에 옛날부터 있는 방법으로, 물을 코펠 속에 조금 끓여서 그 속에 가스통을 담근다고 하는 방법도 있다. 단, 직접 불로 덥게 하는 것은 위험하기 때문에 삼가한다.

어쨌든, 기온이 낮은 액체는 가스통을 슬리핑 백 속에 넣고 자는 것이 원칙이다. 하룻밤 내내 완전히 식은 가스통을 회복시키는 것은

튀김 가드는 간단하고 효과적인 바람막이

쉬운 일이 아니기 때문이다.

추운 계절은, 물론 한랭지용 가스통을 사용한다. 부탄 가스에 저온 이라도 기화하기 쉬운 프로판 가스를 5% 혼입한 것이다. 겨울 뿐만 아니라, 춘추나 여름 고산의 조석(朝夕) 등도, 상당히 기온이 높을 때 이외는 한랭지용 쪽이 마음 든든하다.

더욱 프로판 가스의 율을 40%까지 높인 극한랭지용 가스통이나 내면의 코팅에 의해 가스의 기화효율을 높인 가스통 등도 발매되어, 가스 버너는 겨울이라도 정말로 마음 든든한 것이 되었다.

□코펠은 둥근 것?

버너와 세트로 사용하는 것이 코펠(캠프용 냄비)이다. 냄비라고 하면 둥근 것. 따라서 시판 코펠도 둥근 것이 대부분이지만, 콜롬부스 의 달걀과 같은 것으로 사각 코펠이 매우 사용하기 쉽다. 우선 파킹에 힘들지 않다. 그리고 더욱 속의 것을 따르기 쉽다고 하는 이점이 있 다. 둥근 코펠에 찰랑찰랑 끓인 물을 컵이나 보온병의 가는 입구에 붓는다고 하는 것은 쉽지 않다. 각이 있는 사각 코펠이라면 따르는 것은 간단하다. '텐트 바닥에 뜨거운 물을 엎질렀다——'라고 하는 경우가 적어진다.

다음에 재질과 두께인데, 등산용에는 알루마이트의 것이 일반적이 다. 스텐레스나 법랑은 무겁기 때문에, 등산보다는 캠핑용이다. 두께 가 두꺼우면 균일하게 열이 전달되어 타기 어렵지만, 당연히 무거워 진다. 얇으면 그 반대이다.

그리고 크기이다. 사용하는 인원수와 만들 것을 잘 생각하자. 예를 들면 2인용의 라면을 만든다고 하자. 인스턴트 라면은 보통 1인당

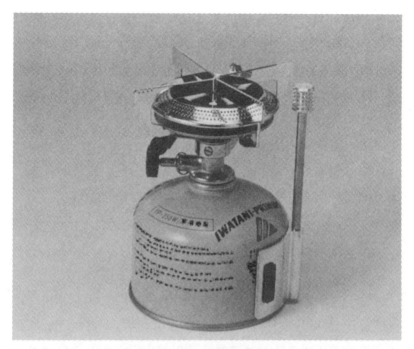

버너 헤드의 불길의 열을 가스통에 전달하는 파워 부스타

500cc의 물이 필요하기 때문에, 1 *l* 의 코펠에서는 넘쳐 버린다. 일반
적으로 메이커의 ○인용이라고 하는 표시보다는 큼직한 쪽이 사용하
기 쉽다. 그리고 세트로 된 것이라면, 그 산행에 무엇이 필요한지를
인원수나 음식 내용에 따라서도 취사 선택해서 파킹하자. 예를 들
면, 구이가 없으면 프라이팬은 필요없고, 단독일 때는 대중소 중에서
중소만을 가져 간다 등이다. 주전자까지 세트로 된 것도 있지만, 주전
자를 지참할 정도라면 그만큼 코펠을 한 개 늘리는 편이, 물을 끓이는
외에 조리도 할 수 있고 식기도 되어 다기능의 작용을 한다.
　식기라고 하면 코펠 외에 폴리제의 식기를 가져 가는 사람이 있지

이거라면 빈틈없다!

가스통을 뜨거운 물에 담근다?

만, 식기용으로 작은 코펠을 가져 가는 편이 응용범위가 넓어진다. 옷의 항에서도 썼지만, 하나의 것을 다기능으로 응용하는 것이 경량화(輕量化)의 포인트이다.

코펠의 이야기를 하는 김에, 가끔 고산의 캠프지에서 카레나 밥이 들러붙은 코펠을, 물터에서 수세미 등을 사용해서 박박 씻고 있는 사람들을 흔히 본다. 이것은 터무니 없는 매너 위반이다. 씻는다고 하는 것은 그곳을 더럽히는 행위이다. 높은 산에서는 이와 같은 유기물이 토양에 흘러도, 그것을 분해하는 박테리아가 거의 존재하지 않는다. 즉, 찌꺼기는 찌꺼기로서 그대로 남아 식생의 변화나 파리

각형의 코펠 세트. 인원수나 요리 종류를 생각해서 선택하자

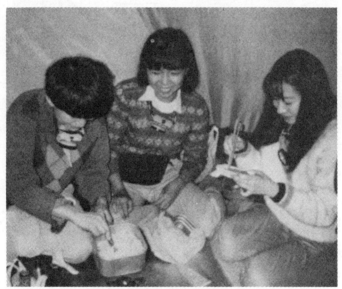

각형 코펠을 사용해서 원활한 식사 준비

발생의 원인이 된다. 산에서는 원칙적으로 찌꺼기는 페이퍼로 닦아낸다. 이전은 화장지가 흔히 사용되고 있었지만, 수용성이기 때문에 별로 효율이 좋지 않았다. 그래서 권하는 것은 페이퍼 타올. 물에 강하고 흡수성이 좋기 때문에 박박 닦아도 잘 찢어지지 않아, 1장으로 상당한 양을 닦아 낼 수 있어 쓰레기의 양도 줄어든다. 적당 장수를 비닐 봉지에 넣어서 가져간다.

밥을 지은 코펠 등은, 닦는 것만으로는 들러붙은 것이 제거되지 않는다. 그런 때는 다음날 아침, 그 코펠로 죽이나 라면을 만들면 깨끗하게 떨어진다. 그 때문이라도 밥은 너무 태우지 않도록 짓는다. 최근은 프라이팬 뿐만 아니라 코펠에도 테프론 가공된 것이 생겨 좋다.

□식량은 무엇에 넣어 갈까

식량을 운반하는 방법이나 용기도 여러 가지 생각할 수 있다. 동결건조한 식품은 그대로 가져 가도 좋기 때문에 문제는 생선(生鮮) 식료품 등이다. 우선 육류. 가장 간단하고 비교적 오래가는 것은, 식료품점 등에서 팔리고 있는 양념 및 밀봉팩의 것. 국물이 새지 않고, 보존도 양호하다. 한여름은 입산일 정도로 하는 편이 무난하다. 냉장에서 대개 2주간 정도가 보증기간으로 되어 있지만, 상온에서 운반하기 때문에 가능한 한 제조일이 새로운 것을 산다. 양념이기 때문에 그대로 야채와 함께 조리하면 좋다.

옛날부터 사용되고 있는 방법으로 살짝 데치고 나서 된장 절이로 하는 보존법이 있다. 이것도 한여름은 입산일 정도가 한도이지만, 된장은 그대로 돼지국 등에 사용할 수 있다. 이것을 가져 가는 용기로

사용하기 편리한 사각 코펠

서 편리한 것 슈퍼 등에서 팔리고 있는 냉동 보존용 패스너가 달린 비닐 봉지. 두툼해서 잘 찢어지지 않고, 또 패스너의 밀봉성도 높아서 양호하다. 이 봉지는 건물 휴대에도 편리하다.

　통에 넣기 위해서 생야채를 옮겨 올리려고 할 때,　늦게　상하는 것은 양파나 당근 등이다. 잎야채는 여름에는 상하기 쉽고, 겨울에는 얼어 버리기 때문에 춘추용이다(불에 살짝 데치면 얼어도 별 지장 없지만). 팩 방법으로서는, 역시 슈퍼 등에서 입수할 수 있는 세라믹 봉지와 원적외선을　이용한 야채 보존용 봉지가 효과적이다. 경량화 하고 싶을 때는 생야채는 포기하고, 동결건조 야채를 사용합시다.

조리를 능숙하게 하면 제법 맛있다. 최근은 슈퍼에도 '독신자용'이라고 하는 것으로 동결건조 야채가 진열되는 곳도 있다. 캐비츠 각썰기, 우엉의 어슷썰기, 파의 어슷썰기, 양파나 당근의 슬라이스 등 종류도 풍부하고, 등산용보다 싸다.

□ 좀 편리한 조미료의 휴대법

소금, 후추, 간장, 된장 등 조미료나 홍차 티백 등의 기호품도, 습기를 띠거나 배낭 속에 엎지르거나 해서는 엉망진창이다. 물론 병째로는 너무 무겁다.

소금, 후추의 휴대에는 필름 케이스가 흔히 이용된다. 후지필름의 케이스 뚜껑에 뜨거운 철사 등으로 작은 구멍을 뚫고, 여기에 프림스. 가스통의 캡을 씌우면(이 2개가 꼭 크기의 상성이 좋을 듯하다) 편리한 소금, 후추 케이스가 된다고, 어떤 잡지에 소개되고 있었다. 그러나 상당한 장기가 아니면 필름 케이스 1개분의 조미료는 불필요하고 부피가 커진다. 그래서 권하는 것은 패스너가 달린 비닐 봉지의 작은 봉지. 부엌용품이 풍부한 슈퍼나 문구점 등에 있다. 패스너를 열고 내용물을 손가락으로 집어 홀홀 흔들면 된다. 부피가 커지지 않고, 개폐도 간단하고 습기도 차단된다. 된장은 이 봉지의 조금 큼직한 것을. 홍차 티백도 이 봉지를 사용해서 설탕과 함께 1회분씩 팩하면 편리하다.

간장이나 기름 등 액체의 것은 어떻게 할까? 옛날부터 여기에는 고민해 왔다. 높은 산은 기압이 낮아지기 때문에, 여간한 밀봉 용기에는 내용물이 흘러나온다. 지금까지 조미료용으로서 팔리고 있던 것의 대부분은 쓸모없었다. 간장은 분말이나 잘게 팩된 것, 기름은 튜브의

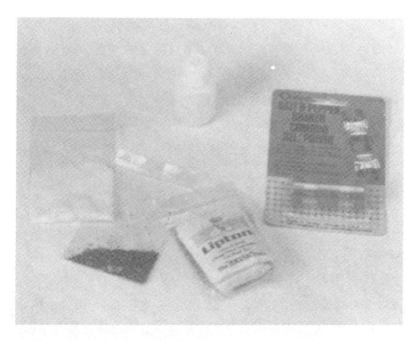

조미료나 티백도 이렇게 해 두면 휴대에 편리. 오른쪽은 시판
소금·후추통. 중앙은 나르겐·버틀

라드라고 하는 방법도 있지만, 라드는 위에 남아서 경원당하기 쉽
다.

□슬리핑 백──다운이냐, 화학 섬유냐

먹기 위한 도구의 다음은, 자기 위한 도구이다. 우선 슬리핑 백.
여러 가지 있어서 선택에 망설일지도 모른다. 내용물 소재로 크게
나누면 다운과 화학 섬유(다크론, 스페리올 등)가 있다. 같은 따뜻함
이라면 가볍고 간편해지는 것은 단연 다운이다. 흔히 '다운을 능가한

보온재' 등의 선전문구가 있지만, 이것은 예를 들면 행동착용으로서 얄팍하게 했을 경우 등 한정 조건부로 말할 수 있는 것이다. 텐트 속 등에서 정지해 있을 때의 보온력이나 팩할 때의 부피나 무게에서는 지금 현재 다운을 따를 것은 없다. 또한 더울 때에 쉽게 무덥지 않는 것도, 천연 소재의 다운 쪽에 승점이 매겨진다.

그러나 다운에도 결점이 있다. 우선 고가인 점. 이것은 가벼움이나 따뜻함과 저울에 달아서, 각자의 사정에 따라 선택하자. 단, 양질의 다운일수록 화학섬유의 것보다 오래가기 때문에, 오랫동안 산을 계속 즐길 예정이라면 결과적으로 그다지 비싼 셈은 아니다. 고급의 다운 슬리핑 백이라면, 산에서만 사용하고 보관 방법이 틀리지 않는 한 수십 년을 사용할 수 있을 것이다. 화학섬유의 것은 아무래도 5~10년에 로프트(폈을 때의 두께)가 저하한다.

다음에 다운은 젖으면 건조가 느리고, 또한 세탁하면 확실히 보온력이 떨어지는 점. 이것은 슬리핑 백 커버를 병용함으로서 젖음이나 더러움을 막을 수 있다. 산 뿐만 아니라, 예를 들면 전국 일주 방랑 여행 도중 역 벤취나 폐가의 처마 밑에 머물려고 한다든가, 해변의 캠프에도 사용하고 싶다든가, 더러워지기 쉬운 사용법을 취하면 몽땅 세탁할 수 있는 화학 섬유 쪽이 적합하다.

같은 다운이라도, 그 질에 따라서 성능에는 큰 차이가 있다. 고급의 다운은 놀랄만큼 가볍고 간편해진다. 속을 잘라 벌려서 확인할 수도 없기 때문에, 너무 싸구려를 샀다고 쓸데없는 생각을 한다. 다운의 질은 정직하게 가격에 비례한다고 생각해도 거의 틀림 없는 것 같다.

다음에 지퍼의 유무이다. 슬리핑 백에서 고장의 유무를 따질 때 유리한 것은 지퍼이다. 천을 물거나 하고, 보온력에 있어서도 불리하

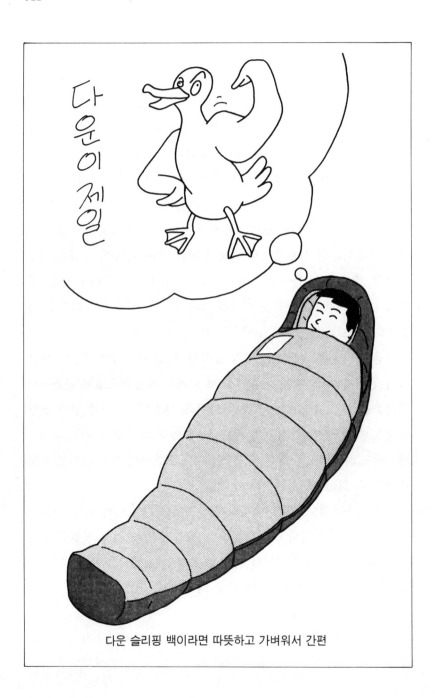

다운 슬리핑 백이라면 따뜻하고 가벼워서 간편

몽땅 세탁할 수 있는 화학섬유의 슐라프는 용도에 따라서 선택한다

다. 지퍼가 없어도 의외로 출입에 불편은 느끼지 않고, 느끼더라도 하루에 1번뿐인 일이다. 더울 때에는 팔이나 상반신을 내놓거나 해서 조정할 수 있다. 다운 슬리핑 백의 경우라면, 지퍼가 없는 쪽이 더 나은 것 같이 생각한다. 화학섬유의 것은 무더움을 느끼기 때문에 지퍼로 조정할 수 있는 제품이 좋을 것이다.

□보관을 잘 하여 슬리핑 백을 오래 보존시키자

보관 방법 나름으로, 슬리핑 백의 수명은 길게도 짧게도 된다. 우선

왼쪽부터 다운 고급품(ME), 다운 표준품, 다크론 스리시즌.
부피와 따뜻함은 상당히 정직하게 가격에 반영된다.

산행에서 돌아오면 곧 배낭에서 꺼내어, 방 안에서도 상관없으니까
매달아 둔다. 젖어 있지 않는 것 같아도 몸에서의 습기를 흡수하고
있을 테니까, 만 하루 이상 매달아 두고 나서 넣어 둔다. 이 때에,
절대 파킹용의 빽빽한 봉지에 넣어 두지 않도록 한다. ① 의상 케이스
에 그대로 넣는다. ② 골판지 상자 등에 넣는다. ③ 보관용의 큰 스태
프 백에 넣는다. 이상과 같은 방법으로 어느 정도 폭신한 상태로 보관
한다. 다운은 벌레의 좋은 먹이이기 때문에 방충제를 함께 넣는 것을
잊지 않도록 한다. 가능하면 냄새가 배지 않는 타입의 것이 좋다.
　슬리핑 백 커버를 함께 사용하고 있는 한 극단적으로 젖는 경우는

없다고 생각하지만, 만일 물을 엎지르는 등 해서 다운 슬리핑 백을 적셔 버렸을 경우, 통풍이 좋은 곳에서 그늘에 말려, 다 마르기 전에 양손으로 젖은 부분을 탕탕 두드린다. 다운 볼이 움츠러든 채 굳어지는 것을 막기 위해서이다. 가끔 표면에 발수 스프레이를 뿌려 주면 속까지 쉽게 젖지 않아 효과적이다.

□슬리핑 백 커버는 흡습 소재의 것을

슬리핑 백 커버는 젖음 뿐만 아니라, 더러움 방지나 보온에도 유용하다. 앞에 서술한 바와 같이 특히 다운 슬리핑 백의 경우는 꼭 함께 사용하자. 또한 여름의 저산 등에서는 커버만으로 끝낼 수도 있다.

슬리핑 백 커버의 소재인데, 이것은 뭐니뭐니해도 미크로텍스나 고어텍스 등의 흡습성이 양호한 방수 소재를 권한다. 인간이 하룻밤에 피부로부터 발산하는 수분량은 놀랄만큼 대량으로, 추운 겨울산의 밤이라도 상당한 수분을 방출하고 있다. 흡습성이 없는 소재나 떨어지는 소재의 슬리핑 백 커버라면 안쪽에 흠뻑 물방울이 붙어, 커버를 함으로 인해 오히려 슬리핑 백을 적셔 버린다. 이래서는 아무런 의미도 없다. 가령 싸도 의미가 없는 것이라면 하는 수 없기 때문에 이것은 아끼지 않는다.

경량화를 중시하면, 몽베르사의 '울트라라이트 슬리핑 백 커버'라고 하는 제품이 있다. 보통의 고어텍스 슬리핑 백 커버가 500g 전후인데 대해, 200g으로 반 이하. 접으면 손바닥에 쏙 들어온다. 이 이유는 우선 표면 나일론에 매우 얇은 천을 사용하고 있기 때문이다. 얇으면 약한 것은 당연하지만, 비옷과 달라서 바위 모퉁이에 부딪치거나 수풀에 걸리는 등의 일은 없으므로 사용상의 문제는 없다.

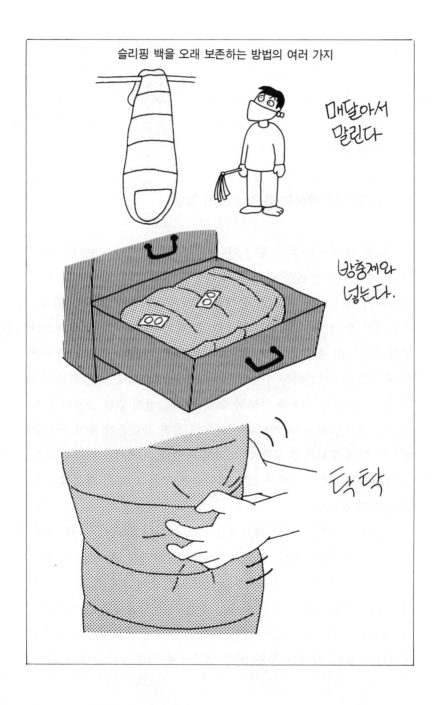

슬리핑 백을 오래 보존하는 방법의 여러 가지

매달아서 말린다

방충제와 넣는다.

탁탁

그리고 2레어의 고어를 사용하고 있는 점을 들 수 있다. 2레어는 고어텍스 필름의 바깥쪽에만 나일론을 붙이고, 안쪽은 고어텍스가 노출하는 구조이다. 따라서 속에 슬리핑 백을 넣고 사용하는 데에는 지장 없지만, 사람이 직접 들어가면 고어의 필름을 다칠 우려가 있으므로, 단체에서의 사용에는 적합치 않다. 어디까지나 슬리핑 백 커버로서만 사용한다면, 이 가벼움과 콤팩트성은 큰 매력이다.

□매트의 종류에 따른 숙면의 차이

슬리핑 백 밑에 깔고 자는 것이 개인용 매트. 재질적으로 크게 나눠서 3종류 있다.

우선 우레탄 매트. 흔히 배낭 위에 둘둘 말려 있는, 그것이다. 롤 타입 외에 3절이나 5절의 타입도 있다. 가장 가벼운 것이 장점, 부피가 커지는 것이 단점이다. 표면에 알루미늄 정착한 은색의 것은 찢어지기 쉽고, 또한 누워 있다가 미끄러지기 쉬운 경향이 있다.

에어 매트. 비치메드를 작게 한 듯한 모양으로 숨을 불어 넣어 부풀린다. 가장 간편해지는 것이 장점이고 무거운 것이 단점이다. 또한 펑크의 가능성이 있다. 보온성과 지면의 요철 흡수는 우레탄에 비하면 약간 양호. 9할 정도 부풀리고 멈추는 것이 요령이다.

공기(air)를 불어 넣지만, 속이 우레탄 모양으로 작은 기포로 나눠져 있는 매트. 캐스케이드 디자인. 서머레스트 등이 대표적이다. 밸브를 열면 자동적으로 반 정도 부풀고 나머지는 숨을 불어 넣는다. 어쨌든 잘 때의 기분은 최고이다. 마치 요에 누워 있는 것 같은 기분이다. 보온성, 지면의 요철 흡수 모두 매우 양호해서 권할 수 있다. 가벼움과 간편함은 우레탄과 에어의 중간 정도.

왼쪽은 경량 타입의 고어 슬리핑 백 커버. 오른쪽은 표준적인
고어 슬리핑 백 커버.

이들 중에서 용도와 예산에 맞춰서 선택하자. 길이는 등산용으로서
는 100~150cm 정도가 보통으로, 소위 전신용은 오토캠프용이다.

개인용 매트 외에, 텐트의 안정성으로 까는 텐트 매트(은매트)가
필요하다. 바닥의 넓이에 맞춰서 필요 장수를 지참한다. 개인적으로
는 던롭사제의 무광택 은색의 것 등 차분한 분위기로 더구나 쉽게
찢어지지 않기 때문에 좋아하지만, 튼튼한 것일수록 부피가 커져
버린다고 하는 경향은 있다.

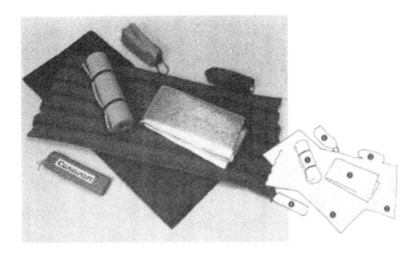

① 우레탄 매트. 가볍지만 부피가 커진다.
②③ 몽베르 콤팩트 매트 M. 에어매트 중에서도 가장 간편해
지지만, 부풀리는 것이 조금 번거로움.
④ 캐러반 에어 매트S.
⑤⑥ 카스케이드 울트라라이트 3 / 4 잘 때의 기분의 최고
⑦ 텐트 전체에 까는 은 매트.

□목적별 텐트의 선택법

드디어 텐트 이야기이다. 제일 처음에는 선배의 텐트에 들어가거나
할 수 있다고 생각하지만, 스스로 가져 가게 되면 행동 범위가 넓어져
서, 대지 위는 모두 나의 별장이라고 하는 기분이 될 수 있다.

텐트를 선택하기 위해서는, 어쨌든 목적을 확실히 한다. 가벼운
것, 풍설(風雪)에 강한 것, 거주성이 좋은 것, 이것들은 각각 모순되
는 요소이기 때문에, 자신이 무엇을 중시하고 싶으냐로 가장 적합한
텐트가 결정된다. 텐트에 비해서 현격히 바람에 강해져 있고, 강도

뛰어나게 가벼운데 비해 어느 정도 강도도 있는 얼라이 에어라이즈 II

앞이 넓은 IBS울트라라이트 DX

중시의 텐트도 옛날 텐트에 비하면 놀랄만큼 가벼워져 있다. 그래도 각각 최신의 과학 기술을 구사하는 중에서 어느 부분을 중시해서 만들어져 있는지, 생각의 차이는 분명히 있다. 그 차이를 아는 것이, 자신에게 맞는 텐트를 찾아내는 지름길이라고 생각하기 때문에, 순서대로 설명해 나가기로 한다.

경량 중시파

텐트 산행을 앞으로 시작하는 사람에게 있어서 최대의 쟁점은 짐의 무게. 선뜻 텐트를 짊어지고 갈 수 있도록 어쨌든 가벼운 것을 원하는 사람에게는 돔(dome)형으로 폴 2개의 ×프레임, 그리고 얄팍한 천을 사용한 텐트를 권장한다. 예를 들면 얼라이트사의 에어라이즈Ⅱ라고 하는 모델이 있다. 바닥의 사이즈 210cm×130cm, 높이 115cm. 2인＋짐이 충분히 들어가는 크기이다. 이것으로 플라이를 포함한 전중량이 1.9Kg. 1인용 텐트라도 2Kg을 넘는 것이 많은데, 놀라울 정도의 가벼움이다. 단, 경량화를 중시하기 위해서 얇은 천을 사용하기 때문에, 그랜드 시트부 등 두꺼운 천의 것에 비하면 약간 강도가 약할 가능성이 있다(실용적으로는 문제 없겠지만). 이 주변이 무엇을 우선해서 설계되어 있느냐 라고 하는 차이가 되는 것이다.

또한 단독 산행이 많아서 어쨌든 가볍게 하고 싶다면 셸터형도 있다. 돔형과 달리 자립하지 않기 때문에, 페그(peg)를 박아서 설치한다. 예를 들면 ICI고어셸터 1인용 1Kg으로 어쨌든 경량이다. 물론 돔형보다 거주성·내풍성은 떨어지지만, 속에서 어떻게든 앉기는 가능하다. 단, 페그를 박을 수 없는 바위밭의 텐트사이트에서는 고생한다.

달아올리기식으로 설영이 스피디한 던롭 V300

치기 수월함 중시파

빠르게 칠 수 있는 것은 던롭사의 텐트로 대표되는 매달기식. 폴 (pole)을 4구석의 구멍에 찔러 넣고, 나머지는 본체의 훅을 걸어 갈 뿐이다. 겨울이라도 장갑을 낀 채 설치할 수 있다. 강풍에서 치기 수월함도 뛰어나다. 단, 강풍 때에 폴에 부분적으로 압력이 가해져 서, 강도적으로 불리하게 작용하기 쉽다고 하는 지적도 있다. 뉴모델 인 던롭 V300형은 전실도 넓고, 바닥 사이즈 210cm×150cm, 높이 105cm로 3·4Kg의 본격파. 그 외에 특허 래피드해브를 사용한 워라 스 텐트도 고가이지만 빠르게 칠 수 있는 텐트이다.

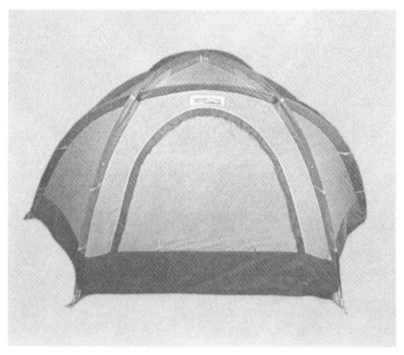

국산 지오데식 구조 텐트의 대표격 ICI 스타돔

강도 중시파

지오데식 구조라고 하는 것을 아는가? 달걀 껍질에서 힌트를 얻어, '최소의 재료로 최대의 강도와 거주 공간'을 목적으로 고안된 돔 구조이다. 사진과 같이 대부분은 4개 폴로 바닥이 6각형이지만, 모양이 한없이 반구상(半球狀)에 가까와서, 바람에 대해서는 뛰어난 강도를 발휘한다. 또한 벽면의 일어서는 각도가 크기 때문에 거주성도 양호하다. 단, 폴의 개수가 많아지는 만큼 무겁고, 설치에도 수고가 든다.

어느 정도 바람에 강하고, 또 치기 쉬운 텐트가 되면, 돔형 폴 2

지오데식 구조로 바람에 강한 노스페이스 VE44

개의 ×프레임 텐트로, 천이나 폴에 튼튼한 것을 사용한 제품이 좋을 것이다. 각사로부터 발매되고 있다.

거주성 중시파

앞에 서술한 지오데식 구조의 텐트에서 더욱 천정이 높은 타입은 거주성이 뛰어나다. 요레이카 윈드리버 등이 대표적이다. 또한 요레이카 오로라나 몽베르 문라이트 등에 볼 수 있는 A형 프레임 텐트가 있다. 이것도 벽의 일어서기가 급하기 때문에 거주성은 매우 양호. 설치도 간단하다. 단, 거주성이 좋은 만큼 바람에는 약해, 스리시즌용

거주성이 뛰어난 몽베르 문라이트Ⅶ

이다.

□텐트 선택의 체크 포인트

타입별의 차이를 대강 이해하였는가? 다음에 어느 타입에나 공통
하는 텐트 선택의 포인트를 소개한다.

우선 형태 외에 크기의 문제가 있다. 단독산행, 2~3인, 여러 명,
가족 등 앞으로의 산행을 고려해서 선택해 주십시요. 1인분의 수면
공간으로서 길이 200cm×폭 50cm 정도를 표준으로 하면, 좋을 것이

적설 시기는 바깥 깔개의 옵션이 있는 것을

다. 'O인용'이라고 하는 표시는, 1인분 정도 빼고 생각하는 편이 좋은
경우가 많다. 배낭의 두는 장소도 계산에 넣어야 한다. 플라이 시트의
입구가 튀어 나와서 큰 전실이 되는 것은, 이 점에서 바닥 면적이
같아도 넓은 텐트라고 말할 수 있다.

　여름이 되면 대형 할인매장의 문밖 코너에 진열되는 것 같은 싸구
려 텐트는 무게·감도·거주성 등 모든 것이 뒤떨어져서, 등산용으로
별로 권할 수 없다. 1년에 한 번 정도 캠프라도 갈까 말까한 사람이라
면 이것으로도 충분하지만 그 외는 적합하지 않다.

　눈이 쌓인 시기에 사용하느냐 어떠냐도 선택할 때의 큰 포인트이

다. 겨울에도 사용하고 싶다면, 옵션으로 바깥 깔개나 안쪽 깔개가 준비된 것을. 어느 쪽이냐 하면 안쪽 깔개보다 바깥 깔개 쪽이 스커트 부분에 눈을 얹을 수 있기 때문에, '어택에서 되돌아와 보니 텐트가 없어졌다!'라고 하는 사태를 막을 수 있다. 바람에 강한 돔형이라도, 바닥으로 바람이 지나가면 간단히 날아가 버린다. 또한 바깥 깔개라면 늦계절의 비에도 조금은 대응할 수 있다. 안쪽 깔개는 비에 대해서는 거의 무력하다. 겨울의, 더구나 높은 산에서 사용하고 싶다면, 내풍성도 충분히 생각할 필요가 있다.

고어텍스라면 방수 흡습소재를 사용한 텐트도 있다. 비옷이나 슬리핑 백 커버의 경우 이런 소재들은 최적이었지만, 텐트의 경우는 어떨까? 우선 장점으로서는 고어텍스를 사용하면 플라이 시트가 불필요해지기 때문에 가벼워진다라고 하는 점을 생각할 수 있다. 그러나 앞에도 썼듯이 고어 등의 천은 3층의 라미네이트로 되기 때문에 천 자체가 단층인 나일론보다 무거워서, 플라이가 달린 경우와 별 차이가 없다.

단점 쪽은 어떨까? 플라이가 없기 때문에, 비가 내릴 때 입구를 열면 비가 직접 들어간다. 출입은 재빨리, 비가 내리는 날에는 밖을 볼 수 없다. 벗은 신발이나 짐 두는 장소도 밖에는 없다. 플라이 부착이라면 우선 입구의 플라이 안쪽에 들어가서, 그곳에서 비옷을 벗고 신발끈을 풀어, 그것들을 비닐 봉지에 넣고 나서 본체 속에 들어갈 수 있다. 또한 고어 등의 텐트는, 비가 내릴 때는 아무래도 비가 샌다. 비옷의 항에서 언급했듯이 고어 등은 방수성은 강력해도, 솔기는 역시 위크 포인트. 심테이프 가공이 되어 있어도, 장시간의 큰 비에 노출되면 솔기로 조금씩 침수가 시작된다.

그럼 고어 등의 텐트는 전혀 장점이 없는 것일까? 예를 들면 계곡

338

폴 슬리브가 폭넓고 메시라면 통기성 양호

오르기나 산 스키 등 100g이라도 경량화하고 싶을 때는, 사소한 차이라도 큰 장점이 된다. 그리고 높은 곳이나 엄동기 등 궁극의 조건에서도 힘을 발휘하는 것 같다. 어쨌든 플라이가 없으므로 설치의 수고가 반 이하가 되는 것은 확실하기 때문이다. 어떤 소재라도 적재 적소, 각각 자신있는 분야가 있는 것이다.

그 외 세세한 점에서는 입구나 벤틸레이터에 방충 네트가 붙어 있는지, 플라이 시트의 솔기는 심테이프 가공되어 있는지, 접지면에 솔기가 있는지, 환기는 양호한지, 천정에 랜턴 등을 매달 루프가 달려 있는지, 등의 점도 체크 포인트이다. 또한 폴 슬리브의 폭이 넓고,

더구나 메시로 되어 있는 것은 통기성이 양호해서, 바람의 저항을 다소 받아 넘길 수 있는 이점이 있다. 더욱 폴 슬리브와 교착 부분이 터널모양으로, 한쪽이 막힌 자루 모양으로 되어 있는 것은, 한쪽의 입구로 그저 꾹꾹 폴을 밀어 갈 뿐으로 혼자서도 쉽게 설치할 수 있다.

□모처럼의 텐트가 허사가 되지 않도록

가끔 '냄새나는 텐트'라고 하는 것이 있다. 속에 들어가면 어쩐지 시큼한 듯한 냄새가 나는 것이다. 지금의 텐트는 옛날의 범포(帆布) 텐트와 같이 조금이라도 내버려 두면 곧 곰팡이가 생기는 것은 아니지만, 양호한 방수력을 지속시키기 위해서도 관리를 잘 해야 한다.

일상의 손질로서는, 1회 사용할 때마다 반드시 말려서 건조시킨다. 젖은 채로 버려 두면 텐트의 수명을 현저하게 단축시킨다. 바닥 부분에 붙은 흙은 가볍게 걸레로 닦든가, 말리고 나서 턴다. 산성의 흙은 천에 그다지 좋은 영향을 주지 않기 때문에. 단 세게 탁탁하면 방수력이 저하하는 경우가 있다. 그리고 나서 안과 밖을 뒤집어서 속의 먼지를 전부 턴다. 속에 음식 찌꺼기 등이 들어있는 채라면 모두의 텐트와 같이 된다. 이 기회에 폴이나 밧줄, 페그의 수 등도 점검해 두자.

가끔 전체적으로 발수 스프레이를 뿌려서 방수력을 도와 준다. 또한 심테이프 가공되어 있는 것이라도, 연1회 정도 솔기막음액을 솔기에 뿌리면 효과적이다.

□등불은 텐트 생활의 연출자

사용 후의 텐트는 말려서 가볍게 더러움을 닦아 둔다

가끔 발수 스프레이를 뿌려서 방수력을 준다

텐트 안에서의 밤의 한때는, 어쨌든 즐거운 법. 사실은 이 시간을 산행 중의 가장 큰 즐거움으로 삼고 있는 동료도 많을 정도이다. 그런 때에 필요한 것이 등불이다. 등산용에는 가스 랜턴이나 양초가 일반적이다.

가스 랜턴에는 가볍고 간편하고 더구나 의외스러울 만큼 밝은 것도 있어, 상당히 도움이 된다. 등산용으로서 이 조건을 만족시킨 것에는, EPI 마이크로 슈퍼 랜턴, 프림스 2245랜턴 등이 있고, 모두 자동 점화 장치 부착의 타입도 갖춰져 있다. 이 2가지는 기능적으로는 거의 차이가 없고, 중량도 거의 같다. 굳이 차이를 들자면, 등피가 EPI는 투명하고 프림스는 불투명 유리(호환 가능), 그 외에 EPI에는 등피를 가드하는 프레임이 달려 있다고 하는 정도이기 때문에 기호에 따라 선택한다. 전체 밝기는 60~80와트 상당의 밝기가 있기 때문에, 취사나 파킹 등 텐트 내에서의 작업도 수월하다. 잡담 시간에는 너무 밝으므로 가스를 조여 두면 오래 간다. 가스통은 버너를 사용하고 나머지 적어진 것을 사용하면, 끝까지 깨끗하게 다 쓸 수 있다. 그러기 위해서도 버너와 가스통을 공용할 수 있는 것을 선택한다.

속의 맨틀(mantle : 그물모양의 유리 섬유)은 파괴되기 쉬우므로, 반드시 예비를 가져간다. 겨울 등 난방 대신도 된다.

양초는 밝기나 취급상의 수월함에서는 가스 랜턴보다도 뒤떨어진다. 그래도 합리성만으로는 석연치 않은 것이 등산이라고 하는 행위이다. 간혹 랜턴을 가지고 있는 때라도, 대강 취사가 끝나면 양초로 바꾸는 경우가 있다. 흔들리는 불길을 보면서 떠들고 있으면, 어쩐지 이상한 차분함이 있다. 알루미늄박지를 적당히 가져 가서, 코펠에 깔고 세우는 것이 가장 안전하다.

소형 가스랜턴 2종류. 왼쪽은 EPI BP랜턴, 오른쪽은 프림스 2263 오토 모두 경량(輕量) 소형으로 밝기는 충분

□텐트 생활을 쾌적하게 하는 소도구들

텐트라고 하는 단순한 공간 속이기 때문에, 사소한 연구나 소도구 가 유효하게 활용되거나 한다. 텐트 산행에 있으면 편리한 소도구를 몇 가지 소개해 본다.

비닐 접는 물통

텐트를 치면, 신발을 벗기 전에 우선 할 일은 물긷기이다. 물통만으 로는 고작 1리터 정도밖에 안 된다. 물터가 조금 멀 때나 비가 내리는 날 등 취사 도중에 다시 물터까지 왕복하는 것은 번거로우므로 튼튼한 비닐 봉지에 캔이 달린 듯한 간이 물통을 사용한다. 비닐 봉지 1장분의 가벼움과 간편함으로, 평소는 배낭에 들어 있는 것을 의식시키지 않는다. 단, 어디까지나 간이용이기 때문에, 물을 넣은 채 배낭에 넣는 것은 피하는 편이 무난하다. 그 외에 폴리제로 손잡이가 달린 전용워터 콘테너도 있지만, 조금 부피가 커지기 때문에 그다지 등산용으로는 적합하지 않다.

카라비너(Karabiner)

텐트 내에서 랜턴을 매다는데 1장 사용한다. 그 외에 사용법 여러 가지.

타올

텐트 내에 엎지른 물을 닦거나, 뜨거워진 코펠의 손잡이를 쥐거나, 불에서 갓 내린 코펠을 놓거나 등, 어쨌든 텐트 내에서 대활약한다. 1인 1개는 반드시 가져 가서, 항상 손맡에 꺼내 두면 좋을 것이다. 겨울은 텐트 내가 젖기 쉬우므로, 1인 2개는 필요하다.

귀마개

밤에 편안한 잠을 자기 위해서는 효과가 뛰어나다. 그리고 스폰지상의 것이 양호하다. 유일한 결점은 아침에 자명종 소리가 들리지 않아, 늦잠을 자 버리는 것이다. 물론 산장 숙박에도 유효하다.

그 외에도 앞에 나온 가는 노끈이나 페이퍼 타올 등 여러 가지 활약하는 것이 있다. 소도구류를 스태프 백에 넣어서 정리해 두지 않으면, 산행 후에 수가 줄어들거나 하기 때문에 주의가 필요하다.

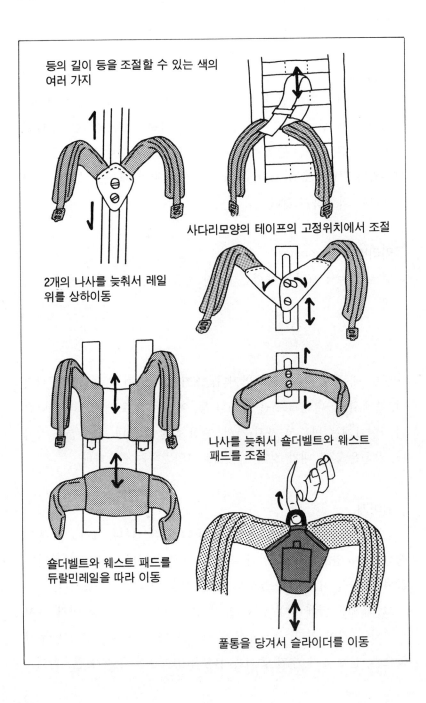

등의 길이 등을 조절할 수 있는 색의 여러 가지

2개의 나사를 늦춰서 레일 위를 상하이동

사다리모양의 테이프의 고정위치에서 조절

나사를 늦춰서 숄더벨트와 웨스트 패드를 조절

숄더벨트와 웨스트 패드를 듀랄민레일을 따라 이동

풀통을 당겨서 슬라이더를 이동

□중 · 대형 배낭 선택의 포인트

이것으로 대충 텐트 산행에 필요한 것이 갖추어졌다. 나머지는 이 장비들을 넣는 배낭이다. 텐트나 식량 등 공동 장비는 현지에서 분배,라고 할 때에 가끔 '내 배낭은 작아서 들어가지 않는다'고 하는 사람이 있는 것 같다. 체력차에 따라서 공동 장비를 분담하는 것은, 함께 산을 즐기는 동료로서의 최소한의 예의라고 생각한다. 크기의 표준으로서는, 종주로 여름산이라면 50~60 l, 설산(雪山)이라면 60~80 l 는 필요하다.

이 정도 크기의 배낭이 되면, 요골에서 하중을 확실히 받지 않으면 다 짊어질 수 없다. 소형 배낭의 항에 있었던 '자신의 몸 사이즈에 딱 맞는 배낭'이라고 하는 조건이, 대형이 되면, 더욱 중요해진다. 그래서 각 사에서 연구를 하여, 등의 길이 등을 그 사람에게 맞추어 조절할 수 있는 배낭을 개발하고 있다. 일러스트에서 그 대표적인 시스템을 해설해 둔다.

이 배낭들을 상점에서 각각 자신에게 가장 딱 맞는 상태로 조절해 받아, 같은 무게의 것을 넣고 짊어져서 비교해 보자. 가장 짊어지기 쉽게 느껴지는 것이 당신에게 맞는 배낭이다.

또한, '오늘은 베이스 캠프에서 산정을 피스톤'이라고 할 때에는 서브배낭이 필요하다. 가능한 한 가볍고 간편해지는 것을, 예를 들면 몽베르의 UL팩조거라고 하는 제품이 있다. UL이란 울트라라이트의 약자로, 17 l 의 용량을 가지면서 불과 200g으로 초경량이다. 배낭 속에 둥글게 말아서 넣어도 부피가 커지지 않고, 게다가 V 모양으로 커트된 숄더 벨트나 체스트스트랩 등 상당히 피트감이 좋다. 그 외에 도 여러 가지 제품이 있으므로 찾아 보자. 계절에 따라 다르지만,

몽베르 UL팩조거. 경량이지만 피트감이 좋다

최소한 비옷에 물통, 음식, 스웨터, 손전등, 비상용품, 지도와 컴퍼스
정도는 들어가는 크기가 필요하다.

제4장

설산(雪山)에 필요한
등산 도구

□설산으로 가고 싶다면

솜 모자를 뒤집어 쓴 수림, 점점이 계속되는 들토끼의 발자국, 눈쌓인 벌판의 점심시간 흔적을…… 혹은 검푸른 하늘과 순백의 눈과의 접점을 향해서 자신만의 흔적을 새긴다. 들리는 것은 바람과 자신의 발 소리뿐인 세계…… 설산에는 역시 다른 계절에는 없는 독특한 아름다움과 훌륭함이 있다. 그래도 설산이라고 하는 것은, 힘들고, 어렵고, 위험한 것 같아서, 자신에게는 도저히 무리한 세계라고 생각하는 것은 너무 이르다. 확실히 험한 설산도 있다. 그래도 아이젠 피켈에 몸을 굳히고 풍설을 견디면서 오르는 것만이 설산은 아니다. 가벼운 아이젠에 나무막대기로 눈을 헤치며 다니는 분위기의 설산도 많이 있다. 아니, 오히려 그 편이 많을 정도이다. 높은산의 설산의 매력과, 수림의 중급 산악이나 낮은산의 설산의 매력과는 물론 차이가 있다. 그래도 각각에 바꾸기 어려운 장점과 맛이 있다고 하는 의미의 차이로, 어느 쪽이 위이고 어느 쪽이 아래라고 말할 수는 없다. 꼭 눈을 헤치는 것부터라도 시작해 보자. 봄·여름·가을의 산이 각각 훌륭하다면, 겨울만큼 좋지 않다고 하는 의미는 아닐테니까.

그런데 이 장에서는 그런 스노 트레크에서 수림 한계를 넘은 설산에 이르기까지, 일반 루트의 종주를 대상으로 필요한 용구를 해설해 나간다. 특히 설산 용품은 고가인 것이 많기 때문에, 실패하지 않도록 신중히 선택하자. 다음 페이지의 사진은 이 장에서 소개할 용구를 늘어놓아 본 것으로, 1회의 산행에 가져가야 하는 것이라고 하는 의미는 아니다. 또한 설산을 즐기는 좋은 수단으로서 XC스키나 산 스키도 있지만, 지면의 관계로 여기에서는 언급할 수 없었다.

그럼, 좋은 리더와 함께 올해야말로 설산에 나가 보자. 산이 보여

스톡에 경아이젠이 유효한 설산도 있다

주는 또 하나의 표정이, 틀림없이 그곳에는 기다리고 있을 것이다.

□스톡(stock)이 유효한 설산도 있다

앞항에서 썼듯이, 가벼운 아이젠과 스톡으로 갈 수 있는 설산도
있지만, 아이젠과 피켈이 필요한 설산도 있다. 어떤 산이 전자이고
어떤 산이 후자일까. 대강의 기준으로서, 수림 한계를 넘느냐 어떠냐
로 그것은 나눌 수 있다. 즉, 수림 한계를 넘지 않는 수림대의 산은
전자, 그것보다 위는 후자라고 대강 말할 수 있다. 물론 예외는 있

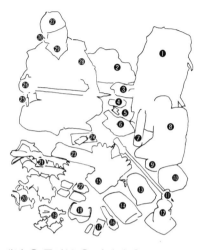

① 배낭 ② 중간복 ③ 비상팩 ④ 전등 ⑤ 나이프
⑥ 간이스콥 ⑦ 보온포트 ⑧ 스패츠 ⑨ 신발
⑩ 코펠 ⑪ 스톡(슈나드 익스페디션폴) ⑫ 버너
(안정플레이드, 파워 부스타 장착) ⑬ 첼트
⑭ 네크워머 ⑮ 장갑 ⑯ 수세미 ⑰ 햇빛차단
크림과 립크림 ⑱ 선글라스 ⑲ 4발 발톱 경(輕)
아이젠 ⑳ 6발 발톱 경아이젠 ㉑ 12발 발톱 아이젠
㉒ 눈부착 방지용 플레이트(카지타 언티스노
플레이트) ㉓ 아이젠 케이스(ICI) ㉔ 지도와
나침반 ㉕ 피켈 ㉖언더 글러브 ㉗ 모자
㉘ 비옷 ㉙ 커터 셔츠 ㉚ 언더

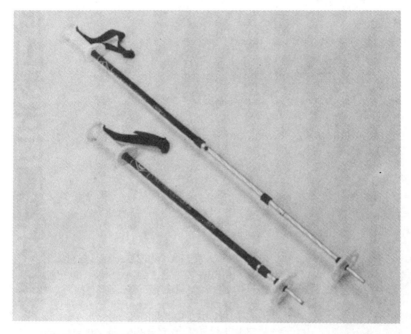

슈나드 익스페디션폴. 3단 신축식 중에서도 강도가 높다. 연결해서
존데(매몰자 탐색용의 막대기)로 변신.

고, 같은 가벼운 아이젠이라도 4발 발톱으로 충분한 곳과, 가능하면
6발 발톱이 마음 든든한 곳이 있다.

우선 스톡에 가벼운 아이젠의 세계부터 이야기를 시작하자. 우선
스톡이다. 워킹만이 목적이라면, 3단 신축성이 훨씬 편리한다. 교통기
관이나 입구에서 스톡이 필요없는 곳에서는 짧게 단축시켜서 배낭
옆에 달면 좋다. 사용할 때도 단단한 눈이라면 짧게, 가라앉는 눈이라
면 길게라고 자유 자재로 대응할 수 있어, 너무 길어서 방해가 되는
경우가 없다.

단, 신축식의 스톡에는 결점도 있다. 고장의 가능성이 있고 구부러

져 버리면 신축하지 않게 되고 나사 부분이 얼어서 움직이지 않게 되는 경우도 있다. 목적을 걸음용으로 한정하면 그래도 여유 있는 장점이 있지만, 산 스키 등의 경우는 어차피 판자도 길기 때문에, 스톡은 짧아지지 않아도 단점이 되지는 않는다.

신축식이라도 고장이 적고 튼튼한 스톡의 하나로, 예를 들면 슈나드사의 익스페디션폴이 있다. 소재로 7075초(超) 듀랄민을 사용하여, 구분 사용 가능한 대·소 2개의 스톡링, 설붕 등으로 쇼크를 받으면 자동적으로 떨어지는 세프티 릴리스 기구 부착의 손목 밴드, 2개 연결하면 존데가 되는 시스템 등 산악용으로서 여러 가지 연구되어 있다.

□낮은 산 걷기에 편리한 가벼운 아이젠

가벼운 아이젠에는 크게 나눠서 4발 발톱과 6발 발톱의 것이 있다. 또한 최근 등장한 슈즈체인이나 슈즈 스파이크 등도 넓은 의미에서의 가벼운 아이젠이라고 말할 수 있을 것이다. 추락의 위험이 적은 산역에서는, 이것들을 휴대하면 12발 발톱의 아이젠을 갖는 것보다도 장비가 훨씬 가벼워진다.

4발 발톱 가벼운 아이젠

겨울의 낮은 도보 여행 등, 전면적으로 쌓인 눈은 없지만 북사면의 그늘 등 눈이 남아서 얼어 있을지도 모른다고 하는 때에 유효하다. 다른 아이젠에 비해서 발톱이 짧은 것은 솔의 장심의 패임이 얕은 가벼운 등산화에 대해서는 발톱이 긴 것보다는 오히려 안정하고, 한가운데서 나막신을 신은 듯이 뜨는 느낌이 적어진다. 반대로 장심

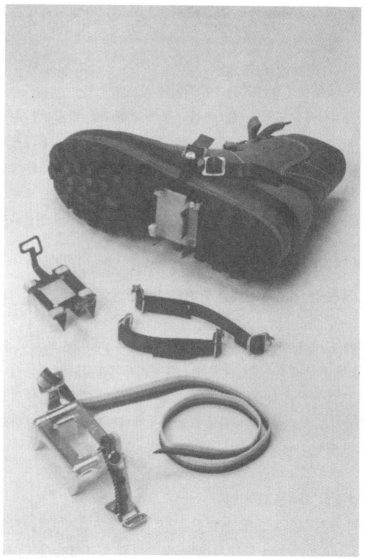

4발 발톱 경아이젠. 바로 앞쪽의 타입은 신발 바닥의 요철이 깊은
등산화에, 안쪽의 미니5는 그것이 얕은 경등산화에 적합하다. 미니5에는
스노셧을 장착해 보았다. 밴드가 고무제인 점도, 어퍼가 부드러운
경등산화용.

의 패임이 깊은 등산화에는 적합치 않다. 전용 고무밴드를 한 발 2 개씩 사진과 같이 세트하면, 쉽게 벗겨지지 않아서 양호하다. 고무는 조금 빽빽하게. 1세트 130g으로 가벼운 아이젠 중 제일 가볍고, 겨울의 눈계곡 걷기 때 등도 확실히 하기 위해서 배낭에 넣어 두어도 고생스럽지 않다.

별로 권장할 수 없는 것은 X형의 4발 발톱. 1세트 590g으로 무겁고, 벗겨지기 쉬운 것도 난점이다. 발톱의 위치가 분산하기 때문에 안정하다고 하는 의견도 있지만, 그렇다면 6발 발톱 쪽이 보다 안정하고, 오히려 가볍다.

6발 발톱 가벼운 아이젠

수림의 설산에서, 전면적으로 쌓인 눈이 있지만 특히 추락 위험 장소는 없다고 하는 산역에 효과적이다.

슈즈체인과 스파이크

고무밴드 등으로 신발 바닥에 붙이는 체인이나 스파이크 모양의 미끄럼 스토퍼. 언 부분과 흙이 반복해서 나타나는 길의 경우, 아이젠이라면 흙을 되파 버리지만, 그것을 최소한으로 막고 걷기 쉬운 이점이 있다. 아직 그다지 보급되어 있지 않지만, 앞으로의 활약을 기대할 수 있는 도구이다.

☐ 피켈은 목적을 확실히 하고

다음은 피켈, 아이젠 세계의 이야기이다. 우선 피켈을 이야기해 보자. 이것은 종주용, 설릉(雪稜)등반용, 빙벽용으로 크게 나눠진다. 모양을 그림으로 비교해 보자. 피크의 각도나 새김 등 각각의 목적에

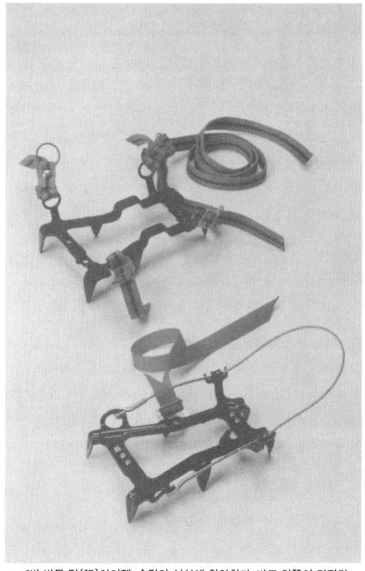

6발 발톱 경(輕)아이젠. 수림의 설산에 활약한다. 바로 앞쪽이 카지타 KA6. 안쪽이 익스퍼트오브저팬·프티베어. 프티베어 중앙의 볼록부를 플랫하게 한 것이 리틀베어이다. 사이즈 조정은 반드시 산행 전에 해 두기 바란다.

적합한 모양으로 되어 있다. 또한 길이도 목적에 따라서 다르다. 종주용이라면 지팡이로서 물미를 달아 밸런스의 보조가 되도록, 손으로 내려 선단(先端)이 바닥에서 수 센티 떨어지는 정도로 한다. 이것보다 길면 걸을 때마다 손을 상하로 움직여야 하고, 짧으면 아래에 닿으려고 할 때 불안정한 자세가 된다. 설릉등반용은 경사가 급해지기 때문에, 마찬가지로 물미를 달아서 사용해도, 약간 짧은 것이 사용하기 쉬워진다. 빙벽용은 샤프트를 쥐고 흔드는 사용법이 중심이 되기 때문에 더욱 짧아지고, 피크의 각도도 거기에 적합해진다.

　피켈은 종주에도 등반에도 사용하고 싶다고 욕심부리면, 무엇에써도 어중간해져 버린다. 처음은 종주부터 시작할 것 같으면, 확실히 종주용에 목적을 좁혀서 구입하는 편이 현명하다. 종주 전용이라면 흔들었을 때의 밸런스가 어떻다든가, 피크의 드는 정도가 어떻다고 하는 이야기는 거의 관계없기 때문에, 확실히 말해서 싸구려로 충분하다.

　종주 전용의 경우, 포인트의 하나는 가벼움이 된다. 가벼우면 당연히 지치지 않고, 헤드의 타격력은 필요없기 때문에 보행의 보존·추락 정지 등의 기능을 하는 데에는 충분하다.

　피켈이 손에서 떨어져도 낙하해 가지 않도록, 피켈 밴드를 반드시 부착한다. 손목식과 어깨 걸이식이 있기 때문에, 좋아하는 쪽을 사용하면 된다. 어깨걸이식은 양손이 자유로와지는 이점이 있지만, 수풀 등에 걸리기 쉽고, 착용 때에는 배낭의 벨트와 어느 쪽이 먼저인지 헷갈리는 등 조금 성가신 것이 난점이다. 손목식의 경우는 그 반대이다.

　피켈의 끝은 예리하기 때문에, 교통기관 안 등에서는 반드시 프로텍터(protector)로 감싸 두는 것이 매너이다. 우선 검테이프를 붙여도

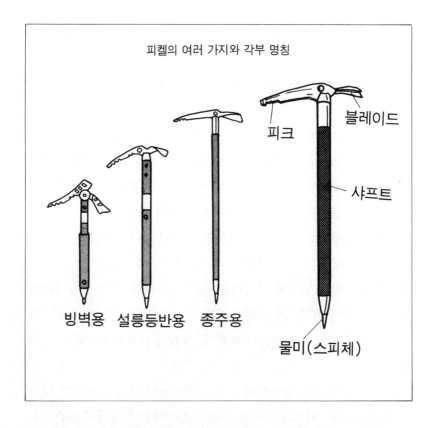

피켈의 여러 가지와 각부 명칭

피크   블레이드

샤프트

빙벽용   설릉등반용   종주용

물미(스피체)

되지만, 전용 프레텍터 쪽이 성가시지 않을 것이다.

헤드부의 프로텍터로 카지타제의 것이 있다. 여기에는 블레이드 부분만 감쌀 수 있다고 하는 특징이 있다. 어째서 이것이 필요할까? 피켈을 장식이 아니라 쥐기 위해서는 눈 위에서 강습 등의 트레이닝을 반복하여, 사용할 수 있게 되는 것이 필요하다. 이 때에 추락 정지의 연습을 반드시 한다고 생각한다. 이것은 블레이드를 쇄골 아래에 꽉 누르고 제동을 걸기 때문에, 그곳이 매우 아프고(반복 연습을 하면 푸른 멍이 생기는 정도이다), 또한 옷을 찢어버리거나, 실패해서 얼굴을 다칠 가능성도 있다. 그래서 블레이드만 감싸 주면 그것들을 미연에 막을 수 있다고 하는 것이다. 단, 블레이드의 크기에 따라서는 맞지 않기 때문에, 반드시 확인하고 나서 구입하자. 물미의 가드는 모양이 맞으면 무엇이나 상관없다.

□아이젠은 가능하면 버클식이 유리

다음은 아이젠이다. 예전에는 주류였던 전출(前出) 발톱이 없는 것은 거의 모습을 감추고, 전출 발톱이 있는 10~12발 발톱이 주류가 되고 있다. 같은 12발 발톱이라도, 역시 종주용, 공용(共用), 빙벽용이 있어, 사진과 같이 길이나 각도가 각각 다르다. 또한 종주·공용은 걷기 쉽도록 빼고 박기의 세퍼레이트 타입, 빙벽용은 앞발톱을 차 넣어 서기 쉽도록 구부러지기 어려운 리지드 타입이나 세로 쪼갬 프레임이 많아지고 있다. 빙벽용은 이 외에도 얼음의 질에 따라서 14발, 20발, 11발의 것 등이 있다. 아이젠의 경우, 빙벽용과 다른 것은 크게 다르지만, 공용을 종주에 사용해도 그다지 큰 문제는 없다.

신발에 대한 장착 방식은 버클식과 밴드식이 있다. 신발과의 조화만 좋으면, 원터치로 착탈할 수 있는 버클식이 좋은 것은 말할 필요도 없다. 밴드식의 경우, 글러브를 낀 채 스피디하게 착탈하는 것은 숙련을 요하고, 글러브를 빼면 기온에 따라서는 손가락 끝의 통증이 느껴진다. 특히 아침 일찍, 텐트를 나와 아직 몸이 따뜻해지지 않을 때의 아이젠 장착 등, 원터치이냐 아니냐의 차이는 크다. 또한 불안정한 장소에서의 장착이나 위험 장소가 좁아서 장착을 순간 망설일 때 등, 원터치로 신을 수 있는 것은 안전에도 크게 기여한다. 밴드를 너무 조여서 발의 피순환을 나쁘게 하는 경우도 없다.

플라스틱 부츠의 경우는 거의 문제 없이 버클식의 장착이 가능하지

360

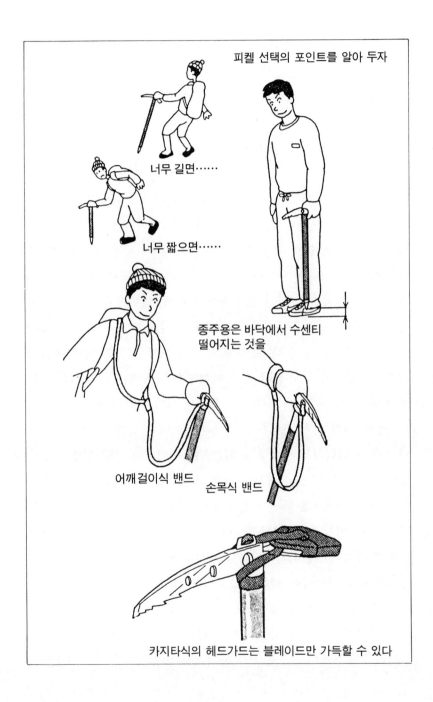

피켈 선택의 포인트를 알아 두자

너무 길면……

너무 짧으면……

종주용은 바닥에서 수센티 떨어지는 것을

어깨걸이식 밴드

손목식 밴드

카지타식의 헤드가드는 블레이드만 가득할 수 있다

만, 가죽제의 경우는 널의 상태나 신발 바닥의 젖혀지는 상태에 따라서, 신어도 곧 벗겨져 버리는 경우가 있다. 또한 버클의 와이어 부분의 폭과 신발폭과의 관계도 있기 때문에, 구입할 때는 반드시 신발을 지참해서 각 메이커의 아이젠과의 조화를 확인해 보는 것이 중요하다.

버클식이 불가능해서 밴드식으로 하는 경우는, 카지타식 고정 밴드가 가장 간단하고, 일반 고정밴드, 2개 조임 밴드, 1개 조임밴드의 순으로 수고가 든다. 특히 1개 조임이나 2개 조임은 시간이 너무 걸려서 평소의 사용은 권할 수 없다. 또한 카지타식 고정 밴드는, 신발 뒤의 널에 금속을 거는 카지타의 아이젠에 신어야만 효과적이다. 이 금구가 없는 아이젠에 카지타식 고정 밴드를 세트로 팔아, 산 속에서 가끔 떨어져 곤란해하는 사람이 있었다. 밴드는 어느 것이나 좀 길게 만들어져 있기 때문에, 신발을 신고 스패츠를 단 위로 조여 보고, 버클에서 5cm 정도의 여유를 남기고 잘라, 말단을 라이터로 태워서 처리해 둔다.

□제설 플레이트와 아이젠 케이스

봄 산 등 설온(雪溫)에 따라서는 아이젠에 눈이 부착해서 보행의 방해가 되는 경우가 있다. 이것을 눈 경단이라고 해서, 내버려 두면 마치 높은 나막신을 신은 듯이 되어, 아이젠의 발톱이 설면에 닿지 않는다. 물론 줄줄 미끄러져서, 무엇을 위해 아이젠을 달고 있는지 모르게 된다. 이전은 피켈로 두들겨 떨어뜨리는 수밖에 대처법은 없었지만, 스노 섯이라고 하는 제품이 개발되고 나서는, 그다지 고생하지 않게 되었다.

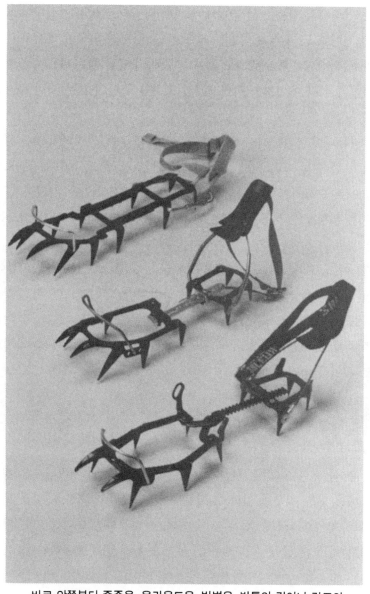

바로 앞쪽부터 종주용, 올라운드용, 빙벽용. 발톱의 길이나 각도의
차이에 주의 하기 바란다.

스노 셧은 아이젠 바닥에 다는 플라스틱판으로, 눈 경단은 금속에는 붙지만 플라스틱에는 붙지 않는 성질을 이용한 것이다. 오랜 시간 시달린 문제가 이것으로 인해 대폭으로 해결되었다. 단, 아이젠에거는 발톱의 강도에 개선의 여지가 있는 듯하다.

스노 셧의 등장 이후, 각 사로부터 여러 가지 제설 플레이트가 발매되었다. 그 중에서도 우수한 것이 카지타의 안티스노 플레이트로, 동 사의 아이젠에 비스와 너트로, 고정할 수 있고, 장착 방법, 강도 모두 매우 우수하다.

단, 제설 플레이트(plate)는 어떤 것이라도 바위와 얼음이 혼합된 듯한 곳에서 거칠게 사용하면, 크건 작건 손상을 받기 때문에, 기본적으로 소모품이라고 생각하자. 또한 플레이트를 달아도 금속의 노출 부분은 남기 때문에, 100퍼센트 눈 경단을 방지할 수는 없다.

아이젠을 싸지 않고 가져 가면, 배낭 속에서 다른 것에 구멍을 뚫거나, 밖에 다는 경우는 남에게 폐를 끼치거나 하므로, 반드시 케이스나 프로텍터를 사용한다. 고무 프로텍터는 발톱과 프로텍터 사이에 들어있는 수분이 녹의 원인이 되기 쉽고, 또한 입히는 것이 번거롭다. 사진과 같은 원터치의 아이젠 케이스 쪽이 사용하기 쉬울 것이다.

□설산용의 등산화

스톡에 가벼운 아이젠으로 갈 수 있는 설산이라면, 신발도 고급의 가죽제, 가벼운 등산화로 만족스러운 경우가 많다. 보온성능은 설산용의 등산화보다 떨어지지만, 가벼운 아이젠으로 충분한 설산은, 그다지 혹독한 기온은 쉽게 되지 않는 것이 보통이기 때문이다. 물론 예외

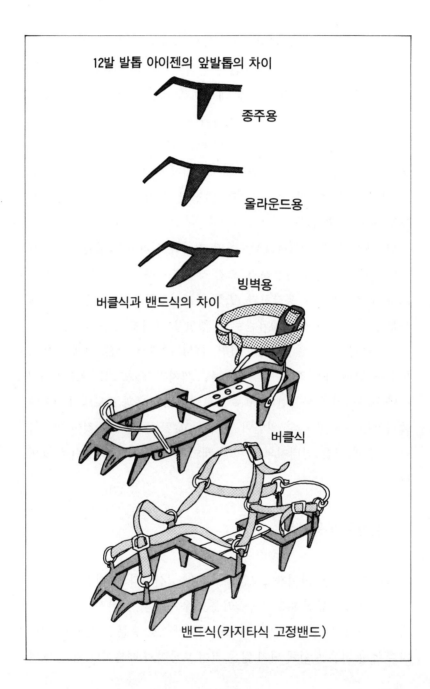

12발 발톱 아이젠의 앞발톱의 차이

종주용

올라운드용

빙벽용

버클식과 밴드식의 차이

버클식

밴드식(카지타식 고정밴드)

도 있지만.

피켈에 아이젠이 필요한 설산이 되면, 신발도 설산용의 등산화가 필요하다. 가벼운 등산화에서는 12발 발톱의 아이젠을 벗겨지지 않도록 다는 것은 불가능하고, 방수성·보온성 등의 면에서도 문제가 된다.

설산용의 등산화에는 플라스틱제와 가죽제가 있다. 플라스틱제의 장점은 일반적으로 가볍다, 보온성이 좋다, 방수성은 완벽에 가깝다, 관리 유지가 불필요, 버클식의 아이젠이 확실히 박힌다, 등을 들 수 있다. 단점은 무겁기 쉽다, 발에 닿는 부분이 특수한 발 모양의 사람은 오더 메이드가 불가능, 등을 들 수 있다. 가죽제의 장점과 단점은 그 반대이다.

플라스틱 부츠는 해마다 개량된 새로운 모델이 발표되어, 셸, 이너, 솔 등 어느 것을 취해도 불과 수년 전의 모델과 비교해서조차, 비약적으로 성능이 향상했다. 따라서 플라스틱제를 선택할 때는 가능한 한 최근의 모델에서 선택하는 편이 현명하다. 싸구려라면 셸이 상온에서 부드러워도 저온이 되면 딱딱해져 버리는 경우가 있다.

일반론으로서 플라스틱 부츠 쪽이 설산용으로서 약간 장점이 많은 듯한 기분이 들지만, 그 사람의 발모양이나 목적에 따라서도 다르기 때문에 일률적으로는 말할 수 없다. 앞에 이야기한 장점, 단점을 잘 검토해서 그리고 잘 신어서 비교해 보고 자신의 발로 선택하자. 가죽제의 경우도 싸구려는 가죽의 질이 나빠서, 결국 설산에 사용할 수 없다.

□스패츠(spats)는 경시할 수 없는 소도구

366

왼쪽의 흰 플레이트가 스노셧. 옆이 카지타 전용의 언티스노
플네이트

어떤 설산이든 반드시 필요로 하는 것이 스패츠이다. 소재는 상반
분에 고어텍스 등 방수투습 소재를 사용한 것이 무덥지 않아서 좋을
것이다. 지퍼의 위치는 뒤, 옆, 앞 등 여러 가지 있다. 뒤보다는 옆,
앞쪽이 착탈하기 쉬운 것은 물론이지만, 앞의 경우는 눈이 지퍼 부분
에 들어가지 않는 연구가 확실히 되어 있을 필요가 있다.

상부는 끈으로 조이는 것보다도, 드로코드와 엘라스틱밴드로 조이
거나, 폭 넓은 고무로 지퍼를 올리면 필연적으로 조여지는 것 쪽이,
장갑을 벗고 끈을 조이거나, 도중에서 풀어져 버려서 다시 묶거나
하는 수고가 필요없다. 만일 끈식의 경우는 코드록을 달고, 쓸데없는

설산용 등산화의 여러 가지. 먼저 자신의 발에 맞는 것이 제1조건

끈은 스패츠 안에 밀어 넣어 두면 편리하다.

신발 바닥으로 돌리는 밴드도 보통의 고무제, 강도 높은 네오프렌 고무제, 와이어의 것 등이 있다. 네오프렌고무는 보통의 고무보다 끊어질 우려가 적지만, 장착이 다소 번거롭다.

헤리테이지제의 앞 지퍼는 상하 밴드 모두 버클의 원터치로, 착탈이 매우 빠르다. 신발 바닥의 밴드는 별로 없고, 디자인도 좋다. 단, 천 자체의 강도나 지퍼를 감싸는 벨크로의 길이 등, 더욱 개량이 필요하다.

강력한 고무를 사용해서 신발의 어퍼를 감싸 버리는 오버게터형도

오른쪽은 사이드파스너로 상부가 고무조임의 타입. 중앙은 헤리
테이지의 프론트 파스너. 왼쪽은 오버게이터형

있다. 처음에 장착하는데 상당한 힘이 필요하지만, 한 번 부착해 버리
면 산행 중 벗길 필요가 없고, 방수력, 보온력 모두 양호하고, 보관도
편하다.

　신발 바닥까지 모두 감싸 버리는 오버 슈즈는, 신발 바닥이 노출하
지 않기 때문에 반드시 아이젠을 달아야 하는, 히말라야 등 궁극의
조건에서는 효과적이지만, 보통은 필요없을 것이다.

□장갑의 여러 가지

이전 정통적인 두툼한 울장갑과 오버미튼의 배합

발에 스패츠라면 손은 장갑. 이것도 없어서는 안 되는 것이다. 조금 전까지는 두툼한 울 장갑에 오버미튼(over mitten)이라고 하는 배합이 일반적이었다. 울 장갑만으로는 눈이 부착하면 젖고, 방풍성도 없다. 그래서 울로 보온한 위에 오버미튼을 입혀서 눈과 바람을 막은 것이다. 상당히 기능적인 배합이었지만, 안쪽의 장갑과 바깥쪽의 오버미튼이 미끄러져서, 특히 물건을 쥐었을 때 등 쓰는데 편리함은 좀 부족하다.

그 때문에 최근은 보온의 기능과 방수·방풍 기능을 일체화시킨 장갑이 완전히 주류가 되었다. 선구적인 존재는 서독제의 게이츠

이다. 보온재는 고어텍스를 라미네이트한 나일론, 보온재는 신서레이
트를 사용해서, 손바닥 부분에 그립(grip)성이 좋은 합성 러버(rub-
ber)를 채용, 특히 클라이밍이나 산 스키 등으로 그립 감각이 뛰어나
다. 단, 다섯손가락으로 보온재가 그다지 많지 않기 때문에, 기온이
낮을 때나 바람이 강할 때 등은 오버미튼이 필요한 경우도 있다. 또한
손목까지의 길이 때문에, 러셀에는 적합치 않다.

　그 점에서, 보다 넓은 용도로 사용할 수 있는 것이 슈나드의 셸그
러브 및 셸미튼. 바깥쪽은 나일론에 방수흡습 코팅, 이너는 벗기 가능
한 다크론 플리스. 특징은 첫째로 어쨌든 따뜻한 점. 플리스 소재는
보온력이 뛰어남, 더구나 땀의 발산 작용이 강해 손을 건조한 상태로
유지한다. 둘째로 착용하고 있어도 지키지 않고, 움직이기 쉬운 점이
다. 손의 힘을 뺀 자연스런 모양에 맞춰서 입체 재단하고 있기 때문
에, 장시간 끼고 있어도 이화감이 없다. 셋째로 착탈하기 쉬운 점이
다. 오버미튼은 보통 파스너 등으로 소맷부리를 닫기 때문에, 한쪽을
낀 후 또 한쪽의 파스너를 닫을 때에 상당히 고생했다. 그러나 이
글러브는 드로 코드＋엘라스틱 밴드의 채용으로, 코드의 말단을 당기
는 것으로 간단히 조르고, 벗을 때도 코드록의 버튼을 누르기만 하면
된다. 길이도 팔꿈치 아래까지 충분히 있어, 심설의 러셀에 대응할
수 있다. 넷째로 플리스 압박감을 느끼기 어려운 점. 이너 글러브에
대해서는 다음 항에서 자세히 이야기한다. 다섯손가락형이 셸글러
브, 2손가락 미튼형이 셸미튼으로, 전자는 자일 조작이 필요한 바리에
이션 루트, 후자는 보온력이 뛰어나서, 자일 조작의 필요가 없는 종주
나 산 스키 등에 적합하다.

　그 외에도, 스트레치하는 바이온Ⅱ 등도 앞으로의 장갑 소재로서
주목할 수 있을 것 같다.

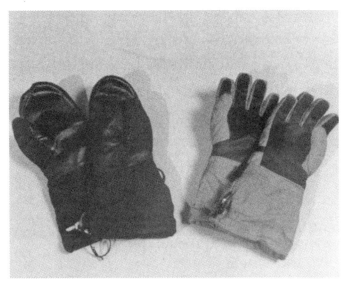

왼쪽＝슈나드, 셸미튼, 오른쪽＝슈나드, 셸글러브

이와 같이 고무를 달아서 팔에 통과시켜 두면, 벗었을 때에 편리

휴식 중에 배낭 내용물을 꺼내거나 세밀한 작업을 하거나 할 때, 벗은 장갑을 부주의하게 놓으면 바람에 날아가는 경우가 있다. 그래서 고무를 고리로 해서 사진과 같이 달아두고, 여기에 손을 통과시키고 나서 장갑을 끼면, 벗었을 때에 자연스럽게 장갑이 손에 매달려서 분실의 우려가 없다. 고무밴드를 사용하면 저온에 약하기 때문에 곧 끊어져 버린다. 그렇다고 해서 소위 팬츠 고무로는 조금 부족하다. 내가 사용하면서 상태가 좋다고 생각하는 것은, 머리카락을 묶거나 하기 위한 고무이다. 이것은 슈퍼마켓 등에서 팔고 있다.

□손가락 끝이 차가와지기 쉬운 사람에게

같은 기온이라도 체질에 따라서 손가락 끝이 차가와지기 쉬운 사람과 그렇지 않은 사람이 있다.

그래서 말단 냉병이 있는 사람에게 대책을 몇 가지 알려주기로 하겠다. 먼저 무설기 복장의 항에서도 소개한 언더 글러브. 클로로파이버, 폴리프로필렌 등의 소재로 된 매우 얄팍한 장갑이다. 이 소재들은 섬유 자체의 열전도율이 낮기 때문에, 얇아도 어느 정도의 보온력을 발휘한다. 폴리우레탄을 혼방해서 신축성을 준 것도 있다. 이 언더 글러브를 낀 위에 앞 항의 장갑을 끼면 보온이 뛰어나다. 물론 이 소재들의 특징인 흡한 · 발산 작용 때문에 땀에 의한 냉병도 막는다. 더욱 위력을 발휘하는 것은, 세밀한 작업을 하기 위해서 장갑을 벗을 때. 완전한 맨 손이 노출되느냐, 언더 글러브 1장이라도 끼고 있느냐에 따라서 냉병이 크게 다르다. 작업중에 조금 정도 눈이 붙어도, 그 속건성 때문에 끼고 있으면 곧 마른다. 글러브를 선택할 때, 이 언더 글러브를 낀 크기에 맞추면 좋을 것이다. 언더 글러브를 끼므로

미튼 타입이라면, 미니 손난로를 속에 넣을 수도 있다

서 압박감을 느끼는 것 같으면, 혈행을 저해해서 오히려 차갑게 느끼는 경우가 있다. 또한 언더 글러브는 봄 산 등 날씨가 좋고 기온이 높을 때에 이것 1장으로 사용할 수도 있어 쾌적하다.

또 하나의 대책은 미니손난로. 최근은 일회용 손난로 중에서도 특히 작은 것이 시판되고 있다. 다섯손가락 장갑은 불가능하지만, 미튼 타입은 이것을 속에 넣어 버릴 수 있다. 이것은 강력하다. 한번 시험해 보자.

또한 발끝은 양말을 겹쳐서 많이 신으면 언뜻 따뜻해 보이지만, 너무 많이 신으면 발을 조여서 오히려 차가와지는 경우도 있으므로 적당히 신는다.

그리고 손가락 끝, 발끝의 냉병은 역시 몸전체의 냉병과 깊은 관계가 있다. 부지런한 조절로 몸이 차가와지지 않도록 주의하자.

□언더는 설산 웨어의 생명선

다음은 웨어의 이야기이다. 먼저 언더웨어. 이것과 겉옷이 가장 중요한 것은 무설기의 경우와 다르지 않다. 특히 언더는 설산 웨어의 생명선. 무설기와 같이 '뭐 어떻게든 참으면'은 통용되지 않는다.

설산의 언더에 최적인 것은, 클로로파이버, 폴리프로필렌, 캐프린 등의 소재. 앞 항에서도 언급했지만, 이 소재들은 어느 정도 얇아도 보온력을 발휘해서, 움직이기 쉽고 따뜻한 언더 웨어를 가능케 했다. 그리고 무엇보다도 뛰어난 흡한·속건성. 또한 소재 자체의 가벼움. 세탁기라도 '약'이라면 온통 세탁할 수 있는 점 등도 이점이다. 단 열에는 약하기 때문에, 열탕이나 건조기는 절대로 사용하지 말자.

울은 조금 전까지 설산 언더의 주류였다. 물론 현재도 설산에 충분히 통용하고, 울의 언더이니까 위험하다고 하는 경우는 전혀 없다. 가장 가격을 싸게 하기 위해서는, 따끔따끔하는 것만 참을 수 있는 사람이라면 평상복 스웨터를 직접 맨살에 입는다고 하는 방법이라도 설산에 갈 수 있다. 단 전기의 신소재와 비교하면, 언더로서는 착용감의 면에서 한 단계 뒤떨어진다. 땀을 흘리면 체온은 빼앗기지 않지만, 끈적끈적 축축한 느낌이 쾌적하다고는 말할 수 없다. 어깨나 등등 하중이 가해지는 부분은 펠트화해서 보온력이 없어지는 결점도 있다. 또한 디자인 면에서, 신소재의 언더는 더울 때에 이것 1장으로

셔츠는 이와 같은 폴로집타입이라면 온도 조절하기 쉽다

셔츠로서 당당히 걸을 수 있는 제품이 많지만, 울제품은 자못 '내복'
이라고 하는 느낌으로 그것만 입고 걷는 것은 조금 이상할 듯한 제품
이 많다.

　오론은 보온·속건성의 면에서 클로로파이버나 폴리프로필렌보다
약간 뒤떨어지고, 삼계절(三季節)에는 최적이지만, 설산에는 차선지
책이라고 말할 수 있다.

□겨울산 전용 겉옷은 필요한가

계속해서 겉옷의 이야기. 잡지의 설산 특집 페이지 등을 펴면, 컬러플한 겨울산 전용 겉옷이 많이 소개되어, 자칫하면 이런 옷이 없으면 설산에 갈 수 없는 것 같은 착각을 갖게 된다. 겨울산 전용 겉옷은 보통 바깥쪽은 고어텍스 등을 라미네이트한 나일론천, 그리고 안쪽에 또 1장 나일론천을 겹치거나, 더욱 보온재로서 나일론천을 겹치거나, 더욱 보온재로서 신서레이트나 다크론을 넣거나 해서 방풍·보온성을 높이고 있다.

그러나 설산이라고 해도 수림대의 등산은 제법 덥기 마련이다. 겨울은 장비가 무겁기 때문에 더욱 더 그렇다. 그래서 날씨가 좋으면 겉옷은 벗어서 배낭 속에. 그런데 겨울산 전용 겉옷은 의외로 무겁고 부피가 커진다. 중량, 부피 모두 고어 비옷의 2배 이상이다. 또한 강설시로 더구나 러셀이 필요할 때, 눈을 막기 위해서 겉옷은 반드시 입어야 하지만, 러셀의 운동량은 상당한 것이기 때문에 매우 땀을 많이 흘려 버린다. 이런 때에 보온 소재가 들어있는 것 같은 겉옷은 원망스럽게조차 느껴진다. 반대로 추울 때는 어떨까? 더블 구조나 보온재는 들어 있지 않더라도, 속에 중간복을 입음으로서 추위는 막을 수 있다. 오히려 이 편이, 중간복을 벗고 입어서 온도 조절이 용이하다. 설산을 시작할 때, 처음에 갖출 것으로서는 겨울산 전용 겉옷은 그다지 필요 없다.

그럼 설산의 겉옷에는 무엇을 사용할까? 우선 고어텍스나 미크로텍스의 비옷으로 충분하고, 오히려 쓰기에 편리할 정도이다. 더울 때에 배낭에 넣어도 가볍고 부피가 커지지 않고, 강설시의 러셀도 얇은 옷 위에 고어텍스 등의 비옷을 입으면, 두툼한 겨울산 전용 겉옷보다도 불쾌감이 줄어든다. 추울 때는 앞에서와 같이 중간복을 입어서 막는다. 고어텍스 필름의 방풍성은 상당한 것으로 바람을

설산 겉옷은 고어텍스의 비옷이라도 충분

잘 차단한다.

　단, 겨울산 전용 겉옷과 비옷과의 또 하나의 차이로서, 전자 쪽이 튼튼하게 만들어져 있는 점을 들 수 있다. 설산은 아이젠, 피켈 등 예리한 것이 많아서 자칫 옷을 찢어버리기 쉽다. 실리세이드(엉덩이로 눈 위를 미끄러지는 것)로 놀거나, 또는 산 스키나 XC스키에까지 겸용하게 되면 옷에 있어서는 제법 거칠다.(절대로 넘어지지 않는다고 하는 사람은 별도이지만.) 그래서 의상 전략으로서는 다음과 같은 여러 가지 방법을 생각할 수 있다.

　우선 몇 번인가 설산을 체험해 보기 위해서라면, 지금 가지고 있는 비옷이 고어텍스 등의 흡습 소재의 것이라면 그대로 사용할 수 있다.

처음부터 설산에도 사용할 것을 생각하고, 비옷을 살 때에 두툼하고 튼튼한 것을 선택한다. 비옷으로서는 다소 무거워지지만, 사계절 모두 사용할 수 있다. 단 1년내내 사용하는 만큼 수명은 짧아진다.

오래 된 비옷을 앞으로는 설산 전용으로 사용하고, 봄에 세 계절용의 가벼운 타입의 비옷을 따로 산다. 슬슬 방수에 부적합한 데가 생긴 비옷을 설산 전용으로 정해서 거칠게 사용하면 효과적이다. 상대가 주로 눈이기 때문에, 그다지 엄밀한 방수성은 요구되지 않는다.

삼계절용에 가벼운 타입의 비옷, 설산용에 앞에서의 두툼한 비옷이, 겨울산용 겉옷으로 중선 소재가 들어 있지 않는 타입을 각각 갖추는 방법. 예산이 있으면 이상적인 방법으로, 설산에 매주와 같이 나가고 싶다고 하는 사람에게 권한다.

또한 엄동기의 높은 산이나 등반에서 상대를 확보하면서 가만히 있는 시간이 길 때 등은, 겨울산 전용 겉옷이 마음 든든하게 느껴진다.

옛날은 흔히 사용되고 있던 나일론의 더블 아노락(anorak)은 여러 가지 면에서 권할 수 없다. 먼저 방수력이 없기 때문에, 늦계절의 비에 대처할 수 없다. 그래서 흡습 소재의 비옷이 없었을 무렵은 더블 아노락과 비옷 양쪽을 갖고 바람과 눈과 비에 대처했지만, 고어텍스 등의 비옷만으로 되는 경우에 비해서 당연히 무거워진다. 그래서 그만 비옷을 갖지 않고 설산에 들어가서, 늦시기의 비를 맞고 피로 동사, 라고 하는 경우도 더블 아노락 전성 시대에는 있었다. 또한 상대가 비가 아니고 눈의 경우도, 옷에 쌓인 눈이 체온으로 녹아서 속까지 스며들거나 한다. 가격적으로도 하이파론의 비옷＋더블 아노

울 등의 커터셔츠

클로로파이머
등의 언더 상하

울 슬랙스, 울니커,
프리스 팬츠

바람이 있을 때 등은
고어텍스의 비옷 상하

추울 때는 두툼한
스웨터, 프리스
재킷 등

락에서는 고어의 비옷 1벌과 큰 차이가 없어지기 때문에 득이라고는
말할 수 없다.

□신소재로 문제없이 정했지만……

이것으로 언더와 겉옷이 결정되었다. 그래도 무설기와 달라서,
나머지는 우선 뭐든지 좋다고 할 수는 없다. 커터 셔츠나 중간복에
도, 역시 젖음에 강하고 보온력이 있는 것을 선택한다. 일러스트는
설산 레이야드의 일례이다. 표고나 시기에 따라 변하지만, 참고로

하자.

　여기에서 주의해야 할 점은 소재의 특성을 살린 조합이다. 언더에는 흡한과 발산 성능이 좋은 신소재가 가장 좋다고 하는 이야기를 했다. 그래서 그 위에 입는 커터 셔츠도 오론 등의 소재, 그리고 중간복에는 역시 땀의 발산이 좋은 플리스 재킷, 그리고 겉옷에 고어텍스 등의 비옷을 입었다고 한다. 땀은 재빨리 밖으로 방출되어 겉옷의 안쪽까지 온다. 그러나 아무리 고어나 미크로라도 그 투습성능에는 한계가 있다. 겉옷의 안쪽에 모인 땀이 맺히거나, 기온이 낮을 때에는 그것이 얼어 붙거나 하는 경우도 있다. 그래서 포인트는, 중간의 1장에 울 제품을 넣어 주는 것이다. 울은 땀을 잘 흡수하고, 더구나 젖어도 체온을 뺏기지 않는 특성이 있다. 이 흡수성이 언더의 착용감으로서는 예상이 빗나간 것이지만, 커터 셔츠나 스웨터에 울을 사용하므로써, 언더에서 방출된 땀이 일단 울에 흡수된다. 그것이 체온에 의해 서서히 증발해 가서, 고어나 미크로의 작은 구멍으로부터 조금씩 방출된다고 하는 패턴이 완성된다. 언제 어디에서나 신소재가 좋다고 하는 것이 아니라, 신소재와 천연 소재의 각각의 특징을 잘 살려서 의상의 계획을 세우자.

　양말에 대해서도 마찬가지이다. 가죽 등산화의 경우에는 양말을 보통 2장 겹치지만, 신소재의 겹쳐 신기라고 하는 것은 의외로 따뜻하게 느껴지지 않는다. 울을 능숙하게 조합하자.

□모자는 귀가 가려지고 날지 않는 것을

　모자류도 설산에서는 중요한 아이템이다. 바람이 강한 능선상 등, 모자 없이는 생각할 수 없다. 설산에서 사용하는 모자의 제1조건은,

평소는 이와 같이 해서 사용할 수 있으므로 편리하다

이 타입이라면 바람에 날릴 우려가 없다. 네크 워머를 하면 눈만 나오는 모자는 불필요

우선 귀가 가려지는 것. 귀는 가장 동상에 걸리기 쉬운 부분의 하나이다. 그리고 바람에 날지 않는 것. 모자를 손으로 누르고 있으면 중요한 발밑 등 마음이 들뜬다. 그리고 가능하면 나일론 등의 셸이 붙어 있는 것. 눈이 조금 붙어도 손으로 털면 곧 떨어져서 모자를 적시지 않는다. 적은 눈이 흩날리고 있지만 후드(hood)를 쓸 정도도 아니고 ……라고 할 때 등 편리하다.

셸이 달린 플리스 소재의 캡으로, 버클을 모자 위에서 고정시키면 보통의 캡. 턱 밑에서 고정시키면 귀를 가리고 바람에 날지 않는 캡이 된다고 하는 제품도 있다.

바람이 강할 때에는 얼굴 전체를 가릴 필요가 있다. 겨울의 강풍하에서는 어쨌든 피부를 노출시키지 않는 것이 중요하다. 그래서 예를 들면 옛날부터 있는 눈만 드러내고 쓰는 모자로, 여기에 보호 안경을 쓰면 피부의 노출 부분이 없어진다. 단, 눈이나 숨으로 젖기 쉬우므로, 클로로파이버 등 속건 소재의 제품이 양호하다. 얄팍하기 때문에 위에 캡이나 헬멧을 쓰는 등 응용 범위도 넓어진다.

특히 이 모자를 입 아래까지 쑥 끌어 내려서 사용하는 경우도 많지만, 처음부터 이것을 하기 쉽도록 세퍼레이트로 한 제품이 있다. 이것은 선글라스나 안경도 쓰기 쉬운 구조이다.

더욱 앞에 서술한 모자와 네크워머를 조화시켜서 이 모자의 기능을 하게하는 방법도 있다. 네크워머(neck warmer)란 사진과 같이 울 등으로 만들어진 통모양의 것. 이것은 조절 범위가 넓고 상당히 쾌적하다. 패션성도 높아서 눈만 나오는 모자의 복면 이미지가 일소된다.

□잊어서는 안 될 눈과 피부를 지키는 도구

설산에 잊어서는 안 되는 것이 선글라스나 보호 안경. 여기에는 2가지의 기능이 요구된다. 우선 자외선 막이의 기능. 높은 산의 햇살, 눈의 반사광은 상당한 것이다. 다행히 내 주변에 경험자는 없지만, 설맹(雪盲)의 고통은 체험한 사람이 아니면 모를 정도라고 한다. 더구나 진행하고 있는 한창 중은 자각 증상이 없고, 밤이 되어 아프기 시작한다고 하니까 주의해 주기 바란다. 봄 산에서는 흐려도 설맹이 되는 경우가 있다고 한다. 다음에 바람막이의 기능. 이것은 앞의 모자 항에 쓴 것과 같다.

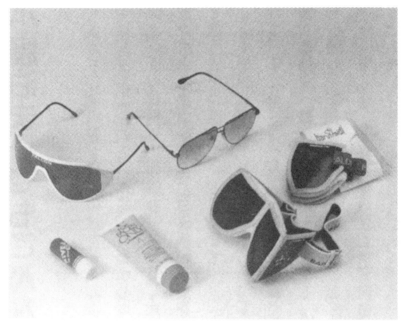

안쪽은 일반적인 선글라스. 왼쪽은 고글 타입의 선글라스. 오른쪽
은 접기식의 보호 안경. 햇빛 차단 대책도 잊지 않도록

　자외선막이라면 선글라스가 쾌적. 보호 안경보다 성가시지 않고,
쉽게 뿌예지지 않는다. 바람막이라면 보호 안경이 완벽하다. 그래서
선글라스만 가져 가든가, 보호 안경도 함께 가져 가든가, 산역과 시기
에 따라서 여러 가지로 고민했다. 그러나 현재는 기능이 있는 선글라
스가 스키용에서는 이미 주류가 되고 있기 때문에, 그다지 고민할
필요는 없어졌다. 그다지 혹독하지 않은 조건의 산이라면, 선글라스
만으로도 충분하다.
　또 하나 자외선 대책에 필요한 것이 햇빛차단 크림이다. 특히 봄
산에서 쾌청하면, 상당히 얼굴가죽이 두꺼운 사람이라도, 돌아와서

신아메리카표범의 피부라든가, 거꾸로 팬더라든가 하는 말을 듣게
된다. 거기에 과도한 햇빛에 타는 것은 피부의 큰 적이다. 하긴 특히
여성 등 반대로 과도하게 신경쓰는 것도 생각해 볼 문제와 같은 기분
이 든다. 여성은 피부가 흰 편이 좋다고, 도대체 언제 누가 정했을
까. 건강을 위해 야외에서 운동하면 당연히 어느 정도 햇빛에 타고,
그 편이 훨씬 아름답다. 햇빛차단 크림은 효과에 따라서 2~16 등의
번호가 매겨져 있다. 숫자가 커질수록 효과가 커지지만, 동시에 흰
색이 눈에 두드러지게 된다. 입술연지는 투명한 립크림으로 보호한
다.

□산장 숙박이라도 이런 것이 필요

우선 버너, 코펠은 반드시 가져가야 한다. 필요한 찬물이나 뜨거운
물은 눈을 녹여서 스스로 만드는 것이 원칙이다. 또한 이불이 확실히
준비되어 있는 산장도 있지만, 슬리핑 백이 필요한 산장도 있다. 사전
에 연락처에 확인해 보면 좋을 것이다.

산장의 일부를, 조난 방지를 위한 호의로 겨울철에 아무도 없는
상태로 개방하고 있는 곳도 있다. 이 경우도 신청과 요금이 필요하
다. 긴급 조난으로 사용했을 때도, 하산하고 나서 그 취지를 쓴 편지
와 요금을 반드시 보낸다. 기본적으로 텐트 숙박과 같은 장비가 필요
하다.

예상외의 적설이나 기후의 급변 등으로, 일몰까지 오두막에 도착하
지 못할 경우는 어떻게 하면 좋을까? 눈이 없는 시기라면 하룻밤
정도 어떻게든 견딜 수 있지만, 설산에서는 생명의 위험과 직결한
다. 그래서 필요한 것이 간이(簡易) 텐트이다. 일러스트와 같은 것으

오두막 숙박 산행에서도 첼트는 필수 휴대품

로, 가능한 한 바람을 피할 수 있는 장소(수림 속의 오두막 등. 큰 나무의 뿌리 공동 등을 이용할 수 있으면 보다 더 좋다)에서 모두 이것을 쓰고 웅크리고, 하룻밤 견딘다. 작은 세트라도 4, 5명은 안에서 무릎을 부둥켜 안을 수 있을 것이다(가능한 한 좁혀 앉는 편이 따뜻하다). 경량 타입이라면 500g을 못미치는 가벼움. 텐트 숙박의 경우라도 베이스를 치고 산의 정상을 오른다고 하는 행동 계획이 있을 때는 간이 텐트가 필요하다.

□설산 텐트에서 활약하는 소도구들

설날과 황금휴가를 제외하면, 설산을 즐기는 데에는 주로 산기슭의 베이스에서의 당일치기나 텐트 숙박을 하게 된다. 눈 위의 텐트 생활은 어쩐지 두근두근하는 것 같은 즐거움이 있다. 스노(snow) 캠핑이기 때문에 비로소 활약하는 소도구도 많으므로 소개해 나간다.

작은 스콥

피켈의 샤프트 등에 달린 작은 스콥. 무리 중에 하나 있으면, 설치한 곳의 경사를 이루는, 바깥 깔기의 스커트에 눈을 얹는다, 풍상에 방풍 블럭을 쌓는다. 취사용의 눈을 비닐 봉지에 넣는다, 야영에 사용하는 등 여러 가지로 활약한다. 단, 그런 사소한 용도를 위해서 가볍게 만들고 있기 때문에, 견설이나 습설에는 무력하여, 눈동굴 파기에는 적합치 않다.

큰 비닐 봉지

원래 무엇에나 활약하는 것이지만, 스노 캠프의 경우는 취사용의 눈을 채워서 텐트 안에 넣어 둔다, 신발을 넣어 텐트 안에 둔다, 철수한 텐트를 넣는다(언 텐트는 원래의 주머니에는 들어가지 않는다) 등 여러 가지 사용할 수 있으므로 넉넉하게 가져간다.

텐트 슈즈

밤의 자고 있는 동안에, 텐트 안에서 편히 쉴 때 등 발끝이 차가운 경우가 많기 때문에 이것은 필요하다. 겨울의 텐트 안은 젖기 쉬우므로, 단화를 적셔 버리는 것도 막는다. 그리고 무엇보다도, 볼일 보러 밖에 나갈 때 등 그대로 나갈 수 있는 것이 편리하다. 그러기 위해서는 무릎 아래까지 오는 것이 가장 좋다.

산행 텐트가 아니면 불필요한 소도구들

수세미

배낭이나 신발 등에 눈이 묻은 채 텐트 안으로 들어오면 나중이 큰 일이다. 그래서 수세미로 눈을 턴다. 곧 꺼낼 수 있도록 배낭 포켓 등에 넣어 둔다. 텐트에 1개 있으면 좋다.

슬리핑 백은 앞장의 이야기를 참고로 해서 겨울용 제품을 선택하자. 보온재의 절대량이 많은 겨울용 슬리핑 백은, 다운과 그 밖의 소재와의 차이는 더욱 커진다. 예산이 허락한다면 좋은 것을 사용한다.

삼계절(三季節)용 슬리핑 백에 여름 슬리핑 백을 겹치면 겨울에

적절한 장비로 설산을 안전하게 즐기자

사용할 수 있고 응용 범위도 넓다——고, 이론상 생각하면 확실히 옳다. 그러나 내 주변에서 이 방법을 취하고 있는 사람은 어쩐지 추워한다. 나 자신도 시험해 보았지만, 겨울용 슬리핑 백 1장보다 이 편이 어쩐지 춥다. 내용물의 질의 문제 등 여러 가지 있어서 일률적으로는 말할 수 없다고 생각하지만, 예산은 어쨌든 부피나 무게를 생각하면 별로 유리한 방법이라고는 말할 수 없을 것 같다.

　다운 재킷은 필요할까? 겨울 텐트에서 춥다고 하면 대부분은 자고 있는 동안이다. 깨어 있는 동안은 버너나 랜턴 덕분에 제법 따뜻하고, 취사 때에는 스웨터를 벗고 있는 경우도 있다. 또한 다운은 두께(로프트)에 따라서 보온력을 확보하기 때문에, 행동복에도 적합치 않다. 극지방이나 히말라야 등은 별도이지만, 적어도 국내의 보통 설산에는 그다지 필요없다. 잘 때도 다운 재킷을 입고 별로 따뜻하지 않은 슬리핑 백에 기어들어가는 것보다도, 스웨터 정도로 고급의 슬리핑 백에 감싸이는 편이 쾌적하다. 제법 부피가 커지고, 가격도 비싸기 때문에, 그만큼을 고급 슬리핑 백을 구입하는데 돌리는 편이 현명하다. 다운 베스트라면, 혹독한 설산에 갈 때에 한 벌 더 방한복을 가져 갈 필요가 있을 때에 유효하다.

□다시 한 번 등산 도구의 중요성을 인식하자

　적절한 도구 선택도, 산을 즐기고 여유로운 시간을 갖기 위한 수단에 불과하다——. 따라서 산에서 즐겁게 보낼 수 있다면, 도구 따위 안전 조건만 만족시키면 분명히 말해서 어느 것이라도 좋다. 헌 모포를 마주 이어서 비가 새는 텐트 속에서 자고 있던 청소년 시절, 그래도 역시 산 속에 있다고 하는 것만으로 행복했었다. 단, 앞으로 어차피 갖출 예정이라면 적절한 곳을 선택하면, 불필요한 무게에 눌려서 즐길 여유를 잃는 경우도 적어지고, 쓸데없는 것에 돈을 써서 창고에 썩혀 버리는 경우도 줄어든다──그것을 위한 책으로서 활용해 주기 바란다. 도구는 사용하기 위해서 있는 것이다. 도구를 소유하는 것이 목적이 되어 버렸을 때, 도구는 줄어 버린다. '○○하는 것이 꿈'이라고 하는 훌륭한 사람이 되어 주었으면 한다.

제3부

실패하지 않는 등산 기술

──혼자 산행(山行)에 나설 때

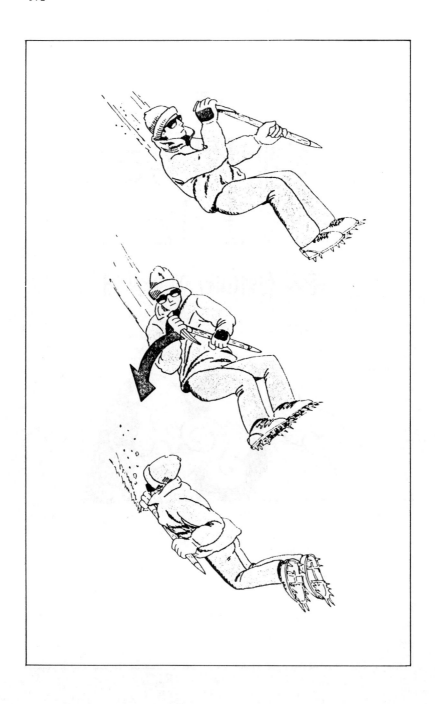

제1장

등산은 혼자 가는 것이 즐겁다

□매력 가득한 단독보행의 산
자연을 직접 맛볼 수 있는 것이 단독보행. 그룹 등산에는 없는 매력이 가득

어느 산을 좋아하는 친구와 이야기를 하고 있었을 때의 일이다. 내가 자주 산에 혼자서 오른다고 하자. 친구는 '혼자서 올라가는 것이 뭐가 즐거운가?'라고 의아스러운 표정을 했다. 의외스러운 반응이었다. 더구나 그는 얘기를 계속했다. '아무와도 이야기하지 않고 터벅터벅 걸어서 식사도 혼자서 하겠지? 산이 아름다와도 말해 줄 상대도 없어서 적적하지 않나? 나는 좀체로 생각할 수 없네. 우선 만일 무슨 일이 생기면 도와 줄 사람이 아무도 없으니 위험하지 않는가'라고.

마치 반사회적인 행위라도 하고 있다고 하는 듯하다. 그 말에는 무심결에 쓴 웃음을 지어 버렸지만, 그러나, 그가 산에 오를 때는 항상 동료와 와자지껄 떠들고, 한 번도 단독보행을 한 적이 없다고 듣자 무리가 아닌 의견이라고 생각했다.

사실은 나도 그룹으로 걷고 있었을 때 역시, 단독보행하는 사람을 보면 '즐거울까'라든가 '혼자서 위험하지 않을까'라고 친구와 마찬가지로 생각한 적이 있기 때문이다. 지금으로부터 십수 년 전의 일이다.

단독보행을 한 적이 없는 사람의 입장에서 보면, 단독보행은 위험하고 적적하게 비치는 것이 일반적인 듯하다.

그러나, 나의 경험이나 단독보행을 하고 있는 사람에게 물어 봐도 제3자가 생각하는 것 같은 느낌은 들을 수 없었다. 역시 '즐거우니까 하고 있다'고 하는 소리가 압도적으로 많았다. 하긴 '즐겁다'고 해도 이상하게 밝은 즐거움이 아니라, 바꿔 말하자면, '매력'이라고 하는 편이 적절할지도 모른다.

그럼, 단독보행의 매력이란 도대체 무엇일까? 각 산역에서, 단독보

혼자이니까 차분히 자연의 좋은 점을 맛볼 수 있다

행을 하고 있던 사람으로부터 여러 가지 이야기를 들었기 때문에
소개해 본다.

홀가분함, 마이 페이스(my pace)를 지킬 수 있다, 자신을 아는 좋은 기회

우선, 들 수 있는 것이 그룹 등산에는 없는 단독보행의 홀가분함일
것이다. 그에 대해 A씨(34세)는,

"예전에 '사회인 산악회'에 들어가 있었지만, 제약이 많아서 숨이
막혔어요. 그런 점에서 비교할 때 혼자라면 언제라도 좋을 때에 가고
싶은 산에 갈 수 있으니까 좋아요. 좋을 때에 휴식하고, 좋을 때에
걷기 시작할 수 있는 것도 좋고요. 뭐니뭐니해도 누구로부터도 제약
을 받지 않고 행동할 수 있는 홀가분함이 제일이지요."라고 한다.

같은 산에서 풍경 촬영에 여념이 없는 B씨(36세)는,

"찍고 싶다고 생각했을 때, 그룹이라면 조심스럽지요. 기다리게
한다든가, 혹은 뒤쫓아 가야 하니까 안정이 안 돼요. 특별히 프로는
아니지만, 사진 정도는 찍고 싶을 때에 찍고 싶어요. 그렇게 생각하면
혼자가는 수밖에 없지요. 혼자서 홀가분하게 찍는 것이 좋아요, 방해
받지 않고 걸작을 찍기 위해서도"라고 한다.

그 중에는 자신이 좋아하는 장소에서 커피를 끓여 마실 수 있는
것이 매력이라고 하는 사람도 있지만, 누구에게 거리낌없이 양지
쪽에서 점심 식사를 하거나, 조용히 시를 읊거나 할 수 있는 홀가분함
이 매력이라고 하는 사람도 있었다. 나도 이 홀가분함을 강하게 느낀
다. 예를 들면 휘파람새의 소리를 한 번 들어도 그렇다. 운다고 생각
하면 멈춰서서 충분히 느낄수 있을 것이다. 그리고, 봄에는 아직 정확
히 울 수 없었는데, 여름에는 좋아지고 있음을 깨닫는다. 이것이 누군

가와 걷고 있으면, 좀체로 멈춰 서는 일도 뜻대로 안 되고, 관찰력도 둔해지게 된다.

혼자서 홀가분하게 걷는다──. 이것은 산의 자연을 깊이 맛보는 데로도 이어진다. 앞에서의 A씨가 "그룹때와 달리 혼자서 걷게 되면, 지금까지 깨닫지 못했던 식생의 분포 상황이나 시시각각 변하는 구름의 움직임 등이 재미있는 것 같이 보여서, 걸을 때마다 놀라는 일뿐이다"라고 말하고 있는 점에서도 알 수 있다.

물론, 단독보행의 매력은 홀가분함에서 오는 자연의 발견 뿐만 아니다. 등산자 자신의 발견으로도 이어진다. 그 점에 있어서 C씨(27세)의 말은 인상적이었다.

"컴퓨터 일을 하고 있으면 기계에 고용당하고 있는 느낌이 들어서 견딜 수 없는 때가 있다. 산을 걸으면서 자신과 대화하고 있으면, 자신을 되찾은 기분이 들어 안심이 된다. 그 때문에도 혼자가 아니면 곤란하다"고 한다.

소요산에서 만난 D씨(40세)는, "혼자서 걷고 있으면, 조직 속에서는 몰랐던 자신이 보인다. 그리고, 얼마나 자신의 힘이 작고 보잘것 없는지를 깨닫고 반성하는 경우가 많다. 일에 돌아와서도 냉정하게 대처하려고 하는 마음이 된다."라고 한다.

단독보행의 매력은, 확실히 홀가분함도 있지만 가만히 생각해 보면, 이와 같이 자신을 발견할 수 있는 면이 큰 것 같다.

자연을 혼자서 걸음으로서, 그 맞은편에는 자신이 보인다고 해도 좋을 듯한 기분이 든다.

"혼자서는, 항상 아무것도 할 수 없다고 하는 열등감을 가지고 있었다. 차표를 사는 데에도 망설이고 있던 나였지만, 혼자서 걷게 되고부터 조금씩 자립심이 생겼다. 산이 가르쳐 준 것이다. 어쨌든 말이다. 덕분에 상당히 적극적이 되었다. 만일, 동료와 걷고 있었다면 의뢰심이 없어지지 않고 여전하지 않을까." 이렇게 말한 것은, E 씨(26세)였다. 뭔가 자신의 행동에 자신을 갖고 있는 힘참과 같은 것이 느껴진다.

단독보행의 매력은 아직 더 있다. 너무 많아 이루 다 말할 수 없을 정도이다.

내가 각 산에서 단독보행자에게 이야기를 들으면서 깨달은 것은, 그들은 각각 자신의 보행법을 확실히 파악하고 있음은 물론이거니 와, 기분좋게 이야기를 들려주었다는 것이다. 단독보행이라고 하면, 고독벽이 있는 사람이라든가 사회와 괴리된 자라든가 혹은 이상한 사람이라고 생각되기 쉽지만, 절대 그런 것은 아니다. 오히려 싹싹한 사람이 많았다. 그리고, 항상 어딘가에서, 산이란 무엇일까, 자신이란 무엇일까, 라고 탐색하고 있는 사람이 많았다.

단독보행자에게는 실물 지향이라고 하는 말이 어울리는 것 같다.

□단독보행의 산은 위험한가
조난해서 사망하는 것은 단독보행의 등산자가 가장 많다고 한다. 오명을 반납하자.

단독보행의 등산을 생각할 때, 피해 갈 수 없는 것이 조난이라고 하는 두 글자이다. 가령, 단독보행의 등산자가, 산에서 중상을 입고 움직일 수 없게 되었다고 하자. 그룹 등산의 경우라면 동료 중 누군가 가 도움을 요청하러 가거나, 옆에서 위로해 주거나 한다. 혹은 업고 치료할 수 있는 곳까지 내려와 주는 것도 가능할 것이다.

그러나, 단독보행의 경우는 산오두막 가까이나 인적이 많은 장소라 면 또 모를까, 도와줄 사람이 눈에 띄지 않는 곳에서는, 어찌할 바를

모르고, 오로지 구원이 오기를 기다릴 수밖에 없다. 그 결과, 최악의 사태가 될 가능성은 매우 크다. 이 점이 단독보행의 최대의 결점으로, 각 등산 입구에서 경찰서 및 조난대책본부가 '단독보행은 삼가합시다'라고 외치는 이유라고 말할 수 있을 것이다.

　단독보행을 시작하는데 즈음해서, 조난당하려는 생각으로 산에 들어가는 사람은 없다. 그렇지만, 단독보행의 경우 최악의 사태에 이르면 사망할 가능성이 있음을 항상 염두에 두어야 한다.

조난해서 사망하는 것은 단독보행이 최고

어느 조사에 의하면 조난을 일으키기 쉬운 것은 2인 단위고, 단독보행은 2번째로 되어 있다.

그것이 사망자가 되면 역전해서, 단독보행이 최고가 되어 버린다.

그러나, 이것은 어디까지나 조난 사망자수로, 단독보행의 등산자가 그룹 등산자에 비해 사망률이 높다고는 말할 수 없다. 이것도, 단독보행을 하는 입산자 수는, 그룹 등산자보다 압도적으로 많고, 단독보행의 전등산자 수에 대한 단독보행의 조난 사망률은, 그룹 등산자의 그것과 비교해서 절대 높지 않다.

그렇지만, 일단 조난하면, 그룹 등산과는 비교가 안 되는 높은 확률로 죽음에 이르는 것도 사실이다. 그룹 등산의 경우라면 구제될 가능성이 높지만, 단독보행의 경우는 그 가능성이 낮다.

사고의 원인은 굴러서 추락하는 것이 제일 많다

조난이라고 해도 구체적으로는 어떤 원인으로 일어날까? 단독행위의 경우, 검증해서 알 수 있는 조난의 원인으로서는, 구르다 추락이 많고, 다음으로 피로로 동사(凍死), 병, 도보 실패, 눈사태로 계속된다. 하긴 단독보행의 경우는 목격자도 없어 검증할 수 없는 경우가 많고, 원인 불명이 많다.

추락의 이유로서 생각할 수 있는 것은,

① 피로해서 녹초가 되어 앞을 잘 보지 않고 걸었기 때문에 발이 미끄러졌든가 혹은 부석(浮石)을 밟았기 때문.

② 너무 하이페이스(high pace)가 되어, 천천히 걸으면 아무렇지도 않은 곳에서, 발이 걸려 넘어졌기 때문.

③ 자신의 기술을 과신하고, 자신도 모르는 사이에 무리를 했기 때문.

등을 생각할 수 있다고 한다.

신중파가 많은 단독보행

그럼, 실제의 단독보행을 하고 있는 사람은 조난에 대해서 어떤 마음으로 있을까?

F씨(19세)는 "나는 겁이 많기 때문에 사람이 별로 들어가지 않는 산에는 오르지 않도록 하고 있어요. 주말이 되면 우르르 사람이 들어가는 산뿐이지요."라고 해서, 지금까지 조난한 적은 한번도 없지만, 조난해도 도와줄 수 있는 가능성이 높은 산을 선택해서 오른다고 한다.

G씨(29세)는 "일반 루트밖에 걷지 않아요. 수풀을 헤치고 나아가다니 터무니 없어요. 혼자의 힘은 미미한 것이니까 신중해지지 않을 수 없습니다. 산은 좋아하지만 죽을 장소는 아니기 때문이죠. 그렇게 되지 않기 위해서도 일반 루트밖에 걷지 않아요."라고 한다.

그 중에는 "조난을 신경쓰고 있으면 범위가 좁아져서 어떻게 할 수도 없다. 마음 내키는 대로 가고 싶은 산으로 향한다."고 하는 H씨(42세). H씨는 일반 루트가 아니라, 지도로 길을 찾으면서 걷는 것이 좋다고 한다. "불안하지만 재미있어요. 자신만의 산을 걸을 수 있으니까요."

이것은 단독보행을 하는 사람 중에서, 사람이 없는 곳에 가고 싶어하는 타입의 전형이다. 그러나, "조난하지 않기 위해서 긴장은 남보다 갑절이다. 한발 한발이 진지하다. 따라서 답파(踏破)했을 때에 다시 하고 싶어진다."라고 한다. H씨도 찾는 장소가 앞의 두 사람과는 다르지만 신중파라고 말할 수 있다.

그 외에도 몇 사람인가 이야기를 들었지만, 대부분의 사람이, 혼자이지만 그 때문에 산에 대해서는 겸허하게 준비하고, 바위밭 등의 어려운 곳이 되면 겁이 날 정도로 신중하게 대처한다고 하는 대답이었다.

□단독보행의 마음 가짐
단독보행은 제3자에게 폐를 끼쳐서는 안 된다. 그 기본은 상식인일 것

혼자서 산을 걷고 있으면, 가끔 자유롭고 속박이 없어서 좋다라고 그룹 등산을 하고 있는 사람에게 들은 적이 있다. 여러 가지 규율이 있는 그룹 등산의 입장에서 보면 우리들은 어슬렁 어슬렁 걷고 있는 것처럼 느껴져서, 그야말로 자유의 한복판에 있는 듯이 보이기 때문일 것이다. 그렇게 보여져도 별로, 기쁘지도 않지만 괴로운 것도 아니다.

그러나, 그 사람의 외견뿐인 자유로움을 보고 단독보행을 시작하게 되면 절대 좋은 결과를 낳지 못한다. 그것은 말할 필요도 없이, 단독보행을 오래 계속하기 위한 마음 가짐이 그룹 등산을 할 때보다 면밀하기 때문이다. 그보다 신중하고 세심한 주의력을 갖지 않으면 단독보행을 해서는 안 되기 때문이다.

앞으로 단독보행을 하는데 즈음해서 몇 가지의 필요한 마음 가짐을 소개했으니까 참고로 해 주기 바란다.

단독보행에는 강한 마음 가짐이 필요하다

단독보행하는 데 있어서, 가장 중요한 마음 가짐이라고 하면, 뭐니뭐니해도 제3자에게 폐를 끼치지 않는 것이다. 만일, 산속에서 다리뼈를 부러뜨렸을 때는 어떻게 하면 좋을까? 그룹 등산이라면 누군가가 도와줄지도 모르지만, 혼자인 경우는 아무도 도와주지 않는다는 사실

을 알고 있어야 한다. 그래서 필요하게 되는 것은, 스스로 발에 부목을 대거나 하는 기술과, 기어서라도 내려오는 기력이다. 조금 극단적인 예일지도 모르지만, 그러나, 있을 수 없는 일은 아니다. 오히려 일어날 가능성을 모두 생각하고 행동해야 한다.

단독보행을 하는 경우는, 자신의 힘만으로 모든 일에 대처해 나간다고 하는 강한 정신력이 없으면 안 된다. 이것이 없으면 단독보행은 불가능하다고 해도 과언이 아니다.

강하기 이전에 상식인이어야 한다

물론, 강함 뿐이라도, 단독보행은 불가능하다. 그 이전에 상식인이어야 한다. 예를 들면, 나가기 전에 정확히 가족에게 행선지를 알린다고 하는 것도 중요한 마음 가짐의 하나이다.

I씨(26세)는 "부모에게 걱정을 끼치지 않기 위해서도 계획서를 쓰고 온다. 언제 어느 산에 올라서 어디에 머물고, 귀가는 며칠 몇 시경이라고 하는 것까지 자세하게요. 산장에 전화가 있으면 그것도 쓰고 온다. 귀가 시간이라고 해도 차를 1대 놓치면 간단히 틀어져 버리기 때문에 정확하다고는 할 수 없지만, 가능한 한 역에 도착하면 전화하도록 하고 있다." 혼자서 걷는 이상은 가족과의 조화가 중요하다고 역설한다.

J씨(20세)는, I씨와 마찬가지로 가족에게도 알리지만, 근무처의 동료에게도 반드시 이야기한다고 하는 신중파인 듯하다. "가족도 회사도 처음은 그만두라고 하는 말밖에 하지 않았지만, 주민등록증을 발급받고 당당히 갈 수 있게 되었어요. 설득한 보람이 있었다고 하는 것이다. 내키지 않는 마음으로는 가고 싶지 않기 때문이죠"란 정직한 심정일 것이다. 내키지 않는 마음으로 가면, 사기에도 영향이 있다고 한다.

이 밖에 등산자와 이야기를 해서 인상에 남은 마음 가짐이라고 하면 "조난하지 않기 위해서는 사람이 다니지 있지 않는 곳으로는 가지 않도록 주의하고 있다"(L씨, 44세) "등산길에서 만난 사람과는 가능한 한 이야기를 하도록 하고 있다. 그것은 정보를 얻기 위해서이기도 하지만, 자신의 존재를 어필하는 목적도 있다. 무슨 일이 있었을 때, 인상에 남아 있는 편이 좋으므로" (M씨, 37세) 등이다.

N씨(29세)는 단독보행 중에서도 적은 여성의 한 사람. 겨울산을 혼자서 올라가는 맹렬 여성이다.

면밀한 사전준비를 한 산행일수록 하산 후의 만족감도 크다

　"여자의 몸으로 혼자서 오른다고 하니까 가족은 걱정하고 있었어
요. 그래도 산에 가서 매번 정확하게 무사히 돌아오니까 최근에는
아무 말도 하지 않게 되었죠. 신뢰인지 포기인지 어느 쪽인지는 모르
지만, 항상 사진을 보이면서 산의 훌륭함을 보고하고 안심시키고
있다."고 하며 웃는다. 그러나, 산장에서 취한 등산자가 여성인 까닭에
시비를 걸거나 한 적도 있다든가 하는 일은, 부모가 걱정하기 때문에
역시 이야기하지 않도록 하고 있다고 한다. 이 이상, 여성 등산자를
술이지 않기 위해서도 남성 등산자는 주의해 주기 바란다.
　지금까지 보아 왔지만, 얼마나 단독보행의 등산자가 각각 확실한 마음 가짐을 갖고 있느냐라고 하는 사실을 알았을 것이다. 언뜻, 자유로운듯이 보이는 단독보행도 수면 아래에서는 여러 가지 사전 준비를 하고 있다. 그것도 면밀한 것이다. 이런 마음 가짐이 없으면 혼자서 등산을 해서는 안 된다고 하는 것은 앞에서 계속 쓴 바와 같다. 그것이 있어야 비로소 충실한 단독보행의 등산이 가능하다.

산은 평생 즐길 수 있는 스포츠이다. 보다 좋은 마음 가짐을 갖고 안전한 등산을 해 주기 바란다.

여기에 '단독보행의 마음가짐 10개조'를 들었으니까 참고로 하자.

① 제3자에게 절대로 폐를 끼치지 말 것. 모두 자신의 책임으로 행동한다.

② 자신의 수준을 항상 객관적으로 볼 수 있도록 하고, 수준을 넘는 무모한 행동은 하지 않는다.

③ 계획, 장비, 체력, 지식 등, 단독보행에 필요한 종합적인 능력을 평소부터 익히도록 한다.

④ 계획을 간단히 변경하지 않는다. 상당한 경우가 아닌 한 도중에서 내던지거나, 포기하거나 하지 않는다. 처음이 적당하면 다음부터도 적당해져 버린다.

⑤ 기후의 악화나 컨디션이 나쁠 때 등, 무리라고 생각하면 연기하는 용기를 가진다. 산은 1년 뒤, 2년 뒤라도 그곳에 있어 오를 수 있다.

⑥ 모르는 것이 있으면 자신의 판단에만 의존하지 말고 제3자에게 묻는다. 꺼려서 묻지 않고 길을 잃으면 아무 소용도 없다.

⑦ 다른 등산자의 좋은 점은 수렴하도록 항상 주의 깊게 관찰한다. 그 때문에도 다른 등산자와의 대화를 많이 하고, 정보를 얻도록 한다.

⑧ 계획표를 가족 및 제3자에게 보인다.

⑨ 산은 경험을 쌓지 않으면 잘 되지 않는다. 틈을 두면 갑자기 긴장감이 없어지기 때문에, 주기적으로 오르도록 한다. 그러나 익숙해짐이라고 하는 것이 무서운 사실도 염두에 두어야 한다.

⑩ 만일, 조난해도 항상 냉정하게 있을 수 있도록 평소부터 훈련하고, 사태를 정확히 판단해서, 자신의 힘으로 해결하는 능력을 키워 둔다.

제 2 장

혼자서 어떤 등산을
할 수 있는가

□당일 도보여행부터 시작한다

당일 도보여행은 심오한 실험실. 뛰어 들어가서 단독보행의 기초를 몸으로 익힌다.

단독보행을 시작하는데 즈음해서 무엇부터 손을 대면 좋을지 매우 고민할 것이다. 갑자기 "호랑이 새끼를 잡으려면 호랑이 굴에 들어간다."고 하는 비유는 아니지만, 그 중에는 혼자서 텐트를 짊어지고 산에 들어가 버리는 사람이 있을지도 모른다. 단일, 그것으로 잘 되어, 단독보행의 장점을 알 수 있다면 그보다 더 좋은 일은 없다.

그러나 단독보행의 경험이 없는 사람이나 산이 처음인 사람이, 자신의 실력을 모르고 산에 들어가는 것은, 공연히 불안과 공포를 더할 뿐이다. 이렇게 되면, 무면허 운전자가 고속도로의 지식도 없는데 느닷없이 들어가서 무서운 생각을 하는 것과 비슷하다.

그렇게 되지 않기 위해서 초보자는 당일치기 도보여행을 몇 번인가 반복해서 단독보행에 익숙해지는 '제1단계'부터 시작하는 것이 적절하다.

초보자 뿐만 아니라, 예전에 동료와 산을 종주한 경험이 있는 사람도, 단독보행을 시작하는데 즈음해서는, 이 당일 도보여행부터 시작하는 편이 좋다. 동료와 걷는 것과는 달리 스스로도 몰랐던 함정을 깨닫는 경우가 있기 때문이다. 동료와는 걸을 수 있어도, 혼자가 되면 불안이 앞서서 앞으로 나아갈 수 없게 되는 경우가 종종 있기 때문이다. 어려운 산에 들어가고 나서, 그 사실을 깨달으면 위험하기 그지없고, 모처럼 얼굴을 내민 단독보행의 싹을 뽑아 버리지 않는다고도 할 수 없다.

당일 도보여행을 할 때의 코스 선택법으로서는 일반적인 코스를 우선해야 할 것이다. 일반적인 코스라면, 주말에는 등산자도 많아

혼자 쪽이 그룹으로 가는 것보다 판단력이 빨리 내려지게 된다

안심하고 걸을 수 있을 것이고 도로 표시도 잘 정비되어 있기 때문이
다.

　이러면, 앞으로 단독보행을 실컷 즐기려고 하는 사람은, 어쩐지
부족함을 느낄지도 모른다. 그러나, 중요한 것은 기초이다. 일반적인
코스에서 자신의 체력, 지식, 판단력, 또한 자신이 정말로 단독보행을
즐길 수 있는지 어떤지를 확인해 두기 바란다. 한번 걸어 보고, 앞으
로도 혼자서 걸을 수 있을 것 같다라고 생각하면 자신감으로도 이어
질 것이고, 불안 요소가 있으면 다음 번에는 그것을 주의해서 등산을
하면 된다.

일반적인 코스에 익숙해지면, 다음은 당일 도보여행의 코스라도, 바위밭이나 가시밭이 있는 곳이나 조금 긴 듯한 오솔길에 도전해 보자. 이와 같이 서서히 수준을 상승시켜 나가는 것이 중요하다.

장차 1박 2일의 산행을 계획하고 있는 사람은, 이 당일 도보여행을 최소한 10번은 반복하기 바란다. 반복하고 있는 사이에 저절로 자신의 능력을 알고 기술을 체득할 수 있고, 기후에 따라서는 산의 상황이 일변하는 사실도 알게 된다. 1번이나 2번으로는 몰랐던 단독보행의 매력이나 산에 대한 대처 방법도 차츰 보인다. 당일 도보여행은 단독보행을 하는 기본이다.

나의 경우, 단독보행을 시작한 당시는 역시 당일코스 도보여행에 중점을 두었다. 동료와 3000미터급의 등산경험은 있었지만, 막상 혼자가 되면 불안 쪽이 앞서기 때문이다. 당일치기 할 수 있는 산 중에서, 큰 불안을 품지 않고, 자신의 등산을 실험할 수 있다. 비옷 하나 배낭에서 꺼내는 것이라도 그 때까지는, 모두가 꺼내니까 꺼낸다고 하는 수동적인 자세였지만, 혼자가 되면 정말로 지금 비옷이 필요한지 어떤지를 스스로 판단해야 한다. 능동적인 판단을 서서히 할 수 있게 된 사실만으로도 내게는 진보라고 느껴진 것이다.

하긴, 당일코스 도보여행은 하루에 걷는 거리가 1박 2일의 1일 행로보다도 긴 경우도 있다. 절대 가벼이 여길 수 없다. 언뜻 좁은 듯이 보이는 당일 도보여행의 필드(field)는 넓다. 초보자는 필드를 하나의 실험실로 생각하고, 얼마나 자신의 등산을 개척해 나갈지를 모색할 필요가 있다. 그 여하에 따라 앞으로의 등산이 결정된다고 해도 과언이 아니다.

더구나, 당일 도보여행을 할 때는, 손전등(예비 전구와 전지를 잊지 않도록), 비옷, 지도, 안내서, 물통, 식량 등은 필수휴대품이다.

당일 도보여행이라고 해도 일찍 출발, 일찍 귀가의 원칙은 같다. 각각의 계절 중에서 햇빛이 있는 시간을 생각하고 행동해야 할 것이다. 산행 중에서 얼마나 불안을 줄이고 즐기느냐라고 하는 것이, 단독 보행을 앞으로 시작하려고 하는 사람의 과제이다.

□최상의 컨디션으로 산행에 임한다
자신의 몸을 스스로 관리하는 것이 단독보행의 철칙이다

전철이나 버스를 타고 등산 입구에 도착해서, 막상 걷기 시작해 보았지만 컨디션이 버텨주지 않는지 곧 지쳐 버리는 사람을 흔히 본다.

물어보면 '어제 늦게까지 술을 마셨다' '잔업 연속으로 지쳤다', '감기기운', '오랜만에 몸을 움직였기 때문에 힘들다' 등의 대답.

그래도 오르려고 하니까 근성은 대단하지만, 자기 관리를 게을리한 사실은 부인할 수 없다. 컨디션이 나쁘면 시시한 등산이 될 뿐만 아니라 조난으로 이어지지 않는다고도 할 수 없다.

단독보행하는 이상은, 만일의 경우에 대비하기 위해서도 산행일을 초점으로 해서 좋은 컨디션으로 행해야 한다.

그럼 실제로 단독보행을 하고 있는 사람은 어떤 일을 하고 산행을 맞고 있을까?

예를 들면 O씨(설계사무소 근무, 35세)는 "책상에서 하는 일이 많아 다리 허리가 약하기 쉬우므로 점심 시간에 회사 근처에서 30분 정도 조깅을 해서 컨디션을 가다듬고 있다."고 하며, P씨(35세)는 "1주일에 2회, 회사 퇴근길에 클럽에서 수영을 하고 있다. 전신 운동이니까 산에서는 의외로 마력이 되어 나타난다."라고 말해 주었다.

414

평소의 대수롭지 않은 트레이닝이라도, 산에서의 체력에 차이가 생긴다

또한, Q씨(42세)는 "가능한 한 맑을 때는 버스를 타지 않고 자전거를 타거나, 걷거나 해서 역을 향하도록 하고 있다. 작은 연구이지만, 조금은 도움이 되고 있다고 생각하기 때문에."라고 말한다.

조깅, 수영, 사이클링, 도보 등 여러 가지 트레이닝을 하고 있음을 알 수 있다. 모두 지구력이 붙고, 심폐(心肺) 기능이 높아지는 것뿐이다. 앞으로 단독보행을 시작하려고 생각하는 사람은 자신에게 맞는 것을 선택하면 될 것이다. 단, 급격한 시동은 오히려 심폐 기능을 약화시키기 때문에 서서히 진행시켜야 한다.

지구력을 키우는 것과 동시에 잊어서는 안 되는 것이 근력 상승과 몸의 유연성을 높이는 것이다. 근력이 약하면, 하산에서 무릎이 아프거나 배낭의 무게가 극도로 부담스러워지는 경우가 많다. 몸이 굳으면 아무래도 바위밭 등에서 발목을 염좌하거나, 요통이 되거나 할 확률이 높다. 경사가 급한 언덕, 나쁜 길, 요철(凹凸)이 심한 산길에서는, 몸을 부드럽게 하여 쿠션을 살리는 것이 중요하다.

그러나, 이렇게 좋은 컨디션 유지를 위해서 실시하는 트레이닝도 계속하지 않으면 의미가 없다. 하물며, 산행이 가까와졌다고 해서, 직전에 시작하면 피로를 산에 데려갈 뿐으로 더없이 어리석다고 할 수 있다. 산행 틈틈이 하루나 이틀 걸러 정기적인 트레이닝을 하고, 실제 산행의 2일 정도 전에는 휴식, 체력을 보존해 두는 편이 효과적이다.

일이 바빠서 트레이닝을 할 수 없는 사람도 틀림없이 많을 것이다. 그런 사람은, 작은 것이라도 뭔가 한 가지, 유의해서 계속하면 효과가 오른다.

예를 들면, 엘리베이터나 에스컬레이터를 사용하지 않고 계단 이용을 한다든가, 전철이나 버스의 한 구간 전에서 내려 걷는 방법 등.

목욕 후의 가벼운 체조도
효과적

야간 열차는 가능한 한 삼가한다

　가장 간단한 방법은 목욕 후 5분이나 10분이라도 몸을 움직이는 것이다. 요는, 쾌적한 단독보행을 하기 위해서 무엇을 해야 하는지를 생각하고 평소에도 연구하는 것이다.

　한편, 산에 들어가기 전에 고쳐 두기 바라는 것이 감기나 상처, 그리고 지병(持病)이다. 감기에 걸리면 산에 올라 사우나 대신에 땀을 흘려서 치료해 버린다라고 하는 사람이 있었지만, 그것은 특수한 예로, 보통 사람이라면 치료되기는커녕 악화되는 것이 흔하다. 감기에 걸렸다고 생각하면 무리를 하지 않고 등산은 즉각 중지해야 할 것이다.

등산자에게 많은 지병이 요통이다. G시의 R씨(36세)가 "산에 갈 때는 항상 빼놓을 수 없다."고 하며 배낭에서 꺼내준 것이 놀랍게도 코르셋(corset)이었다. "산은 좋아하지만 언제 폭발할지 모르는 요통인걸요."라고 심각한 듯 말한다. 덧붙이자면 R씨는 허리에 부담을 주지 않도록 산장 숙박 전문으로, 배낭 속은 필요 최소한의 것들만 있다.

이 밖에 주의해 주기 바라는 것은 과음, 과식, 그리고 밤샘을 하는 것이다. 특히 도시 생활자 중에도 심야형의 사람이 많기 때문에 아침의 조기 등산과의 '시차' 보충에 고생하는 경우가 많은 것 같다. 산행이 다가오면 일찌감치 취침을 하도록 유의해야 할 것이다. 수면 부족으로 산에 들어가면 피로가 배가할 뿐이다.

야간 열차로 가는 산행은 수면 부족에 빠지기 쉽다. 그 중에는 차 안에서도 숙면하고, 목적역이 가까와지면 약삭빠르게도 퍼뜩 일어나는 사람이 있지만, 이것도 역시 특수한 예이다. 대부분의 사람은 잘 수 없는 채 아침을 맞는 것 같다. 단독보행의 경우, 가능한 한 야간 열차를 사용하지 않기를 권한다. 목적 역에 늦어도 12시 전에는 도착하도록 해서, 역구내(물론 역원에게 미리 양해를 얻는다) 혹은 그 주변에서 잘 수 있는 곳을 찾아서 눕도록 하는 것도 하나의 방법이다. 이거라면 차분하지 못한 기차보다 상당히 수면을 취할 수 있다고 하는 것이다.

만일, 시간에 여유가 있을 때는 가능한 한, 등산 입구 주변에 있는 여관이나 온천에 묵고, 그곳에서 충분히 휴식을 취한 후 다음날 아침 일찍 걷기 시작하기를 권한다.

어쨌든, 단독보행의 경우, 중요한 것은 항상 따라 다니는 불안을 입산 전에 가능한 한 제거하는 데에 있다. 그것을 위한 각자의 체력

충실과 병의 치료와 절제가 필요하다.

이것들은, 처음에는 부담스럽게 느껴질지도 모르지만 계속하고 있는 사이에 일상 생활의 일부가 될 것이다. 오랫동안 단독보행을 즐기기 위해서는 자신 나름대로의 장기 전망을 확실히 갖고, 평소부터의 정진이 필요하다.

□철저하기 바라는 사전 조사
산을 알기 위해서는 철저한 사전 조사가 필요. 그렇게 하면 산에 친근감을 느껴 불안도 감소한다.

앞으로 오르려고 하는 산에 대해서 생각을 몰아갈 때, 즐거움과 동시에 불안이 먹구름과 같이 피어 오르는 것은, 단독보행의 피하기 힘든 숙명이기도 하다. 버스는 시각표대로 정확히 달리고 있을까, 산장은 일년내내라고 쓰고 있지만 평일이라도 영업하고 있을까, 눈은 얼마큼 쌓여 있을까……, 이것 저것 불안한 재료뿐이다.

그룹에서의 산행이라면 각자 나눠서 각각의 정보를 모을 수 있지만, 단독보행이 되면 좀체로 그렇게는 되지 않는다. 자연히, 어떻게든 되겠지라고 하는 느낌으로 산으로 향하기 쉽다. 이 경우, 잘 되는 경우도 있지만, 지독한 봉변을 당하는 경우도 있다.

S씨(24세)와 같이 "언젠가 역전에서 나오는 버스가 변경된 것을 모르고 가서, 추위 속에서 3시간이나 기다려 감기에 걸려 버렸다."고 하는 사람이 있는가 하면, T씨(18세)와 같이 "폐도(廢道)인 줄 모르고 오래된 안내서대로 옛길을 정상까지 갔지만, 대폭적으로 멀리 돌게 되어 버렸다. 돌아오는 길에 새 길을 걷자 거짓말같이 쾌적했다."고 하는 사람도 있었다.

이 두 사례는 모두, 현지로의 간단한 문의만 하면 피할 수 있었던 실패이다. 다행히 큰 일을 당하지 않았지만, 경우에 따라서는 조난으로 이어지지 않는다고도 할 수 없다. 산에 들어가기 전에는, 불안 요소를 줄이기 위해서도 사전 조사를 철저히 해야 한다.

안내서와 지도를 잘 읽는다

사전 조사에서 가장 기본이 되는 것이, 안내서와 지도를 잘 읽고, 산의 개략을 아는 것이다. 그것도, 가능한 한 출판이나 발행일이 새로운 것을 보도록 해 주기 바란다. 초보자는 특히 나가기 전에, 지도를 보는 것이 아니라 읽는 습관을 들여야만 한다. 알기 쉬운 방법으로서는 지도 위에 트레이싱 페이퍼를 얹고 등산도를 베껴서, 위험 장소 등이지만 잊어서는 안 되는 것이 쉴 장소이다. 산등성이를 걷고 있다고 기후의 악화나 컨디션 불량으로 앞으로 나아갈 수 없을 것 같이 되었을 때, 쉴 장소가 머릿속에 있으면 도움이 되는 것은 말할 필요가 없다. 단, 쉴 장소라고 해도 피난할 수만 있으면 되는 것이 아니라, 역시 자신의 귀로에 가까운 쪽을 항상 염두에 두고 필요한 때에 골라 내도록 해 주기 바란다.

문의를 한다

흔히 곤혹을 치르는 것이 등산 입구로 향하는 버스 시간이다. 미리 시간을 묻든가 시각표를 각 버스 회사에 신청해서 보내 받아야할 것이다. 버스의 발차 시간을 아는 것은 거꾸로 계산하여 자택을 나가는 시간도 대강 짐작할 수 있게 되기 때문이다. 산의 상태를 묻기 위해서는 그 지방의 관광협회, 시청이나 도청, 각 경찰서의 외근과가 좋다. 전화 하나로 자세히 가르쳐 주니까 정보원으로서 중요하게 여겨 주기 바란다.

사전에 문의해 두면 이런 일은……

또한, 최근의 산장에는 전화가 있는 곳도 많기 때문에, 숙박하지 않는데도 불구하고 산의 상태를 물을 수 있다. 산장에 전화가 없는 곳이라도 산기슭의 연락소에 무선으로 상황이 전달되고 있으니까 물어보면 좋다.

이렇게 해서, 각 방면에서 여러 가지 정보를 얻음으로서, 산의 상황을 앎과 동시에 불안도 경감된다. 첫 산이라도 애착이 생겨, 가보고 싶다고 생각하는 마음이 높아진다고 하는 것이다.

U씨(39세)의 말이 인상적이다.

"산에 들어갈 때는 자신의 마음을 얼마나 흥분시키느냐가 중요하다. 간단하게 말하자면 전압을 올린다고 하는 것이다. 만일, 불안요소가 많으면 많을수록 전압이 내려가고, 그만큼 산에 가고 싶어지지 않게 된다. 그렇게 되지 않기 위해서도 스스로 납득할 때까지 조사해 주도록 하고 있다."

또한 U씨는, 조사한 결과를 정리하는 의미에서도 "나가기 2일 정도 전에 지도를 베끼면서 익힌다. 만일 그 때 불안한 점이 생기면 문의를 하도록 하고 있다"고 한다.

주의에 주의를 거듭한다——단독보행하려고 하는 사람은 보고 배우기 바라는 자세가 필요하다.

□1박은 산장에서
산중에 묵는다. 가장 간단한 것이, 산장 숙박. 그러나, 이용 방법에는 요령이 있다.

당일 도보여행을 몇 번이나 반복하고 있는 사이에 단독보행에 익숙해져, 좀더 오래 자연에 젖어 보고 싶어지면 1박 2일의 산행을 해 보자.

그러기 위해서는 초보자라도 안심하고 밤을 보낼 수 있는 산장을 이용하는 방법이 좋을 것이다. 산장에 묵으며, 황혼시의 산의 아름다움, 산장의 할아버지나 모르는 등산자와의 이야기, 아침해가 떠오를 때의 존엄함 등을 짐작하면 새삼 당일 보도여행과 산에 일박하는 차이의 크기를 깨달을 것이다. 그리고, 등산은 산속에 묵어야만 진짜라고 생각하는 사람도 틀림없이 많을 것이다.

그러나, 산장을 산장답게 이용한다고 하는 것은 의외로 어렵다. 보다 좋은 산장의 이용 방법을 모른 탓으로, 혼잡에 말려서, 환멸만을 느껴 버린 사람도 있다고 듣는다. 산장 본래의 매력을 모르고, 산장을 떠나 버리는 것은 불행한 일이다.

그래서, 여기에서는 산장을 보다 쾌적하게 이용하는 요령을 소개하자.

중요한 것은 마음가짐

우선, 산장을 이용하는데 즈음해서 중요한 것은 마음가짐. 그것이 되어 있지 않으면 트러블의 원인이 된다.

"최근의 등산자는 산장을 여관이나 호텔과 마찬가지로 생각하고 있는 사람이 많아졌다. 산장에 도착해서 목욕탕은 어디? 목욕가운은 없나? 고 묻는 사람이 몇 명이나 있어 아연한다."라고 어느 산장지기는 말한다. 돈을 지불하면 뭐든지 할 수 있다고 하는 도시의 풍조가 산속에도 나타나고 있다. 말할 필요도 없이 산장은 불편한 곳에 있어, 여관이나 호텔같지는 않다. 분명히 구분하는 것이 중요하다. 산장 중에는, 등산자가 많아 물자를 헬리콥터로 부리기 때문에 호화스러운 설비, 호화스러운 식사를 제공해 주는 곳도 있지만, 그것은 어디까지나 일부에 불과하다. 많은 산장은 적은 인원으로 짐부림부터 등산객의 시중, 산장의 보수까지를 해서, 부득이하게 호화스러움과는 거리가 멀고 소박한 것이 현실이다. 거기에 호화스러움만을 요구해도 무리로, 옳지 못한 방법이다. 산장에서는 산장에서밖에 맛볼 수 없는 매력을 먼저 찾는 편이 보다 옳은 방식이다. 그것은 산에 무엇을 찾아서 가느냐라고 하는 점을 생각하면 저절로 알 수 있는 것이다.

산, 그리고 산장은 도시의 연장이 아님을 확실히 염두에 두자.

산장지기의 입장이 되어 생각해 본다

무슨 일이나 그렇지만, 상대의 입장에서 보면 매사가 잘 보이는

산장지기와의 대화를 중요시

법이다. 산장을 이용할 때도 마찬가지로, 모르는 점이 있으면 자신이 산장의 입장이 되어 생각해 보는 것이다.

　예를 들면, 산장에 머물 때, 예약이 필요한지 어떤지라고 하는 사항도 그렇다. 산장은 긴급 대피시설의 요소가 강하기 때문에, 들어오는 사람은 모두 머물러야 한다. 따라서 기본적으로 예약은 필요없지만, 산장지기의 입장에서 보면, 사전에 숙박자가 어느 정도가 되는지 알 필요가 생긴다. 왜냐하면 산장지기는 예약된 인원수에 갑작스런 손님을 예측해서, 그 날의 대강의 숙박 인원수를 생각하여, 식사 등의 준비를 하기 때문이다.

만일, 예약하고 있어도 비 때문에 목적한 산장에 갈 수 없었을 경우는 어떨까? 산장지기는 예약한 등산자가 올 수 없는 이유를 기후 등으로 판단하지만, 역시 어딘가에서 괜찮을까라고 걱정하고 있는 것이다. 후일 엽서 1장이라도 보내서 이유를 써 두면 산장지기도 안심할 것이고, 다음 때에도 가기 쉬워질 것이다. 여관 등과 달리 해약료 등을 지불하는 곳은 거의 없다.

별 것 아니지만 정성이라고 하는 것이다.

이런 식으로, 산장지기의 입장에 서서 생각하면 산장의 여러 가지 대응방법이 저절로 보일 것이다. 인사도 없이 산장에 들어갔다 가거나, 스토브를 둘러싸고 산장의 할아버지와 다른 손님이 담소하고 있을 때에, 혼자 외따로 떨어져 있거나, 제멋대로 침구를 끌어 내거나 하는……, 그런 일은 틀림없이 없을 것이다.

나의 경우, 산장을 들를 때는 친구나 아는 사람의 방에 가는 것 같은 기분인 경우가 많다. 그것은 역시, 내가 산장지기였다면, 그런 기분으로 손님이 찾아와 주었으면 하고 생각하기 때문이다.

혼자이니까 충분히 상대의 입장에 서서 생각하고 적극적인 자세로 즐거운 산장 생활을 보내 주기 바란다.

빈 시기, 빈 산장에 묵는다

뭐니뭐니해도 혼잡한 산장에 들어가는 것만큼 시시한 일은 없다. 발을 밟히거나, 등산자끼리 싸우거나……, '낭만'의 '낭'자도 없어진다.

어느 해의 황금 주말, 어느 산장에서, V씨(35세)는 아주 작은 방 하나에 3명이 밀어넣어져서 "산장이 거대한 인간 통조림이 된 것 같았다."고 한다.

그 이후, 주말이나 연휴 등 혼잡한 시기에는 절대로 묵지 않도록 하고 있다.

등산자가 산에 한꺼번에 와 몰리는 것은 확실히 휴일 전이나 연휴. 그러나, 생각해 볼 필요도 없이 그런 시기는 1년이라도 아주 사소한 시간이다. 일부러 혼잡에 시달릴 필요없이, 그 이외의 빈 시기에 묵어야 할 것이다.

혼잡한 시기라도 잘 이용하면 어떻게든 된다고 X씨(54세)는 말한다. "알고 있는 사람은 역시, 다른 사람보다 등산을 하루 빨리 하거나 하루 늦게 하거나 하지요. 그것만으로도 상당히 달라요. 혼잡에도 물결이 있습니다. 시차 등산을 유의해 주기 바래요."

극히 보통으로 달력에 있는 휴일에 따르면 재미없는 집단 등산이 되기 쉽다. 단독보행을 하는 사람은, 휘말리지 않도록 연구해 보길 바라는 부분이다.

Y씨(26세)는 "산장이 혼잡한 것은, 유명한 산장이나 정상에 가까운 산장을 선택하기 때문이지요. 좀 내려가면 비어 있어 쾌적하게 지낼 수 있어요. 지도를 잘 보고 산장을 선택하면 좋다. 아침 식사때의 혼잡을 생각하면, 빈 산장에서 유유히 걸어 가는 편이 혼잡한 산장에서 나오는 사람보다 빨리 정상에 도착할 수 있다."고 한다.

브랜드 지향은 아니지만, '○○산은 △△산장'이라고 처음부터 정하지 않고 폭넓게 생각하는 것도, 산장 이용의 좋은 방법 중 하나이다.

산장에서는 정리 정돈이 기본

산장에 도착해서 접수가 끝나면, 곧 누워 버리는 사람을 흔히 본다. 그러나, 저녁 식사까지 해야 하는 경우는 많이 있다.

산장에서는 짐이나 등산화 정리를 깨끗이

우선, 감기에 걸리지 않기 위해서 옷을 갈아 입고, 스웨터 등을 껴입어서 쾌적하게 보낼 수 있도록 한다. 또한, 축축한 것은 가능한 한 말리도록 한다.

중요한 것은, 자신의 잠자리가 정해지면, 머리맡에 물통과 손전등을 놓고, 그 이외는 배낭에 넣어, 지정 장소에 둔다. 잠자리에 자신의 것을 흩어 놓지 않도록 해 주기 바란다. 더구나, 산장의 잘 곳은 쾌적한 것이 적기 때문에, 타올을 이불 가장자리에 대거나, 통기성이 좋은 슬리핑 백 커버를 시트 대신 사용하면 좋다. 잊기 쉬운 것이 등산화의 정리이다. 같은 신발이 늘어서 있기 때문에, 혼동되지 않기 위해서도 이름표나 리본 등의 표시를 달아 두기 바란다. 신발이 뿔뿔이 흩어지지 않도록 미리 끈으로 묶어 두는 것도 잊지 않도록 하자.

익숙해지면 취사 생활을 경험해 본다

단독보행의 초보자가 묵는 산장은, 처음은 2000미터급의 중급산악에 있는 1박 2식 침구 딸림의 산장이 좋을 것이다. 이거라면, 당일 도보여행과 같은 장비로 걸을 수 있고, 거리도 그다지 부담이 되지 않기 때문이다. 그리고 몇 번인가 경험하면, 다음에는, 장비는 무거워지지만, 취사 산행을 해 보면 좋다. 스스로 저녁 식사와 아침 식사를 요리하는 것은 즐겁다.

산장에 따라서는 취사를 허용하지 않는 곳도 있기는 하다. 그러나 등산자에게 취사는 기본이다.

좀더 약간의 어드바이스를 하자

산장에 묵는다고 해도 일찍 출발하고 도착한다는 원칙은 변함없다. 오후에는 기후도 변덕을 부릴 가능성이 높기 때문에 낮 조금 지나서는 도착해 주기 바란다.

밤에 곤란한 것으로 다른 등산자의 코고는 소리나 이빨 가는 소리가 있다. 처음은 걱정이 되지 않지만 시간이 지남에 따라서 심각해진다. 특히 코고는 소리는 고통스럽다. 그런 때는 과감히 복도에 누워 버리든가, 당사자의 베개를 높게 해 주든가, 몸을 천천히 옆으로 해 주면 좋다. 바로 위를 향하고 있을 때에 골기 쉽기 때문이다. 수수방관하고 한 숨도 잘 수 없었다고 하는 일이 없도록 하자.

아침에 겪고 싶지 않은 것이 화장실 만원이다.

이것은 순서대로 줄 서는 수밖에 없을 것이다.

□텐트 생활을 즐긴다
배낭이 무거워지기 쉬운 텐트 산행도 경량(輕量) 텐트와 정착 캠프로 수월하게 한다.

산장이나 대피 산장을 사용해서 단독보행에 익숙해지면, 이번은 텐트를 사용한 1박 2일의 산행을 경험해 보자.

텐트 산행의 매력은 뭐니뭐니해도 혼잡시의 산장의 떠들썩함과는 관계없이 자신 혼자의 공간을 만들 수 있는 것이다. 아무에게도 방해받지 않고 유유히 누워서 산행 일지를 쓰거나, 자신이 좋아하는 소설을 읽거나, 혹은 텐트에서 얼굴만 내밀고 별보기를 즐기거나 하는 것은 무엇과도 바꾸기 어려운 산에서의 즐거움일 것이다.

텐트 산행의 매력은 그 뿐만이 아니다. 얇은 천 1장을 통해서 바람소리,새 소리 등의 자연의 숨결을 직접 맛볼 수 있는 것은 텐트 산행의 최대의 매력이다. 대지를 이불삼아 자연에 안겨서 잠든다고 하는 등산 본래의 목적은, 텐트 산행에서만 완성한다고도 말할 수 있을 것이다.

텐트 산행이라고 하면 '배낭이 무거워진다'고 하는 인상에서, 관심 가지지 않는 사람이 많을지도 모른다. 텐트는 그룹 등산의 공동 장비로서 분담해야 비로소 가져 갈 수 있는 것이라고 하는 생각이 뿌리깊게 있는 듯하다.

그러나 최근의 텐트는, 가볍고 튼튼하게 되어 있어, 혼자서라도 그다지 부담이 되지 않게 되어 있다. 예를 들면 1인용의 셸터형 텐트. 메이커에 따라서 사용하고 있는 본체의 천도 프레임의 종류도 다르지만, 무게는 1.1~1.6킬로라고 하는 식으로 매우 가볍게 되어 있는 것이 특징이다.

또한 1인용, 혹은 1~2인용의 돔(dome) 텐트도 1.8~2.5킬로의

테트 산행을 위한 파킹의 예

경량으로 되어 있다. 모두 혼자서 간단히 설치가 가능하고, 거주성이
나 내풍성, 자립성도 우수하다. 산장이나 대피 산장에서 취사 산행의
경험을 쌓아 온 등산자에게는, 그다지 저항없이 짊어질 수 있는 중량
이다. 그렇지만, 1킬로라도 배낭이 무거워지는 것은 역시 괴로운 법.
늘어난 만큼은, 매력이 있는 텐트 산행을 위해서 참든가, 혹은, 과감
히 다른 등산장비를 필요 최소한으로 억제하거나, 처음부터 짧은
코스의 설정을 생각하는 등의 연구가 필요하다.

　넞 명인가의 텐트 산행자에게 물어본 결과, 몇 가지의 도움이 되는
연구를 들을 수 있었다. 산행의 경량화를 꾀한 짐의 예와 함께 그림을

소개한다. 앞으로의 산행 때에도 염두에 두자.

쾌적한 텐트 생활을 하기 위해서

실제로 산속에 텐트를 치는 장소인데, 어디나 가능한가라고 하면 그렇지 않다. 캠프지는 정확히 지정되어 있을 뿐만 아니라, 국립 공원 내에서는 지정지 이외는 전면적으로 금지되어 있다.

캠프지는, 대부분이 산장 주변에 있어, 관리도 산장의 사람이 하고 있다. 캠프지의 기본적인 조건으로서, 물터와 화장실이 설비되어 있어야 하기 때문이다. 자연 보호상, 지정된 곳에 텐트를 쳐야한다. 지정지 이외에 치면, 산장의 관리인이나 자연보호 지도원에게 철거를 명령당하므로 주의해 주기 바란다.

실제로 텐트를 칠 때에 주의해야 할 것은, 먼저 정성껏 땅을 고르게 다듬는다. 텐트를 치고 나서 등에 돌이 닿는 것 같으면 실격이다. 단, 비가 내리기 시작했을 때는, 땅을 고르는 것은 극히 간단히 하고 가능한 한 비가 새기 전에 치는 것이 중요하다. 관리되고 있는 야영지는 땅고르기가 되어 있는 곳이 대부분이지만, 가끔 경사져 있는 곳도 있다. 누워 있는 사이에 몸이 미끄러지기 때문에 가능한 한 평탄지를 찾자. 텐트를 칠 때는, 입구는 바람이 닿지 않는 방향으로 해야 하지만, 산에서는 항상 일정 방향으로 바람이 불고 있는 것은 아니다. 입구를 열었을 때, 전망 좋은 방향으로 하는 것도 하나의 방법이다.

1인용이나 1~2인용의 텐트는 말할 필요도 없이 좁다. 정리 정돈을 유의하기 바란다. 취사 때는 버너를 밖에서 사용하고, 산소 결핍을 막는다. 만일 비 등으로 안에서 사용할 필요가 있을 경우는, 통풍구를 열어서 충분한 환기를 한다. 텐트가 좁다고 해서, 코펠이나 버너를 밖에 놓아 둔 채로 있는 사람을 흔히 보는데, 밖에는 아무것도 방치하

텐트는 지정지에 치지 않으면 철거를 명령받는다

지 않도록 한다.

　텐트를 넣어둘 때는, 페그(peg) 등의 잊기 쉬운 물건을 주의하고, 쓰레기는 반드시 가져 오도록 한다. 돌을 치우면 쓰레기가 나오는 등의 일이 없도록 해 주기 바란다.

　텐트 산행의 경우, 기후 관계로 반드시 지정 캠프지에 도착할 수 없는 경우도 있다. 그 때는 다음 사항에 주의해서 캠프하면 좋을 것이다.

① 강변을 피한다. 물이 있으니까 좋을 것 같다고 생각되기 쉽지만, 물이 불었을 때에 잠길 가능성도 있다. 게다가 물소리가 시끄러워서 편히 잘 수 없다.

② 낭떠러지 밑을 피한다. 언제 갑자기 낙석(落石)이 있다고도 할 수 없다. 특히 비가 내린 후는 지반이 약하므로 피한다.

③ 능선을 피한다. 능선은 전망은 좋지만, 강풍이 불기 쉽다. 텐트를 몽땅 날리지 않기 위해서도 능선에서 조금이라도 내려간 풍하쪽으로 한다.

④ 큰 나무 아래를 피한다. 이것은 능선에서도 마찬가지이지만, 벼락이 떨어졌을 때, 피해를 입을 가능성이 높다. 또한 고목 가지가 떨어져서 텐트에 구멍이 뚫릴 뿐만 아니라, 부상을 입는 경우도 있다.

⑤ 얕은 골짜기에는 들어가지 않는다. 강변과도 공통하지만, 얕은 골짜기에서는 비가 내린 후 등, 홍수의 습격을 받을 가능성이 높다.

그 외에, 눈계곡의 도중이나 눈사태가 일어날 것 같은 곳에는 치지 않도록 한다.

텐트 산행도 익숙해지면, 차츰 1박, 2박, 3박 연박하고 싶어지기 마련이다. 텐트에서의 연박이라고 하면, 종주하는 계획이 떠오르지만, 단독보행의 경우에는, 하나의 지점에 텐트를 치고 유유히 지내는 것을 생각해 보기 바란다. 정착 텐트에서 아무데도 가지 않고 누워 있는 것도 좋고 종주에서는 걸을 수 없는 지역을 산책 기분으로 거닐어 보는 것도 좋을 것이다. 의외의 느낌이 있을지도 모른다.

□겨울산을 즐긴다
눈이 쌓여 산이 1년 중에서 가장 아름다와지는 시기. 이 때를 놓칠 수는 없다

겨울산이라고 하면, 곧 눈바람, 눈사태 등 위험한 이미지를 떠올리기 쉽다. 그 때문인지 여름에 잘 오르고 있던 사람도 전혀 오르지 않게 된다. 그러나, 산이 눈을 뒤집어쓰고 1년 중에서 제일 아름다와지는 것이 겨울. 그리고, 수풀이 눈에 덮여 걷기 쉬운 것도 겨울이다. 이 시기를 간과할 수는 없다. 그래도 단독보행인 이상, 위험성이 높은 3000미터급의 산은 무리이다. 1000미터급의 낮은 산을 주요 무대로 하기 바란다.

낮은 산이라고 해도 겨울산의 매력은 충분히 맛볼 수 있다. 예를 들면, 겨울이 아니고서는 불가능한 산악 전망이나 다른 계절과 달리 공기가 매우 맑기 때문에 잎을 떨어뜨린 나뭇가지 끝 사이로 생각지도 않았던 먼 산들을 볼 수 있어 환성을 지를 것이다. 전망도 물론이지만 아침해를 뒤집어 쓴 안개낀 얼음이나, 저녁무렵에 산들이 오렌지색으로 물드는 모습에도 눈이 휘둥그래질 것이다.

"겨울은 별로 사람이 올라오지 않아서 유유히 조용하게 등산을 할 수 있는 것이 매력이지요. 양지 쪽에서 커피를 마시면서 멍하니 있으면, 1년내내 겨울이었으면 좋겠구나라고 생각해요."라고 말하는 것은 Z씨(54세).

J씨(40세)는 "겨울의 존엄함이 좋아요. 마을에서는 맛볼 수 없는 엄숙한 분위기가 좋고요. 매우 와일드한 기분이 될 수 있기 때문."이라고 이야기한다. 덧붙이자면 그 사람 모두 단독보행을 시작한지 10년 이상의 베테랑들이다.

걱정이 되는 눈, 추위, 일조시간(日照時間)

겨울산 쪽이 걷기 쉬운 경우도 있다

겨울의 중급산악에 들어가기 위해서는 사전에 강습을 받자 처음 겨울산에 오르려고 하는 사람은, 먼저 눈이 쌓이지 않은 시기에 오른 적이 있는 낮은 산부터 시작하는 것이 이론이다. 사전 조사, 문의 등은 앞 항에서 소개한 요령으로 하고, 조금이라도 불안을 없애고 나서 나가자.

초보자는 특히 눈의 양이 마음에 걸리기 마련이다. 코스 중의 산장에 전화로 묻든가 부근에 있는 스키장의 눈의 양으로 추측해 보는 것도 한 방법이다.

겨울산에서 주의해야 하는 사항은 여러 가지 있다. 예를 들면, 추위. 얼마큼 추운지 처음인 사람은 가장 걱정이 되는 점이다. 산에서는 100m 오를 때마다 0.6℃ 내려간다고 한다. 1000m의 고도차를 오르면 단숨에 6℃ 내려가는 셈이 된다. 등산 입구에서 온도를 재서 예측해 보면 좋을 것이다. 단, 그 때 잊어서는 안 되는 것이 체감 온도이다. 바람이 불면, 고도차에 플러스되어 온도가 내려간다. 대개 풍속 1m에 1도 내려간다고 한다. 풍속 10m에 10도, 아니 그 이상이라고 생각하는 편이 좋을 것이다. 겨울 추위에 대항하기 위해서도 방한복은 정확히 갖추기 바란다. 또한, 평소부터 두꺼운 옷을 입지 않는 등의 내한훈련도 유의해 두면 좋을 것이다.

겨울산이 여름산과 다른 것은, 일조 시간을 봐도 알 수 있다.

겨울은 여름보다도 몇 시간이나 적은 일조시간이 된다. 여름산을 생각하고 유유히 걷고 있으면 코스 도중에서 해가 저물어 버린다고 하는 셈이 된다. 겨울산을 걸을 때는 이 점을 확실히 염두에 두자. 해가 저물었다고 서둘러서 속도를 내 부상을 당해도 소용없다. 또한, 겨울산에서 눈이 밟혀 있지 않을 때는 의외로 시간이 걸리는 법이다. 코스 시간의 1.5배에서 2배걸리는 것을 상정하고 계획을 세울 필요가 있다. 어쨌든 여름산보다 더 일찍 출발하고 도착하는 것을 유의해야 한다.

중급 산악에 올라 보면 보다 겨울산의 훌륭함을 맛볼 수 있다. 그러나, 말할 필요도 없이 중급 산악은, 피켈과 아이젠의 세계이다. 그 도구들을 다룰 수 없는 동안은 들어갈 수 없는 영역이다.

제3장

즐겁게 산에 오르기
위해서 테마를 만든다

□꽃밭이 있는 산을 찾아서 오른다
고산 식물의 아름다움을 알고, 그 중요성을 미리 알아 둔다.

단독보행은 이야기 나눌 상대도 없이 고독한 것이다. 자칫하면 목적을 잃기 쉬워진다. 그러나, 큰 목표를 갖고 있으면 다시 용기가 솟아 산으로 되돌아가고 싶어진다. 이 장에서는, 목표를 생각할 때에 참고로 하기 바라는 아이디어를 몇 가지 소개했으니까 도전해 보는 것은 어떨까?

여름산 등산의 즐거움 중의 하나로 고산 식물을 만날 수 있는 점을 들 수 있다. 등산길가나 바위 뒤에 조용히 피어 있는 참깨풀이나 층층이 백합, 바곳 등을 보면, 그 가련함에 그때까지의 피로도 잊어 버린다. 하물며 그것이 꽃밭이라고 불리는 고산 식물의 밀집지역이 되면 그 자리에 사로잡혀 버리는 사람이 무척 많을 것이다.

"겨울, 눈 밑에서 가만히 있었던 것이, 여름이 되어 일제히 피는 생명력에 사로잡힌다."고 그 매력을 이야기한다. L씨는 꽃을 볼 뿐만 아니라, 1안 리플렉스 카메라에 꽃을 가깝게 찍을 수 있는 매크로 렌즈를 부착해서 촬영하고 있었다. 필름은 리버설. 자택에서 슬라이드 영사로 즐긴다고 한다.

"나는 꽃밭이 있으면 만족해서 피크를 밟지 않고 돌아가는 경우가 가끔 있어요"라고 웃지만, 이런 등산법이 있어도 좋을 듯하다.

이와 같은 꽃밭을 찾아서 걸을 수 있으면, 보다 한층 즐거운 산 여행이 틀림없이 될 것이다. 산에 피는 식물에는 손을 대지 말고 보는 것으로만 그쳐야 한다.

□한 산의 권위자가 된다
정통해 있는 산을 갖는 것은, 다른 산에 갈 때의 자신감도 된다.

고산식물의 가련한 꽃을 만나면 곧 카메라를

설악산에서 알게 된 ㄷ씨(43세)는, 도내에 있는 인쇄 회사에 근무하는 샐러리맨이지만, 이야기해 보니 설악산에 대해 상당히 자세하다. 물어보니 이 6년간 오른 횟수가 50회를 넘어 설악산의 등산로라고 하는 등산로는 전부 걸었다고 한다. 내가 ㄷ씨에게 감탄한 것은 등산 횟수가 아니다. 횟수뿐이라면, 100회, 200회 오른 사람도 여러 명이 있기 때문이다.

ㄷ씨의 경우, 횟수를 경쟁하는 것이 아니라, 얼마나 설악산을 깊이 아느냐라고 하는 점에 정열을 태우고 있는 것이 매우 매력적이다. 그것도 그저 단순히 설악산을 걷고 있는 것이 아니라, 다른 산도 정력적으로 걷고 있다. "한 산을 알고 있으면, 모르는 산에 들어가도 그렇게 당황하는 일이 없지요."라고 ㄷ씨는 말하지만, 설악산에서 길러진 노하우가 자신감으로도 이어지고 있는 듯하다. "처음은 일반적인 걸 능선이나 주맥 종주 코스부터 들어갔다. 개요를 알기 위해서이다. 그리고 나서 서서히 전진해 간 것이다." 숙박에는 산장이나, 피난 오두막, 텐트 등 여러 가지 방법을 시험해 보았다고 한다.

"같은 코스도 사계(四季)를 통해서 걸으면 이미지가 달라 전혀 다른 산을 걷고 있는 듯한 느낌이 든다. 그것이 또 좋을지도 모른다. 하긴 겨울의 눈이 많을 때, 러셀(Russell)에 고생하고 몇 번인가 되돌아온 괴로운 경험도 있지만"이라고 ㄷ씨는 쓴 웃음을 짓는다.

주요 길을 사계를 통해서 걸은 후에 더듬은 것은, 일반적으로는 등산로가 아닌 길이었다.

"길은 바꿈으로서 풍경이 그 때마다 다르다. 보통 걷고 있으면 모르는 바위밭이나 물터를 발견하거나, 혹은 산기슭의 낯선 마을에 들어가서 노인과 이야기에 열중해 보거나하는 새로운 발견만 하고 있다."

산에 들어감으로서 뜻밖의 아이디어가 떠오르는 경우도 있다

ㄷ씨가 가지고 있는 지형도를 보니, 걸은 길을 표시한 붉은 선이 빽빽이 그어져 있다. 거의 그은 곳이 남아 있지 않다고 생각될 정도이다.

ㄷ씨는 오를 때마다 지형도의 기록뿐만 아니라, 행동 기록이나 사진을 찍어서 파일하고 있다. 틀림없이 좋은 자료가 완성될 것이다.

□산에서 뭔가를 발견해 보자
차분히 자연을 바라봄으로써, 지금까지 깨닫지 못했던 사실이 보인다.

등산에도 익숙해지면, 정신적으로나 육체적으로나 여유를 가질 수 있는 시기가 반드시 찾아 온다. 사람에 따라서는 낮잠을 자기도 하거나, 친구나 아는 사람에게 보내는 그림엽서를 만들기 위해 좋은 앵글을 찾아서 돌아 다니거나, 혹은 전망 좋은 곳을 찾아서는 가장 좋은 와인을 꺼내서 마시는 사람도 있다. 베테랑이 되면 될수록 자신의 보행법에 맞는 산의 즐기는 법을 연구하게 된다. 역시 산에 오르는 이상은 즐거운 등산을 하고 싶다고 생각하는 것임에 틀림없다.

그런데, 여기에서 권하고 싶은 것은, 조금이라도 여유가 생기면 자연을 바라보는 시선을 가져 보라는 것이다. 5분이나 10분이라도 단독보행의 자유로움, 그리고 주변으로부터 성가시게 굴지 않는 차분함 속에서 뭔가를 발견해 보려고 노력해 보자.

산은 시점의 갖는 법에 따라서, 여러 가지 발견이 가능하다. 큰 발견은 좀처럼 있는 것은 아니지만, 혼자서 산을 걸으면서 작은 발견을 찾아다니는 자세라고 하는 것은 중요하고, 의미있는 일이다. 그것은 산을 걷는데 있어서의 여유의 표현이라고 해도 좋고, 등산을 보다 즐겁게 하기 위해서도 필요한 것이다.

제4장

혼자이니까 구애되지 않는 옷과 장비

□무설기(無雪期)의 복장
주로 초여름부터 여름에 걸친 복장. 더위로부터 달아나기 위해서 통기성이 좋은 것을 선택한다.

등산은 다른 스포츠와 달리, 대량의 장비를 필요로 한다. 전부 갖추려면 많은 돈이 필요하다. 이것은 등산을 하려면 어쩔 수 없겠지만, 긴 안목으로 보고 싸게 끝내는 방법도 있다. 그것을 구입할 때에 좋은 제품을 사는 것이다. 신용 있는 전문점에서 비싸도, 좋은 제품을 선택한다. 이러면 어폐가 있을지도 모르지만, 싸고 품질이 나쁜 것을 사서 곧 못 쓰게 되는 제품보다 좋은 결과를 낳는 것은 분명하다. 제품이 오래 가면 그만큼 싸게 끝내고, 애착도 생기기 마련이다.

덧붙이자면 내가 입고 있는 복장의 대부분은 가볍게 10년을 넘고 있는 것뿐이다. 그 중에는 매우 봉제가 약해져서 수선한 것도 있고 단추가 모두 다른 것들로 되어 있다. 그러나, 새로 살 마음은 생기지 않는다. 그것은 애착 이상으로 오랜 기간 사귀어 온 장비에 신뢰가 있기 때문이다. 더울 때, 추울 때에 어떻게 하면 좋을지 민감하게 반응해 주기 때문이다. 장비는 일심 동체가 아니면 안 된다고 해도 과장은 아니다.

그런 의미에서도, 살 때에는 비싸다고 생각해도 좋은 제품을 선택해서 오래 입을 수 있도록 하기 바란다. 그것을 근거로 한 후에 여름 산에 필요한 복장을 체크해 보자.

상의

반드시 긴 소매일 것. 반소매라면 햇빛에 타거나, 날씨의 급변으로 온도가 내려갔을 때 체온을 뺏기기 쉽다. 또한, 구르거나 추락했을 때에 위험이 커질 가능성이 있다. 긴 소매라면 더울 때는 소매를 걷기

만 하면 된다. 권장은 사계절용의 셔츠가 좋지만, 높은 산에서는 보온성이 있는 울(wool)로 하기 바란다. 살 때는 사이즈를 큼직하게 한다. 밑에 스웨터를 입을 수 있을 정도가 좋다. 이렇게 하면 스웨터를 위에 입는 것보다 보온 효과가 있다.

바지

반바지 이외의 것일 것. 이유는 반소매와 동일. 그 전에는 바지라고 하면 니커(knicker) 바지가 주류였지만, 최근에는 신축성 있는 클라이밍(climbing) 팬츠가 눈에 띄게 되었다. 어느 쪽을 선택하느냐는 기호가 되지만, 무릎이 편한 것은 니커 바지인 것 같다. 사계절용으로 울 제품이 좋다. 입어 보고 넉넉한 것을 선택한다.

내복

여름이라도 추울 때를 생각해서 울이 좋다. 젖어도 차가와지지 않고 보온성이 있기 때문이다. 단, 더울 때는 무덥기 때문에 망사 내복이 있어도 좋다. 최근에는 클로로파이버, 폴리프로필렌 등 싸고 더구나 울에 가까운 소재의 것도 있으므로 구입시에 검토해 보기 바란다. 갈아입을 내복도 잊지 않도록 하자.

스웨터

여름산이라도 1장 있으면 춥지 않게 보낼 수 있다. 얄팍한 것이라도 좋고, 텐트나 산장 혹은 휴식 때에 입도록 한다.

양말

니커 바지의 경우는 니커호스와 양말의 한 벌을 이용한다. 긴 바지

의 경우는 두툼한 양말을 신는다. 니커호스는 스리시즌용의 울 제품
이 좋다. 더구나, 모두 맨발에 평소는 신는 양말을 1장 더 신으면
발 까짐을 막을 수 있다.

비옷

　상하 분리된 타입으로 고어텍스 등 투습방수 소재의 비옷을 권장한
다. 몸에서 발산하는 증기가 소재인 미크로 구멍으로 발산되기 때문
에 부덥지 않다. 최근에는 보온성이나 내구성도 커져서 비옷뿐만
아니라 방한복으로서도 사용할 수 있게 되었다.

모자

여름의 강한 햇빛으로 일어나는 일사병이나 열사병을 막기 위해서도 반드시 필요하다. 머리 전체를 보호하기 위해서도 야구 모자가 아니라, 차양이 빙 둘러 있는 것이 좋다. 능선에서 날아가지 않도록 턱끈도 다는 것을 잊지 말자.

목장갑

바위밭을 걸을 때나 버너를 사용할 때에 필요하다. 극히 보통의 것으로 충분하지만, 고무끈이 달려 있는 것이 보다 효과적이다.

□무설기(無雪期)의 장비
산행 전에 충분히 사용법에 익숙해져 둔다. 하산 후에는 애착을 갖고 관리에 유의한다.

등산 도구는 여러 가지 있다. 등산용품점에 가면 어느 것을 사야 좋을까 망설일 정도이다. 불필요한 것을 사거나, 점원이 하라는 대로 쓸데없는 것을 사 버리거나 하는 경우도 많다. 후회하지 않기 위해서도, 혼자서 걷기 위해서는 무엇이 필요하고 무엇이 필요없는지를 미리 정확히 염두에 두는 것이 중요하다.

버너를 예로 들어 보자. 버너에는 대형과 소형이 있지만, 단독보행의 경우는 소형으로 충분하다. 대형을 사도 짐이 될 뿐이다. 또한 중요한 것은 사용 방법을 들을 뿐만 아니라, 점원의 지도하에 실제로 사용해 보고 익힐 것. 스스로 이것 저것 조작하는 것보다, 이때에 물어 두는 편이 지름길이다.

묻지 않고, 산에 들어가고 나서 사용법에 고민하고 있으면 단독보행 실격이라고 말할 수 있다.

단독보행에 있어서 장비는 손이 되고 발이 되는 법이다. 충분히 익히고 산에 들어가기 바란다. 몇 번이나 반복해서 사용하고 있는 사이에 복장과 같고 애착이 생겨서, 산행도 한층 더 즐거움을 더한다.

이제, 단독보행에 있어서 중요한 장비의 기본 아이템을 소개하자.

등산화

당일코스 도보여행의 경우라면 가벼운 등산화로 충분하다. 그러나, 장래 알프스의 종주나 겨울의 저산(低山) 보행을 하고 싶다고 생각하는 사람은, 본격적인 가죽 등산화를 처음부터 구입해 두고, 신발에 익숙해져 두면 좋다. 신발에 익숙해지기 위해서는 집 주변을 걷는 것도 좋고, 당일 도보여행에 나가보는 것도 좋다. 걷는 연습을 하지 않고 나가는 것은 공연히 발에 물집을 만들뿐이다. 더구나, 구입할 때는 저녁 무렵에 하는 것이 요령이다. 저녁이 되면 발에 혈액이 모여서 사이즈가 커지기 때문이다.

배낭

스타일보다 크기로 배낭을 선택한다. 야영했을 때에 하반신이 쑥 들어가는 정도의 것이 좋다. 용량으로 말하자면 50리터 이상으로, 70리터 전후는 필요하다. 이거라면 2박 3일은 충분히 통용한다. 모양은 프레임이 달려있지 않은 세로로 긴 배낭이 좋다. 배면(背面) 패드, 웨스트 벨트가 달려 있으면 부담이 경감된다. 옵션으로 사이드 포켓이 있는 것은 구입해 두면 나중에 편리하고, 파킹할 때에 소도구 통으로서도 사용할 수 있다. 또한, 비가 내릴 때에 뒤집어 쓰는 배낭 커버도 있으면 편리하다.

슬리핑

백 첼트

50 l ~70 l의 배낭

버너

컵

코펠

물통

스푼 포크세트

고형연료

성냥

가는 끈

나침반

지도

라디오

타올

헤드램프

비노큘러

화장지

보험증

나이프

세면도구

주민등록증

응급치료상자

카메라

더구나, 배낭과 의미는 다르지만 허리에 휘감는 웨스트 백이 있으면 소도구의 넣고 꺼냄이 유연해진다.

슬리핑 백

여름은 사계절용이나 반(半) 슬리핑 백이 적당하다.

코펠 · 버너

제5장의 '간편한 취사 도구로 한다'를 참조.

물통

폴리탱크와 금속으로 된 것이 있다. 2리터의 폴리탱크가 단독보행의 경우 적당하다. 텐트에서 물터가 멀 때를 위해서 비닐로 된 5리터 전후의 접는 식 물통을 가져 가면 편리하다.

손전등

당일 도보여행 때라도 반드시 가져가 주기 바란다. 손에 쥐는 타입과 헤드 램프가 있지만, 헤드램프 쪽이 사용하기 쉽다. 산을 걸을 때는 가능한 한 손에 물건을 들지 않도록 한다. 또한 예비 전지와 전구를 잊지 않도록 하자.

지형도 · 나침반 · 고도계

제6장의 '보는 것보다 읽는 능력을 키워주기 바라는 지형도'를 참조하자.

첼트(간이 텐트)

날씨가 급변했을 때 등 야영하기 위해서 사용한다. 단독보행을 하는 사람은 산장을 이용할 때라도 배낭에 넣어 두기 바라는 중요 아이템이다. 소재는 나일론이 일반적이지만, 고어텍스로 된 것이 더 좋다.

텐트
제2장의 '텐트 생활을 즐긴다'를 참조하자.

트랜시버(transceiver)
제9장의 '구르고 추락해서 염좌, 골절해 버렸다'를 참조하자.

가벼운 아이젠
눈계곡을 걸을 때에 필요하고 4발 발톱이 적당하다. 그 때 짧은 스패츠가 있으면 눈이 들어오지 않는다. 고어텍스가 무덥지 않아서 좋다.

응급 치료약
제4장의 '있으면 안심되는 약'을 참조하자.

단열 매트
스펀지와 알루미늄으로 된 깔개를 말한다. 추울 때는 둘둘 말아서 자면 따뜻하고, 비상시는 빛을 반사해서 알맞는 목적물이 된다.

랜턴
양초를 사용하는 것으로 충분하지만, 가스 봄베를 사용하는 것도 좋다.

기록 용구

비에도 번지지 않는 볼펜이 좋고, 메모지는 작지 않고 쓰기 쉬운 것을 선택한다. 카메라는 가능한 한 목에 걸어 두도록 하고, 셔터 찬스를 놓치지 않도록 한다. 또한, 자기 자신도 다른 등산자에게 찍어 달라고 하거나, 셀프타이머로 찍어 두도록 한다. 그 때는 놓는 장소를 연구해서, 짐이 되는 삼각은 가져가지 않도록 해 주기 바란다.

데이터 카드

두툼한 종이에 자신의 이름, 주소, 혈액형 등을 써 둔다.

그 밖의 장비

화장지는 심을 빼서 가져 간다. 하산 후에 온천이 있으면 들어가기 위해서 세면 용구도 잊지 말자. 그 밖에 주민등록증을 가져 가는 것도 잊지 않도록 한다.

또한, 신발끈의 여분이 있으면, 끊어졌을 때 뿐만 아니라 긴급용으로도 사용 할 수 있으므로 배낭 위 주머니에라도 넣어 두기 바란다.

□적설기(積雪期)의 복장
늦가을부터 초봄에 걸친 복장이다. 혹독한 추위에 지지 않기 위해서 보온성이 좋은 것을 선택한다.

겨울의 낮은 산을 처음 걸을 때에 걱정이 되는 점의 하나로 추위를 들 수 있다. 어느 정도 추울까, 걸어서 갈 수 있을까라고 초보자인 사람은 이것 저것 생각할 것이 틀림없다. 온도에 관해서는 제2장의

적설기의 단독보행에 갖추어야 할 기본적인 복장과 장비

모자
다섯손가락 장갑
울로 눈이 가는 스웨터
선글라스
고어텍스계 오버 재킷
견스카프
벙어리 장갑
울의 커터셔츠
롱부스팬츠
상하언더 웨어
니커 바지
사로페트식 오버바지
스톡
4발 발톱 아이젠
니커호수 양말
테르모스
방수 스프레이
인스턴트 주머니난로

'겨울산을 즐긴다'를 참조로 하고, 여기에서 생각하고 싶은 것은 어떤 복장을 하면 추위에 견딜 수 있느냐라고 하는 것이다.

나의 경험으로 보면, 행동 중은 견딜 수 없다고 할 만큼 추위를 느끼는 일은 없다. 보행으로 생기는 열로 오히려 따뜻할 정도이다. 문제는 행동이 끝난 후, 텐트나 피난 대피 산장에서 가만히 있을 때의 추위이다. 그런 때, 복장이나 장비가 부족하거나 하면, 즉시 추위가 고통 이외의 아무것도 아니게 된다. 더 나아가서는 만족하게 잘 수 없고, 다음 날의 행동에 크게 영향하게도 된다. 그렇게 되지 않기 위해서도 복장은 보온 효과가 높은 것이 요구된다.

그렇지만 다시 겨울의 복장을 갖춘다고 하는 것은 절대 경제적으로도 쉽지 않다. 그래서 권하고 싶은 것이, 여름의 복장과 가지고 있는 것을 배합해서 추위를 극복한다고 하는 방법이다. 사실은 나도 하고 있는 방법이지만, 참고가 되면 시험해 보기 바란다.

이하, 아이템별로 소개하자.

상의

원칙은 두툼한 울 커터 셔츠가 좋지만, 겨울외의 삼계절(三季節)용의 것이라도 상관없다. 단, 그 때는 움직이기 쉽고, 평소부터 익숙해 있는 얄팍한 옷을 1장이나 또는 2장 겹쳐 입는다. 겨울은 1장의 두툼한 옷을 입는 것보다 얇은 옷을 겹쳐 입는 편이 공기층이 늘어나고, 보온력이 더해서 따뜻해지기 때문이다.

바지

추위도 보온력이 있는 두툼한 니커 바지가 좋다. 긴 바지는 차가와지면 버석버석해질 가능성이 높다. 겨울외 삼계절용의 니커 바지일 때는, 그 아래에 울의 언더 바지(잠방이)를 잊지 말자.

내복

상하 세트의 언더 웨어는 절대 필요하다. 울, 클로로파이버, 폴리프레필렌, 오론 등이 보온성이 풍부하고, 땀을 발산해 준다. 하산 후, 온천에 들어갈 때를 위해서 갈아입을 속옷은 잊지 말고 가져간다.

스웨터

울로 눈이 촘촘하고 두툼한 것. 얇은 것은 이 시기는 어울리지 않는다. 처음부터 두꺼운 것 1장으로 한다.

재킷

격렬한 움직임에도 무덥지 않은 것이 좋다. 이전은 더블 아노락(anorak)이 주류였지만 현재는 고어텍스, 미크로텍스를 사용하여 방수 투습가공을 한 것이 주류가 되었다. 구입할 때는 디자인보다, 실제로 입어 보고 움직이기 수월한 것을 선택한다.

겉 바지

재킷과 같은 소재가 좋다. 단순히 바지보다 멜빵식 쪽이 허리를 따뜻하게 감싸 주고, 넘어졌을 때에 눈이 들어가지 않는다.

양말

울의 두툼한 니커호스와 양말의 한 쌍을 신는다. 맨발에 평소 신어 익숙한 양말을 1장 신으면 발이 까지지 않고, 보온 효과도 오른다.

모자

귀를 동상으로부터 지키기 위해서 완전히 머리를 감싸는 것이 좋다. 울의 스키모자가 일반적이지만, 귀덮개를 접을 수 있는 모자도 인기가 있다. 또한, 눈바람이 불 때는 눈과 입만을 내놓을 수 있는 모자가 있으면 따뜻해져서 좋다.

장갑

울의 다섯손가락 장갑. 이 위에 겉 벙어리장갑을 해서 손가락을 동상으로부터 지킨다. 더구나, 버너를 사용할 경우는 목장갑으로 한다.

스카프

실크 스카프. 목에 감으면 따뜻하고 몸으로부터의 열도 발산하지 않는다.

□적설기의 장비
무거워지기 쉬운 겨울 장비. 취사 선택해서 가벼움을 구별하는 눈을 가져 주기 바란다.

겨울산이라고 하면 떠오르는 것이 피켈(pickel)과 아이젠(Eisen)이다. 특히 피켈은, 산을 시작한 사람에게 있어서 언젠가는 피켈을 가지고 은백의 세계를 걸어 보고 싶다고 생각하게 하는 것이다. 자못 겨울의 '산사람'이라고 하는 느낌으로 동경하기 때문일 것이다.

그러나, 피켈을 사용하는 장소는 높은 산이다. 그것도 단독보행에도 익숙하고, 겨울산 강습을 확실히 받고 나서 사용하는 것으로 낮은 산에서는 필요없다. 낮은 산에서는 얼음보다도 눈이 많기 때문에,

스키의 스톡 쪽이 효과적이다. 모처럼 피켈을 갖고 가도 지팡이로 삼고 있는 것 같아서는 노력의 허사라고 말할 수 있다.

무거워지기 쉬운 겨울 장비는, 조금이라도 가볍게 하기 위해서도 정확히 목적 의식을 갖는 것이 중요해진다. 단독보행을 하는 이상은 가벼움, 간편함을 유의해서 체력을 쓸데없이 사용하지 않는 것이 철칙이기 때문이다.

아래에 장비를 소개하지만, 실제 산행에서는 개인에 따라 불필요하다고 생각되는 장비가 생길 것이다. 취사 선택을 유의해 주시기 바란다. 그런 눈을 기르는 것도 하나의 실력이기 때문에이다.

등산화

아이젠을 달고 밴드를 조여도 영향이 없는 본격적인 등산화가 아니면 안 된다. 그리고 신발에 충분히 익숙해져 있을 필요가 있다. 그러기 위해서도 가죽 등산화를 구입해서, 여름 동안에 몇 번이나 걸어 두도록 한다. 또한 가죽과는 대조적인 플라스틱 부츠도 있다. 경량이고 방수성이 좋아 겨울산용으로서 인기가 있다.

배낭

이 장의 '무설기의 장비'를 참조.

슬리핑 백(sleeping bag)

제품에 기록되어 있는 내한 온도를 참고로 해서 구입한다. 겨울산에서 추워서 잘 수 없는 것만큼 괴로운 일은 없다. 깃털을 800g 전후 사용한 제품이 좋을 것이다. 슬리핑 백에서 잊기 쉬운 것이 슬리핑 백 커버. 추울 때에 폭 뒤집어 쓰면 보온력이 상승한다. 재질은 통기

성이 있는 것이 좋다. 통기성이 없으면 발산하는 증기가 슬리핑 백의 표면을 적셔서, 차가와지면 얼어 버려서 오히려 추워지기 때문이다. 슬리핑 백과 슬리핑 백 커버는 모두 정성스러운 검토를 한다.

코펠 · 버너
제5장의 간편한 취사 도구로 한다'를 참조한다.

물통

겨울 산에서는 물통의 물이 얼어 버려서 도움이 안 되는 경우가 많다. 종주 중에 따뜻한 홍차나 커피를 마시기 위해서도 소형 보온병이 있으면 도움이 된다. 가볍고 부피가 커지지 않는 것이 좋다.

손전등
이 장의 '무설기의 장비'를 참조한다.

지형도 · 나침반 · 고도계
제6장의 '보는 것과 읽는 능력을 키워주기 바라는 지형도'를 참조한다.

첼트(간이 텐트)
이 장의 '무설기의 장비'를 참조한다.

텐트
제2장의 '텐트 생활을 즐긴다'를 참조한다.

트랜시버
제9장의 '구르고 추락해서 염좌, 골절해 버렸다'를 참조.

응급 치료약
이 장의 '있으면 안심되는 약'을 참조한다.

아이젠(Eisen)
종주용의 12발 발톱의 아이젠이 있으면 여러 가지 대응이 가능하다. 최근은 벨트식보다도 원터치식이 인기가 있다. 그러나, 모두 충분히 사용법에 익숙해지고 나서 산에 들어간다. 아이젠을 발에 걸어서 전도하는 사고가 흔히 있다.

스톡

1개 있으면 충분하다. 사면(斜面)이나 아이스반에서의 균형 유지에 도움이 된다. 신축자재인 것은 간편하게 정리되기 때문에 가지고 다니기에 편리하다.

긴 스패츠

나일론제의 스패츠는 의외로 무더운 법이다. 신발 속이 젖어 버리는 경우도 있다. 그 때문에 발목부터 위가 고어텍스로 되어 있는 것이 좋다. 지퍼는 앞에 있는 것보다 뒤에 있는 편이 고장이 잘 안 난다.

피켈

종주용으로서는 너무 길지 않은 편이 좋다. 메이커에 따라서도 다르지만 55센티 정도를 기준으로 해서 선택하기 바란다. 특히, 블레이드의 폭이 넓고, 물미의 길이는 좀 짧은 것이 좋을 것이다.

단열 매트

이 장의 '무설기의 장비'를 참조한다.

랜턴

이 장의 '무설기의 장비'를 참조한다.

기록용구

이 장의 '무설기의 장비'를 참조한다. 참고삼아 카메라는 저온이 되면 전지가 작동하지 않게 되어 노출이 틀어지기 쉬워진다. 그런 때는 인스턴트 카이로로 따뜻하게 해 주면 정상으로 작동하게 된다.

인스턴트 카이로

봉투를 뜯고, 문지를 뿐으로 따뜻해지기 때문에 손발의 동상 방지에 유용하다. 또한 카메라의 전지를 따뜻하게 하는 데에도 사용할 수 있다.

데이터 카드

이 장의 '무설기의 장비'를 참조한다.

라디오

일기 예보 등을 듣기 위한 소형의 것. 산행을 하기 전에 전지를 확인해 둔다.

그 밖의 장비

이 장의 '무설기의 장비'를 참조한다.

□있으면 안심되는 약

산에서 병에 걸리는 것만큼 불안한 일은 없다. 단독보행이라면 더욱 더 그렇다. 필요 최소한의 약은 휴대하기 바란다.

산에서 병에 걸리거나 부상을 입거나 하면, 모처럼의 즐거운 산행

464

부은 데에 삼백초

화상에 가래

찰과상에
고마리

자신의 응급치료상자를 만든다. 때로는 들풀이 유용한 경우다.

이 재미없어진다. 그 뿐만 아니라, 악화시키면 큰일난다. 그룹등산이라면, 누군가가 배낭을 들어주거나 간병해 주지만, 단독보행의 경우는 스스로 해결해야만 하기 때문에 큰 일이다.　산장 지기가 있는 산장이라면 또 모를까, 혼자 텐트에서 끙끙 앓고 있을 때의 불안은 이루 다 말할 수 없다.

여름산에는 진찰소가 있어, 그곳에 뛰어들어갈 수도 있지만, 수가 한정되어 있는 데다가 기간도 짧아, 시즌 이외는 이용할 수가 없다.

그런 때를 위해서 준비해 두면 마음 든든한 것이 약세트이다. 스포츠 용품점에도 응급 치료약으로 팔고 있다. 그러나, 약사법의 관계로 중요한 위장약이나 소독약이 포함되어 있지 않다. 그것을 보충하기 위해서, 걸리기 쉬운 병을 상정하여, 약통에 자신용의 약도 첨가해 두자.

덧붙이자면 산에서 걸리기 쉬운 병이나 부상을 들면 다음과 같이 된다.

감기

산은 평지와 달리 환난의 차가 심해서, 땀을 흘리고 있으면 체온을 빼앗겨서 감기에 걸리기 쉬워진다. 걸릴 것 같다고 생각하면 감기약을 먹고, 따뜻하게 하고 자도록 한다.

복통

생수를 과음하거나, 익숙치 않은 음식을 먹음으로서 생긴다. 사람에 따라서는 산행의 긴장과 피로 때문에 일어나는 경우도 있다. 위장약을 먹고 안정하고 있을 필요가 있다. 그 때는 위를 위로 하도록 누워서, 무릎을 껴안도록 하면 편안해진다.

고산병(高山病)

표고가 높아져서, 공기가 희박해지면, 현기증, 구토, 귀울음, 식욕부진, 두통 등의 증상이 나타난다. 효과적인 치료법은, 증상이 일어난 장소에서 조금이라도 낮은 곳으로 내려가면 회복이 빨라진다.

염좌(捻挫)

피로해지면, 집중력이 부족해서 일어나기 쉬운 것이 이 염좌이다. 동통이 있고, 국부가 붓는다. 연고로 습포(濕布)하고, 반창고 등으로 고정할 필요가 있다.

이 외에도 화상, 찰과상, 벌레 물림, 설맹 등, 들자면 끝없을 만큼 산에서의 병이나 부상은 많다.

그런데, 나의 경우는 어떤가 하면, 산에 처음 오르기 시작한 무렵은, 머리 꼭대기부터 발끝에 이르기까지 약을 지참한 것이다. 그야말로 '계룡산의 약장사'와 같다고 일컬어졌을 정도였다. 그러나, 서서히 필요없는 약은 가져가지 않게 되고, 최근에는 발 까짐용의 일회용 밴드와 감기약을 2알 3알이라고 하는 정도이다.

중요한 것은, 산에서는 절대로 병이나 부상을 입지 않는다고 하는 마음 가짐이며, 대응이다. 예를 들어 감기에 걸리지 않도록 셔츠가 젖어 있으면 부지런히 갈아 입거나, 위장을 다치지 않도록 폭음 폭식을 하지 않도록 유의한다. 또한, 부상을 입지 않도록, 한 걸음 한 걸음 냉정한 보행법을 의식하고 있는 것도 중요해진다.

만일 병에 걸렸다고 해도, 가져 간 약이 효과적으로 듣는 체력으로 만들어 두는 것이 중요하다. 그러기 위해서는 평소부터 약을 별로 이용하지 않도록 하고, 사소한 열이나 복통을 기력으로 치료해 버릴 정도로 하기 바란다. 그렇게 함으로써 병에 걸리지 않는 저항력이 붙을 것이고, 약도 효력을 높이게 될 것이다.

더구나 약은, 위장약을 한 병, 밴드에이드를 한 상자 가져가지 말고 최소 필요양만 가져가기 바란다. 그때는 35mm 필름의 빈 케이스를 이용하거나, 약국에서의 약 싸는 법을 흉내내서 가볍고 간편하게 만들도록 유의하기 바란다.

□심심할 때에 있으면 즐거운 상품
산속의 1박, 주위에는 인기척도 없이, 고독한 밤은 적절한 법. 그런 때에 이것만 있으면……

산의 정적을 좋아하니까 혼자서 산에 들어간다고 해도, 자신 이외에 아무도 없는 텐트장이나 대피 산장은, 역시 적적한 법이다. 하물며, 바람이 불고 무서운 소리가 들리거나, 산장의 문이 덜커덕 덜커덕 울리면 성인 남자라도 절대 좋은 기분은 아니다.

가장 좋은 것은 슬리핑 백에 둘둘 말고, 지체없이 자 버리는 것이다. 그러나, 단독보행은 하는 사람은, 몸이 지쳐 있는데 정신 상태는 대낮의 연속으로, 팽팽히 긴장해 있는 경우가 많다. 특히 초보자는 익숙치 않아서, 그런 상태가 되기 쉽다. 주위가 조용하면 좀체로 잘 수 없게 된다.

그래서 마음의 긴장을 조금이라도 누그러뜨리고, 보다 쾌적한 잠을 얻기 위한 방법을, 평소 주변에 있는 소도구를 사용한 것으로 소개하자.

위스키
뭐니뭐니해도, 단독보행에 빼 놓을 수 없는 것이 이 위스키이다. 좀 멋있는 스키틀부터, 홀짝홀짝하면서 비스킷을 등을 집어먹는 것이

468

혼자가 아니고서는 불가능한 즐거운 밤을 보내자.

긴장감을 푸는데는 제일이다.

술을 못하는 사람이라도 약간의 알콜을 가져 가면 좋다. 추운 밤 등에 소량 마시면 몸속부터 따뜻해져서 내일의 활력도 솟아난다. 또한, 브랜디는 지쳤을 때의 각성제가 되므로 가져 가면 좋다.

그러나 과용은 다음날의 행동에 영향을 미칠 뿐만 아니라, 몸에서 발하는 열량이 급격히 늘어나서, 체온의 저하를 초래하므로 주의하기 바란다. 느긋한 기분이 되면 누워서 유유자적하자.

카세트 테이프 리코더

평소 들어 익숙한 음악을 녹음한 카세트 테이프를 가져 가서, 적절한 때에 듣는 방법이다. 가요, 록, 재즈 등, 자신의 기호에 맞는 것이라면 뭐든지 좋다. 자신의 연인이나 가족의 목소리를 녹음해 보면, 마음 든든한 기분이 될 수 있을지도 모른다. 하긴 고향 생각이 나면 아무것도 소용 없지만…….

한번, 테이프에 클래식을 녹음해 간 적이 있지만, 산속에서는 오히려 어쩐지 기분 나쁘게 들렸다. 역시, 익숙치 않은 행동은 하지 않는 편이 좋은 것 같다.

소형 텔레비전

지금까지의 등산에서는 산에 가져 가는 것을 거의 생각할 수 없었던 텔레비전이지만, 소형 텔레비전이라면 손바닥에 얹혀 버린다고 하는 간편한 크기로 가지고 다니기에 좋다. 더구나 컬러 방송을 즐길 수 있으니까 획기적이다. 무게도 200g에서 300g으로 매우 가볍고, 전지를 넣어도 그다지 부담이 되지 않는다. 그 중에는 AM, FM 라디오가 딸려 있는 것도 있다.

일기예보를 보고, 재빨리 구름의 움직임을 캐치할 수 있으니까 다음날 행동의 좋은 참고가 된다. 또한, 야구 나이터 중계를 보고 편안히 지내는 것도 좋을 것이다. 그 외에, 최근에는 소형 CD플레이어도 있어, 산에서 좋아하는 음악을 듣고 있는 사람은 흔히 보는 경우도 많아졌다.

그러나 들을 때는 모두 볼륨을 적당히 하기 바란다. 이어폰을 사용할 때는, 양 귀가 아니라 한쪽만 할 것을 권한다. 왜냐하면, 귀를 막고 있으면, 외부의 기색을 모르게 되어 버리기 때문이다.

예전에, 얕은 계곡에 텐트를 쳤는데 곰의 습격을 받았다고 하는 사고가 있었다. 계곡 소리에 양 귀를 기울여서, 곰이 다가 온 것을 미처 알아 챌 수 없었던 것이다.

음악을 듣고 있을 때도 마찬가지로, 한쪽으로는 바깥 상황에 주의하는 것도 필요하다.

□합리적인 파킹
파킹(parking)이 잘 되지 않으면, 걷기 어려울 뿐만 아니라 피로의 원인도 된다.

아무리 좋은 배낭을 짊어지고 있어도, 짐을 넣는 방법이 나쁘면, 중량 이상으로 무겁게 느껴지거나, 밸런스가 무너져서 걷기 어려워진다. 그 때문에, 불필요한 피로가 쌓여서, 빨리 지치는 원인이 될지도 모른다. 실제로 파킹 불량 때문에, 비스듬히 기댄 배낭을 짊어지거나, 배낭을 등에 알맞게 지지 않고 있는 사람에 한해서, 몇 번이나 배낭을 흔들어 올려 일부러 피로를 초래하고 있다. 그렇게 되지 않기 위해서도 합리적인 파킹을 할 필요가 있다.

먼저, 올바른 파킹의 기본을 다음에 소개한다.

① 가볍고 부피가 커지는 것은 바닥 쪽에 넣고, 무거워지는 것에 따라서 위에 넣는다.

② 좌우 어느 쪽인가가 무거워지지 않도록 균등하게 넣는다. 특히 사이드 포켓에 무엇을 넣을 때의 주의.

③ 빈번히 사용하는 것은, 꺼내기 쉬운 윗뚜껑 포켓이나 사이드 포켓에 넣는다.

④ 깨지기 쉬운 것은, 의류 등의 부드러운 것으로 말아서 보호한다.

⑤ 등에 닿는 부분에는, 매트가 있어도 각진 것은 넣지 않는다.

등이다.

파킹에 앞서서 필요한 것은, 쓰레기 봉지로서 시판되고 있는 비닐 봉지이다. 여기에 슬리핑 백이나 의류 등 젖어서는 안 되는 것을 넣어 둔다. 또한 사용 빈도가 높은 것과 낮은 것을 구별해 둔다. 소도구는 배낭 속에서 흩어지지 않도록, 나일론 봉지에 넣어 두면 좋을 것이다.

그런데, 배낭에 하나 하나 넣는 것인데, 우선 안봉지로서, 큰 비닐 봉지를 넣어 두면 좋다. 이 때, 잊는 물건이 없도록, 체크 목록을 만들어 두는 것도 중요하다.

이런 기본은 베테랑이 되면 될수록 철저한 것 같다. 왜냐하면 "슬리핑 백을 적셔서 잘 수 없는 하룻밤을 보냈다"라든가 "비가 내리기 시작해도 비옷을 밑에 넣었기 때문에, 꺼낼 때까지 완전히 젖어버렸다." 등의 괴로운 경험을 대개 한 번은 경험하고 있기 때문이다. 물론, 베테랑이 되면 그 이외에도 연구하고 있는 것이 많다.

예를 들면, H씨(42세)는 배낭에 맞도록 골판상자를 만들어서, 그 속에 식량을 정리해 넣고 있었다. 안을 들여다 보니, 식량의 쓸데없는 포장지는 하나도 없고, 알기 어려운 것은 매직으로 기입하고 있는 정성을 보였다. 그 외에도 색깔이 다른 봉지에 각각 짐을 분류, 수납하고 있었다. 봉지의 색만 보고도 무엇이 들어 있는지 알 수 있다고 하는 장치이다.

"걷고 있을 때에 코펠 등의 금속이 부딪치는 소리는 의외로 신경이 쓰이는 법."이라고 하는 것은 L씨(44세). L씨는 코펠과 코펠사이에는 비닐 봉지에만 갈아입을 내복을 넣고 있었다. 이거라면 비에 젖을 염려도 없고, 코펠의 가려진 공간을 사용하는 좋은 방법이라고 생각한다. B씨는 이 외에도 배낭의 윗뚜껑 부분에 접는 우산을 넣을 수 있도록 벨트를 달거나, 옆 주머니 속에까지 비닐봉지를 넣어 방수에 유의하고 있었다.

이것은 연구는 아니지만, 등산자 중에는 방울이나 카라비너 등 액세서리를 달고 있는 사람이 있다. 이렇게 하면, 뜻하지 않은 곳에서 걸리거나 할 가능성이 있으므로, 배낭에는 아무것도 달지 않는 편이 좋다. 특히 컵은, 밖에 달아도 먼지가 쌓일 뿐이기 때문에, 옆 주머니에 넣어 두도록 하기 바란다.

파킹이 잘 되는 요령으로서, 실제 산행에서 사용하지 않았던 것을, 산행마다 서서히 떼어가면 좋다. 그러기 위해서는, 앞에서의 체크목록과 대조하면 곧 판단이 설 것이다. 전체적인 무게를 위해서도, 불필요한 것은 가져 가지 않는다고 하는 점을 유의하기 바란다.

제5장

필요 충분한 식사인가,
우아한 만찬인가

□산의 미식가는 가정의 맛을 중요시 한다
산행 중 즐거움의 하나가 식사. 재미 있는 산행이냐 어떠냐는 식사 연구에 달려 있다.

단독보행은 불안이 으레 따르기 마련이다. 본래 즐거워야 할 식사도 처음은, 무엇을 어떻게 먹으면 좋을지 몰라 당황하기 쉽다. 이 장은 그런 불안을 제거하기 위해서, 식사의 기본부터 즐기는 방법까지 소개한다. 즐거운 식사가 되기 위해서도 참고로 해 주기 바란다.

산의 식사를 생각하면 식사에 구애되지 않고 짐을 가볍게 해서 산을 걷고 싶다고 하는 타입과 짐이 약간 무거워져도 좋으니까 식사도 산도 즐기고 싶다고 하는 욕심 타입이 있다.

나의 생각에는 전자는 초보자에게 많은 것 같다. 물론 그 중에는 먹는 것보다 산!이라고 하는 엄격한 산행을 좋아하는 베테랑도 있음에 틀림없다. 그러나 산에서 만난 초보자는 걷는 것만으로도 벅차서 식사까지 할 여력이 되지 않아 가벼운 인스턴트 식품으로 때우고 있다는 사람이 많았기 때문이다.

그런 면에서, 산에 익숙해진 단독보행의 사람의 식사는 연구가 되고 있다. 덧붙이자면 제3장의 '한 산의 권위자가 된다'에 등장한 ㄷ씨(42세)의 저녁 식사의 중심 요리는 야채 사라다이다. 그것도 토마토, 양상치, 옥수수, 아스파라거스, 오이, 양파의 생야채를 깨끗이 늘어놓고, 중화 드레싱이 듬뿍 뿌려져 있다고 하는 호화스러운 것이다. 그 뿐만 아니라, 날된장으로 만든 된장국에는 미역이 듬뿍 들어가 있었다.

이런 예는 들면 끝이 없을 정도이다. 어쨌든 산을 걷는데 익숙한 사람은, 식사에 구애되어 있다고 하든가 중요시 여기고 있는 경향을

인스턴트 식품뿐이라면 식욕 감퇴. 날것을 덧붙이는 연구를 볼 수 있었다. 등산의 여유라고 할 수 있을 것이다.

"산을 오래 오르고 있으면 점점 맛있는 것이 먹고 싶어진다. 그래도 그것은 특별한 것이 아니라 극히 일상적인 것으로 충분하다. 산에서 일상적인 것을 먹는 것만큼 어려운 것은 없다. 인스턴트가 아무리 발달해도 이것을·능가할 수 없다." 이렇게 말하는 것은 ㄷ씨. ㄷ씨는 예전에는 인스턴트 식품을 가지고 다녔지만, 현재는 무거워져도 가정에 있는 재료로 꾸려나가도록 하고 있다고 한다. 그 편이 자연스럽고, 산 자체도 특수한 것이 아니라 일상의 일부분이 된다는 것이다. 이 말을 듣고, 나는 궁극의 산 식사란 얼마나 가정의 테이블을 산에 가져가느냐라고 하는 것이 아니라고까지 생각했을 정도이다. 그것은 대충이라고 해도, 그것을 목표로 산의 식생활을 방향지을 수 있을 듯한 기분이 든다.

실제, 일상의 요리 쪽이 등산자에게는 부담없이 먹을 수 있고, 영양의 균형도 이룰 수 있다. 산은 건강한 스포츠라고 해도, 절대 특수한 스포츠는 아니기 때문이다. 그러나, 그렇다고 해도 짐이 무거워지는 관계로 상당히 초보자가 실행에 옮기는 것은 어렵다. 짐이 가벼운 것이 단독보행의 원칙으로, 그 때문에 많은 사람이 산 식사를 인스턴트 식품에 의존하고 있는 이유이기도 하다. 산행이 길어지면 질수록 인스턴트 식품에 의존하는 확률은 높아진다. 그것은 하는 수 없다고 해도 3일의 산행이라고 하면 그 첫날만이라도 인스턴트 식품을 사용하지 않는 날을 설정할 것을 권한다. 1박 2일이라면, 앞에 말한 ㄷ씨와 같은 연구를 한 식사를 매번 유의하도록 하기 바란다.

하긴 갑자기는 무리이니까 처음에는 인스턴트 식품을 사용한다고 해도, 서서히 방향 전환을 해 나가면 좋을 것이다. 그 사이 산에도 익숙해지고 체력이 붙으면, 조금 정도 무거운 짐도 질 수 있게 될 것이고, 척척 요리를 만들 수 있게도 될 것이다.

진짜 권위자는 가정의 맛을 중요시 여기는 것이다.

□권장 메뉴 〈1〉
초보자용으로 인스턴트 식품을 사용한 간단한 메뉴를 소개한다.

초보자의 경우는 우선 짐이 가벼운 것이 중요하므로 식사는 FD (freeze dry) 식품을 사용한 것을 주로 소개한다. FD(냉동 건조)식품이라 하는 것은, 신선한 소재를 진공 동결 건조한 것으로 수분을 포함하지 않기 때문에, 매우 가볍게 가지고 다니기가 편하다. 먹을 때는 물이나 뜨거운 물을 붓기만 하면 된다.

현재 팔고 있는 FD식품은 다양하지만 이것만으로는 아무리 초보자라도 질려서 보잘것 없는 식사가 된다. 그렇게 되지 않기 위해서도 달걀 1개, 오이 1개라고 하는 식으로 날 것을 덧붙여서, 조금이라도 변화를 주도록 하기 바란다. 혹은 데우기만 하면 먹을 수 있는 즉석 식품을 가져 가는 것도 좋다.

478

점심식사
FD 푸른채소   매실장아찌
인스턴트 된장국
녹차
주먹밥

중식
중화스프   밥
우롱차
토마토 1개
즉석 식품 중화덮밥

양식   커피   크림을 바른 비스켓
살라미소세지
홍차   콘스프
치즈

480

□권장 메뉴 〈2〉
산에도 익숙해져서 손으로 만든 식사를 만들어 보고 싶어지면.

조금 짐이 무거워져도 좋으니까, 인스턴트 식품이 아니라 날 소재를 사용한 맛있는 것을 먹고 싶다고 하는 사람은 많다. 이것은 인스턴트 식품에 질렸을 뿐만 아니라, 산에도 익숙해져서 여유가 생긴 증서라고 말할 수 있을 것이다. 실제, 산장 등에서 지친 기색도 없이 기쁜 얼굴을 하고 조리에 노력하고 있는 사람을 많이 본다. 등산도 식사도 같은 차원으로 파악하고 있는 것 같다. 초보자도 일찌감치 자신의 손으로 만드는 요리를 맛보기 바란다.

그러나, 모처럼 가져 가도 파킹이 나쁘기 때문에 무너져 있거나, 썩어 있어서는 아무 소용도 없다. 그렇게 되지 않기 위해서도 다음에 이야기하는 사항에 주의하기 바란다.

예를 들면, 사라다나 카레를 만들 때에 필요한 야채는 의외로 손상되기 쉽다. 압박 받으면 썩기 쉬워진다. 야채를 옮길 때는, 먼저 먹을 수 있는 만큼 할 것. 감자나 당근 등은 잘 씻어서, 물기를 제거한 후에 껍질 채 가져간다. 주사위 모양으로 썰어 가고 싶겠지만, 그렇게 하면 상하기 쉽다. 산 위에서 종종 자르는 것도 즐거운 법이다.

야채와 달리 부패가 특히 마음에 걸리는 것이 고기나 생선이다. 썩어 있는 것을 모르고 먹으면 산 위에서 식중독에 걸리지 않는다고도 할 수 없다. 안전하게 먹기 위해서는 조금 수고는 들지만, 된장절임으로 하거나, 냉동고에서 얼려 랩에 싸서, 그 위에 단연 매트나 슬리핑 백 등으로 싸서 녹지 않도록 해 둔다.

겨울이라도 기차 등의 난방에서 녹을 가능성이 있는 경우는, 슬리핑 백에 싸면 영향이 적어진다. 나의 경우, 고기나 생선, 달걀 등의

빵

양식

캐비츠
스위트콘
들어간 게
통조림

커피 또는
홍차

과일

인스턴트
라면　돼지고기　어묵

중국대

바다김

우롱차

중식

저녁식사　생선 알루미늄호일

홍차

밥

(레몬 송이버섯) 구이

양념친 두부

중식

우롱차

미역이 들어간
중화스프

팔보채

밥

콘스프
양식
푸딩

오이 샐러리의
스틱샐러드

소고기

가루 스파이스 양념 세트의 카레

생선 식품점은 등산 입구의 슈퍼 등에서 사도록 하고 있다. 때로는 문앞의 색다른 것이 손에 들어오는 경우도 있어서 즐거움은 배가한다. 신선한 만큼 산 위에서 회를 먹는 것도 가능하다.

산에서 어려운 것은 밥 짓기이다. 1인용의 코펠로는 짓는다 해도 설은 밥이 되기 쉽다. 그러나, 좋은 방법도 있다. 자그마하고 아담한 산장에 한하지만, 산장지기가 밥을 지을 때에 부탁해 버리는 것이다. 거의 거절당하는 경우는 없고, 큰 솥에서 지은 밥은 눌음이 있거나 해서 맛있다. 산이 아니고서는 불가능한 맛이다.

아래에 권장 메뉴를 소개한다.

□간편한 취사 도구로 한다
버너는 가볍고, 코펠은 낭비를 줄이고, 얼마나 중복 사용을 하느냐가 요령.

산에서 취사할 때에 빼 놓을 수 없는 것이, 버너, 코펠, 스푼 세트라고 하는 취사 도구이다. 이 도구를 가져 가므로써, 무거운 생각을 하며 짊어 올린 재료를 조리해서, 찌개나 떡라면을, 김을 내면서 먹을 수 있게 된다. 물이 끓고, 코펠 속의 음식이 좋은 냄새를 내면서 부글부글 소리를 낸다. 이제나 저제나하고 기다리면서, 가끔 뚜껑을 열고 맛을 보는 것은 직접 취사하지 않고서는 불가능한 즐거움이다. 걸어다녀서 지쳐있지만, 그런 피로도 잊고 명요리사라도 된 듯한 기분으로 콧노래조차 나오려고 할 것이다.

우선은, 버너부터 설명하자. 버너는 연료를 따라서 크게 3가지로 나눠진다.

석유 버너
역사가 오래되어 왕년의 등산자에게는 매우 친숙하다. 연료인 석유

(등유)는 인화하기 어려우므로 안전하고 또한 싸다고 하는 장점이 있다. 그러나, 점화시키기 위해서 압력을 가하고 열을 내는 것을 충분히 해야 하기 때문에, 베이스 캠프용으로 방향을 바꿀 수 없다.

가솔린 버너

화이트 가솔린을 연료로 하는 버너. 화력이 강해, 높은 산에서 바람이 불어도 꺼지지 않는 것이 마음 든든하다. 석유 버너와 마찬가지로 열을 내는 것을 필요로 하기 때문에 조금 수고가 든다. 또한, 연료 화이트 가솔린은 인화성이 강하기 때문에 취급에는 충분히 주의한다.

가스 버너

소형으로 가볍고, 점화가 간단. 예전에는 한랭기가 되면 화력이 떨어졌지만, 한랭지용의 연료도 개발되었기 때문에 불안은 없다. 이거라면 휴식 때에도 간단히 꺼내서 커피, 홍차를 마실 수 있다. 바람이 강할 때는 튀김 가드를 바람막이로 이용한다. 그러나, 문제는 봄베(Bombe)이다. 석유 버너, 가솔린 버너는 탱크로 보충할 수 있지만, 가스 버너는 보충할 수 없다. 그 때문에, 나머지가 적어지면 새로운 봄베를 지참해야 하므로 부피가 커지기 쉽다.

버너에 관해서는 일장 일단이라고 하는 느낌이 강하다. 덧붙이자면 나의 경우 예전에는 소형 가솔린 버너를 사용하고 있었다. 가솔린이 연소할 때의 큰 소리가, 대피 산장에 혼자 있었을 때는 매우 마음 든든한 느낌이 든 것이다. 그 후, 가스 버너로 바꾸었다. 열을 내는 시간이 없이, 한 번에 점화할 수 있고, 더구나 기구의 식는 시간이 짧아서, 민첩한 행동을 할 때에는 안성맞춤인 생각이 든다.

코펠은 너무 많으면 오히려
번잡스러워진다

코펠 뒷처리는 물과 화장지를 사용한다

　단독보행 때의 버너에서 주의할 점은, 역시 경량, 간편함을 유의한
다. 그 중에는 대형 버너를 가져 오는 사람이 있지만, 소형화를 먼저
생각하기 바란다. 그리고, 산행 전에 사용법을 숙지해 두는 것이 무엇
보다도 필요하다.
언제였던가, 가솔린 버너의 소리가 커서, 고장난 것은 아닐까라고
상담받은 적이 있지만, 부디 그런 일이 없도록 하기 바란다. 더구나,
가스 봄베는 완전히 다 쓴 것을 확인하고 나서 못으로 구멍을 뚫어,
불연물로서 처리한다.
　경량 소형화를 생각하기 바라는 것은 코펠도 마찬가지이다. 최근에

는 스미프론 가공의 프라이팬이나 주전자, 포트가 세트된 것이 시판되고 있지만, 알루미늄제의 대소 두 개의 쿠커가 세트된 것이라도 충분히 통용한다.

시판되고 있는 것으로는 큰 냄비 1리터와 작은 냄비 0.5~0.7리터가 세트로 된 것이 있다. 이것을 효율좋게 사용해서, 단시간에 조리하는 것을 유의해야 한다. 이 밖에 플라스틱 접시가 1장이나 2장 있으면 유용하지만, 코펠 뚜껑을 사용하는 방법도 있다.

먹는 도구로서는 숟가락, 포크, 나이프, 젓가락이 세트된 스푼 세트가 좋을 것이다. 그 중에는 숟가락 1개만 가지고 다녀도 충분한 사람도 있다.

인스턴트 요리를 보다 맛있게 먹기 위해서 최소한, 소금과 후추를 준비하기 바란다. 그 때는 병째 가져 가는 것 같은 어리석은 짓은 하지 말고, 필름 케이스에 넣거나, 은박지에 싸거나 한다. 또한, 간장은 나무 도시락에 담은 초밥에 딸려 있는 것을 가져 가면 편리하다.

잊어서는 안 되는 것이 코펠의 뒷처리이다. 권하는 것은, 코펠에 물을 넣고 화장지로 닦는 방법. 이거라면 귀중한 물도 많이 쓰지 않아도 되고, 세제도 필요없다. 가끔 물터에서 세제를 사용하여, 쌀알이나 야채 찌꺼기를 흘리고 있는 사람을 흔히 보지만, 적어도 그런 일은 하지 않는 것이 바람직하다.

더구나 취사 때는, 화상을 입지 않도록 버너나 열탕 취급에 충분히 주의하기 바란다. 특히 텐트 속에서는 버너를 뒤집거나 하지 않도록, 버너 밑에 까는 사각 베니어판을 지참하면 좋을 것이다.

□남겨서 좋은 것은 비상식량뿐
유비 무환. 숙박시는 물론, 당일 도보여행시에도 지참.

남은 비상식량은 돌아가는 길에 먹어 버린다. 오래된 것을 먹으면 큰 일

"만일 그 때, 비상식량이 없었다면, 기가 죽어서 살아나지 못했을지도 모른다."

그렇게 얘기하는 것은, 계곡에서 추락하여 부상당한 경험이 있는 ㅂ씨(34세). 구조대가 올 때까지의 불안함을, 비상식량이 얼마큼 마음을 진정시켜 줄 것이라고 한다.

이와 같이 비상식량은, 만일의 경우에 굶주림을 극복해 줄 뿐만 아니라, 정신적인 버팀도 되어 준다.

비상식량으로서 권하는 것은 초콜릿, 건포도, 치즈, 농축 우유, 말린 조개관자, 꿀, 말린 오징어, 비스킷 등이다.

비상식량은 조난했을 때에 물이 없어도 먹을 수 있고, 곧 에너지가 되는 것이 중요하다. 이 중에서 자신이 좋아하는 것을 두세 가지 선택해서 가져가면 좋을 것이다. 그 때는, 다른 식료와 혼동하지 않도록 정확히 넣어 둔다. 초콜릿이 녹아 흐르거나 하면 낭패이므로 주의한다.

비상식량은, 먹지 않는 것보다 더 좋은 일은 없지만, 같은 식품을 몇 번이나 가져 가는 행위는 피해 주기 바란다. 막상, 위급할 때에 썩어 있다고 하게 되면 큰 일이다. 따라서, 비상식량은 하산 후 기차 안 등에서 간식 대신에 먹어 버리는 것이 좋다.

비상시를 생각해서, 유의해 두기 바라는 것은 식량도 물론이지만 물의 확보이다. 물만으로 1주일이나 살아남을 수 있었다고 하는 예가 과거에도 있을 정도이다. 그 때문에도 항상 머리에 물터의 위치를 넣어 두고, 행동 중은 물통에는 최저라도 500미리리터~1리터 정도의 물을 비축해 두도록 하면 좋을 것이다. 특히 가을부터 겨울에 걸쳐서는 다른 계절과 달리 산속에서 물을 얻기 어려워진다. 등산 입구 등에서 일찌감치 보급한다.

□산의 음식을 능숙하게 먹어 버린다
자연의 선물인 산채. 그것을 맛보는 것은 산을 더욱 한 단계 깊이 맛보는 것이다.

산에 들어가면 한번 시험해 보기 바라는 것이 산채식이다. 특히, 산을 덮고 있던 눈이 녹아, 새싹이 돋기 시작하는 봄은 산채의 보고가 된다. 행인에게는 견딜 수 없는 계절이다.

예를 들면, 누구나 알고 있는 고사리, 고비를 비롯해서 두릅나무 싹, 머위 새 순, 얼레지, 산초나무, 들엉겅퀴, 네덜란드 겨자, 파드득나

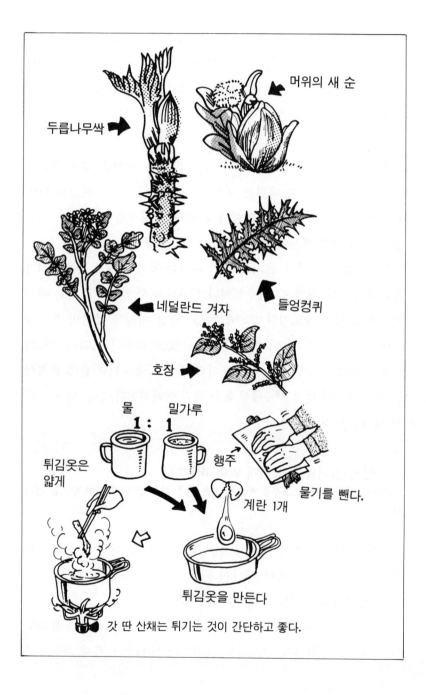

머위의 새 순

두릅나무싹 ➡

네덜란드 겨자 ⬅

들엉컹퀴

호장 ➡

물 : 밀가루
1 : 1

튀김옷은 얇게

행주

물기를 뺀다.

계란 1개

튀김옷을 만든다

갓 딴 산채는 튀기는 것이 간단하고 좋다.

물 등 들자면 끝이 없을 정도이다. 이 산채들을 방치해 둘 수는 없고, 단독보행이 아니고서는 불가능한 행동력과 관찰력으로 채취하면서, 그날 밤의 식사 반찬으로 먹을 것을 권한다.

그렇지만 처음 산에 들어가는 사람은 걷기만으로도 벅차서 그럴 정신은 없을 것이고, 있어도 조리법을 모르기 때문에 손도 댈 수 없을 것이다.

나는 이전은 산채에 눈을 돌리지도 않았지만, 다행히 산장 사람에게 갓 채취한 두릅나무의 진수성찬을 대접받고 나서 흥미를 갖게 되었다. 그 이후 발견한 산채를 산장의 사람에게 조리를 부탁하거나, 혹은 스스로 조리해서 텐트에서 적적해지기 쉬운 식사에 구색을 갖추거나 하고 있다. 구색 뿐만 아니라 야채 부족이 되기 쉬운 산에서는, 특히 얕은 골짜기에서 채취할 수 있는 네덜란드 겨자는 고마운 존재이다.

하긴 산채를 먹는다고 해도 곧 먹을 수 있는 것은 수에 한계가 있고, 끈질길 만큼 떫은 맛을 우려내야 하는 것이 많다. 그래서, 그 중에서도, 삶거나 튀김으로서 초보자도 간단히 떫은 맛을 우려내서 먹을 수 있는 산채 몇 가지를 소개하자. 기억해 두면, 만일의 경우가 있었을 때 식량의 보충이 될지도 모른다.

머위의 새 순

향이 높고, 독특한 쓴 맛을 가진 봄 제일의 산채이다. 꽃이 핀 것이 아니라 아직 꽃봉오리가 단단한 것이 순. 튀기면 술 안주에 안성 맞춤. 가볍게 삶아서 쓴 맛을 우려내고, 된장국 건더기로 하거나, 초된장으로 해서 먹어도 맛있다.

492

산에서 딴 열매는 가지고 돌아와서 과실주로 만들자

두릅나무 싹

뭐니뭐니해도 튀김으로 해서 먹는 것이 최고이다. 어렴풋한, 말로
는 표현할 수 없는 맛은 산채의 왕자. 튀김 이외의 요리 때는 삶아서
쓴 맛을 우려내고 간장을 뿌려서 먹거나, 참깨나 호두로 무치거나,
된장국을 끓이거나 한다.

들엉겅퀴

잎은 가시가 있어서 길을 걸을 때는 성가시지만, 튀김으로 하면
적당한 쓴 맛이 나와 맛있는 산채 중 하나이다. 또한, 줄기는 여름,

뿌리는 가을과 시즌을 통해서 먹을 수 있기 때문에 마음 든든하다.

네덜란드 겨자

레스토랑에서 스테이크 등 양식 옆에 곁들여지고 있는 야채이다. 기름기를 분해한다고 한다. 깨끗한 계곡에서는 흔히 눈에 띄고, 씻기만 해서 먹을 수 있다. 샐러드로서 마요네즈를 뿌리면 독특한 신 맛이 입속에 퍼져서 산 음식을 맛보는 대단한 행복감에 젖는다.

봄이 산채의 계절이라면 가을은 과실의 계절. 으름덩굴, 산밤, 산포도, 수유나무 등이 그 대표이다. 산에서 맛보는 과실은 목을 적셔

줄 뿐만 아니라, 그 달콤새콤함은 피로를 풀어 준다. 산포도를 짜서 주스를 만든 적이 있지만, 그 맛은 거리에서는 맛볼 수 없다.

산의 과실을 가지고 돌아와서 과실주를 만들어 보는 것도 재미있다. 원숭이배주, 개다래나무주, 산딸나무주, 마가목주 등을 마시면서 산의 추억에 잠기거나, 다음에 갈 산에 대해서 생각해 보는 것도 좋다. 더구나 과실주용의 열매는, 날로 먹어도 단 것보다 신맛이 나는 것 쪽이 좋고, 단 것은 레몬을 넣어서 신맛을 보충하는 것이 요령이다.

그런데, 산채나 과실을 따는데 있어서 주의하기 바라는 것은, 따도 좋은 장소인지 아닌지 미리 조사하고 나서 한다. 국립공원에서는 자연보호상, 채취 금지로 되어 있기 때문이다.

만일 딸 수 있었다고 해도, 그날 밤에 먹을 만큼만 하고 쓸데없이 많이 따지 않도록 한다.

산채 채취에 열중해서 부디 미아가 되거나 하지 않도록, 등산로에서 멀리 벗어나지 않게 주의하자.

제6장

신중하게 더구나 대담하게
걷는 테크닉

496

□여력을 남긴 보행법을 취한다
체력의 배분은 등산 3분의 1, 하산 3분의 1, 나머지 3분의 1은 여력으로서 확보해 둔다.

걷기는 고통스러운 것. 짐이 배낭에 잔뜩 들어 있고, 몸도 생각대로 움직여 주지 않는다. 특히 더울 때는 땀이 이마를 타고 흘러서 견디기 어렵다.

"도대체 무엇이 좋아서 이런 힘든 짓을 하고 있을까하고 매번 생각하지요."라고 걷기에 급한 언덕에서 베테랑들마저 쓴 웃음 짓기도 한다.

걷기는, 말하자면 우주 비행사가 대기권에서 탈출하기 위해 중력이 가해져, 가장 고통스러울 때와 비슷하다. 참는 수밖에 없다. 그것 없이는 우주를 체험할 수 없듯이, 등산자는 산의 장점을 맛볼 수 없다. 등산의 원점은 인(忍)이라는 한자라고 생각한다. 그러나, 익숙해지면 인내도 워밍업을 위해서는 좋은 것이라고 생각하게 되기 때문에, 인간의 적응성은 재미있다.

여기에서 산을 걷는 데 있어서 주의하기 바라는 포인트를 생각해 보자.

천천히 걷는 것이 오래 계속하는 요령
무엇보다도 처음이 중요하다. 등산 입구에 도착해서 몸을 푸는 체조를 하고, 물통에 물을 넣거나, 배낭에서 카메라를 꺼내어 목에 걸거나 해서 준비를 갖춘다. 그 지방 사람으로부터 산의 정보를 얻는 것도 중요하다. 복장은, 걸으면 더워지기 때문에 조금 춥다고 생각할 정도가 좋다.

걷기 처음의 30분은, 특히 느긋한 페이스를 취한다. 이 사이에 걸으면서 상태가 나쁜 점을 발견하면 고쳐 버린다. 예를 들어, 배낭 속에서 코펠이 달가닥달가닥 소리를 내고 있으면 울리지 않도록 한다. 귀찮아하고 있으면, 나중까지 영향을 끼쳐서 정신 위생상 좋지 않다. 더우면 소매를 걷거나, 신발끈이 풀어지면 단단히 다시 묶는다. 더구나, 등산 때의 신발끈은 좀 느슨한 편이 좋다. 반대로 하산 때는 발까짐 방지를 위해서도 조금 **빽빽**하게 하는 것이 요령이다.

어쨌든, 처음 30분에 모든 것을 체크하는 것이 중요하다. 컨디션이 여의치 않으면 연기하는 것은 말할 필요도 없다.

천천히 걷기 위해서 보조는 일정하게 유지하고 피로가 적은 보행법을 취한다. 도중에 바위가 나왔다고 해서 뛰어 넘거나 하지 말고, 살짝 돌아서 가도록 한다. 절대 터벅터벅 걷지 않는다. 또한, 지름길이라고 해서 등산로 이외의 길로 들어서는 일은 하지 않는다. 숨이 찰 뿐만 아니라, 등산자가 제멋대로 만든 길이기 때문에 의외의 위험이 숨어 있을 가능성이 높다. 군자는 위험한 것에 가까이 하지 않는 것이다.

모처럼 등산로를 정비해 준 사람에게는 안 되었지만, 샛길은 보폭이 좁아 피로의 원인이 된다. 보폭이 맞지 않는 샛길을 만나면, 옆의 경사면으로 되어 있는 곳을 걷도록 한다. 또한 길이 비로 침식당해 있는 곳은, V자의 바닥은 걷지 않고 양사이드를 걷도록 한다. 보폭을 틀어지지 않게 하기 위해서도 전방을 잘 보고 간격이 적은 길을 걷도록 유의하자.

이런 식으로 해서 등산에서는 최대한 체력을 소모하지 않도록 걷는다. 체력의 배분은 3분의 1이 이상적이다. 덧붙이자면 하산에 3분의 1을 할당하고, 나머지 3분의 1은 위급시를 위해서 남겨 둔다.

산에서 물을 마시면 지친다고 하는 말은 거짓말

확실히 러시아의 속담이라고 생각하지만 "지치면 쉬어라, 친구는 그렇게 멀리로는 가지 않는다."라고 하는 것이 있었지만, 산에서 흔히 생각해 내는 말이다. 의미는 다를지도 모르지만, 산에서도 지치면 무리하지 말고 쉬자. 단독보행이 되면 페이스가 빨라지기 쉬우므로 의식적으로 쉬도록 하는 편이 좋다.

그런데 산에서는 물을 마시도록 해 주기 바란다. 예전에는 물을 마시면 지친다고 흔히 말했지만, 등산은 기본적으로는 격렬한 스포츠이기 때문에 적당히 보급해 주지 않으면 심부전 등이 되어 쓰러져 버린다.

물을 마실 때는 산의 물을 맛보도록 하기 바란다. 특히 암청수나 계곡의 물은 감로(甘露)로, 도회의 맛없는 물에 익숙해져 있으면 그 맛에 놀란다. 그렇지만 상류 가까이에 산장이나 텐트장이 있는 경우는 더러워져 있을 가능성이 크므로 삼가한다. 또한, 암청수라도 한번 입으로 맛을 확인하고 나서 맛보도록 한다. 그리고 손으로 물을 떠서, 실컷 마시기 바란다. 산의 물을 마시는 것은 등산의 큰 즐거움의 하나이다.

위험 장소는 3점 확보가 기본

산에서 바위밭 등의 위험한 장소가 나오면, 3점 확보를 하고 구르거나 추락하지 않도록 한다. 양손 양발을 4점이라고 하면, 손이나 발의 1점을 마치 곤충의 촉각과 같이 해서 다음 홀드(손 붙일 곳)나 스탠스(발 붙일 곳)를 찾는다. 그 동안 다른 3점으로 몸을 지탱해 두게 된다. 한걸음 한걸음 3점 확보로 진행해 나가면 거의 떨어질 우려는 없다. 다음 스탠스가 부석(浮石)이 아닌지 어떤지를 아는 것도 그런 때다. 그것을 정확히 할 수 있으면 낙석(落石)을 일으키지 않아도 된다.

가시밭이라도 기본은 동일하다. 가시에 너무 의존하지 말고 3점 확보로 오르도록 한다. 만일 고도감으로 공포심에 사로잡혀도, 가시나 바위밭에 매달리지 않는다. 그리고, 바위에서 몸을 떼고, 발에 수직으로 중력이 실리도록 한다. 단독보행의 사람에게 들으니 제법 무서워하는 사람이 많고, 그 때문에, 높은 곳에 오르는 것을 좋아한다고 하는 것이 흥미 깊다.

만일, 등산 중에 공포심에 사로잡히는 장소가 나타나면 잠시 쉬면서 마음을 진정시킨다. 일반 등산로에서는 정비되어 있기 때문에 기본적으로는 괜찮다. 다음은, 가서 한다고 하는 의지를 가지는 것이다. 가 보면 의외로 아무렇지 않다. 그리고, 그것이 자신으로 이어진다. 중요한 점은 달아나지 않는 것이다. 무리한 곳은 물러나야 하지만, 자신의 심약함 때문에 달아나는 것은 역행으로 이어진다. 단독보행은 뒤집으면 자신과의 싸움이다. 도전하는 마음을 항상 어딘가에 가지고 있지 않으면 진보하지 않는다고 해도 좋다. 단독보행은 신중히, 또한 대담하게 걷는 것이다.

눈 계곡의 걷는 법

여름의 높은 산에서 즐길 수 있는 것이 눈 계곡이지만, 다리가 붕괴하거나 떨어지거나 해서 조난할 위험성을 감추고 있는 곳이기도 하다. 걷는 법은 킥 스텝과 아이젠 보행이 있고, 전자는 아이젠 없을 때로, 기본은 설면(雪面)에 수평으로 차 넣고 스텝을 한다. 눈에 신발 끝을 질러 넣고 발판으로 삼는 것이다. 하산은 반대로 뒤꿈치를 차 넣고 발판으로 삼는다. 이 보행을 완전히 할 수 있으면 산의 걷는 법이 달라진다고 한다. 그것은 곧, 한걸음 한걸음을 확실히 걷는 법을 배우고 나서는, 눈 계곡이 아닌 보통의 하산로에서도 차분히 걸을 수 있게 되기 때문이다.

아이젠 보행의 경우(여름의 눈 계곡에서는 4발 발톱으로 충분)는, 발톱 전체가 설면에 박히도록 플랫하게 두는 것이 기본이다. 등산 때는 약간 발목을 구부리기 쉽고, 하산에서는 발끝부터 발을 설면에 내리도록 한다. 눈 계곡이 있는 곳은 여름산의 일반로와 달리, 넘어지면 구르거나 추락을 일으키기 쉽다. 부디 신중한 행동을 해 주기 바란다.

□알아 두기 바라는 설산 보행술
위험이라고 일컬어지는 겨울산도, 기술을 연마하면 즐거운 별천지가 된다.

몇 년인가 전에 경험한 실패담을 이야기해 본다. 겨울산이라고 하는데 아이젠을 잊고 갔다. 2월의 한겨울로, 고개들을 지나 종주했을 때의 일이다. 그러나, 도착했을 때는 만신창이의 꼴이 되었다. 당연한 얘기지만, 어쨌든 자주 미끄러졌다. 양지는 눈이 저벅저벅했기 때문에 괜찮았지만, 그늘에 들어서자마자 모조리 아이스반(Eisbahn)이었다. 거친 밧줄을 등산화에 감았지만, 아무런 효과도 없었다. 아이스반으로 되어 있음을 안 것까지는 좋았지만, 문제는 그 위에 엷게 눈이 쌓여 있는 것이다. 발을 얹은 순간 스케이트라도 신은 듯이 미끄러졌다. 도중, 서둘러서 나무에 매달렸지만, 겨울 고목이 매우 간단히 부러져서 함께 미끄러져 떨어졌다. 그리고, 겨우 길을 막고 있던 쓰러진 나무에 부딪쳐서 멈추었다. 그 후도 여기 저기에서 미끄러져서, 드디어 코스 시간의 배가 걸려 하산했을 때는 밤이 되어 있었다. 나는 여름에도 같은 코스를 걸은 적이 있지만 지금 새삼 겨울산의 엄격함

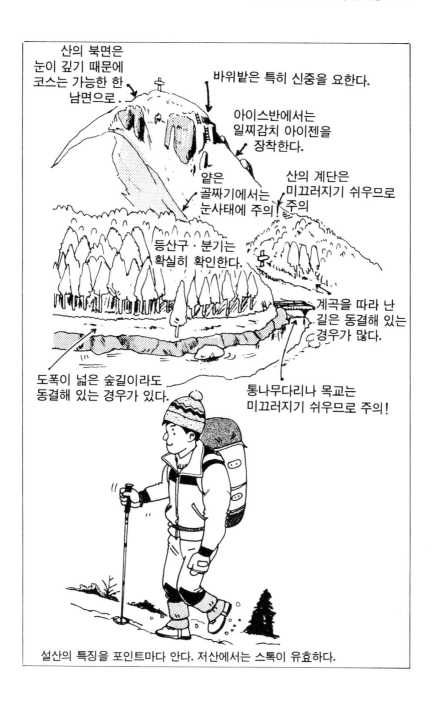

산의 북면은 눈이 깊기 때문에 코스는 가능한 한 남면으로.

바위밭은 특히 신중을 요한다.

아이스반에서는 일찌감치 아이젠을 장착한다.

얕은 골짜기에서는 눈사태에 주의!

산의 계단은 미끄러지기 쉬우므로 주의

등산구·분기는 확실히 확인한다.

계곡을 따라 난 길은 동결해 있는 경우가 많다.

도폭이 넓은 숲길이라도 동결해 있는 경우가 있다.

통나무다리나 목교는 미끄러지기 쉬우므로 주의!

설산의 특징을 포인트마다 안다. 저산에서는 스톡이 유효하다.

을 통감했다.

이렇게 무모한 등산을 하지 않기 위해서도 초보자는 겨울산에 들어갈 때는 산의 상태를 알고, 거기에 맞는 보행법을 유의하기 바란다.

테크닉은 실지에서 몸으로 익힌다

나의 실패 예도 있듯이, 겨울길은 어쨌든 미끄러진다. 그것은 능선뿐만 아니라, 등산 입구에서부터 곧 시작된다. 숲길은 물론, 물이 적어진 얕은 골짜기의 암반, 등산로, 인공 사다리 등, 얼어 있는 것뿐이다. 미끄러지지 않기 위해서는 아이젠을 빙면에 평면이 되도록 걷는 훈련이 필요하지만, 익숙해질 때까지는 시간이 걸린다. 균형이 잘 잡히지 않을 때는 스톡을 1개 사용하면 좋을 것이다. 최근은 신축 자재의 스톡이 있어 휴대에도 편리하게 되어 있다. 더구나, 피켈은 낮은 산의 경우는 필요없고 스톡 쪽을 권한다. 아이젠에서 주의하기 바라는 것은 걷고 있는 사이에 눈이 경단과 같이 붙는 것이다. 그대로 놓아 두면 미끄러지기 쉬워지므로, 스톡으로 일찌감치 털어둘 필요가 있다.

설산을 걷는 경우에 문제가 되는 것은, 눈이 쌓인 후는 루트를 알 수 없게 되어 버리는 것이다. 특히 대설이 내린 후는 루트를 덮어 버리는 경우가 많다. 그런 때는 함부로 돌아 다니지 말고, 냉정하게 눈표시용으로 나뭇가지 등에 매달린 붉은 천이나 테이프를 찾도록 한다. 혹은 눈을 덮어쓰고 있어도, 등산로는 약간이지만 움푹 패인 자국을 남기고 있는 경우가 많기 때문에, 그것을 안표(眼標)로 하면 좋을 것이다.

이 시기, 산장에 1박할 때는 반드시 확인을 할 필요가 있다. 왜냐하면 1년 내내 영업이라고 안내서에 쓰여 있어도, 겨울 산장의 대부분

등산로가 눈에 덮이는 설산에서는 안표를 찾는다.

은 예약이 없으면 닫을 가능성이 있기 때문이다. 예약을 겸해서 산의 상황을 물어 두면 좋을 것이다.

대피 산장을 이용할 때, 문제가 되는 것은 대부분의 경우, 물터가 얼어서 사용할 수 없게 되는 것이다. 사전에 물을 넉넉하게 가져 가든가, 혹은 눈을 녹이는 수밖에 없다. 그 경우는, 코펠에 물을 미리 담고 나서 하면 쉽게 녹기 때문에 참고로 하기 바란다.

설산에서는 등산보다 하산 쪽에 주의하기 바란다. 바위밭이 아이스반(Eisbahn)으로 되어 있으면 주저없이 아이젠을 달고, 3점 확보로 내려간다.

등하강이나 트래바스시의 기본 피켈 위크는 실지에서 강습을.

하산에서는 어쨌든 휴식하지 않게 되는 것이지만, 겨울산에서는 의식적으로 쉴 필요가 있다. 짐이 무거워지기 쉬워 피로도 빨리 오기 때문이다. 등산보다 휴식하는 횟수를 늘리기 바란다. 그 때는 몸이 차가와지지 않도록, 위에 1장 아노락 등을 입도록 한다. 배낭의 윗부분이나 곧 꺼낼 수 있는 곳에 넣어 두어야 할 것이다.

하산 입구가 가깝다고 해서 안심하는 것은 빠르다. 해가 비치기 시작한 눈은 녹아서 미끄러지기 쉬워지고, 또한 물을 포함한 낙엽도 미끄러지기 쉬워진다. 의복을 적셔서 감기에 걸리지 않기 위해서도, 부디 넘어지지 않도록 한다.

더구나, 중급 산악에 오를 때에 필요한 피켈 워크는 그림에 나타냈지만, 자기식으로 학습해서는 안 된다. 반드시 실적이 있는 등산 교실에 들어가서, 강사로부터 실지로 배우고 나서 한다. 위급할 때 추락 정지를 할 수 없는 기술로는 하는 수 없기 때문이다.

겨울산의 경우는 무슨 일이나 경험이 크게 위력을 발휘한다.

□단독보행이므로 휴식은 확실히
휴식은 등산을 하기 위한 한 단계가 아니라, 등산 그 자체.

언뜻 간단한 듯이 생각되지만, 실제 경험해 보면 의외로 어려운 것이 산에서 취하는 휴식이다.

특히 단독보행의 초보자는, 목적지에 빨리 도착해서 안심하고 싶기 때문인지, 페이스가 빨라지기 쉽다. 마음도 몸도 긴장해 있기 때문에 그다지 피로를 느끼지 않는다. 숨이 차도 몇 초인가 쉬면, 피로가 풀린 기분이 되어, 다시 부리나케 걷기 시작하는 경우가 많다.

그러나, 어떤 탄력으로 긴장의 실이 끊어지면, 순간에 피로를 느껴 버려서 오랜 시간 휴식하거나, 다음의 한 걸음을 내딛기가 귀찮아지거나 한다. 또한, 행동 중에 그렇게 되지 않더라도, 산장이나 텐트장에 도착하고 나서 아무것도 할 마음이 생기지 않고, 식사도 하지 않고 정신없이 자 버리게 된다.

그렇게 되지 않기 위해서도 적당한 휴식은 필요하다. 일반적으로 일컬어지고 있는 것이, 50분 걸으면 5∼10분 휴식을 취하는 방법이다. 혹은 30분 걷고 5∼10분 휴식을 취하는 방법이다. 하긴 이것은, 어디까지나 목표이다. 얼마나 리듬을 갖고 휴식하느냐라고 하는 것이 필요하게 되므로, 시간의 장단을 자신의 체력과 상담해서 결정하기 바란다.

휴식을 확실히 취해서 축적되기 쉬운 피로를 일찌감치 푼다.

　요점은 휴식할 때마다 축적한 피로를 풀고, 다음 행동에 영향을 미치지 않는다고 하는 것이다.

　최근은 볼 수 없게 되었지만, 대학 산악부의 훈련은 피로를 뒤로 미루는 전형이었다. 산의 즐거움을 뺏을 뿐만 아니라, 심부전 등으로 죽음에 이른 경우도 과거에 몇 번인가 들었던 것을 기억하는 분도 있을 것이다. 산을 오래 깊이 혼자서 걸어 가기 위해서도, 보다 좋은 휴식 방법을 익혀 주기 바란다.

　그 점, 단독보행에 익숙해진 사람은, 휴식하는 것 자체가 큰 매력이라고 할 만큼, 중요하게 생각하고 있는 사람이 많다.

ㅅ씨(28세)는 "혼자, 조용히 자신이 좋아하는 장소에서 휴식하고 있으면, 자연이 보다 가깝게 느껴집니다. 도중이지만 산에 와서 잘되었다고 절실히 깨닫지요."라고 하며, ㅇ씨(31세)는 "걷고 있을 때는 별로 생각하지 않지만, 휴식했을 때에 경치를 보고 있으면, 과장일지도 모르지만 인생에 대해 생각하거나 하지요."라고 말한다. 휴식은 단순히 등산을 하기 위한 한 단계가 아니라, 등산 그 자체라고 하는 사실을 알아주었으면 한다.

그것은 우선, 휴식의 기본은 계속 썼듯이, 축적된 피로를 푸는 것이다. 보다 효과적인 휴식을 취하기 위해서는 어떻게 하면 좋을까? 앞에서의 ㅅ씨는,

"피로를 풀기 위해서 엿이나 초콜릿을 자주 먹어요. 평소는 쳐다보지도 않는데 산에서는 필수품. 나머지는 물을 마시거나, 가벼운 체조를 하거나 합니다."라고 하는 경우가 많다. 가벼운 체조란, 무릎의 굴신(屈伸) 운동, 허리 근육을 푼다, 목부터 어깨에 걸쳐서 천천히 회전시킨다고 하는 것이었다.

한편 ㅇ씨는, 가능한 한 삼가고 있지만, 여유를 갖기 위해서 담배를 피운다고 대답했다. 매회의 휴식시가 아니라, 2회에 1번 정도라고 한다. 흡연에 관해서는 의견이 많지만, 본인의 마음이 진정될 만큼은 상관없지 않을까?

휴식하고 있는 동안에 확인한 것은 자신의 체력과 등산화 끈이 풀려 있지 않은지 어떤지 등의 주변 체크이다. 컨디션의 좋고 나쁨은 등산할 때마다 다르기 때문에, 그 때의 상황에 따라 앞으로 나아갈지 되돌아갈지를 판단해야 한다.

휴식시간의 길이는, 그 사람의 체력과 컨디션에 의하지만, '엔진이 차가와지기 전에' 다시 행동으로 옮길 것을 권한다.

도표는 마음 든든한 아군이지만, 그 외에도 안표가 되는 것이 있다.

단, 오랜 휴식 때는 약 1시간 정도, 커피라도 끓이면서 천천히 즐기기 바란다. 정상 부근은 사람이 많아서, 정적을 맛볼 수 없는 경우가 많지만, 조금 장소를 옮기면, 뜻밖의 좋은 전망대를 얻을 수 있다. 단독보행의 홀가분함으로 좋은 장소를 선택해야 할 것이다.

악천후의 휴식 때는, 산장이나 대피 산장에 들어가서 날씨의 회복을 기다리는 편이 적절하다. 만일, 그런 시설이 없을 때는, 바람이나 비의 방향을 생각해서 바위 뒤나 나무 그늘에서 휴식한다. 의외로 쉽게 풍우를 피해 휴식할 수 있다.

잊혀지기 쉬운 것이 하산시의 휴식이다. 그만 쉬지 않고 내려가서, 무릎이 아프기 시작해야 비로소 휴식을 취하고 있는 사람을 흔히 본다. 그렇게 되지 않기 위해서도, 하산에서는 등산 때보다도 마음을 써서 휴식해야 할 것이다.

□간과할 수 없는 산의 도표
걷는 사람에 따라서 길은 항상 똑바르다, 라고 하는데, 산에는 도표가 없으면 한없이 미로가 된다.

옛날, 산이 아직 등산의 대상이 아니라, 사냥꾼이 사냥감을 얻는 장소였던 무렵은, 지금과 같은 훌륭한 도로표시는 물론 없었다. 그뿐만 아니라, 사냥꾼은 자신의 사냥터를 황폐시키지 않도록 흔적을 남기지 않았다고 한다. 그러나, 나중에 온 사냥꾼은 곧 앞에 누군가가 걸어갔음을 알아채고, 장소 변경을 했다.

"안표(眼標)가 없는데 어떻게 안다고 생각하나?" 산에서의 어느 나이든 노인의 질문에 나는 퍼뜩 곤란했다. 생각해도 답이 나오지 않는다. 노인이 말하기를,

"옛날 신발은 짚신이었지만, 그것은 걷고 있는 사이에 아무래도

풀어진다. 가는 섬유가 떨어져서 그것이 안표가 되는 것이다."라는 것이다.

답을 듣고 옛날 사냥꾼의 예리한 직감, 주의 깊음이 절실히 전해졌다.

그 점, 현대 산의 도표는 과보호(?)라고 생각될 정도로 여기 저기에 마련되어 있는 것 같은 기분이 든다. 그렇지만 고마운 것임에는 틀림없다.

우선, 처음에 나타나는 것이 등산 입구 모든 곳에 있다고 해도 좋은 거대한 안내판이다. 이것도 길표시임에 틀림없고, 대체의 루트를 염두에 두기에는 참고가 되므로 언뜻 볼 가치는 있다.

걷기 시작하면 여러 가지 길표시가 나타난다. 목제, 금속제 등으로 '○○ 산에 ○킬로', '○○산장까지 ○분'이라고 하는 식이다. 그 중에는 등산자가 보다 정확한 시간을 바꿔 쓰고 있는 것도 볼 수 있다.

수림대에 들어가서, 드디어 등산다와지면, 나무 가지나 줄기에 매달린 헝겊 조각이나 리본 등이 눈에 띈다. 이것은 겨울철용의 등산에 매단 것으로, 확인 재료로서 간과할 수 없다.

능선에 나가 암릉(岩稜) 지대가 되면, 노란색이나 붉은색 페인트로 칠해져 있는 것이 ○, ×, ↗ 등의 표시이다. 때로는 2방향으로 나눠져 있는 경우도 있지만, 루트를 눈으로 쫓아 스스로 오를 수 있을 것 같다,고 생각한 쪽을 걸어야 할 것이다.

또한, 능선상에서 흔히 보는, 바위를 쌓아올려서 만든 케른(cairn). 가스에 둘러쌓였을 때 등의 악천후 때에는 매우 유용하다. 그러나, 쓸데없이 임립하는 케른은, 무너졌을 때에 위험하므로 만들어서는 안 된다.

그런데, 지치면 걱정되는 것이, 도표에 쓰여 있는 '○○까지 앞으로

○분'이라고 하는 표시이다. 갑자기 시계가 천천히 돌기 시작한 듯
이, 시간이 무겁게 덮쳐 누르는 것을 느낀다. 하물며, 도표대로 '○
분' 걸어도 도착하지 못할 때는, 실망하기 마련이다. 그렇게 되지
않기 위해서도, 길표시의 시간은 어디까지나 참고로 한다. 중요한
것은 계획 단계에서 세운 시간 계획을 염두에 두고, 길표시의 시간에
는 그다지 좌우되지 않도록 하기 바란다. 덧붙이자면, 인간의 다리로
산길을 걷는 것은 평균 1시간에 1.5킬로 전후라고 한다.

　길표시가 많이 설치된 산이 있는 한편 정비가 안 된 산도 확실히
있다. 그런 때의 단독보행은 반대로 불안한 법이다. 단독보행자에게

길표시가 없는 길에서는 어떻게 하는지를 묻자 ㅈ씨(60세)는 배낭 속에서 리본 다발을 꺼내어 "불안한 길에서는 이 리본을 달며 걷는다. 잘못되면 전부 떼면서 되돌아온다."고 독자적인 연구를 말해 주었다. 옳을 때는 그대로 놓아 두면, 후속자의 안표도 된다.

또한, 이것은 연구는 아니지만, "등산자의 발자국이나 쓰레기를 길표시로 삼고 있다", "길이 두 갈래로 나눠져 있으면, 사용되고 있지 않는 쪽은 거미집이 쳐져 있기 때문에 되돌아오도록 하고 있다."고 대답한 사람도 있었다. 그 밖에 "낙엽이 부서져 있지 않는 것이 사용되고 있지 않는 길", "갑자기 경사가 심해지고 관목이 터널 모양으로 되어 있는 것은 짐승의 것"이니까 되돌아 가도록 하고 있다고 하는 사람도 있었다.

단독보행에서 중요한 것은, 모두의 사냥꾼의 짚신 이야기는 아니지만, 자연에 있는 것도 길표시의 하나로서 생각한다. 그것은 길을 잃고, 쓸데없는 체력을 소비하지 않기 위해서도 중요한 점이다.

□산행 중의 일은 뭐든지 기록한다
메모를 해서 산행 기록을 만드는 것은, 위험 예측을 높일 뿐만 아니라, 단독보행을 능숙하게 한다.

단독보행이 잘 되는 수단의 하나로서 산행 기록을 남기는 것을 들 수 있다. 후일, 읽었을 때에 즐거웠던 추억이 되살아남과 동시에, 잊고 있었던 위험이 어제와 같이 되살아나서, 다음 산행에 매우 유용하기 때문이다.

예를 들면 '모르고 부석을 밟고 굴러 떨어질 뻔해서 오싹했다'라든가 '우쭐해져서 사다리를 걸치고 올라가다 1개 밟고 찔려 버려서 위험할 뻔했다' 등의 내용이 적혀 있으면 읽을 때마다 경종이 되어,

저절로 위험에 대한 마음 가짐이 생긴다. 결국은, 그런 내용의 축적이 많으면 많을수록 위험 예지에 민감해진다.

반대로 기록이 없으면, 경계심이 생기지 않아 막연한 기분으로 산에 들어가서, 같은 위험에 다시 빠질 가능성이 커진다. 어쨌든 기억은 시간의 경과와 함께 사라지기 쉽다. 귀중한 체험을 잊지 않기 위해서도, 기억의 방아쇠로서 산행 기록을 쓰는 것이 필요하다.

나의 경우, 산행 중은 메모 용지에 진한 연필로 소요 시간, 코스의 상황, 주변 상황, 물터의 위치, 코스에서 본 새나 식물, 산정에서의 전망, 기후 등을 써 둔다. 또한, 자질구레한 일이지만 '버튼이 떨어졌다', '스패츠의 지퍼 상태가 나쁘다' 등도 쓴다. 써 두지 않으면 다음 산행 중에 깨닫게 되기 쉽기 때문이다.

이런 메모를 그대로 보존해 두는 것도 좋지만, 나의 경우는 읽기 어려워 어떻게 할 도리도 없을 정도로 나중에 읽을 마음이 내키지 않는다. 그래서 하산한 후는, 일찌감치 대학 노트에 깨끗이 쓰도록 하고 있다. 어느 쪽인가 하면 대단한 작업이다. 그러나, 메모의 말과 말을 연결해서 완성된 것은, 말하자면, 나 자신의 안내서가 된다. 이만큼 확실한 것은 없다. 하물며, 몇 번인가 같은 곳에 가서, 그 때마다 덧쓰면 시판되고 있는 안내서에 필적할 만한 것이 생긴다. 지역이 넓어지면 넓어질수록, 지식의 축적은 늘어간다. 동시에, 반복해서 읽음으로서, 위험에 대한 예지 능력이 더해 가는 것은 앞에서도 쓴 바와 같다.

그러나, 문제는 초보자이다. 걷는 정도로 고작인 초보자에게는, 메모를 하는 것은 고통 이외의 짐이 아닐까? 악천후에서는 더욱 더 그렇다.

초보자는 그런 때를 위해서도 항상 평소에 일찍 빠르게 쓰는 습관

산속에서 기록을 써 두면 산행 후의 스크랩 북 제작이 즐겁다.

을 길러 두면 좋을 것이다.

남알프스 북악에서 만난 ㅊ씨(40세)의 기록 방법은, 그 점을 참고로 해 주기 바라는 방법이다. ㅊ씨는 알파벳의 머리글자를 사용해서 짧은 표기를 하고 있었다. 예를 들면 S는 START의 S, A는 ARRIUE의 A, L은 LUNCH의 L,이라고 하는 식이다. 그리고, 내용 쪽도 나중에 끌어낼 수 있도록 상징적인 말을 짧게 적고 있었다. 스스로 연구하고 있는 사이에 터득한 방법이라고 ㅊ씨는 말한다. 이와 같이 단독보행의 경우는, 기록 하나를 봐도 자신에게 맞는 방법을 발견하는 것이 중요하다.

기록을 하는 연구에서 재미있다고 생각한 것은 ㅌ씨(50세)의 카세트 테이프. 종이와 연필 대신에 육성으로 테이프에 메모해 간다고 하는 것이다. 이야기하기만 하면 되니까, 매우 간단하고 현장감도 생긴다.

산행 기록으로서는 메모 이외에 카메라도 중요한 소도구이다. 카메라는 가능한 한 목에 걸어 두고, 뇌조 등이 뛰어 나왔을 때에 곧 찍을 수 있도록 한다. 또한, 행동 중의 포인트를 찍어 두는 것도, 나중에 보았을 때 참고가 되니까 남겨 두기 바란다. 필름은 가능하면 리버설(reversal)을 사용한다. 보통의 인화지용 네거 필름(negafilm)도 좋지만, 리버설이라면 스크린에 비쳐서 즐길 수 있다. 클로즈업함으로서, 산행 중에는 깨닫지 못했던 산의 동정도 차분히 살필 수 있기 때문이다.

□산 속에서 생생한 정보를 모은다
산속에서 만난 사람들로부터 여러 가지 정보를 얻는다. 단독보행의 불안을 줄이는 마음 든든한 방법.

산에 들어가기 전에 안내서, 지형도, 사전 조사 등의 중요성은 다른 장에서 서술한 바와 같다. 그러나, 그것만으로는 안심할 수 없는 것도 사실이다. 토사 붕괴 등의 돌발 사고가 있었던 후 등은 실제로 산에 들어가 보지 않으면 모르기 때문이다.

산의 상황을 알기 위해서 단독보행자가 유의하기 바라는 사항은, 산행 중에 생생한 정보를 가능한 한 많이 모으는 것이다. 특히 처음 들어가는 산에서는 불안을 조금이라도 줄이기 위해서, 모르는 것은 뭐든지 배운다고 하는 정신으로 임하기 바란다. 꺼리고 묻지 않았기 때문에 조난하거나, 길을 잃거나 하면 후회해도 소용없다. 그렇게 되지 않기 위해서도 다음 세 가지를 포인트로서 정보를 모으도록 하자.

등산을 가기 전에

등산 시즌이 되면, 관광 여행사나 등산 모임 등에서 등산 회원들을 모집하는데 이럴 때 등산에 관한 자료 등을 많이 수집할 수 있다.

관광 회사에 가서 자기가 가고자 하는 곳의 안내 지도를 미리 철저히 받는 것아 좋다. 등산 모임 같은 곳도 이용하면 좋을 것이다. 그런 곳에서 여러 사람들의 의견을 듣고 참고로 하면 미리 위험 장소 등도 피할 수 있을 것이다.

혹은 등산 입구에는 반드시 있는 찻집이나, 매점, 특산물 센터 등에 물어보면 된다.

언제였던가, 어느 산의 등산 입구에서 잘못된 방향으로 걷기 시작해서, 도중에 깨닫고 서둘러서 되돌아와, 매점 사람에게 길을 물은 적이 있다. 정중하게 길을 가르쳐 줄 뿐만 아니라, 코스의 상황까지 가르쳐 주어, 꽤 도움이 되었다. 도중에 안 사실이지만, 그 사람은 등산 모임의 회장이었다.

등산로에서

산을 걷고 있을 때에 만난 등산자로부터 정보를 얻는 의미는 크다. 그것은 말할 필요도 없이, 앞으로 향하는 길의 제일 새로운 정보를 그 등산자가 가지고 있기 때문임에 틀림없다.

헤맬 것 같은 길은 없는지, 무너져 있는 곳은 없는지, 혹은 다리가 떨어져 있는 곳은 없는지 등, 앞으로 나아갈 길을 지도를 보면서 묻도록 한다. 만일, 위험한 곳이 있으면 되돌아가도록 하는 것도 하나의 방법이고, 그 사람이 헤쳐 나온 방법을 듣고 참고로 하는 것도 좋을 것이다.

단독보행을 하고 있는 사람 중에는, 고독을 사랑하는 사람이 많은지, 인사를 할 뿐으로 앞지르듯이 가 버리는 사람도 있다. 그러나, 지나쳤을 때, 한 마디나 두 마디만이라도 이야기를 나눔으로서 정보교환은 가능하다. 자신의 정보를 확인하는 의미에서도 이런 대화는 필요하다.

산장에서

"최근의 단독보행자는 길을 묻지 않는다. 글쎄, 괜찮을까."라고 말한 것은 어느 산장 산장지기이다. 단독보행자 중에는 길을 몰라도 혼자서 찾고 싶어하는 사람도 많은 듯이, 산장 앞을 왔다갔다 한다고 한다. 걱정이 되어 산장지기가 물으면 비로소 길을 모른다고 대답한다고 한다.

"산장에 있는 사람이 제일 잘 산을 알고 있으니까, 쓸데없는 노력을 하기 전에 물어 보기 바란다."고 산장지기는 말하고 있었다.

518

등산로에 자신이 없을 때는 만난 사람으로부터 정보를 듣고 확인해 둔다.

나의 경험으로는, 산장지기에게 가르침 받은 경우는 매우 도움이 된다. 길 뿐만 아니라, 안내서의 잘못된 곳이나 맛있는 물을 마실 수 있는 곳, 혹은 하산 입구에서 타는 버스에 대기 위한 시간의 배분 방법, 가는 길에 들릴 수 있는 온천지에 있는 온천 욕탕, 또는 역전의 새 구이가 맛있는 곳 등 여러 가지이다.

어느 정보를 사용하느냐는 본인의 자유이지만, 대화를 하지 않고는 하나도 정보를 얻을 수 없다.

단독보행을 보다 충실히 하기 위해서도 자신의 안테나를 크게 확대 시키고, 누구에게나 소리를 지르도록 해서 정보를 모으는 것이 중요 하다.

□산의 기후는 천체 망원경으로 확인한다
시시 각각 변하는 산의 기후. 국지적인 것이니만큼, 일기 예보만으로는 판단할 수 없는 경우가 많다.

산의 날씨를 알기 위해서 단독보행의 등산자는 어떤 방법을 취하고 있을까? 본래는 라디오를 들으면서 일기도를 그려, 현재의 기압 배치를 아는 방법이 좋지만, 상당히 어려운 것으로, 단독보행자 중에서 이것을 실행하고 있는 사람은 거의 볼 수 없다. 그 대신, 자신 나름대로의 방법으로 대처하고 있는 사람이 많았다.

가장 많은 것은, 산에 들어가기 1주일 정도 전부터 텔레비전이나 라디오의 일기 예보를 듣고 상황을 살핀다고 하는 방법이다. 산에 들어가고 나서도, 방송이 있을 때마다 귀를 기울이는 것도 소홀히 하지 않도록 하고 있었다. 특히 여름에는 각 산역마다의 예보가 나오니까 놓치지 않고 듣는다.

또한, 신문의 조·석간에 실려 있는 일기도를 스크랩해서 기압의

10종류의 구름으로 판단하는 천체 망원경

견적운(絹積雲)─권적운,비늘구름 **견운(絹雲)**─줄무늬 구름. 반나절
등의 이름도. 반나절 후 등에 비로. 또는 반나절 후에는 비가 된다.

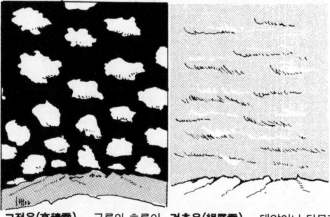

고적운(高積雲)─구름의 흐름이 **견층운(絹層雲)**─태양이나 달무리.
동에서 서일 때 호천, 반대는 악천. 엷게 낀 구름. 비는 반나절 후에.

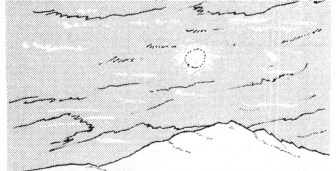

고층운(高層雲)─벚꽃철의 흐린 날씨나 어슴푸레한 달밤은 이 구름
에 의한다. 비는 수 시간 후에.

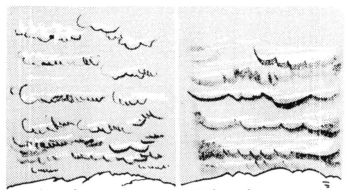

난층운(亂層雲) — 비구름, 천둥구름, 고층운 후에 나타난다.

층적운(層積雲) — 남에서 북으로 흐르면 악천이 된다. 소위 흐린 구름.

적운(積雲) — 호천을 약속해 주는 뭉게구름. 이것이 커지면 적란운.

적란운(積亂雲) — 여름 소나기를 일으키는 적란운. 겨울은 대설. 천둥.

층운(層雲) — 소위 안개구름. 여름날 아침 등에 보이면 그 날은 호천.

움직임을 보고 있다고 하는 사람도 있었다. 조간에는 전날의, 석간에는 그 날의 일기도가 게재되므로 상황을 한눈에 알 수 있어 참고가 된다.

그 중에는 산에 들어가기 전날에 가려는 산의 일기 예보를 전화로 묻거나, 전화가 없는 산장에 직접, 묻는다고 하는 사람도 있었다.

최근 이용되고 있는 일기 예보로서 인기가 있는 것은 전화로 알아보는 것이다.

산에서는 천체 망원경을 기준으로 날씨를 판단하자

그렇지만, 그 판단들은 어디까지나 예보에 불과하다. 시시 각각 변하는 산의 날씨를 판단하기 위해서는 참고가 되지만 실제적은 아니다. 산의 날씨는 좀더 리얼타임이 아니면 안 되기 때문이다. 오후에 뇌운이 발생한다고 일기 예보로 발표해도, 오전 중부터 뇌운이 발생하는 일은 충분히 있을 수 있다. 뇌운을 조우하지 않기 위해서도 구름이나 하늘의 상황을 보고 정확한 판단을 내려서, 위험으로부터 달아날 수 있도록 하기 바란다. 말은 어쩐지 위압적이지만, 그 방법이 천체 망원경이다. 익숙해질 때까지는 시간이 걸리지만, 기본적으로는 그림에 든 10종류의 구름으로 판단이 가능하기 때문에, 꼭 기억해 주기 바란다.

또한, 이것은 천체 망원경에 한한 것이지만, 이 현상이 나타나면 악천후가 된다고 하는 것을 참고로 몇 가지 소개하자.

① 아침 노을은 비, 저녁 노을은 맑음. 아침 노을은 서쪽 방면에 구름이 있기 때문이다.

② 렌즈운(雲)이 뜨면 강풍이 불고, 이윽고 비가 된다.

③ 태양이나 달이 무리를 뒤집어쓰면, 이윽고 날씨가 궂어진다.

④ 비행기운이 사라지지 않고 남아 있으면, 이윽고 날씨가 궂어진
다.

⑤ 산에 구름이 걸리면, 그 날 중에 비가 된다.

⑥ 멀리에 있는 산이 가깝게 보일 때는 비가 된다.

⑦ 계곡의 물소리가 가깝게 들렸을 때는 비가 된다.

⑧ 별의 깜박거림이 멈추면 일기가 궂어진다.

⑨ 밤중에 그친 비는 곧 내리기 시작한다.

⑩ 아침이 따뜻하면 비가 된다.

산의 날씨를 판단하는 것은 경험이 위력을 발휘한다

날씨를 판단하는데 있어서 귀중한 정보원이 되어 주는 산장의 산장
지기를 잊어서는 안 된다. 내가 알고 있는 산장지기에게 날씨를 물으
면, '산에서부터 계곡으로 풍향이 바뀌었으니까 맑음'이라든가 그
반대로 '새가 울지 않으니까 비'라고 대답해 준다. 반신 반의하면서
다음날 아침이 되면, 이것이 맞고 있기 때문에 이상하다. 하긴, 평소
부터 매일의 날씨를 기록하고, 그것을 연간마다 비교하는 등 해서,
항상 데이터를 축적하고 있으니까 당연하다. 이런 사람의 협력을
얻어 안전한 산행의 일조로 삼는 것도 하나의 방법이다.

날씨를 판단하는 여러 가지 경험을 쌓아 가면, 장마비가 개인 동안
을 완전히 노릴 수 있거나, 태풍 일과 후에 올라가서 훌륭한 조망을
얻거나 한다. 그리고, 더욱 쾌청해져서 점점 산이 즐거워진다. 그러기
위해서는 홍미를 갖고 평소부터 산의 날씨를 읽을 수 있도록 노력하
는 것이 필요하다.

□보는 것보다 읽는 능력을 키워 주기 바라는 지형도
산행의 생사는 지형도를 읽는 상상력에 달려 있다.

산행을 계획할 때는 물론, 산속에서 현재 위치를 확인할 때에 빼놓을 수 없는 것이 지형도와 나침반. 특히 단독보행의 등산자에게 있어서는, 과묵한 길안내인이 되어 주므로 손에서 뗄 수 없다.

내가 이전 사용하고 있던 것은 등산, 하이킹용으로서 지형 회사나 출판사에서 발매되고 있는 지형도였다. 이것은 코스 시간을 비롯해서 산장이나 꽃밭 등, 등산자에게 있어서 필요한 여러 가지 정보가 적힌 것이다. 각 지역의 정통자가 조사, 집필하고 있으니까 참고가 될 것이다. 단독보행을 앞으로 시작하려고 하는 사람에게 권한다. 단, 코스 시간은 어디까지나 집필자의 주관이 들어가기 때문에 참고 정도로 하는 편이 좋다. 때로는 아무리 빨리 걸어도 걸어서 지나갈 수 없는 터무니 없는 코스 시간이 실려 있는 경우도 있으니까 의심해 보는 것도 필요하다.

ㅍ씨(28세)는 2만 5000분의 1지형도의 애호자이다. 깨끗하게 접어서(그림 참고) 비닐 봉지에 넣고서는 필요한 때에 가슴 포켓에서 꺼내고 있었다.

"집에서 지형도를 보면서 코스 시간의 검토를 하거나, 쉬는 장소를 대강 정해 둔다. 기호로부터 산의 상황을 추측하면, 실제와의 차이를 알 수 있기 때문에 참고가 된다."

때로는, 처음 간 산인데 상상한 장소와 꼭 닮은 경우도 있다고 한다.

그것은 2만 5000분의 1지형도가 매우 상세하다고 하는 의미이기도 하다. 덧붙이자면 등고선은 10m마다 그어져 있다. 지형도 위의 1mm

가 실제의 25m에 해당한다고 하는 세밀함이다. 안내서의 코스 시간
이나 설명을 아울러서 마음껏 상상해서 읽어가면, 그 산의 단면도까
지 떠오른다. 그리고, 실제로 걸으면 붉은 선을 넣거나, 코스 시간을
기입해 가면 자신만의 지형도가 완성된다. 그 중에는 걸을 때마다
지형도에 긋는 선의 색을 바꿔서, 컬러플하게 하고 있는 사람도 있었
다. 이거라면 지형도를 펼 때마다 자신의 발자취를 한눈에 알 수 있다
고 한다. 시판 지형도에 익숙해진 사람에게는 권하고 싶은 방법이
다.

　더구나, 구입할 때는 가능한 한 새로운 것으로 하기 바란다. 제작
시기가 오래된 것은 숲길 등의 개발에 따라 갈 수 없어, 새로운 정보
가 담겨 있지 않기 때문이다.

산에서 현재 위치를 아는 방법

　길을 잃거나, 혹은 지형도를 보고 얼마나 걸어 왔는지를 알기 위해
서는, 현재 위치를 알아야 한다. 그 때문에 필요한 것이 지형도와
나침반이다.

　먼저, 전망 좋은 곳에 나가서 특징 있는 지형을 찾자. 최저, 2개
정도의 목표물이 있으면 좋을 것이다. 가능한 한 편평한 곳에 지형도
를 펼치고, 지형도 머리를 북으로 향한다. 이 때, 잊어서는 안 되는
것은, 지형도의 북과 실제의 북(자북)과는 차이가 있다고 하는 점이
다. 지형도에 쓰여 있는 '자침 방위는 서편 6°30～6°50'라고 하는
것이 그것으로, 산행 전에 그것을 나타내는 선을 그어 두기 바란다.
덧붙이자면 이것을 자북선이라고 해서, 지도가 정북을 기준으로 그려
져 있는데, 자석이 나타내는 북이 장소에 따라 조금씩 벗어나기 때문
이다. 지형도가 정밀해지면 질수록 정확한 선을 그을 필요가 생긴

526

지형도는 이와 같이 접으면 간편해 진다.

고도계

나침반

지형도와 나침반, 더욱 고도계를 사용하면 현재 위치가 보다 정확히.

다.

정확한 지도의 위치가 정해지면 목표물과 지형도상의 목표물을 선으로 연결한다. 그 연장상에서 선이 교차한 곳이 현재 위치가 된다. 산에 들어가기 전에 한번 실험해 두면, 위급할 때 서두르지 않아도 된다.

고도계가 있으면 현재 위치를 보다 정확히 알 수 있다

지형도와 나침반 외에 고도계를 병용하면, 보다 정확한 현재 위치를 알 수 있다. 자신이 있는 현재 위치의 고도를 측정하면, 만일 지형도와 나침반으로 측정한 것에 오차가 생겨도 곧 알 수 있다.

그러나, 일반적으로 휴대할 수 있는 고도계는 기압으로 측정한 것이 많아, 오차를 일으킬 가능성이 있으므로 고도를 확인할 수 있는 곳에서 수정해 둘 필요가 있다.

지형도는 산에 들어가기 전에 차분히 읽어 두는 것이 중요하다. 산에 들어가기 전에 스스로 걷는 루트가 확실히 머릿속에 들어 있지 않으면 안 된다. 산에 들어가고 나서 지형도를 펼치고 있으면, 위급할 때 서두르게 된다.

528

제7장

애프터 클라이밍으로
완성하는 나의 산

□산을 내려간 후 온천에 푹 몸을 담근다
산행의 피날레를 장식하는 온천. 독탕 목욕하면 피로도 날아간다.

산에서 내려와 안심하고 나면 느긋이 피로를 풀고 싶은 법이다. 단독보행에 있어서는 다음 등산의 충실이야말로 중요하다. 내려왔을 때가 다음 산의 시작이기 때문이다. 이 장에서는, 다음의 충실한 단독보행으로 이어지는 것 같은 애프터 클라이밍(after climbing)의 여러 가지를 소개하자.

등산 후에 온천 목욕을 해본 사람이라면 그 기분을 알 것이다. 땀을 흘리고, 지친 몸을 뜨거운 물에 담그면 원기도 회복할 것이고, 특히

하산 후는 온천에서 일욕. 이것은 빈축을 사는 일도 없어진다.

겨울산에서 내려 왔을 때는 완전히 차가와진 몸에 이만큼 고마운 것도 없다. 하물며, 목욕 후의 맥주라면 더욱 좋다.

나는, 머무는 곳이 산장이나 텐트이기 때문에, 온천에 들어가는 것은 한결같이 하산 후의 빈 시간이 많다. 온천가에는 대개 공동욕탕 혹은 휴식객으로서 온천에 들어가게 해 주는 여관이나 민박집이 있기 때문에, 버스의 발차 시간에 맞춰서 이용한다. 그런 곳에서 훌륭한 온천을 만나거나 하면 무심결에 감격해 버린다. 싼 요금으로 온천 기분에 젖을 수 있고, 우선 땀내나는 채 도회로 돌아가지 않아도 되니까 좋다. 가장 좋은 점은 온천에서 완전히 옷을 갈아 입어 버리는 것이다. 의류가 무거워질지도 모르지만, 여름날 기차 안에서 땀내나며 빈축살 것을 생각하면 기분은 편안하다. '산 사람'도, 청결을 유의하는 의미에서도 온천을 발견하면 지체없이 들어가기 바란다.

□잊어서는 안 되는 산도구의 관리
산에 들어가고 나서 고장을 깨달으면 치명상. 산도구는 하산 후에 애정을 담아서 점검한다.

가령 단추가 하나 떨어져 있었다고 해도, 산을 걷고 있을 때는 해결을 할 수 없는 법이다. 옷 소맷부리가 펄럭펄럭해서 산행 중 계속 신경쓰고 있어야 하고, 하물며 가솔린 버너에 가스가 새서 사용할 수 없거나, 텐트가 찢어지거나 하면 산행이 재미없어질 뿐만 아니라, 조난으로 이어지지 않는다고도 할 수 없다.

산을 내려간 후는 지쳐 버려서, 산도구에 눈길을 줄 수 없게 되기 쉽다. 그러나, 산도구는 말하자면 고락을 친구로 삼아 온 보디 가드다. 애정을 갖고 대하기 바란다. 그렇게 하면, 다음 산행에도 또 기분 좋게 사귈 수 있을 것이다. 그런 배려를 가질 수 있으면 당신의 등산

532

등산 도구의 관리는 물론, 몸의 관리도 중요.

도 훨씬 진보한다.

등산화

먼지나 진흙은 물로 씻어 떨어뜨리고, 헌 신문을 신발 속에 넣어서 그늘에 말린다. 직사 일광을 쬐면 가죽이 건조해서, 말라 죽은 상태가 되어 원상태로 돌아가지 않게 된다. 마른 후 가죽 보호제를 적당히 발라 둔다. 산행 때마다 반복하면 가죽이 오래 가고 애착도 생긴다.

버너

오래되면 나사가 느슨해지거나 파킹이 얇아져서 일어나기 쉬운 것이 가스 누출이다. 어두운 곳에서 보면 파르께하게 팍팍 작은 불이 나오기 때문에 알 수 있다. 그 이상의 가스 누출은 위험하다. 수리는, 자신 있는 사람 이외는 프로에게 맡기는 편이 안심이다.

고어텍스의 비옷

천에 뚫려 있는 미크로의 구멍이 막히면 통기성이 떨어진다. 진흙이나 먼지가 달라붙었을 때는 중성 세제를 사용해서, 미지근한 물에 눌러 빨아 그늘에 말린다.

슬리핑 백

뒤집어서 통풍이 좋은 곳에서 그늘에 말린다. 더러움이 눈에 띄면 중성 세제로 눌러 세탁한다. 깃털에는 전용 세제를 사용할 것. 넣을 때는 탄력성을 잃지 않도록 하기 위해, 둥글게 말아 버리지 말고 큼직한 봉지에 넣어 둔다.

그 외 산행 중에서 깨달은 사실은 반드시 메모해 두고, 일찌감치

534

수리를 한다. 나중이 되면 될수록 귀찮아져서, 항상 산에 들어간 후에 깨닫게 된다. 신발끈은 떨어져 있지 않았는지? 스패츠의 지퍼가 잘 물리지 않았는지? 헤드 램프의 전구가 끊어져 있지 않았는지? 등, 어느 것 하나라도 중요한 것 뿐이다.

만일 카메라의 전지가 떨어진 것을 모르고 가지고 가면, 모처럼의 솜씨를 발휘할 수 없을 뿐만 아니라, 단순히 무거운 철상자를 갖고 걷는다고 하는 시시한 결과가 된다. 카메라라면 아직 생명에 관계 없지만, 그것이 라디오라면 울래야 울 수 없다.

산도구를 담을 때는 '의류'나 '도구'라고 적은 골판지를 준비해서, 정리정돈을 하면 좋다. 이렇게 해 두면, 파킹할 때에 꺼내기 쉬워진다.

그 때에, 사용해 보고 유용하지 않았던 것은 제외하도록 하기 바란다. 그러기 위해서는 평소부터 걸으면서 도구의 적합성을 엄격하게 체크한다. 그것은 결국은 전체적인 셰이프 업으로 이어진다.

몸의 관리도 확실히 한다

산을 시작했을 무렵은 자신도 모르는 사이에 찰과상이나 타박상을 입는 경우가 많다. 흔히 귀가 후의 목욕탕에서 알게 되는 것이다. 특히 발 까짐은 괴롭다.

만일 몸 부분에 통증이 느껴지는 것 같으면 곧 의사에게 보인다. 극단적인 예일지도 모르지만, 내 친구의 경우 의사에게 보이자 늑골이 부러져 있었다고 하는 일도 있다.

어쨌든, 산도구와 몸의 관리는 등산 중에서도 중요한 것이다. 그것은 등산의 끝은 이미 다음 산행의 스타트 라인에 서 있는 것이다.

□나중에 뒤돌아 보았을 때에 즐거운 산행 기록
산행 기록을 쓰는 것은, 산을 아는 것 이상으로 자신의 발자취를 아는 것.

걸으면서 메모를 하고, 그것을 산행 기록에 다시 옮겨 쓰는 것은 위험 예지로 이어지고, 결국은 단독보행이 잘 되는 요령이라고 하는 것은 산행 기록을 쓰는 항에 서술한 바와 같다. 초보자는 특히 자신의 발자취를 반성하기 위해서도, 실행할 것을 권하고 싶다. 그러나, 단순히 안내하는 것으로는 읽을 마음이 내키지 않게 된다. 쓰는 이상은 자신 나름대로의 연구로 남는 것을 만들어 주기 바란다.

개인의 산행 기록집을 만든다

ㅎ씨(38세)의 연구가 재미있다. 단독보행을 시작한지 10년이라고 하는 ㅎ씨는 산행 기록을 책으로 만들고 있는 것이다. 그렇지만 인쇄하는 것이 아니라, 모두 원고용지에 손으로 쓴 개인 보관용이다. 원고용지를 두 개로 접어서 그것을 묶어 두툼한 표지를 달고 있다. 그 뿐만 아니라, 상자도 정확히 있어, 호화본의 분위기이다. 더욱 자신의 로고마크까지 만든다고 하는 정성으로 그것이 10권 정도 있다.

본문 군데 군데에는 사진이 붙여지고, 캡션(caption)도 쓰여 있다. 물론 체재가 재미있기만 한 것은 아니다. 원고의 여백에는 여러 가지 깨달은 사실을 덧붙여 쓰고 있다.

"같은 장소에 몇 번인가 가면 그 때마다 인상이 다르거나, 길에 변경이 있거나 하기 때문에 덧붙여 쓸 필요가 생긴다. 덧붙여 쓸 때마다 산도 자신도 조금씩 변화하고 있음을 알기 때문에 그만 둘 수 없다."고 ㅎ씨. 읽어 보니 안내하는 것 이상으로 자신의 감상을 있는 그대로 쓰고 있다. 더욱 그 산에 대해 쓴 책, 혹은 잡지의 백넘버까지 자세하게 쓰여 있었다. 앞으로 같은 산에 가서, 발견한 사항을 계속

536

전망 좋은 산정에서 찍어 보고 싶은 파노라마 사진

산에서 가지고 돌아온 물로 만드는 위스키가 맛있다.

쓰면 시판 안내서보다 참고가 되는 자료가 되리라고 생각했다.

앨범을 만든다

한 여성은 여성다운 구성으로 앨범 제작을 하고 있었다. 사진 사이에 산속에서 주운 낙엽을 끼우거나, 로프웨이의 띠를 붙여서는 산여행의 분위기를 내는 연구를 하고 있다. 사진을 보고 깨달은 것은 이 여성의 경우 단독보행이라고 하는데 자신이 찍혀 있는 사진이 많다는 것이다. 물어보니 이전은 혼자이니까 풍경 사진만 되기 쉬웠기 때문에, 지나가는 등산자에게 적극적으로 찍어 달라고 부탁했다는 것이다. 한번도 거절당한 적이 없었다든가, 혼자라고 해서 자신의 사진이 없다고 하는 것은 쓸쓸한 일이다. 소리를 질러서 찍어 달라고 부탁하도록 하자.

파노라마 사진을 찍는다

해 보면 재미있을 것이 파노라마 사진. 정상 등의 전망이 좋은 곳에서, 360도의 풍경을 여러 장의 사진으로 찍고, 마주 연결한 것을 말하지만, 한번은 도전해 보기 바란다. 찍을 때는 카메라가 흔들리지 않도록 팔꿈치를 고정하고, 가장 높은 산을 하늘에 맞추고, 화면과 화면이 조금씩 겹치도록 촬영해 간다. 인화한 사진을 마주 연결할 때는, 화면의 겹친 부분을 겹치게 해서 어느 쪽인가를 잘라내고, 연결한 사진이 호를 그리지 않도록 가능한 한 똑바로 하는 것이 요령이다.

그런데 이것은 산행 기록에는 직접 관계 없지만, 집에 산의 물을 가지고 돌아오기를 권한다. 조금 짐이 되지만 산행 기록을 쓰면서, 혹은 읽으면서 산의 물을 물에 타거나 커피를 끓여 마신다. 이것도 멋진 경험이 될 것이다.

산의 물을 마시면서 쓰면 산행 기록도 한층 맛이 있는 것이 될 것이다.

□산의 명저(名著)와 친하게 지낸다
산을 스스로 모색하는 것도 좋지만, 때로는 선인들에게 가르침을 구하는 것도 또한 즐겁다.

혼자서 걷고 있기 때문에 자칫 단일적이 되기 쉬운 산을 보는 시점이, 책을 읽음으로서 여러 가지 각도에서 정보를 얻는 것으로 변하게 된다. 그리고 단독보행에 막혔을 때나 다음 산을 좀더 재미있게 오르기 위해서도, 산에 관한 책을 펴서 읽어 볼 것을 권장한다. 틀림없이 선인들이 몰래 등산의 비결을 가르쳐 줄 것이다.

제8장

SOS! 그 상황과
필수의 대책

□길을 잃어 버렸다
길을 잃으면 불안이 점점 심해져서 마구 돌아다니기 쉽다. 우선은 앉아서 마음을 진정시키자.

단독보행은 즐거운 반면, 위험한 면도 많다. 그럼, 실제로는 어떤 위험이 있고, 어떤 사고가 일어나고 있을까? 이 장에서는 단독보행의 등산자가 빠지기 쉬운 위험을 모아서, 거기에 대처하기 위해서는 어떻게 하면 좋을지를 소개한다.

그 상황
"눈 계곡에서 안개에 싸여 아무것도 보이지 않게 되어 잃어 버렸다."

"길표시가 쓰러져 있어서 다른 루트를 걸어 버렸다."

"위험한 바위밭에서 페인트 표시를 놓치고 낭떠러지로 나가 버렸다."

"짐승이 다니는 길에 휩쓸려 들어가서 정신을 차려 보니 루트에서 멀리 떨어져 버렸다."

이것들은 모두, 단독보행자로부터 들은 경험뿐이다. 길을 잃는다고 하는 것은, 그룹 등산자들이라도 빠질 가능성이 있는 일이지만, 그렇다 치더라도 단독보행자 쪽이 어쩐지 많다. 역시, 단독보행은 그룹 등산과 달리 산길을 잃어도, 객관적으로 도와 주는 사람이 없는 것이 큰 원인일 것이다.

어쨌든, 문제는 길을 잃었다고 안 순간, 단독보행자는 불안에 사로잡혀서 함부로 돌아다녀 버리는 경향이 있다. 앞의 첫 번째 경험담은 눈 계곡 속을 손으로 더듬거리며 걷다가, 정신을 차려 보니 발밑에 갈라진 틈이 큰 입을 벌리고 있었다고 하고, 두 번째 경험담은 짐승이

길을 잃었으면 우선 마음을 진정시키고, 그 다음에 행동으로 옮기자.

다니는 길을 벗어나기 위해서 덤불을 헤치고 도착한 앞이 위험한 급사면이었다고 하는 식이다.

불안한 심리 상태가 탈출구를 발견하기 위해서 그런 행동을 유발하는 것이겠지만, 귀중한 체력과 시간을 낭비할 뿐만 아니라, 피로 동사 (冬死), 혹은 위험 장소에서의 굴러 떨어짐도 충분히 생각할 수 있다.

그 대책

우선, 길을 잃었다고 깨달으면 침착해지는 것이 중요하다. 담배가 있으면 한 모금 피우거나, 초콜릿을 깨물어 보거나 해서 불안한 마음을 진정시킨다.

그런 다음 주위를 흘끗 둘러 보고, 지금 온 길을 확인하고 나서 충실히 되돌아가는 것이다. 만일, 침착하지 않은 채라면 이것조차도 할 수 없어, 잘못된 길을 앞으로 나아갈 위험성이 있다. 되돌아 갈 때는, 부디 옆길로 들어가지 않도록 자신의 발자취를 주의 깊게 찾으면서 걷는다. 그리고, 정규 루트라고 자신을 가질 수 있는 곳까지 되돌아 와서 지도, 자석, 고도계로 위치를 확인하고 나서 재출발 한다.

절대로 지켜 주기 바라는 것은 '길을 잃으면 계곡으로 내려가지 말라'고 하는 격언대로, 계곡이나 얕은 골짜기로 향하지 말 것. 계곡으로 향하면 마을에 가까워진다고 생각하기 쉽지만 그것은 착각으로, 특히 얕은 골짜기는 폭포나 콜지 등의 위험 장소가 연속해 있다. 가능한 한 산등성이를 찾아서 걷도록 하는 편이 앞이 내다보여, 등산로를 발견하기 쉬워진다.

한편, 안개로 앞이 내다보이지 않아 움직일 수 없게 되었을 때는, 젖지 않도록 비옷을 입고 제자리에서 대기하고 있는 것이 현명하다. 의외로 빨리 안개가 걷힐 때도 있으므로, 그 때에 진로를 확인하고 나아간다. 만일 걷히지 않을 때는, 돌아 다니지 말고 간이 텐트를 꺼내서 야영할 것을 권한다. 시계가 보이지 않는 곳을 강인하게 나아가다 낭떠러지에서 추락하지 않는다고도 할 수 없다.

날씨가 좋을 때는, 키가 큰 나무를 찾아, 나무에 오르거나, 큰 바위가 있으면 올라가서 주위를 둘러 보면 좋을 것이다. 등산자가 걷고 있는 것을 의외로 간단히 발견할 수 있을지도 모른다.

길을 잃지 않기 위해서는, 먼저, 처음부터 한걸음 한걸음 신중히 움직이는 것을 유의한다. 시름에 잠기거나, 목적없이 가지 말고, 항상 걷고 있는 길이 등산로인지 그렇지 않은지를 의심하는 자세가 필요하다. 만일, 마음 한 구석에서 '이 길이 맞을까?' 라고 하는 의문이 조금이라도 생기면 멈춰 서서, 지형도나 자석, 고도계를 꺼내어 생각해 보자. '어떻게든 되겠지'라고 의문을 묵살해 버리지 않도록 한다. 묵살한 시점부터 길을 잃기 시작하고 있다고도 말할 수 있기 때문이다.

단독보행의 사람에게는 대담성이 필요한 때도 있지만, 막상 길을 잃었을 때는 애써 소심한 태도로 향해야 할 것이다.

□갑자기 발에 쥐가 났을 때
앞을 서두르기 쉬워지는 단독보행. 그 때문에 발에 부담이 가해져서 경련을 일으키기 쉽다.

그 상황

절대 죽음에 이를 정도의 일은 아니지만, 그러나, 본인에게 있어서, 죽을 만큼 아파서, 견디기 어려운 것이 쥐라고 불리는 다리의 경련이다.

이것은, 단독보행이나 그룹 등산에 관계 없이 등산자 전반이 경험하는 경향에 있지만, 앞을 서두르기 쉬워지는 단독보행을 하는 사람에게 특히 많은 것 같다. 그리고, 혼자인 까닭에 쥐의 시간이 길게 느껴져서, 다음 행동에 강하게 불안을 느낀다.

"장시간 계속 걸었기 때문에 휴식하기 위해서 앉은 순간이었다. 넓적다리가 경련하기 시작해서 어떤 자세를 취해도 심한 통증이 엄습해 왔다."고 하는 단독보행자가 있다. 다행히 이 사람의 경우는 30분 정도로 회복했지만, "이대로 치료되지 않으면 동사해 버린다는 불안이 공포로 변했다."고 하니까 심리적 부담은 크다. 이것은 골절해

산에서 다리가 저리기 쉬운 사람은 평소부터 식사의 영양 균형을 취한다.

서 움직일 수 없게 된 상태와 비슷하다고 해도 과장은 아니다.

또 어떤 단독보행자는 "단체 등산자가 길을 열어 주었기 때문에 하는 수 없이 피치를 올려서 올라가 어휴,하고 안심했을 때였다. 아파서 제자리에 서 있을 수 없었다."고 하며, "등산 우선이라고 하는 것은 때와 경우에 따라 다르지요. 너무 많은 길을 걸은 날에는, 아무리 다리가 강한 사람이라도 경련을 일으킨다."고 의외의 부분에서 등산 우선의 비판이 나왔다.

발이 저리는 원인으로서는, 위의 두 사람의 경우와 같이 장시간의 보행 후 급격한 피치의 변경 후에 일어나는 것 같다. 그것과, 일반적으로 말할 수 있는 것은, 등산의 경험이 적은 사람이 걸리기 쉽다,고 하는 것이다. 그러나 예외도 있으므로 단정지을 수는 없다.

그 대책

완전한 쥐가 되기 전에 징후를 일찌감치 감지하는 것이 중요하다. 걷고 있는 사이에 다리에 피로가 쌓이면 근육이 굳어지고 차가와진다. 그러면, 찌릿찌릿 신호가 보내져 온다. 그 신호를 느끼면, 참지 말고 휴식을 충분히 취할 셈으로 배낭을 내려 놓고, 편안할 것을 권한다. 그리고 근육을 부드럽게 하는 마사지를 하고, 괜찮다고 생각할 때까지는 행동하지 않는다. 만일, 완전히 쥐가 되면, 어쨌든 누워서 조금이라도 아프지 않는 자세를 취하자. 당황해서 마사지를 해도, 오히려 다음의 쥐를 부르게 되어 버리기 때문이다. 조금 틈을 두고 나서 마사지를 시작하는 것이 무난하다.

배낭에서 다리를 따뜻하게 할 수 있는 스웨터나 비옷, 아노락(anorak) 등을 꺼내어 덮도록 한다. 또한, 이런 때를 위해서 일회용 주머니 난로나 연고를 휴대하고 있으면 좋을 것이다. 중요한 것은 혈행이 나빠져서 굳어진 근육을 얼마나 단시간에 부드럽게 하느냐에 있다.

쥐의 내적인 원인으로서 들 수 있는 것은 비타민 B, 염분, 칼슘 부족 등을 생각할 수 있다. 평소부터 신선한 생야채 등을 많이 먹고, 편식하지 않도록 유의하자.

쥐가 일어나는 것은 어쨌든, 근육이 피로해 있을 때이다. 행동 범위를 축소해서 무리를 하지 않는다. 그리고, 다음 번부터 같은 경로를 겪지 않기 위해서도 충분한 근력 및 체력 단련을 해 둔다.

□번개를 만났을 때
혼자라면 충분히 걱정이 되는 번개. 냉정하게 피난하는 수밖에 없지만, 이것이 상당히 어렵다.

그 상황

산에서 만나는 위험한 것 중에서 번개만큼 무서운 것은 없다. 특히 여름, 산등성이를 걷고 있으면 느닷없이 주위가 어두워지고, 대지를 찢는 듯한 뇌명이 울린다. 살아 있는 기분이 나지 않는 것은 누구나 마찬가지일 것이다.

또한, 말할 필요도 없이 천둥이 울리는 속을 걷는 것은, 마침 벼락이 떨어지지 않았을 뿐으로, 위험한 일임에는 틀림없다.

그 대책

가장 확실한 예방법은, 뇌운(雷雲) 주의보가 일기예보에서 발령되면, 그 산에 접근하지 않는 것이다. 만일, 산속에서 뇌운 주의보를 들었을 때는, 천둥이 발생하기 쉬워지는 오후 2시 이후에는 정상이나 산등성이에서의 행동은 피한다. 또한, 적란운이 활발한 움직임을

번개에 대한 대처법을 잘 알아 두면 위급할 때 재빨리 움직일 수 있다.

보이기 시작하면 행동을 중지하고 하산할 것을 권한다. 번개를 만나기 전에 예측해서 후퇴하는 것이 무엇보다도 중요하다.

불행하게도 번개에 조우하면 당황하지 말고 다음 요령으로 재빨리 피난하자.

높은 곳에서 낮은 곳으로 달아난다

벼락은 평탄한 곳보다는 돌출한 곳에 떨어지기 쉬우므로, 정상에 있으면 산등성이로, 산등성이에 있으면 산허리로 서서히 고도를 내려간다. 만일, 산등성이에 있었다면 등산로에서 벗어나 사면에 엎드리거나, 가지 모양이 땅을 기고 있는 듯한 소나무 속으로 뛰어 들어가 버리자. 그 때에는 비가 내리기 시작해도 괜찮도록 비옷을 입어 두면 좋다.

낮은 곳이라도 위험은 가득

오른쪽의 요령으로 피난해도 큰 나무나 큰 바위가 있으면 가능한 한 떨어지도록 하기 바란다. 최저라도 4, 5m는 떨어져야 한다. 또한, 물은 전기가 통하기 때문에, 걸어서 강을 건너는 행동은 삼가한다.

자세를 낮춘다

번개가 돌출한 곳에 떨어지기 쉬운 것은 정상 뿐만 아니라, 인간도 마찬가지이다. 어떤 실험에서 키가 큰 마네킹과 작은 마네킹을 나란히 세워 놓고 낙뢰도(落雷度)를 조사한 결과, 큰 쪽이 압도적으로 확률이 높다고 하는 데이터가 나왔다. 따라서 피난할 때는 가능한 한 자세를 낮추어, 몸을 보호하도록 하자.

금속류를 벗는다

최근에는 이 금속류를 떼는 것보다도 자세를 낮추는 편이 효과적이라고 한다. 그러나, 안경이나 벨트의 금속에 낙뢰한 예도 과거에는 있기 때문에, 조심하는 것보다 더 좋은 일은 없다. 더구나, 금속류는 비닐 봉지에 넣어서 바위 뒤나 풀숲 속에 놓아 두도록 한다.

산장으로 피난한다

근처에 산장이나 대피 산장이 있으면 망설이지 말고 뛰어 들어가 버리자. 산장류가 대피 장소로서는 무엇보다도 안전하기 때문이다. 그 때문에도 코스 위에 있는 산장이나 대피 산장을 항상 지도에서 조사하여 염두에 두도록 하기 바란다. 잘못되어도 번개와 뇌명(雷鳴) 사이에 시간이 있다고 해서, 걷기 시작하는 것은 하지 않도록 한다. 안전을 위해서 자신을 구하는 노력이 필요하다.

□지쳐서 움직일 수 없게 되었을 때
에너지로 변환하기 쉬운 단 식품과, 버틴다고 하는 기력이 중요.

그 상황

단독보행의 등산자 20명에게 피로에 대해서 간단한 앙케이트를 조사했다 연령은 10대가 2명, 20대가 7명, 30대가 6명, 40대가 3명, 50대가 2명으로, 그 중 여성이 30대와 40대에 2명씩 모두 4명. 질문과 답을 살펴보자.

[질문] 당신은 산에서 지친 적이 있습니까?

있다……90퍼센트

없다……10퍼센트

[질문] 지친 빈도는 어느 정도입니까? 지금은 없지만 산을 시작했을 무렵은?

자주……60퍼센트

가끔……25퍼센트

매회……15퍼센트

[질문] 어떤 때에 지칩니까?

초과 페이스로 지나치게 걸었을 때……40퍼센트

식사를 제 때에 하지 않았을 때……20퍼센트

텐트 등으로 짐이 무거워졌을 때……15퍼센트

컨디션이 나쁠 때……15퍼센트

더울 때……10퍼센트

[질문] 지치지 않기 위해서는 어떻게 하면 좋다고 생각합니까?

천천히 걷는다……40퍼센트

트레이닝을 거듭한다……25퍼센트

식사나 물을 정확히 섭취한다……20퍼센트

컨디션을 조절하고 나서 오른다……15퍼센트

이 질문들에서 알 수 있는 사실은, 대부분의 사람이 지친 경험이 있고, 그 원인은 초과 페이스로 걷거나, 식사를 하지 않은 것에서 오고 있다. 그러나, 단독보행에 익숙해짐에 따라 피로가 적어졌다고 대답하고 있다. 자신의 페이스를 알 수 있게 됨과 동시에 지침이 적어졌다. 그리고 지치지 않기 위해서 천천히 걷는 것을 유의하거나, 사전에 트레이닝을 하고 있음을 알 수 있다.

그 대책

앙케이트에서도 알 수 있듯이, 지침에서 가장 많은 원인은 '초과 페이스로 지나치게 걸었다'고 하는 것에서 오는 지침이다. 소위 피로 지침이라고 일컬어지는 것으로, 초과 페이스가 되기 쉬운 단독보행자에게 많다.

어느 단독보행자는 이렇게 말한다. "컨디션이 좋으면, 변변히 쉬지 않고 자꾸 자꾸 걸어 버린다. 조깅에서 말하는 러닝 하이와 같은 것이다. 그러나, 깨달으면 이미 기진 맥진이다."

이것은 휴식을 취하지 않고 피로를 쌓아 간 전형이다. 피로 지침은, 한번 일어나면 좀체로 회복되지 않는 것이기 때문에, 적당한 휴식을 취하고, 그 때마다 피로를 풀도록 할 필요가 있다. 그러기 위해서도 빨리 자신의 역량을 알고, 페이스 배분을 유의하도록 하는 것이 중요하다.

2번째로 많은 것이 '식사를 하지 않았기' 때문에 일어나는 지침이다. '쌀밥 지침'이라고 일컬어지는 것으로, 그룹 등산과 달리, 식사를 천천히 즐길 수 없게 되기 쉬운 단독보행에 많다. "비스켓을 2, 3장 먹으면 공복감이 채워져 버린다. 그럼 곧 가스 결핍이 되는 것을 알고 있는데도 불구하고 곧 걸어 버린다.'고 하는 것도 한 단독보행자의 말이다. 이 단독보행자는 식사에 별로 집착하지 않는 것 같이, 밤에도 인스턴트 라면으로 때운다고 하니까 좀 문제이다.

쌀밥 지침이 되면 휴식을 취하고, 우선 단 식품을 먹는다. 특히, 엿, 영양갱, 초콜릿, 감, 오렌지 등 당분이 높은 것을 선택한다. 음료는 설탕이 잔뜩 들어간 홍차나 레몬에이드로 한다. 당분이 높은 것은 에너지로 변환하기 쉬워, 힘이 되어 주기 때문이다.

가능하면 지치고 나서 먹지 말고, 걸으면서 조금씩 당분을 보급하는 것을 유의하기 바란다. 중요한 것은 나중에 서둘러서 보급하는 것이 아니라, 미리 준비해 둔다. 그러기 위해서는 평소부터 당분 뿐만 아니라 지방, 단백질 등 균형 잡힌 식사를 유의해 두는 것도 중요하다. 한정된 짐 속에서는 좀체로 양질의 지방, 단백질을 얻기는 어렵기 때문이다.

그런데 지치기 쉬운 것은 여름이라는 사실은 말할 필요도 없다. 특히 수림대를 걷고 있으면 가장 심하다. 몸이 괴로하지 않도록 페이스를 조절하거나, 단추를 하나 풀어서 열을 방사하거나, 적당히 물을 마시거나 한다. 만일, 지쳐 버리면 가능한 한 통풍이 좋은 장소를 선택해서 의복을 늦추고 쉰다. 너무 느슨해지면 사기에 영향을 미쳐서, 쓸데없이 지치기 쉬워지므로, 자신을 격려하는 느낌으로 회복을 기다리도록 한다. 지쳐도 아무도 도와 주지 않으므로 기력을 확실히 갖는다.

□ 날씨의 급변으로 야영이 부득이해졌을 때
예정외의 행동은 등산자를 궁지로 몰아 넣는다. 그러나, 당황하지 말고 오늘 밤의 보금자리를 만든다.

그 상황

날씨의 급변으로서 들 수 있는 것이 큰 비, 짙은 안개, 그리고 눈바람이다. 큰 비는 돌풍을 동반해서, 당장에라도 날아갈 지도 모르고, 짙은 안개는 눈 앞에 우유를 흘린 듯이 시계를 가린다. 눈바람은 한 걸음도 앞으로 나갈 수 없을 뿐만 아니라, 동사에 이르는 경우도 있다.

등산 중에 이와 같은 상황의 한가운데에 빠지는 경우는 흔히 있는 일이다. 가까이에 산장이나 대피 산장 등이 있을 때는 신중을 기해서 잠시 대피할 수도 있지만, 없을 때는 야영할 수밖에 없어진다.

야영할 필요가 생기는 것은 기후의 변화 뿐만은 아니다. 특히 단독 보행의 경우는 지치거나, 혹은 지나치게 쉬어서 예정을 대폭으로 늦춰, 깨달았을 때는, 산속에서 저녁무렵이 되어, 움직일 수 없게 된다고 하는 경우가 종종 있기 때문이다. 혹은 갑작스런 병이나 부상, 요통 등으로 야영해야 하는 점도 충분히 생각할 수 있다.

악조건이 겹치면 겹칠수록, 등산자는 위험한 봉변에 직면하게 된다. 그것을 타개하기 위해서도 평소부터 적절한 야영 방법을 염두에 두고, 위급시에 힘을 발휘할 수 있도록 해 두어야 한다.

그 대책

야영할 때는 주위 상황을 판단해서 재빠른 행동을 취해야 한다. 느닷없이 찾아온 국면에 당황하기 쉽지만, 야영은 조난 일보 직전에 와 있는 상태이기도 하므로 침착하지 않으면 쓸데없는 에너지를 낭비하게 된다.

첼트(Zeltsack)가 있는 경우

간이 텐트인 첼트. 가볍고 접으면 작아지기 때문에, 단독보행자는

야영에서는 어떤 물건을 충분히 사용해서 보온에 노력한다.

비상용으로 배낭 속에 넣어 두기 바란다. 등산자 중에는 텐트 대신에 사용하고 있는 사람도 있을 정도이다. 사용법은 간단해서 기후 악화, 또는 나뭇 가지나 줄기에 첼트의 끈을 묶기만 하면 사용할 수 있다. 그러나 이것만으로는 만전이 아니라, 의복이 젖어 있으면 갈아 입거나, 있는 것을 모두 껴입도록 한다. 또한, 첼트를 친 장소가 언제 소나기의 습격을 받지 않는다고도 할 수 없으므로 조심할 필요가 있다.

첼트가 없는 경우

첼트가 없는 만큼, 비나 바람 등이 조금이라도 미치지 않는 곳을

554

찾아야 한다. 바위굴이나 동굴이 있으면 더할 나위 없지만, 좀체로 찾을 수 없다. 산 기슭이라면 큰 나무 밑이나 숲속으로 들어가거나, 산등성이에서는 가지 모양이 땅을 기고 있는 듯한 소나무 속이나 바위 뒤에 몸을 숨기거나 한다. 그리고, 재빨리 젖은 것을 갈아 입고, 스웨터나 바람막이옷 등 배낭에 들어있는 것은 모두 꺼내어 입도록 한다. 체열로 마를 정도라면 또 모를까, 젖은 것은 체온을 빼앗아 동사(冬死)로 이어지기 때문이다.

조금이라도 열을 방출하지 않는 노력을 하자. 예를 들면, 신문지를 허리 밑에 깔거나, 몸에 휘감거나 하는 것도 그 하나이다. 신문에는 보온력이 있기 때문에 크게 활용하기 바란다. 배낭 속에 일부 넣어 두면, 위급할 때에 도움이 되어 준다. 또한, 배낭을 비우고 하반신만 푹 넣는 것도 효과가 있다. 배낭이 크면 클수록 몸을 많이 감싸기 때문에, 구입할 때의 참고로 하기 바란다.

겨울의 경우

겨울의 경우는 눈동굴을 파거나, 혹은 눈을 쌓아서 담을 만들고, 지붕 대신에 판초 등으로 덮으면 좋다. 피로해 있을 때에는 중노동이 되지만, 힘을 내는 수밖에 없다. 이런 때를 위해서도 여력을 남긴 보행법을 취해 두어야 한다. 눈동굴은 일단 완성되면, 바람을 막고 거주성도 높다.

야영은 늘 위험성을 갖고 있다. 절대 방심하는 일이 없도록 하기 바란다. 어쨌든 부득이하게 오래 잘 수 없는 야영. 도중에 녹초가 되는 일이 없도록 버티는 것이 필요하다.

□굴러 떨어져서 염좌, 골절해 버렸을 때
최악의 사태가 되어 버렸다. 살기 위해서는 어떻게 하면 될까?

그 상황

단독보행의 조난 원인에서 가장 많은 것이 이 굴러 떨어짐이다. 이유는, 부석(浮石)을 밟거나 바위가 무너지거나 불가항력도 있지만, 대부분은 자신의 부주의 때문에 일어나는 경우가 많다. 그 전형이 위험 장소를 지나가서, 후유하고 안심한 틈에 사고를 일으키고 있는 경우이다. 걷고 있는 사이에 피로가 쌓여, 긴장감을 좀체로 지속할 수 없게 되는 것도 관계하고 있는 듯하다.

사고를 일으켜 버리면, 당사자는 흥분하기 마련이다. 반광란이라고 해도 좋다.

그러나, 그 한편에서는 염좌, 골절을 하고 있으면서도 정신력으로 조난 현장까지 기어 나오거나, 혹은 작은 식량과 물만으로 살아 남아서 수일 후에 수색대에게 구조되었다고 하는 예가 상당히 있다.

그 대책
자신이 처한 상황을 파악한다

어쨌든 침착하자. 침착하지 않으면 평소 힘의 반도 낼 수 없기 때문이다. 그리고 비탄하는 것보다 자신이 처한 상황을 파악하는 것이 중요하다. 차분히 주위를 둘러 보고, 이 이상의 위험이 없는지 어떤지를 확인한다. 확인하지 않고 일어서거나 하면 더욱 굴러 떨어질 가능성이 있다.

굴러 떨어져서 찰과상이라고 하는 것은 기적에 가깝고, 대부분의 경우는 염좌, 골절을 하고 있는 것이다. 염좌도 골절도 대단한 통증을 수반하지만, 그 판별법은 염좌는 부을 때까지 시간이 걸리지만, 골절은 곧 붓는다. 이 차이를 아는 것만으로도 의미는 크다.

그리고 나서 일어날 수 있는 경우는 몸을 서서히 일으키도록 한

556

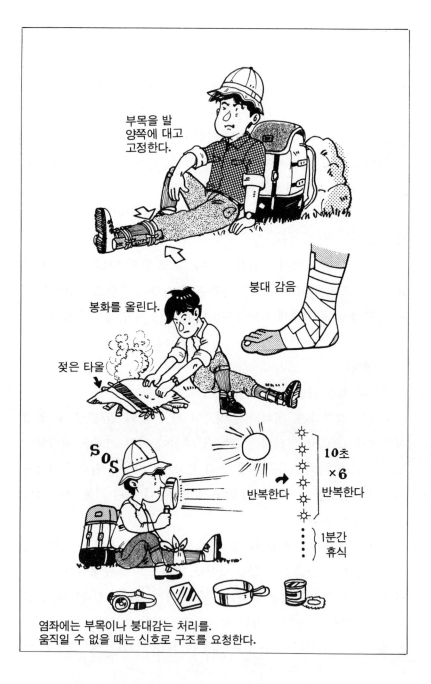

부목을 발
양쪽에 대고
고정한다.

붕대 감음

봉화를 올린다.

젖은 타올

SOS

반복한다 →

10초
×6
반복한다

1분간
휴식

염좌에는 부목이나 붕대감는 처리를.
움직일 수 없을 때는 신호로 구조를 요청한다.

다. 통증이 엄습해 와도 기가 꺾이지 말고 자신을 격려한다. 그리고, 행동에 옮기게 되는데, 여기에는 2가지 생각할 수 있다. 하나는 응급 처치를 하는 것이고, 다른 하나는 도움을 청하는 것이다.

응급 처치를 한다

실제로 골절한 사람의 이야기를 들으면 아연 자실해서 아무것도 하고 싶지 않게 된다고 한다. 누군가가 옆에 있을 때는 그래도 괜찮지만, 혼자일 때는 그래서는 안 된다. 가벼운 염좌라면 응급 처치를 하고 제자리에서 탈출해야 하기 때문이다.

먼저, 환부를 차게 하는 것을 생각한다. 물이 흐르고 있으면 그것을 뿌리고, 잔설이 있으면 이용한다. 물이 물통에 밖에 없을 때는 타올에 적셔서 환부에 댄다. 그리고 나서 그림에 소개한 요령으로 나무를 대거나 혹은 붕대로 감는다.

큰 소리로 부르든가 피리를 사용하는 방법

체력을 사용하지 않기 위해서는 피리를 사용하는 쪽이 좋을 것이다. 곰을 쫓는 작은 피리가 있으니까 만일의 경우를 위해서 주머니에 넣어 두면 좋다. 신호로 봉화를 올리든가 거울로 신호하거나 또는 깡통 바닥을 사용하는 방법. 이것은 낮에 효과가 있다. 밤이라면 손전등 등의 불빛으로 신호를 보낸다. 신호 방법은 그림에 소개했으니까 기억해 두자. 그러나, 이것들을 하는 경우 제3자에게 평소의 행위가 아니라고 하는 사실을 알리는 것이 중요하다.

사는 희망을 버리지 않는다

만일, 구조가 없을 경우는 어떻게 할까? 그 경우에는 절대 낙담하지 말고, 어떤 일이 있어도 살아서 돌아간다고 하는 의지를 버리지 않는다. 귀가가 늦는 것을 걱정한 가족이 경찰에 신고했을 테니까 말이다.

□산행(山行)의 초보자에게 한 마디

혼자서 산을 걷게 되고 나서 그럭 저럭 십수 년 지났지만, 한번도 큰 부상 없이 지내 올 수 있었던 것은 다행이라고 절실히 생각한다. 하긴, 남에게 말할 수 없는 실패는 끝없을 정도로, 밤중에 이 원고를 쓰기 위해서 워드프로세서를 마주하고 있으면, 여러 가지 생각으로 혼자서 얼굴 붉히거나, 웃음을 터뜨리거나, 그 분주함이란 말로 다 못한다. 그리고, 이런 내가 '단독보행의 등산기술' 등이라고 하는 분수를 모르는 책을 써도 될까라고 절실히 생각했다.

그렇다 치더라도 매력적인 것은 단독보행이다. 좋은 점도 있지만, 물론 나쁜 점도 있다. 그러나, 그 나쁜 점도 매력이 되어 버리므로 곤란해져 버린다. 역경을 당해 아무 것도 할 수 없는 자신을 발견했을 때의 비참함이라고 하는 것은 없이, 마치 소년과 같이 겁먹고 있을 뿐이다. 그러면 그런 때에 한해서 어디에서부터인지도 모르게 '버텨라, 버텨라'하고 하는 소리가 들려와, 놀람과 동시에 힘이 생긴다. 또 한 사람의 자신의 소리와 같은 기분도 들고, 산의 소리와 같은 기분도 든다.

나는 이 책을 쓰면서, 만일 단독보행의 초보자분이 역경을 당하고, 조금 실패했다고 해서 도중에 포기하지 말고, 조금씩이라도 진보해 가는 단독보행을 하시기를 진심으로 바라고 있다.

제4부

산(山)의 지식,
등산의 세계

제1장

등산의 경향

□산은 훌륭한 마음의 병원

어째서인지 모르겠지만 초조해 하고 있는 당신, 등산이라도 시작해 보지 않겠는가?

초조해 하는 경우가 있다. 자주 있다고 하는 사람도 있을 테고, 가끔 있다고 하는 사람도 있을 것이다. 그렇지만, 안심해도 좋다. 초조해 하고 있는 자신을 깨닫고 있는 것은 아직 건강한 증거이다. 그러나, 마음에 건강하지 못한 그늘이 보이기 시작한 징후는 확실히 있다. 그것은, '어쩐 일인지 모르겠지만'이라고 하는 느낌이다.

잠시 생각해 보자. 자신이 초조해 하고 있는 이유를 모를 리 없지 않은가. 회사에서 안 좋은 일이 있다. 부인과 하찮은 일로 싸웠다, 친구와 잘 해 나갈 수 없다, 이웃, 아이, 진학, 취직, 장래 문제, 패션, 토지, 주식……. 초조의 원인은 주변에, 넘칠 정도로 굴러 다니고 있다.

'어쩐 일인지 모르겠지만'이라고 하는 것은, 문제로부터 마음이 달아나고 있는 증거이다. 이유를 모르는 것이 아니고, 직면한 문제에 어떻게 대응해야 좋을지 그것을 몰라 마음에 불안이 싹트는 것이다. 여기에서 한번 분발하여 버틸 수 있으면, 불안의 그늘 따위는 순식간에 사라지고 마음 가득 푸른 하늘이 될 테지만, 대부분의 사람이 여기에서 고민하고 있다.

시시한 생각을 하는 것은 아무것도 생각하지 않는 것과 같다고 하는 격언도 있듯이, 잠시 생각해서 답이 발견될 정도라면, 정신 병원은 텅 비게 될 것이다. 답이 발견되지 않기 때문에 더욱 고민하거나 생각하고 있는 사이에, 원인을 알 수 없어진다. 문득 나를 뒤돌아 보면, 어쩐 일인지 모르겠지만 초조해 하고 있는 자신을 깨닫는다는

그런 식인 것 같다. 사람의 마음은.

초조해 하고 있는 자신을 깨닫고 있다면 아직 당신의 마음은 건강하다. 그래서, 어떻게든 하지 않으면 안 된다고 생각하는 것이다. 문제를 해결하는 묘안이 없을 때, 문제를 내던지고, 산에 들어가 버린다. 이것으로 많은 도움이 되어, 산에서 내려왔을 때는 문제는 어딘가로 가 버리고, 몸도 마음도 산뜻하고 가뿐해진다.

이렇게 산은 훌륭한 마음의 병원이라는 것을 깨닫고, 등산을 시작하고 있는 사람이 늘고 있다.

어쩐 일인지 모르겠지만 초조해 하거나, 문제에 직면해서 조금만

고민하면 더 이상 어쩐 일인지 모르게 되는 경우는, 막상 생각해 보면 대단한 문제가 아니었다.

"걸으면 머리가 가벼워진다."란 의학의 선조인 그리스의 히포크라테스의 말이지만, 걸으면 혈액 순환이 좋아져서 머리 꼭대기부터 발끝까지 신선한 산소가 배달되기 때문에 몸도 마음도 가벼워지는 건 당연하다. 어차피 걷는다면 콘크리트 포장으로 딱딱한 노면이나 배기 가스로 공기가 오염된 거리를 열심히 걷는 것보다, 산속 쪽이 훨씬 건강을 위해서 좋다는 것은 자명한 사실이다.

우리의 산은 일부를 제외하면 푸른 산이다. 알프스나 히말라야와 같이 빙설과 바위의 연속이 아니기 때문에, 우리의 산을 오른다고 하는 것은, 녹음 속을 오르는 동시에 수림 계곡을 즐길 수 있는 것이다. 산봉우리에 서면 시원한 바람, 계곡 사이로 내려가면 맑은 깨끗한 물 등 세속의 문제는 자연 속에서 잊어지게 된다.

□등산이 3D라고 하는 오해

일반적으로 가족 중에 등산을 반대하는 이유는, 등산이 3D라는 것이다. 3D는 힘들다, 더럽다, 위험하다, 따라서 등산은 그만 두라고 하는 것이다. 그러나, 이것은 당치도 않은 오해이고 누명이다.

힘들다와 더럽다는 잠시 제쳐 두고, 가족이 반대하는 최대의 이유, 등산의 위험에 대해서 생각해 보자. 등산은 정말로 위험할까? 아니다.

분명히 말해서 위험한 등산도 있다. 세계의 최고봉 에베레스트 (8,848m)의 정상에 산소 통을 사용하지 않고 등정한다, 혹은 제트 스트림이 휘몰아치는 엄동의 에베레스트에 도전한다, 그런 등산을

등산이 3D라고 일컬어지는 3T(세가지의 오해)

안전하다고는 말할 수 없다. 그러나, 우리들이 하고 있는 등산, 지금 이 책을 손에 들고 있는 독자들이 오르려고 하고 있는 산은 안전하다고 단정해도 과언은 아니다.

골짜기 등반을 하다가 굴러서 발목을 골절했다고 말하면, "그것 봐, 산은 위험하잖아."라고 지적하는 사람이 있겠지만, 그렇지 않다.

도로를 걷다가 가장자리 돌을 헛디뎌서 넘어져 발목을 골절하면 누구나 도로가 위험하다고 말할 수 있을까? 깜박 실수하는 것은 누구에게나 있는 일이다.

우리들이 하려고 하고 있는 수준의 등산에서 일어나고 있는 사고의

위험한 일이라면
그 외에도 가득

대부분은, 인간측의 깜박 실수에 원인을 찾을 수 있다. 산 그 자체가
위험한 것은 절대 아니다.

□법칙이 없으니까 무리가 없다

등산은 스포츠이냐, 그렇지 않느냐를 여기에서 의논할 생각은 없
다. 간단히 말해서, 그런 것은 아무래도 좋다. 다만, '산은 반야 심경의
세계', 스포츠라고 하기보다 여행'이라고 생각하고 있다.

등산가의 한 사람으로서 존경하는 친구가 나에게 "철학은 소용

없어."라고 가르쳐 주었다. "배우면 안 돼, 사리에 맞게 처신해야지." 라고 말하는 것이다. 나는 그 때 눈에서 비늘이 떨어진 듯한 느낌이 들었다. 그래, 산에 오른다고 하는 것은, 사리에 맞게 처신하는 것이 다ㅡ.

그래서 백보 양보해서 등산이 건전한 대중 스포츠라고 해도, 경기 는 아닌 것이다. 요즘, 스포츠 등산이라고 칭해서, 곤란한 바위밭을 얼마나 빨리 오를까, 어디까지 높이 오를 수 있을까, 라고 하는 경기 가 눈에 띄지만, 오르는 대상이 인공벽 주류인 그것은 명백히 등산이 아니다.

□체험담①/설산이 유혹한 나의 산 인생

내가 산에 오르게 된 직접적인 계기는, 10년쯤 전에 단 한번 쫓아
간 등산 때였다.

지방 출신이지만, 산다운 산이 없는 해변 마을에서 태어나고 자란
탓도 있어, 상당히 인상 강한 사건이었다. 계곡부터 올라서 산등성이
를 따라 물의 흐름이 훨씬 아래에 보이는 조교(弔橋)를 건너, 울창한
숲에서 쓰러진 나무를 건너거나 해서, 겨우 도착한 산정에서의 조
망. 하산시에는, 길을 잃거나, 비가 내렸기 때문에 급히 서둘러서

필요한 장비를 정확히 다룰 수 있을 것

내려오기도 하고 내게 있어서는 제법 대단한 등산이었다.

  그리고, 첫 산행은 평소의 생활에는 없는 것 같은 긴장감이나, 성취감, 만족감을 맛보게 해 주어, 이번은 자신의 힘만으로 올라 보고 싶다고 하는 기분을 들게 했다.

  그러나 좀체로 기회를 가질 수 없었지만, 겨우 2년쯤 전부터, 친구의 유혹으로, 당일 도보여행을 거듭했다. 자연 속을, 마음껏 걷는 것은 즐거운 일이었지만, 뭔가 자신이 갖고 있는 것과 달랐다.

  그 사이에 계절은 겨울로 들어서고, 나는 아무런 저항감도 없이, 눈쌓인 산맥의 종주나 등산을 계속했다. 기온의 저하, 차가운 바람,

그리고 적설이라고 하는 자연 환경의 엄숙함이, 설산(雪山)으로 나의 눈을 돌리게 해 주었다.

설산의 엄숙함에 접하는 긴장감, 그것을 극복하려고 하는 노력 속에서 얻어지는 만족감, 산행을 마친 후의 성취감 등, 어느 것이나 나에게 있어서 등산에 대한 흥미를 크게 부풀려 주었다.

설산을 지향함으로서, 여러 가지 등산 기술이나 지식의 필요성을 알고, 설산에 오르고 싶기 때문에, 체력적인 기초도 만들었다.

나에게 있어서 계기는, 설산인 것 같다(K씨 33세 산경험 1년 8개월 사무원).

제2장

여러 가지 산과의 관계법

□근교의 낮은 산 도보여행부터 시작하자

등산이라도 시작해 볼까, 라고 생각하고 있는 사람이 상당히 많을 것이다.

도시에서 태어나고 자라긴 했지만, 어린 시절은 자유롭게 놀 수 있는 초원이나 잡목림이 많이 있었다. 그것이 지금은 콘크리트 정글화해서, 거리를 걷고 있어도, 다방에 들어가 앉아도, 전철을 타고 있어도, 서울뿐만 아니라 전세계의 대도시는, 어디나 그렇겠지만, 공기가 얼얼하다. 스트레스나 욕구 불만의 염파(念波)가 공기를 휘젓고 있는 것이다.

인간이라고 하는 것은 의외로 보수적인 동물로, 어떤 일에나 예외 없이 벗어나기 위해서 쉽게 달리기 시작하지는 않지만, 정신적 정황이 어느 코너에 접어들고 있을 때에 타이밍 좋게 자극을 받으면, 질주해 버린다고 하는 경우가 있을 것이다.

푸른 하늘 아래, 한 가닥으로 뻗치는 눈 계곡을, 체력에 여유를 갖고 유유히 올라 갈 수 있으면, 누구나 산이 좋아진다. 조금 지쳐서, 발밑에 피는 고산 식물에게 격려받으면서 산의 정상에 설 수 있다고 하면 산이 매우 좋아질 것이다. 그러나 첫 산에서 네 발로 기는 듯이 지치면 그것이 원인으로 산에 몰두하는 사람도 있지만, 대개는 산이 싫어져 버릴 것이다. 하물며 빗속을 오르는 것 같은 봉변을 당하면, 체력 있는 사람도 산은 이제 됐다고 하게 되어 버린다.

야간 열차를 타고 멀리 찾아 왔기 때문에, 비가 내린다고 해도 등산을 중지할 수 없다. 동료는 자신이 오르고 싶으니까 당신을 유혹했기 때문에, 빗속을 오르는 당신이 산에 어떤 인상을 품을지는 조금도 생각하고 있지 않다. 아무리 정신 정황이 불안정해도 달콤한 말에

높은 산을 향해 분발하고 있다

얼떨결에 넘어가서는, 운이 나쁘면 아픈 추억을 갖게 된다.

첫 산은 '간단하고 즐거운 낮은 도보 여행'으로 하자. 도착하는 교통편이 1~2시간의 근교 산을 선택한다. 이거라면 유혹하는 쪽도 유혹당하는 쪽도 안심이다. 아침에 일어나서 비가 내리면 중지할 수 있고, 현지에 도착하고 나서의 중지도, 시간과 돈이 들지 않는 만큼 선뜻할 수 있다.

무턱대고 높게 지향하는 것이 아니라, 근교의 낮은 도보여행 등산을 시작하자. 그 경험을 거듭함으로서, 틀림없이 실력은 양성되어 간다.

576

코펠을 둘러싸고 왁자 지껄

□산을 찾아다니는 것은 저금하는 즐거움

등산에 몰두해 가면, 산정은 바로 추적해야 하는 사냥감으로 변한다. ○월 ○일, ○산에 올랐다. ×월 ×일, ×산에 올랐다. 잇달아 추적해 가는 산꼭대기를 수첩에 적어 간다고 하는 것은, 상당히 즐거운 일이다. 열심히 찾아다닌 산 이름이 수첩에 늘어간다고 하는 것은, 저금이 늘어 가는 것과 같은 기쁨이 있다.

산을 찾아다니는 것은 당일치기나 1박 2일을 계산하면, 상당히 오를 수 있다. 그것도 산장을 이용하거나 베이스 캠프를 설정하면

겨울 계곡이 아름답다

가벼운 차림으로 도전할 수 있다.

　근교의 낮은 산 등산으로 산에 익숙해 있는 사람을 위한 다음 단계
는, 산을 찾아다니는 것이라고 생각할 수 있다.

□캠프라면 체력이 없어도 좋다

　체력이 없으면 산을 즐길 수 없을까? 자신은 허약하니까 등산은
무리라고 간단히 포기하지 말자. 그런 당신에게 권하고 싶은 야외의
즐거움은 캠프. 대자연의 한가운데에 텐트를 치고, 거기에서 생활한

가족 캠프를 즐긴다

다. 정착형의 놀이이기 때문에, 그것 자체는 등산과는 다르지만, 캠프
장의 대부분은 고원이나 산속 깊은 계곡에 있거나 해서, 그곳에서
캠프한다고 하는 것은, 산을 즐기는 것과 다름없다.

숲속, 시냇가, 초원 위, 대자연의 품에서는 돌아 다니지 말고,
가만히 있기만 해도 산의 영기에 기운이 넘친다. 인간이 자신을 허약
하다고 생각하고 있는 것은 정신이 쇠약해 있기 때문으로, 사실은
제법 튼튼하게 되어 있다.

'알프스의 소녀 하이디'에게 배울 필요도 없이, 산의 영기는 우선
쇠약한 정신에 작용해서 상쾌한 기분으로 만들어 준다. 가만히 있을

능숙하게 찍을 수 있을까

뿐이라도 건강한 신체는 공복을 느낀다. 날이 저물기 전까지 저녁 식사 준비가 갖춰지도록 행동을 개시하자. 그것이 일상의 일이 되고 있는 주부들은 다르겠지만, 남성이나 직장 여성에게는, 쌀을 씻거나 야채를 썰거나 하는 작업이, 의외로 즐겁게 느껴질 것이다. 하긴, 움직이는 것은 싫다, 해질 때까지 가만히 있고 싶다고 하는 사람은 인스턴트 식품을 준비해 두면 좋다.

저녁 식사를 시작하기 전에 모닥불 준비는 해 둔다. 캠프장에 따라서는 모닥불이 금지되어 있는 곳도 있다. 그런 경우는 랜턴이나 양초로 연출하자. 밤 공기를 태우는 모닥불을 둘러싸고 하는 저녁 식사,

나의 자신작

동료들의 이야기. 그런 밤을 보낸 당신은 아침이 되면 원기가 가득, 자신이 허약하다고 하는 인식을 잊고, 눈 앞에 우뚝 솟아있는 산에 오르고 싶어질 것이다. 비가 내리면 젖으면 된다.

□카메라를 갖고 산에 오르는 것도 재미있다

지금은 국민 모두가 카메라맨이라 할 수 있는 시대이다.

인생이란 무엇일까라고 세삼스럽고 진지하게 생각하거나 하지 않는 사람이라도 가끔은 생각한다. 어차피 짧은 인생이니까 자신이

접사 렌즈로 더북떡숙을 찍는다

산 증거를 남기는 것 같은 따위 소용없는 일이라고 생각하는 것은 상당히 비뚤어진 사람이고, 우리들 평범한 인간은 평범하기 때문에 산 증거가 필요하다고 원한다.

사진이라고 하는 것이 과연 진실을 비쳐 내는 것이냐 아니냐라고 하는 문제에 나는 대답할 수 없지만, 그것이 산 증거가 된다고 하는 틀림없는 기쁜 사실임에는 확신한다.

부친이 남겨 준 어린 시절의 앨범을 보면, '어——이런 적이 있었던 가'라고 그리운 사건이 언제나 증언되는 것이다. 나무젓가락을 들고 울고 있는 3살 정도의 나. 모친의 설명으로는 고양이 화장실로 사용

눈 계곡을 걷는다

하고 있던 모래가 든 상자를 엉망진창으로 휘저어서, 꾸중들었을 때의 사진이라는 것이었다. 본인에게 전혀 기억이 없는데 엄연히 남아 있기 때문에 멋지다고 생각한다.

더구나, 간단히 셔터를 누르기만 해서 사진을 찍을 수 있다. 그래도, 그것만으로는 너무나도 예술성이 없다라고 할까, 그저 누르기만 하는 사진을 자신의 산 증거로 삼으려고 하는 것은, 자신의 평가가 너무 가벼워지지 않을까?

사진이라고 하는 것은, 해설할 필요도 없이 매우 심오한 예술이다. 기술적인 것은 차치하고, 산 증거로 삼는 이상에는 줄거리가 통하

가련한 꽃에 둘러싸여서

는 주제가 필요하다.

책장 위에 카메라를 먼지 투성이 채로 놓아 두고 있는 당신, 산에 올라가서 사직을 찍어 보지 않겠습니까.

아직 산에 오른 적이 없는 당신이, 좋아, 등산이라도 시작해 보자. 그러기 위해서 도구를 사려고, 등산 용구점에 들어갔다고 하자. 첫 세계에 뛰어 들어서 우물 쭈물하고 있는 당신의 얼굴, 찰칵. 사용법을 완전히 모르는 도구 앞에서 의아스러운 듯한 표정을 짓고 있는 당신, 찰칵.

가벼운 등산화와 배낭을 사서, 드디어 산을 향하는 당신. 등산로를

이제 곧 정상이다

향하는 버스 줄에 늘어서서 긴장해 있는 얼굴, 찰칵. 오르기 시작해서, 급등이 되어 힘든 듯한 얼굴, 찰칵. 정상에 도착, 해냈다! 라고 기쁜 듯한 얼굴, 찰칵. 집으로 향하는 기차 속에서 오늘 하루를 뒤돌아 보고 만족하여 무심결에 싱글 벙글해 버리는 당신의 얼굴, 찰칵.

산악 사진이라고 하는 장르가 있다. 그러나 들은 바에 의하면, 산악 사진을 취미로 하는 많은 사람은, 올라가서 찍는 게 아니라, 산이 보이는 장소에서 카메라를 준비하는 풍경 사진가라고 한다. 풍경 사진으로는 산 증거가 되지 않는다.

산에 오른다, 힘들다, 괴롭다, 땀, 그런 중에 기쁨이나 즐거움이나

구불 바위에서의 트레이닝

꿈이 넓어진다. 또한 사람의 숨결이 전해져 오는 그 순간순간을 필름으로 인화할 수 있다. 나는 그것을 '등산 사진'이라고 이름 붙이고 싶다. 어쨌든, 산은 사진의 테마로서 충분하다.

□록(rock) 클라이밍으로 새로운 세계가 펼쳐진다

록 클라이밍(rock climing)이란 무엇인가 하면, 암벽을 기어 오르는 것이다. 등산에 흥미가 없는 사람도 이 말은 알고 있고, 곤란한 경우에 등산의 위험과 같은 말로 인식하기도 한다.

록 클라이밍이라든가 암벽 등반이라든가 하면, 뭔가 특수한 것이라고 생각하고 있는 사람이 적지 않다. 등산에 흥미가 없는 사람 뿐만 아니라, 등산에 제법 열중해서 1달에 1회는 등산을 한다고 하는 사람이라도, 암벽 등반은 위험하니까 절대 하지 않는다라고 당연한 듯한 얼굴을 하고 말하는 사람이 있다.

'암벽 등반'이라고 하는 등산 장르에 대해서는 나중에 설명하지만, '암벽 등반의 기본적인 기술'은 피해 지나갈 수 없는 등산의 기본적인 기술이다.

보통의 두 발 보행을 생각해 보자. 이것은 신체의 이동을 생각했을 때, 1점 확보라고 부를 수 있다. 사면이 급해져서 불안정해지면, 균형 유지를 위해서 한 손을 짚거나, 지팡이(설산에서는 피켈)를 짚거나 한다. 신체의 이동시에는 2점 확보가 되고 있는 것이다. 사면이 더욱 급해지면, 몸의 안전에는 양손이 필요해진다. 인간에게는 양손 양발이라고 하는 4개의 확보 지점이 있다.

4점 확보로 사면에 착 달라붙어 있으면 움직일 수 없기 때문에, 신체의 이동시에는 3점 확보, 즉 양발과 한 손으로 신체를 유지하고 있는 사이에 또 한쪽 손을 위로 올린다. 양손과 한 발로 균형을 유지하고 있는 동안에 또 한쪽의 발을 위로 올린다. 이것이 3점 확보에 의한 균형 등반이라고 해서, 암벽 등반의 가장 기본적인 기술로 여겨지고 있다.

지금까지의 설명에서도 이해하겠지만, 근교의 낮은 등산도, 좀 급한 장면에서는 양손을 요구받는다. 쇠사슬이나 사다리가 걸쳐져 있는 코스도 많이 있다. 3점 확보에 의한 균형 등반(balance climbing)이라고 하는 것은, 등산하는데 필요한 기본 기술이다.

누구든 이 기본 기술은 마스터해야 한다. 이 기술을 마스터하면

계곡 등산은 여름이 최고

세계가 훨씬 넓어진다.

3점 확보에 의한 균형 등반에 조금 익숙해져서, 원활하게 움직일 수 있게 되면, 작지만 그 바위밭을 무대로 삼아 춤이라도 추고 있는 듯한 쾌감을 느끼게 된다. 유명한 산을 열심히 찾아다닌 것과 같은 정도의 만족감을, 작은 바위밭에서도 느끼게 해 준다.

기술은 세계를 넓히는 무기이다. 기술을 마스터하고 있으면 암벽 등반은 곤란해도, 위험한 놀이가 아니다.

□원시적인 매력, 골짜기 등산

산, 이것은 지구의 주름살의 돌출 부분이다. 반대로 움푹한 부분, 이것은 골짜기라고 불린다. 물은 높은 곳에서 낮은 곳으로 흐르기 때문에 골짜기에는 물이 흘러서 강이 되고, 오랜 시간을 사용하여 흐르는 물은 양해안을 깎고, 다듬어서 계곡을 만들었다.

맑고 깨끗한 물의 존재가 계곡의 큰 매력이겠지만, 또 하나 깨달아 주기 바라는 것이 하늘의 존재이다. 거리에 있어도 마찬가지겠지만, 일반적인 등산에서는 머리 위에 가득히 하늘이 펼쳐져 있다. 대부분의 경우, 하늘은 공기와 마찬가지로 의식되지 않는 존재이다. 그러나, 골짜기 바닥에 서면 다르다. 올려다 보는 하늘은 V자 골짜기로 가늘고 길게 선명하게 잘려져 있다. 구름 한 점 없는 새파란 하늘에 하늘이다! 라고 감격하거나, 푸른 가을 하늘에 조각 구름이 흐르고 있거나 하면, 절실히 하늘을 느끼거나 한다. 텔레비전 화면에서 하늘을 보는 듯한 것일지도 모르지만, 머리 위에 보이는 것은 틀림없이 진짜 하늘이다.

골짜기보다 더욱 산속으로 들어간 계류(溪流)를 등산로로 해서 산의 정상에 서려고 하는 등산 방법이 계곡 등산이다. 등산로가 닦여져 있는 코스를 다듬어 가는 것이 아니고, 있는 그대로의 자연, 연못을 건너고, 맑은 물을 헤엄치고, 폭포를 오르고, 어떤 때는 말려 올라가고, 수풀을 헤치고 산정(山頂)을 지향해 가다보면 곰이나 사슴이라도 나타날 것 같은 기분이다. 실제 수풀을 헤치며 나아갈 때는, 짐승이 다니는 길이라고 해서 곰이나 사슴이 만든 길을 이용하는 경우도 있다.

등산로가 없기 때문에 2만 5000분의 1 지형도와 자석은 필수 휴대품이라고, 가능한 한 고도계(시계 겸용형이 싸고 편리)도 가져 가기 바란다. 좁은 나라인데 자신이 어디에 있는지 모른다고 하는 것은

590

불안함과 동시에, 가슴 두근거리는 흥분, 긴장이 있다. 계곡 등산의 매력은 원시적인 점에 있다.

젊고, 체력이 있고, 산에 대해서 느낄 수 있는 사람은, 즉시 안내서를 사와서 계곡 등산을 시작해도 괜찮지만, 보통인 것을 자각하는 사람은, 앞의 록 클라이밍과 마찬가지로, 그에 적합한 사람에게 배우자. 미리 말해 두지만, 계곡 등산을 해 보고 싶다고 생각하면 무엇보다도 우선, 3점 확보에 의한 균형 등반은 마스터해 둘 필요가 있다. 그것과 기본적인 로프 기술이다.

골짜기의 야영이 또 최고이다. 날씨가 좋으면, 모닥불을 둘러싸고 들판에 아무렇게나 누워 자고, 위스키라고 하는 것보다는 우리나라 술을 즐긴다. 잘려진 칠흑 같은 하늘에는 별이, 하늘에 가득하지 않은 만큼 강하게 빛나고 있다.

□신설(新雪)을 흩뜨리며 걷는 것도 즐겁다

'처음가는 것부터 맨끝'이라고 하는 말이 있다. 겨울산 등산자라고 하면 조난 예비군과 같이 생각되고 있는 경향이 있지만, 이것도 또한 터무니 없는 오해이다. 초보자가 첫째가는 겨울산을 지향해 버리면, 조난 예비군이라고 지적당해도 하는 수 없다고 생각하지만, 맨 끝가는 겨울산을 지향한다면 안전하고 즐겁다고 하는 사실은 이해해 주기 바란다.

겨울산이라고 하면 혹독한 이미지가 있기 때문에, 나는 설산이라고 부르도록 제안한다. 계절에서 말하는 겨울은 12월, 1월, 2월이지만, 눈이 있으면 설산이다. 높은 산에서는 10월 하순부터 6월 상순 정도까지 설산 등산을 즐길 수 있다. 높은 산의 겨울 계절은 정말은 혹독

근교 산이라도 눈이 내리면 설산 하이크를 즐길 수 있다

하기 때문에 초보자는 꺼려서 1월, 2월, 3월은 근교의 낮은 산부터 중급 산악의 설산 등산을 즐기고, 4월의 소리를 들으면 높은 산을 지향해서 계획한다고 하는 것이 현명한 전략이라고 생각한다. 겨울산 등산은 위험하니까 그만 두는 것이 아니라 자신의 수준에 맞는 설산 등산을 해 보려고 생각한다면, 춘하추동, 등산을 즐길 수 있다.

밝은 온통 은세계, 아침해를 받고 반짝 반짝 빛나는 다이아몬드 가루 같은 눈을 보면 모두 설산의 노예가 되어 간다.

□스키 여행은 등산의 세계

스키로 산에 오른다

우리들은 모험가가 아니기 때문에, 에베레스트 등정이나 남극점 도달을 지향하지는 않지만, 일상 생활에서 조금 뛰어 나가 보지 않겠는가? 자신의 인생이 거기까지가 아님을 증명해 보자. 스키장에서 2시간, 알펜 스키판에 실을 붙이고 올라 보자. 그것을 스키 투어(tour) 등이라고 부르면, 스키 투어를 취미로 하는 사람들에게 야단맞아 버릴 정도로 '2시간의 모험'은 상쾌한 것이지만, 그 모험에 한 걸음 내딛은 순간에 대자연의 한가운데, 산의 품 깊숙히 안겨 있는 자신을 발견할 수 있을 것이다.

데이팩에 약간의 과자와 물통과 주변의 지형도와 자석을 넣어 두기

볼다링에서 빌딩벽 오르기로

바란다. 산의 품 깊숙히 안기면 그곳이 매우 마음 편한 장소임을 실감할 수 있고, 스키장이 안전을 보장받지 못한다고 하는 것이 허구라고 하는 사실이 잘 보인다. 그것을 알았으면 즉시 산 스키 용구 한 세트 사서 과감히 스키 투어하러 출발하자.

□궁극의 등산은 히말라야인가

60년대라고 하는 것은 '우리회는'이라든가 '여기는'이라고 하는 식으로, 등산 활동은 산악회 중심이었다. 왜냐하면, 적설기(積雪期)

첫 등반은 개인 수준으로는 도저히 도전할 수 없고, 안전 확실이라고 하는 면을 생각하면, 많은 지원 동료를 필요로 했기 때문이다. 첫 등반의 명예는 개인에게 돌아가지 않고, 산악회에 돌릴 필요가 있었다. 그렇지 않으면 지원 동료로부터 불평이 분출할 것이다.

히말라야 등산이 되면, 미지의 장대한 루트를 올라 가야 하기 때문에, 안전 확실한 등정 전략으로서 극지법(極地法 ; 포위법이라고도 한다)이라고 하는, 극점에 서기 위한 방법이 채용되었다. 이것은 우선 베이스 캠프를 설명하고, 필요해지는 방대한 물자를 그곳에 집결, 그리고 나서 C1, C2, C3으로 높은 곳으로 캠프를 늘려서, 정상까지 앞으로 조금이라고 하는 곳을 최종 캠프로서 공략한다.

그 당시의 등산계에는 머리가 좋은 리더가 있어, 산악회 중심주의를 능숙하게 선동해서, '궁극의 등산은 히말라야다'라고 꿈을 조정해서, 많은 인원을 동원한 것일 지도 모른다.

'에베레스트와 지리산 중에서 어느 쪽이 좋은 등산일까'라고 비교하는 것은 무리이기 때문에, 좋은 등산이 으레 좋기 마련이다.

산이라면 어디든 좋다. 맞붙는 방법도, 묵묵히 걸어서 올라가는 것도 좋고, 산 스키도 좋고, 즉 등반도 좋고, 계곡 등산도 좋고, 설산 등산도 역시 좋다고 하는 것으로, 매우 좋아하는 산, 등산은 뭐든지 있다.

히말라야도 역시 좋다고 나는 생각한다. 히말라야 뿐만 아니라, 알프스이든, 록키이든, 해외 산에 나간다고 하는 체험은 많이 가져도 좋지 않을까? 반복이 되지만, '궁극의 등산은 히말아야이다'라든가, '나는 계곡파다' 라든가, 자신을 결정지워 버리는 등산은 싫고, 히말라야나 알프스 쪽이 한국의 산보다 순위가 위인 것과 같은 발언을 하는 것도 나는 싫다.

오로지 높이를 지향한다

히말라야가 좋은 것은, 크다고 감동해서 올려다 볼 수 있는 점이다. 알프스가 좋은 것은, 아름답다고 감격하면서 테라스에서 와인을 마실 수 있는 점이다.

이전 산은 '뾰족함으로서 존경한다'였지만, 지금은 원점으로 돌아가서 '푸르름으로서 존경한다'가 되었다. 나 자신의 푸르름을 지키는 전술은 확립되어 있지 않지만, 푸르른 것이 한국의 최대의 매력이다. 몇 번인가의 해외 등산이나 여행의 경험으로 그런 사실에 이르렀다.

'궁극의 등산은 푸른 산이다'라고 생각하지 않는가?

□체험담②/산과의 교제는 사람과의 교제

내가 일하는 회사에, 매우 밝고 마음씨가 고운 여성이 입사해 왔다. 그 사이, 그녀가 상당히 산을 좋아한다는 사실을 알고, 나도 30세의 내리막길에 들어서고 있었지만 아이들도 다 자란 즈음이기도 해서 동행하게 되었다.

지금까지의 나의 하이킹력이라고 하면, 중학교 시절에 친구 4명과 함께 하이킹 클럽을 결성해서, 가까운 산을 걷는 정도였다. 그러나 회원이 늘어나지 않아 그 클럽은 자연히 소멸이 되어 버렸다.

그 이후의 정말로 오랫만의 산행으로 전날밤은 긴장해서 잠을 못이룰 정도였지만, 오랫만의 산은 나를 웃는 얼굴로 맞아 주었다. 그리고 나서는 그녀와 둘이서, 또한 그녀의 산동료 여러 명과 함께 즐겁게 걸었지만 그녀가 다른 곳으로 옮겨 동행이 어려워져 버렸다.

그와 같은 때에, 어느 지역 홍보지에서 등산 교실을 알고, 수강해 보기로 했다. 안전한 등산을 하기 위한 지식을 익히는 것이 목표인 그 강의를 받아 보고, 새삼 그녀의 산 선배로서의 훌륭함을 재인식하고, 또한 내 쪽이 연장자임에도 불구하고 자신의 순진함이 부끄럽게도 생각되어, 초보자인 나의 보조에 맞춰 준 마음씨 고운 산 친구에게 감사의 마음으로 가득해졌다.

산의 매력은, 웅대한 경치를 나의 손에 넣는 기쁨과 꽃과의 만남 등에 많이 있지만, 좋은 산 친구와의 만남도 큰 매력의 하나라고 말할 수 있다. 그 후, 나는 강의를 들은 분들과 하이킹 클럽을 만들어, 거기에서도 훌륭한 산 친구를 얻을 수 있었다.

(P씨 40세, 산 경력 5년, 사무원)

제3장

지구는 작아지고 있다

□본고장 알프스에서 하이킹을 생각한다

정보 과다라고 하는 것은, 좋은 점도 있고 나쁜 점도 있다. 산악 잡지의 여름산 특집이나 보통 잡지의 별책에서 컬러 페이지에 안내가 전개되어 있는 것을 들어 본다. 사랑스러운 여자나 유아가 방긋 웃으며 행복한 사인을 하거나 해 주면, 어려움은 전혀 느끼지 못하는 법이다. 날씨 쾌청, 보이는 양페이지에 훌륭한 산악 경관이 펼쳐지고, 페이지를 젖히면 가련한 고산 식물이 아름다움을 겨루고 있다……라고 하는 정보가 입수되면 아직 산에 오른 적이 없는 사람도, 거기에 사로잡혀 버릴 것이다.

노파심이지만 한 마디 주의를 주자면, 여름산 특집의 컬러 페이지는 높은 산에서 비나 바람에 만났을 때의 괴로움이나, 위험 등산의 고통에 대한 안 좋은 정보는 전달하지 않는다. 어쩌면 잡지 페이지의 구석 쪽에 '기온은 100m 상승하면 0.6도 저하한다. 비 등 조건이 나쁠 때는, 한 번 저하라고 생각해도 좋다. 풍속 10m, 비오는 날의 산정에 서면, 체감 온도는 마이너스 10℃, 여름 산이라도 피로하여 동사할 수 있기 때문에 충분히 주의하기 바란다'라고 쓰고 있기도 하지만, 산매발톱꽃의 가련함에 마음 빼앗긴 사람의 눈에 그런 문장은 들어오지 않을 것이다. 사실은 초보자라고 인정하는 사람은, 그런 주변을 확실히 읽어야 한다.

언젠가 알프스에 가자는 제의가 있었으나 망설였는데 알프스에 가 보면 등산과 하이킹을 명확하게 이해할 수 있다고 하는 동료의 다짐 한 마디로, 처음 스위스 흙을 밟았다.

우리들을 태운 버스는 그린델왈트를 향한다. 뤼쩨른이라고 하는 거리를 지나자 머리 위에 피라타스산이라고 하는 산이 있어, 기묘한

마테르호른을 바라보면서의 하이킹은 즐겁다

감동이 있었다. 인터얼라켄의 거리를 빠져 나와 그린델왈트가 가까와
진다. 쾌청한 푸른 하늘에 아이거가 선명하게 떠올라, 우리들의 그린
델왈트 도착을 맞이해 주었다.

  다음날, 등산 기차를 타고 아이거 북벽의 바로 밑, 알피그렌역에서
하차하여 알프스 전망대로서 유명한 클라이네샤이딕으로 하이킹하였
다. 잡담에 열중해도 발이 걸려 넘어질 것 같지도 않은 정비된 보도,
알프스의 꽃밭, 올려다 보면 장절할 북벽. 이것을 등산이라고 한다
면, 우리나라의 산은 그러면 무엇일까? 역시 2류 등산일까?

  클라이네이딕의 카페테라스에서 와인을 마시면서 아이거를 올려다

유럽 알프스도 꿈은 아니다

본다. 스케일이 다르다. 무대 장치가 다르다고 해도 좋으리라고 생각한다.

여행객은 여기까지 등산 기차로 와서, 경치를 바라보고 만족할 수 있다. 차표를 사면 등산 전차가 융프라우요 호까지 데려다도 준다. 하이커는 여기까지의 하이킹으로 충분히 만족할 수 있다. 만일, 눈 앞에 우뚝 솟은 아이거에 오르고 싶다고 생각하면, 등산자일 것이 요구된다. 얼음과 바위로 구성된 산은 기술과 장비 없이 오를 수 없다.

가볍고 활동적으로 입으면 언제든 오를 수 있는 한국의 산과는

네팔은 도보 여행을 하기로 결정해도 재미있는 곳

달리 알프스에서는 산이 사람을 선별해 버린다.

한국의 산은, 따라서 재미도 있고 매우 어려운 부분도 있다고 하는 것이다. 따라서 한국의 산은 등산의 대상이라고, 오르는 측의 인간이 단호히 태도를 분명히 하는 편이, 안전도가 높아질 것 같다.

□ 새로운 곳을 찾아 세계 무대로

등산을 갈까, 어떻게 할까, 망설이고 있을 때에 옆에서 동료들이 해외로 나가기를 권하면, 머뭇거리고 있는 사람이 적지 않다. 그래도, 등산을 하든 안하든, 해외에 가든 가지않든, 생각 나름이다. 물론 해외가 되면 돈도 들고, 일정도 필요하기 때문에 그렇게 쉽사리는 마음이 내키지 않을 것이다. 그러나, 해외를 문제삼지 않는 이유가 돈과 일정이라고 한다면, 과감히 생각을 바꾸자.

뭔가 새로운 일을 하는 것은, 제법 매우 귀찮다. 따라서 해 버리면, 그것도 훌륭하고, 그것을 한 자신에게도 큰 만족할 수 있지만, 가만히 있으면 마음이 편하니까 타인에게 결단을 재촉당할 때까지는, 자신의 생각이라고 하는 놈을 선반 위에 올려 둔다. 사실, 나도 그렇기 때문에, 이런 말을 할 수 있는 것이다. 돈이 없기 때문에 쉴 수 없다고 하는 것은, 행동을 일으키는 것을 매우 귀찮아 하고 있는 자신의 게으름을 합리화 하는 것에 불과하다.

새로운 일이란 뭐든 해 보면 재미있다. 본고장 알프스의 하이킹은, 첫 사람에게도 안심하고 걸을 수 있는 코스가 수없이 있다. 간다고 결정하면 예산 변통도 될 것이고, 휴가 교섭도 기합이 들어가기는 커녕, 여가 활동의 견본으로서 사내보에 소개될지도 모른다.

이미 등산을 시작하고 있는 사람은, 그 지방의 등산 하이킹을 시찰 공부라고 하는 이유로 가 보면 수확이 많이 있을 것이고, 등산을 할까 말까 망설이고 있는 사람이라면, 유럽 알프스의 하이킹을 자신의 산 앨범 페이지에 끼우면 멋질 것이다.

□ 카트만두까지는 한나절 안에

해외의 산이란, 가도 좋고 가지 않아도 좋은, 그런 것이라고 생각하고 있다. 해외에 쪼르르 갔다 와서 무턱대고 알프스를 자랑해 보이거나 히말라야의 고봉밖에 눈에 들어오지 않게 된 사람을 만나면, 해외

따윈 가지 않으면 좋았을 텐데라고 동정하거나 하지만, 그런 사람은 예외이고 많은 사람에게 있어서는 가 보는 편이 적은 고생으로 결실이 많아진다.

앉아서 높은 곳으로 갈 수 있다고 다른 항에서 썼지만, 직행편이라면 앉아서 한나절이면 네팔의 수도 카트만두로 데려다 준다.

카트만두 교외에 있는 트리부반 공항에서 환송 버스에 흔들려 시내에 들어오면, 어수선한 활기에 놀란다. 좁은 도로에 노점이 있고, 소가 누워서 뒹굴고, 어깨를 부딪칠 정도로 사람이 넘쳐, 그 사이를 경적을 울리며 자동차가 빠져 나간다. 가끔 아슬아슬하지만, 한국인

606

키친 텐트에서의 즐거운 저녁 식사

에게는 마음편함을 느끼게 해 주는 거리, 카트만두이다.

물론 산도 보인다. 곧잘 맑은 날에 호텔 옥상에 올라가면, 란탄히말이라든가 가네슈히말이라든가가 은백의 봉우리를 반짝이고 있다. 이것이, 네팔 제2의 도시 포카라까지 가면 히말라야가 훨씬 가까와진다. 포카라까지 오면 호텔 옥상에 나갈 필요는 없다. 호텔 정원 앞의 의자에 앉아서 눈을 올리면 거기에 우뚝 마차프차레가 솟아 있다.

알프스라면 하이킹하지 않으면 만족할 수 없지만, 네팔에서는 관광여행을 하기로 결정해도 나쁘지 않구나라고 하는 기분이 들게 해 준다. 물론, 네팔이라고 해도 여행해 보지 않으면 알 수 없으므로

에베레스트 가도를 가다

내일 아침 출발하기로 한다.

□네팔의 여행은 즐겁다

트레킹이라고 하는 말은, 하이킹과 마찬가지로, 애매하게 사용되고
있지만, 걷는 여행이라고 하는 점에 중심이 놓여져 있다. 포장마차의
바퀴 자국을 쫓아서 여행하는 것을 트레킹이라고 부른 것 같다.

지구도 해마다 작아지고 있고, 과감히 네팔 트레킹(treking)이라도
해 보자. 어떻게 된 일인지, 포카라의 아침. 숙박하고 있는 호텔 뉴크

리스탈의 방으로 창문 가득 덮치는 듯한 박력으로 세계의 명봉 마차 프차레가 다가 온다. 한국에서는 항상 위가 무거워서 아침 식사를 거르는 나도, 이런 광경에서는 위주머니가 건강하게 눈을 뜬다. 토스트 2장, 커피, 스크램블 에그를 가볍게 먹고 출발한다.

로얄 쇼트는 표고 1000~1500m 정도의 구릉을 걷는 것이지만, 안나푸르나군의 전망이 훌륭한 코스로, 체력, 고도에 자신 없는 사람이라도 안심하고 걸을 수 있다. 그러나, 만일 에베레스트를 바라보면서 걸어 보고 싶으면, 소위 에베레스트 가도의 트레킹이라고 하는 것이 되어 이것은 좀 힘들다.

대만 제2의 고봉. 설산은 3,884m

초보자부터 적당히 좀 엄격한 것부터 등산의 영역에 발을 들여놓는 거칠은 것까지, 다양한 코스가 준비되어 있어, 네팔 트레킹은 정말로 즐겁다.

□높은 산에 올라 보고 싶다

해외 산에서 하이킹이나 트레킹을 즐기려고 한다면, 알프스로 할까 네팔로 할까, 뉴질랜드, 캐나다 등, 장소가 문제가 될 것이다. 이것은 최종적으로는, 자신이 결정할 수밖에 없는 일이고, 그리고 결정하는

보르네오섬 · 키나발루산은 4,101m

것도 가능하다.

그러나, 하이킹이 아니고 등산이 되면, 동경만으로는 아무 소용이 없고 기술의 문제가 부상한다. 더구나, 어차피 오를 생각이라면 한라산보다 높은 산에 올라 보고 싶어지는 것이다.

한라산보다 높은 산이 되면, 맨 먼저 권할 수 있는 것이 대만의 산들이다. 3,000m를 넘는 산이 200산 이상 헤아릴 수 있다고 하니까, 우리나라를 능가하는 산국이다. 3,776m보다 높은 산은, 잘 알려진 곳에서는 이전 신고산이라고 불리고 있었던 옥산 3,952m와 차고산이라고 불리고 있던 설산 3,884m가 있다.

킬리만자로의 길만즈 포인트 5,682m

설산도 우리의 여름산과 같은 수준으로 오를 수 있는 산이지만, 옥산(玉山)은 대만의 최고봉인 만큼 등산로도 산장도 잘 정비되어, 첫 해외 등산이라면 옥산을 계획하는 편이 무난하다. 다만, 이 나라도 등산은 대인기로, 많은 등산자가 들어가기 때문에, 대만의 축제일과 겹치지 않도록 일정을 짤 필요가 있다. 12월 하순부터 2월 내내는 겨울이기 때문에, 눈이 내리는 경우도 있다. 특히 설날 휴일을 이용해서 옥산에 오르려고 하는 경우는, 눈이 있을 지도 모르는 점을 염두에 두자.

보르네오섬, 말레이지아 연방 사라와크루에 있는 키나발루산도

612

높은 산이다. 표고 4,101m, 4,000m 봉인데도 불구하고, 적도 바로 밑이기 때문에 눈의 걱정은 없다. 옥산도 마찬가지겠지만, 누구나가 불안해 지는 것은 고산병(高山病)이다.

이것은 컨디션을 최상으로 유지해 둘 것, 배로 천천히 호흡하면서 천천히 오를 것이라고밖에 충고할 수 없다. 일반적으로 평지에서 살고 있는 인간은, 3,000m를 넘으면 급성 고산증상을 나타내는 것이 보통이라고 한다. 두통, 구토, 부종 등 증상이 나타나지만, 불안을 증대시키는 것은 금물이다. 1일 3리터 정도는 물을 마시고 소변을 많이 본다. 땀도 나지 않는데 소변이 나오지 않으면 이뇨제를 먹는다.

컨디션이라고 하는 것은 자신이 가장 잘 알 수 있을 것이다. 간단히 오로지 버틴다고 하는 한국인의 미덕은, 3,000m를 넘으면 악덕(惡德)일 수밖에 없다. 우선 목숨이 제일이다. 위험하다고 생각하면, 즉시 철수하자.

4,000m에 서면 다음은 5,000m라고 하는 것이 인정이다. 5,000m 봉이라고 하면 멕시코의 포포카테페틀 5,452m나 아프리카의 킬리만자로 5,895m라고 하게 된다. 모두 기술적으로는 문제 없고, 오로지 고도와의 투쟁이 될 것이다. 인기도라고 하는 점에서는 헤밍웨이의 영향일까, 킬리만자로 쪽이 압도적인 등산자 수를 모으고 있지만, 일정에 여유가 없는 사람, 즉 사하라를 즐길 수 없으면 아프리카에 가는 보람이 없기 때문에, 포포카테페틀 쪽을 권한다.

6,000m 봉이 되면 네팔이나 인도·히말라야의 산이라고 하게 되지만, 기술도 필요하고, 일정도 1개월이나 걸리니까, 흥미 있는 분은 별도로 상담한다.

유럽·알프스에도 간단한 산이 몇 개 있다

□마테르호른 등정도 꿈은 아니다

한라산보다 높은 산으로서, 옥산, 키나발루산, 킬리만자로산, 포포카테페틀산 등을 소개했다. 모두 두 다리를 교대로 올려 가면 산정에 설 수 있는 산이다. 그래서는 어쩐지 시시하다, 피켈이나 아이젠을 사용해서 조금 더 멋있는 등산을 하고 싶다고 하는 사람이 있을 것이다.

피켈, 아이젠을 사용해서 오른 산으로, 한라산보다 높고 그다지 고생하지 않고 오를 수 있는 산이라면, 대상은 유럽·알프스에서

찾게 된다. 그 대표 선수는 브라이트호른 4,164m이다. 알프스에서 가장 쉽게 오를 수 있는 4,000m 봉으로서 소개되고 있다.

　체르매트에서 로프웨이는 갈아 타면 클라인 마테르호른까지 한 발 뛰기. 내려서는 브라이트호른 플라토의 표고가 약 3,820m이니까, 표고차는 약 340m. 완만한 설릉을 더듬어 가면 된다. 그래도, 가이드 (guide) 없이는 어려우니까 가이드를 부탁해야 될 것이다. 그러나, 더듬 더듬 걸어서는 보기 흉하고, 사실은 위험해서 등산할 자격이 없기 때문에, 한국의 설산을 올라 두어 익숙해질 필요가 있다.

　피켈과 아이젠을 다룰 수 있으면, 브라이크호른 등정은 그다지

어렵지 않은 과제라고 할 수 있다. 브라이트호른을 불안없이 오를 수 있었던 사람은, 1년 트레이닝해서 체력을 키워, 몽블랑의 다음은 마테르호른으로 정한다.

마테르호른이 되면 록 클라이밍의 기술이 필요하다. 3점 확보에 의한 균형 등반을 머리로 이해하고, 신체로 구사해 주지 않으면 곤란하다. 산등성이를 여유를 갖고 오를 수 있느냐 아니냐로 자신을 판단하자.

필요한 기술을 습득하고, 확실히 체력을 양성해 두면, 마테르호른 등정도 꿈은 아니다.

□체험담③/산에 오르면 고민거리도 하찮게

내가 처음, 등산다운 것을 한 것은, 작년 9월에 회사 친구의 제안을 받고부터이다.

가벼운 하이킹을 1달에 1번 정도 하고 있었던 것을 알고, 서클에 들어 있는 친구가 제안해 주었다.

그때까지는, 흙 위를 걸을 수 있고 푸르름이 있으면 좋다고 하는 기분으로, 평지밖에 걸은 적이 없었기 때문에, 조금 높은 곳에서 본 산들이 나의 인상에 남았다. 웅대한 산들을 보고 있으면 자신의 존재가 매우 작게 보이고, 그때까지 자신 속에서는 큰 문제라고 생각하고 있었던 일이,나중에는 그런 것으로 고민했다는 게 더 이상하게 여겨질 정도였다.

다 걸은 후의 피로감이 매우 기분 좋았던 것도, 지금 등산을 하고 싶다고 생각하게 된 계기의 하나였다고 생각한다. 산장에서 알게 된 사람과의 대화 속에서, 인생관을 듣거나, 추운 생각을 하며 기다리다 운좋게 빛을 처음 보았을 때의 감동도 지금으로 이어지고 있는 것 같다.

그 후, 산의 즐거움이나 장점, 자연의 위대함을 알고 감동의 연속이었지만, 눈 쌓인 시기의 산의 혹독함을 알게 되었다.

그래서 남에게 폐를 끼치지 않고, 여유를 갖고 즐겁게 등산을 하기 위해서는, 기본적인 지식이나 기술을 몸에 익히고 나서가 아니면, 가서는 안 된다고 생각하게 되었기 때문에, 산악회에 가입했다. 아직 경력이 짧기 때문에, 즐겁고 만족감이 남는다. 지금은, 조금이라도 빨리 자신의 다리로 등산을 할 수 있게 되고 싶다고 생각하고 있다.

(C씨 34세, 산 경력 8개월, 회사원)

제4장

산의 기본은 읽은
만큼이라도 즐기자

□어째서 산에 오를까도 생각해 두기 바란다

앞 항에서, 요즘 등산을 시작하는 중장년 분들은, 산이 좋다고 하기보다는 오히려 건강 지향이라고 정해 버렸다. 그렇지만, 1달에 1번의 등산을 이미 1년 이상 계속하고 있다고 하는 사람은 시작은 건강 지향일지라도, 지금은 산을 매우 좋아하기 때문에 오르는 사람으로 변신되어 있을 것이다.

우리들 사이에서는 그것을 병의 진행이라고 말하고 있지만, 어째서 자신은 산에 오르는 건지 한번 천천히 생각해 보기 바란다.

이 제3부는 그런 때에 참고가 되는 내용이다. 등산이라고 하는 것은, 같은 산이라도 등산자 한사람 한사람에 따라 달라진다. 너무 산에 빠져 들어서 지나치게 다녀도, 혹은 산에 응석부려서 엄격함을 잊어서도 안 될 것이다.

□인간에게 살아가는 힘을 주는 책

'처녀봉 안나푸르나'(모리스 엘조크 저)는 '어린 왕자'를 읽었을 때와 같은 감동을 주는 책이다.

그 책은 1950년 6월 3일, 인류에게 있어서 첫 8,000m 정상에 선 프랑스대의 대장, 모리스 엘조크가 귀국 후 파리의 병원에서 동상 치료의 수술 틈틈이 구술로 정리된 책이다.

그 책의 마지막은 다음과 같이 정리되어 있다.

"산은 우리들에게 있어서 대자연의 활동 무대이며, 삶과 죽음의 경계에서 등산을 하면서 남몰래 찾고, 그리고 우리들에게 있어서는 빵과 같이 필요한, 우리들의 자유를 발견한 것이었다.", 그리고 나서

어째서 산에 오를까……가끔씩은 곰곰히 생각해 봐도 좋다

이렇게 계속된다. "안나푸르나, 우리들이 무엇 하나 대가가 없어도 갔던 안나푸르나야말로, 우리들 생애의 나머지를 사는 보석이다. 이 실현으로 인해, 1페이지가 젖혀지고…… 새로운 생활이 시작된다."

그리고 마지막 1행, "인간의 생활에는, 다른 안나푸르나가 있다……."

□이 즈음에서 「모모」에 관해서

　「모모」를 읽은 적이 있는가? 「모모」라고 하는 것은, 미카엘 엔데가 쓴 동화이다. 동화라고 하는 것은, 어린이를 위한 꿈이야기가 아니라, 오히려 어른을 위해서 준비된 우화라는 사실이 현재 상식으로 되어 있다.

　이 동화의 주인공은 모모라고 하는 이름의 여자 아이이다. 언제, 어디에서의 일인지 잘 모르겠지만, 한가로운 거리에서 사람들은 한가로운 생활을 즐기고 있다. 그곳에 회색의 남자들이 나타나서, 말로 교묘하게 사람들의 한가로운 시간을 사기쳐 간다. 예를 들면 이발사 아저씨. 떠들면서 유유히 즐겁게 이발을 하기 때문에, 평판이 좋은

안나푸르나를 배경으로 한 등산대

이발소였다. 그러나, 비가 내리는 잿빛 날에 기분도 잿빛이 되어 있으면, 회색의 남자가 나타나서, 시간 저축 은행으로의 구좌 개설을 이발사에게 강요한다. 이래서 온 거리의 어른들은 시간을 저축하게 되었기 때문에, 나날의 생활은 매우 바쁜 무뚝뚝한 것이 되어 버렸다.

"시간은 귀중하다——낭비하지 말라!"라든가 "시간은 돈이다——절약하라"라고 하는 표어를 들어서, 그것이 훌륭한 미덕이라고 생각하고 있던 어른들도, 이윽고 약간 이상하다고 생각하게 되었다. 그러나, 이미 한발 늦었다. 모모는, 그런 어른들을 위해서 시간을 되찾아오는, 그런 내용의 동화이다.

산의 책은 자신의 등산을 더욱 풍부하게 해 준다.

'산에 올라 볼까'라고 하는 생각이 갑자기 용솟음쳤다고 한다면, 그것은 모모가 당신의 마음을 방문했음에 틀림없다. '바쁘다'라고 하는 것은 현대인의 입버릇이다. 휴일은 활용하기 나름이므로, 적절하게 배분하여 산에서 취하는 휴식을 가져 보자. 그것이 다음에 이어지는 생활에도 도움이 될 것이다.

산은 틀림없이 모모라고 생각한다. 그런 산이니까, 산정에 서는 것만을 목적으로 걷거나, 스피드를 겨루거나 해서는 안타까운 일이다.

□체험담④/그곳에, 무엇이 있을까

　계기같은 것은 의식한 적이 없지만, 뒤돌아 보면 산을 의식하고 대상으로서 파악한 것은 중학 시절이었을지도 모른다. 이미 20년이나 전의 일이 된다.

　산이라고 하는 것은 자신을 표현하는 하나로서, 자신 나름대로의 페이스로 나아갈 수 있고, 넓어질 수 있는 것이 매력의 하나이다. 그리고 그런 것을 느끼게 해 준 배경에는, 소년기의 환경이 있었다. 국민학교 시절에는, 가까운 작은 강이나 잡목림에서의 곤충 채집으로 시작되어, 탐험이나 전쟁 등의 놀이를 하며 보냈었다. 무의식 중의 생활 속에서 자연 공간과의 접촉, 사람과의 관계 등 그런 것이 기초가 되고 있다.

　지금 산을 받아들일 때, 종주 뿐만 아니라 계곡, 바위, 눈 등 종류에 구애되지 않고 계속해 나갈 수 있는 것은, 그런 점에 기인하는 듯한 기분이 든다. 산은 매력 있는 대상이다.

　(D씨 37세, 산 경력 19년, 연구원)

제5장

용구는 백화점이 아니라 전문점에서

□어, 등산에 물통이 필요한가

알프스나 히말라야에서는 산 쪽이 방문하는 인간을 선별한다고 하는 얘기이다. 우리나라의 여름산(눈이 없는 계절)은, 하이킹 기분 이라도 오를 수 있어, 거기에 조난의 함정이 있고, 우리나라 산의 어려움이 있다고 하는 얘기는 앞에도 썼다.

국내에서는, 등산과 하이킹이 그라운드를 같이 하는 것으로, 도대 체 어디에 차이가 있을까? 한마디로 말하자면, 3D의 각오로서 산에 임하는 것이 등산, 막연히 산에 들어가는 것이 하이킹이라고 할 수 있겠다. 막연히 산에 들어가는 것도 매우 즐거운 산과의 관계법이지 만 막연히 들어가도 안심한 산을 선택해야 한다.

등산이든 하이킹이든 일상적이 아닌 세계에 뛰어 드는 것이니까, 의식주 모두를 그 때문에 갖춰야 한다. 한 번에 사려고 하면 고액이 필요해지므로, 일상 용품 중에서 활용할 수 있는 것과 그렇지 않은 것을 식별해서, 예산 범위내에서 무리없는 구입 계획을 세우자. 용구 는 모두 갖춰졌지만, 지갑이 텅 비어서 산에 갈 수 없게 되었다는 이야기를 가끔 듣게 된다.

한 직장 여성이, 정말로 '산'의 '사자'도 모르는데, 알프스를 사랑하 게 되어서 이제 큰 일이다. 그녀가 산악회에 참가하기 위해서 가벼운 아이젠을 사 왔다. 아이젠이 어떤 것인지 몰랐다고 한다. 그래서, 자신은 초보자이니까 가벼운 것이 좋다고 판단했다든가 등의 이야기 를 했다. 그러나 설상 훈련에서 그 등산화는 필요가 없다. 그래서 다른 동료의 신발과 아이젠을 빌어서, 그래도 했다. 목이 마르다고 하길래, "물통은?"이라고 묻자, '어,등산에 물통이 필요해요?"라고 하는 것이다.

무리 없는 구입 계획을

□우선은 전용 신발을 산다

고작 등산이니까 운동화로 충분하다고 생각할 것이다. 나도 그렇게 생각한다. 그러나, 등산이다. 예를 들면 조깅 슈즈는 그것을 위한 신발, 농구화는 그것을 위한 신발, 등산이나 하이킹도 그것을 위한 전용 신발 쪽이 더 낫다고 하는 사실은 명백한 논리이다.

근교의 낮은 산이라면 운동화라도 정말로 문제없지만, 역시 등산 전용의 신발로 가면 기분이 다르다. 이번 한 번 뿐이라고 하는 사람은 차치하고, 등산을 취미로 하는 것도 나쁘지 않다고 생각하는 사람

가죽제 등산화

헝겊제 경등산화

워킹슈즈

전용신발을 사 버리자.

은, 그것 한 번 뿐으로 끝나지 않기 위해서도, 전용 신발을 사도록 하자.

□발목을 보호해 주는 신발이 좋다

전용 신발에는, 설산 등산을 위한 12발 발톱 아이젠을 착용할 수 있는 본격적인 등산화와, 경(經)등산화라고 불리는 것이 있다.

경등산화는, 운동화에 가까운 것부터 끝없이 등산화에 가까운 것까지 종류가 많고, 헝겊제도 있지만 가죽제도 있다.

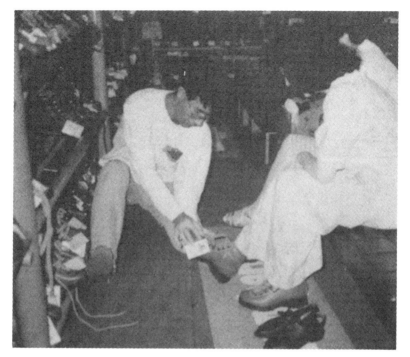

점원에게 어드바이스를 받자

 운동화나 로 커트의 하이킹 슈즈는, 평지 워킹에 그치고, 산에 오르기 위해서는 발목까지 보호해 주는 신발을 선택하자. 경등산화 중에서도, 트레킹 슈즈 등이라고 불려, 쿠션성이 좋아 신었을 때의 기분이 부드러운 타입이 인기가 있다. 이 타입은 신발 바닥이 부드러워서 걷기 쉽지만, 눈계곡 등에서의 킥스텝(설면을 내차서 발판을 만들어 가는 등산법)은 하기 어렵다.

 가죽제의 경등산화는, 튼튼하게 되어 있는 만큼 트레이킹 슈즈보다 무거워지지만, 8발 발톱 아이젠이라면 장착할 수 있기 때문에, 설산이라도 충분히 즐길 수 있다. 밍크 오일 등을 발라서 관록이 생기면

(지나친 바름에 주의), 애착도 생겨서 산행을 함께 한다고 하는 기분이 된다.

등산용 전문점에 가서 선택하지만, 걷기 위한 가장 중요한 무기이기 때문에 적당한 구입법은 안 된다. 점원의 충고에 따라서 발을 넣고, 빡빡함, 느슨함, 어딘가에 닿느냐 등 확실히 체크한다. 모르는 사항은 거리낌없이 질문하자. 질문에 친절히 대응해 주는 점원이라면, 안심하고 살 수 있다. 아무래도 맞는 신발이 없을 경우는, 등산화 전문점에서 맞추는 수밖에 없다.

□짐은 모두 배낭에 넣는다

키슬링이라고 불리는 배낭은 튼튼한 범포로 된 봉투형의 자루이다. 등에 지기 쉽게 모양 좋게 파킹하는 것은 매우 어려운 기술로, 그 능숙함, 서투름으로 등산의 연계를 알 수 있다. 나에게 예전에는 거의가 이것이었다.

현재의 등산자는 행복하다. 배낭은 인간 공학적으로 생각되어 디자인, 재단, 봉제되어 있기 때문이다. 등에는 패트도 들어 있고, 세로로 길기 때문에 파킹에 신경을 쓸 필요는 없다. 배낭 뿐만은 아니지만, 베테랑인지 초보자인지 패션으로는 판단할 수 없다.

정말로 잘 되어 있는 배낭이지만, 메이커에 따라서 짊어졌을 때의 기분이 다르기 때문에, 이미 사용하고 있는 사람에게 장·단점을 들어 보자. 용량적으로는 30리터 정도의 한 번 조임의 소형 배낭이, 당일치기라든가 여름의 1~2박 산장 숙박 산행에는 바람직하다. 데이팩은 너무 작다. 카메라를, 들어가지 않는다고 손에 들거나 하지만, 위급할 때는 걷는 데에 집중할 수 있도록, 가져가는 짐이 모두

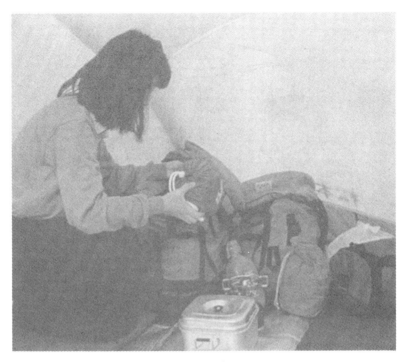

파킹은 머리 체조

들어가는 용량의 배낭을 산다.

슬리핑 백이 필요한 산행에서는 40~50리터의 중형 배낭, 4~5일의 텐트 산행이 되면 60~70리터의 대형 배낭이 아니면 장비가 들어가지 않을 것이다. 대는 소를 겸하니까 큼직한 배낭을 사 두면 좋다고 하는 것과는 달리, 필요 이상으로 배낭이 크면, 불필요한 것까지 가져가게 되어 짊어져야 할 중량이 늘어나므로 주의한다.

용량, 색상, 디자인으로 배낭을 선택한 후 봉제가 튼튼한지 어떤지를 확인한다. 행동하는 것보다 휴식하는 편을 좋아하는 사람은, 주머니가 많이 달린 배낭이 바람직하다.

판초

세퍼레이트
타입 비옷

□ 비닐 비옷은 곧 찢어진다

"좋잖아, 싸니까." 등산 전문점의 상하 분리식 비옷 코너에서, 선배
인 듯한 사람이 초보자인 듯한 사람에게 충고하고 있다. 이 길에 끌어
들인 책임 때문인지, 배낭이나 신발이나 어드바이스의 포인트는 가격
에 있는 것 같다.

산을 오르는 사람에게 있어서 비옷은 중요한 장비이다. 그것을
품질이 아니라 가격으로 선택해도 좋을까? 지금 비옷이라고 하면,
상하 분리, 레인 파카라고 불리고 있는 것이 주류이다. 문제는 소재

로, 하이파론, 엔트렌트, 고어(미크로)텍스 등이 있다.

선배가 권하는 하이파론은 방수 가공된 나일론지로, 싸구려이지만 투습성이 없기 때문에 무덥다고 하는 결점이 있다. 엔트렌트는 하이파론보다는 낫다고 하는 정도이기 때문에, 하이파론의 배 이상 비싸지만, 땀 등의 수증기는 통과시키고, 빗물 등은 통과시키지 않는다고 하는 소재의 고어(미크로) 텍스가 가장 좋다. 이것은, 그런 성질을 가진 불소수지의 얇은 필름이 나일론지에 라미네이트 가공되어 있다. 나의 권장은, 고어(미크로) 제품의 심플한 디자인으로 조금 싼 것을 선택하라고 하는 것이다. 그래도 손이 덜 간 싸구려는 안 된다.

솔기가 튼튼하고 방수 처리되어 있는지 확인하자.

고어라고 해서 절대로 젖지 않거나 무덥지 않은 것은 아니다. 특히 무더운 비가 내리는 날에는 앞의 단추를 몇개 풀어 두는 등, 적극적인 땀의 방출 작전도 생각할 필요가 있다.

큰 비가 아니라, 한 손이 없어도 불안하지 않은 산길에서는 우산이 효과적이다. 판초도 좋지만, 고어 제품이 발견되지 않는 것이, 유감이다. 강수 확률 0%라도 등산에는 비옷을 가져 간다. 그래도 휴대 사우나인 비닐 레인 코트만은 그만두자. 곧 찢어지니까.

□옷은 멋으로 결정한다

본고장 알프스를 하이킹하고 있으면, 니커보커에 니커호스, 멋있는 티롤 하트가 딱 틀이 잡혀 있는 멋진 등산자를 만난다. 굴곡이 없는 꽃밭 산길이라고 하는데, 등산화가 이것 또한 매우 어울린다. 다리가 길다든가 배경에 마테르호른이 우뚝 솟아 있다든가, 어떻게든 설명은 되지만, 그들 자신의 멋에 신경쓰고 있다고 하는 것이, 멋지게 어울리는 큰 이유이다.

장롱 속에서 오래된 셔츠와 바지를 꺼내어, 그것으로 때운다고 하는 것은 30년 전의 방법이다. 오늘, 등산이라도 시작해 볼까라고 생각하는 사람은, 머리 꼭대기부터 발끝까지 번쩍 번쩍한 새로운 패션으로 산에 임하기 바란다고 생각한다.

여름 모자는 복고풍의 밀집 모자로 갑시다. 부채 대용도 되지만, 국수를 삶을 때에는 바구니도 된다. 멋있는 여성은 마 모자를 쓰기 바란다.

내복 겸 행동복으로서 오른의 반소매 T셔츠. 조석(朝夕)은 얇은

눈 높이의 패션으로 정하고

울의 긴 소매 셔츠를 겹친다. 바지는 다리가 짧은 자신으로서는 긴
바지를 애용하고 있지만, 무릎의 올라가는 정도는 니커 바지(정확하
게는 니커보커) 쪽이 훨씬 더 낫다. 한 가지만 주의 말씀 드리고 싶은
것은, 중년 등산자의 대부분이 유니폼과 같이 입고 있는 희끗희끗한
무늬의 트위드 니커는 그만두자. 무릎 아래는 적당한 길이, 넓적다리
와 엉덩이 주변은 너무 빡빡하지도, 너무 느슨하지도 않다고 하는
굵기로, 천, 컬러링과 아울러서, 경쾌함을 연출해 주기 바란다. 니커호
스, 즉 니커보커용의 긴 신발은, 이것도 바지의 색에 맞춘 코디네이트
를 잊지 않도록 한다.

지치지 않는 등산법은 다음 장에서 설명하지만, 멋도 또한, 산에서 지치지 않기 위한 큰 요인이다. 등산 뿐만 아니라, 적극적으로 행동하는 데 필요한 것은, '기분'의 충실이다. 평소, 비지니스 사회에서 정장을 입는 것을 요구하는 것은, 일도 또한 하나의 전략으로, '기분'의 충실이 필요하기 때문이다.

복장이 단정하다, 멋을 내고 있다고 하는 의식은, 저절로 기분을 만족시키는 것이다.

□오늘날의 텐트는 3분에 칠 수 있다

캠프를 즐기려고 생각한다면 텐트가 필요해진다. 어, 텐트라고 어두운 얼굴을 하는 것은, 옛날 사람이다. 확실히 옛날 텐트는, 무거운 데다가 설명하는데에도 기술이 필요했었다.

집형이라든가 지붕형이라고 불리는 비닐론제의 텐트로, 전후에 지주(支柱)를 1개씩 세워서 설영하지만, 이 지주를 세우는 것이 어렵다. 밧줄을 치는 각도라든가, 잡아 당기는 강도가 미묘하게 잘 되거나 안 되는 것에 영향한다.

오늘날의 텐트는, 그런 걱정이 전혀 없다. 돔형이라고 불리는 것이 주류로, 강도가 있는 얇은 나일론지로 되어 있기 때문에 가볍고, 슬리브라고 불리는 통에 구부리기 쉬운 뼈대를 통과시킨 입체 구조이므로 설치도 간단하다. 3~4인용 정도까지의 크기라면, 뼈대만 2개 조립하면 되므로 혼자서 3분이면 설치 가능하다.

매달기식의 돔형 텐트가 되면, 뼈대(frame)에 훅으로 본체를 걸기만 하면 되므로, 눈 깜짝할 사이에 설치가 완료된다. 그렇게 설치하는 것이 간단하기 때문에, 캠프장에서 빌리는 것보다, 자신의 텐트 쪽이

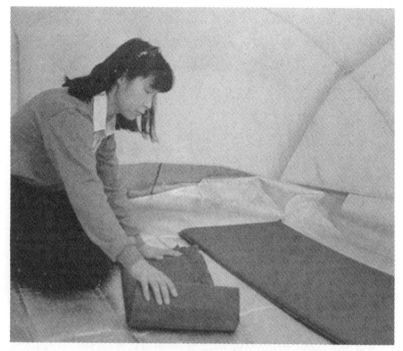

은매트를 깔고 다시 서머레스트 매트를 깔면 완벽

훨씬 즐겁다.

이 텐트는 자립형인 만큼 쉽게 서 버리기 때문에, 안심하고 바닥
부분을 페그(peg)로 고정하지 않고, 놀러 가면 외출 중에 강풍으로
쓰러졌다고 하는 경우가 흔히 있다.

□집이 생기면 필요한 것을 준비

텐트를 사는 것만으로 캠프를 즐길 수는 없다. 먹고, 잘 준비가
필요하다.

식량은 유동적인 것이기 때문에 각자 연구하기로 하고, 조리를 위한 화기(버너)에 대해서 설명한다.

석유나 가솔린을 연료로 하는 버너는, 점화에 대수롭지 않은 기술이 필요하고, 연료의 휴행, 취급에는 주의가 필요하기 때문에, 부탄가스 버너가 발매되자, 순식간에 화기(火器)가 주역 자리에 앉아 버렸다.

가솔린 버너보다 약간 화력이 떨어진다, 가격이 비싸게 매겨진다, 빈 가스통이 성가시다 등 문제가 없는 것은 아니지만, 폴리탄에 들어 있는 가솔린을 물로 착각하고 마셔 버렸다든가, 코펠에 넣어서 버너에 올리고 인화하여 텐트를 불덩이로 만들었다고 하는 사고를 일으키기 보다는 낫다. 물론 인원이 많거나 기간이 되면, 가솔린 버너 쪽이 유리함은 틀림 없다.

화력으로서는 프로판 가스가 혼입되고 있는 한랭지용 쪽이 강하기 때문에, 여름이라도 한랭지용을 사용하는 편이 약간 가격이 비싸도 유리하다. 또한, 버너 헤드의 조임을 정확히 하지 않으면, 접속부에서 가스가 새어 인화하는 경우도 있다.

코펠은 냄비나 솥에 해당한다. 캠프라면 큼직한 것이 사용하기 편리하지만, 등산에는 적당한 크기의 것을 구입하자. 라이터, 성냥, 양초도 잊지 않도록 한다. 요즘은 가스통을 사용하는 랜턴으로 대치되고 있어, 무척 밝아서 좋으나 부피가 커지는 단점도 있다.

텐트 바닥에는, 전체를 커버하는 은매트를 필요한 장수대로 깔아주기 바란다. 그리고 지면의 요철을 흡수하기 위해서 매트를 준비한다.

슬리핑 백은 여름 캠프라면 모포로도 충분하지만, 좀 높은 산이라든가, 봄, 가을이 되면 3시즌의 깃털 슬리핑 백이 바람직하다. 화학면

640

보다 공기를 포함하는 정도가 크기 때문에, 같은 보온력이라면 깃털 쪽이 가볍고 작다고 하는 장점이 있다.

텐트 속은 좁기 때문에, 코펠을 뒤집거나, 비가 내린다고 하는 경우도 있다. 슬리핑 백을 젖지 않도록, 고어(미크로)제의 슬리핑 백을 함께 사용하자.

□ 어떤 지도를 준비할까

지도라고 해도 여러 가지 있다. 등산용에 사용되는 것은 2만 5000분의 1과 5만분의 1, 2종류가 있다. 2만 5000분의 1 지형도 4장으로, 5만분의 1 지형도 1장을 커버하는 계산이기 때문에, 단순 계산으로 전자는 후자의 4배의 정보량이 수록되어 있다고 할 수 있다.

산의 정상에서 주위를 바로 보고, 맞은 편에 보이는 산의 이름을 확인하는데 사용하기 편리한 지도는 20만분의 1 지세도이다. 1장으로 5만분의 1 지형도라면 16장분, 2만 5000분의 1이라면 64장분의 지역을 포괄하고 있다.

지형도의 읽는 법은 다음 장에서 설명한다. 지도를 읽는 것에 익숙해지는 것은 하루 아침에는 불가능하기 때문에, 초보자 분들은, 지형도 읽기에 구애되지 않아도 좋다. 지도를 읽는 것은 등산자의 상상이라든가 해서, 경기 등산에서는 채점의 대상이 되고 있는 것 같지만, 등산로가 잘 정비되고, 지도표가 요소에 준비되어 있는 코스에서는, 지형도를 따위 읽을 수 없어도 산에 오르는 데 장애는 없다. 그런 코스에서는, 안내서를 잘 읽고, 개념을 파악해 두는 것이 포인트이다.

일반적인 산의 지형도는, 최근, 큰 등산 용구점에서 팔고 있다.

지도를 갖고 있지 않는 것도 문제이므로 초보자는 등산용으로 감수되고, 산장이나 코스 타임이 기입되어 있는 안내 지도를 준비하자. 거기에 자석. 이것은 좋은 나침반을 산다.

보다 작은 지역의 지형도가 필요한 경우는 큰 서점이나 전문점에 가면 발견할 수 있을 것이다.

□첼트 속에서 우산을 쓴다

첼트(Zelt)라고 하는 것은, 독어의 첼트 색(Zeltsack)의 약자로,

비상용 간이 텐트를 가리킨다.

간단한 야영이라고 하는 것은 길을 잃거나 하는 등 해서, 뜻밖의 강요된 노숙을 가리킨다. 그런 때 첼트가 하나 있었다면 얼마나 마음 든든했을까. 보통 바닥 터짐식으로 되어 있기 때문에, 전원이 푹 뒤집어 쓰는 것만으르도 심신이 모두 따뜻해진다. 속에서 우산을 쓰는 것이 특색이다. 공간이 생겨서 호흡하기 쉬워진다.

중급 산악 이상의 산에 들어갈 때는, 리더는 반드시 첼트를 배낭에 넣어 두기 바란다. 야영용 뿐만 아니라, 갈아 입을 옷이나, 눈가리개로도 사용할 수 있다.

보조 로프는 정확히
다룰 수 있는가.

□보조 자일은 무용 지물?

입산의 사고가 보도되자, 품절이 될 만큼 중장년 등산자가 첼트 (Zeltsack)를 사갔다고 한다. 첼트는 가지고만 있으면 되는 것은 아니다. 위급할 때에 사용할 수 없다면 말이다. 복습한다. 첼트의 사용법은 간단하다. 푹 뒤집어 쓰고 속에서 우산을 쓴다, 이것뿐이다.

위급시를 위해서, 보조 자일 20m 정도를 배낭에 넣어 둔다고 하는 것도 리더의 의무인 듯이 도구책에 쓰여 있거나 한다. 그러나, 자일 쪽은 첼트와 같이 취급이 간단치 않다.

자일은 독어로, 영어라면 로프이다. 등산용어는 영어, 독어에 불어까지가 섞여서 사용되기 때문에, 모르는 사람은 어리둥절해 버린다. 자일은 필요한 묶는 법을 정확히 묶을 수 있고, 자일 기술이 익숙해져 있지 않으면, 배낭에 보조 자일 20m가 들어 있어도 무용 지물이다.

뜻밖에 길이 무너져 있어, 벼랑을 만났다고 하자. 높이 10m, 옆에 튼튼한 나무만 있으면, 그리고 아래로 곧게 드리워져 하는 하강을 전원이 할 수 있으면, 20미터 보조 자일은 유효하다. 그러나, 혼자라도 아래로 곧게 하강하는 것이 불가능한 사람이 있다면, 무리하지 말고 온 길을 되돌아 가는 편이 안전하다.

폭 18m의 눈 계곡이 길을 방해하고 있다. 양 해안에는 튼튼한 나무가 서 있다. 여기에 자일을 고정해서 난간으로 하면, 안전하게 횡단할 수 있다. 그러나, 잘못된 로프의 묶는 법으로, 하중이 가해지면 풀어져 버린다고 해서는 아무 소용도 없다. 자일을 무용 지물로 만들고 싶지 않다면, 묶는 법을 확실히 익힌 후 등반한다.

□ 잊어서는 안 되는 소도구들

성냥과 라이터에 대해서는 앞 항에서도 언급했지만, 작을지언정 절대로 잊어서는 안 되는 중요한 비품이다. 당일치기의 산행에서 화기를 사용하지 않기 때문에 불필요하다고 할 수는 없다. 길을 잃거나, 누군가가 전도 골절하거나 해서 행동 불능이 되어, 부득이하게 간단한 야영을 할지도 모른다. 불씨가 없으면, 모닥불도 일으키지 못하고 불안한 하룻밤을 보내는 형편에 빠진다. 성냥과 라이터는 반드시 비닐 봉지에 밀봉해서, 젖지 않도록 휴대하자.

헤드 램프도 역시, 당일치기니까 불필요하다고 하는 용구는 아니

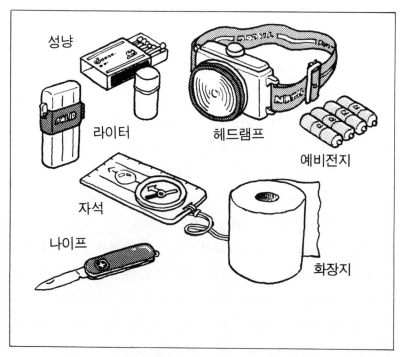

성냥

라이터

헤드램프

예비전지

자석

나이프

화장지

당일치기 산행이라도 잊어서는 안 된다

다. 야영이 되지 않아도, 하산이 늦어서 가장 가까운 버스 정류장에 도착하기 이전에 어두워져 버렸다고 하는 것은 흔히 듣는 이야기이다. 보름달이 뜬 밤이라면 또 모를까, 흐린 날 밤에는 숲으로 더듬어서는 길을 알 수 없는 경우도 있다. 헤드 램프가 없기 때문에 임시 야영을 했다고 하는 예도 있다. 헤드 램프는 배낭에 반드시 1개 넣어 둔다. 이 이야기를 하면 반드시 '손전등이라도 좋습니까?'라고 하는 질문이 나온다. 손전등이라도 목적은 달성하지만, 한 손이 비지 않는 다고 하는 결점이 있기 때문에 헤드 램프를 사도록 하자.

산의 도구라고 하는 것은, 비상 재해시에 도움이 되는 것이 많지

만, 양손이 비는 헤드 램프는 그 최고의 것 중의 하나이다. 비상시에 정전하고 있는 밤에 짐을 양손 가득 안고 달아나야 하는 상황을 생각하면, 가계 예산으로 헤드 램프를 사도 좋을 정도이다.

□ 단골 가게를 만든다

등산 용구의 전문점이 있다고 하는 사실은 모르고, 백화점에서 경(經)등산화나 배낭을 찾았다고 하는 아주머니가 계셨다. "백화점에 갔지만, 등산용품 따윈 없어요.", "백화점이라고 하는 이상에는,

산은 사람의 마음을 한없이 맑고 투명하게 해준다.

뭐든지 갖추고 있으리라고 생각하고⋯⋯". 확실히 백화점이니까, 간판에 부끄럽지 않게 다소의 등산화나 배낭류는 스포츠 용품매장의 한 구석에 있다. 그러나, 종류는 적고 싸지도 않기 때문에, 백화점에서 사는 이점은 없다. 산의 도구는, 전문점에서 사는 것이다.

등산용품 슈퍼마켓과 같은 대형점과, 아저씨의 얼굴을 간판으로 하고 있는 전문점이 있다. 전자는 물품의 종류, 수가 풍부하고, 비교적 싸다고 하는 것이 최대의 장사 포인트이다. 후자는, 등산 경험 풍부한 아저씨가 판매원이기 때문에, 어드바이스가 적절하여, 안심하고 살 수 있지만, 종류가 적거나 편중되어 있어, 같은 상품이라면

산이 좋아 산을 찾는 사람들 —. 아무 것도 가진 것이 없어도 이 세상 모두를 다 가진 것같은 이 포만감은 어디에서부터 비롯되는 것일까?

대형점보다 가격이 비싸다. 물론 어드바이스에 대한 가격으로서는 비싸지 않지만 어느 가게와 관계가 좋으냐 하는 것이 문제이다.

물품 구입이라고 하는 것은, 비싸다 싸다가 아니라, 기분 좋게 돈을 지불할 수 있느냐 아니냐라고 생각한다. 작은 가게의 아저씨와 친구가 되어 버리는 것도 좋고, 가게는 출입이 자유롭고 여러 가지 도구도 갖춰져 있으므로 이것 저것 쇼핑하는 것도 즐겁다.

어쨌든 산의 가게라고 하는 것은, 초보자에게 있어서는 들어가기 어려운 분위기가 있기 때문에, 그 압박감을 제거할 수 없으면 납득이 가는 물품 구입이 불가능해진다. 어쨌든 재빨리 다녀서 그 가게와 친해지는 것이 중요하다.

□체험담⑤/내가 산에 빠진 이유

"우리 부는 여자가 한 사람밖에 없어요. 누군가 들어와요!"라고 무슨 이유인지 우리 반의 여자가 외쳤다. 6년 전 고교에 입학했을 무렵의 일이었다. 아무렇지 않게 가입 신청서를 쓴 15세의 봄. 가입 이유는——무엇인가라는 질문을 받고, 아무 생각도 하지 않았기 때문에 횡성수설 "높은 곳이 좋기 때문에."라고 대답한 것을 기억한다. 이것이 지금의 나의 시작이지만, 당시는 산에 오른다고 하는 것보다는 '산악부'라고 하는 운동부에 소속해 있다고 하는 느낌이었다. 중학 시절 발레부였던 적도 있고, 나날의 활동은 연습이고 산행은 시합이었다. 경치를 보는 것보다도 짐지고 걷는 것에 견디는 것이 산행이었다. 여기에서 싫다고 그만 두었다면 지금의 나는 없었을 것이다.

여름 방학, 첫 장기 합숙은 지금까지의 나의 의식을 일변으로 뒤집은 산행이었다. 아득해질 정도의 긴 거리, 급한 오르막길. 영원히 계속될 듯이 생각되는 수림대. 그러나 수림을 벗어나 능선으로 나왔을 때의 감동. 자신의 길이 한 개 똑바로 계속되는 것을 본 순간 산을 걷고 있다는 것을 실감하고, 정말로 기뻤었다. 종주로를 장식하는 꽃밭, 눈계곡의 길, 그리고 무엇보다도 이 투명한 여름의 푸른 하늘.

그리고 멀리 가고 싶은 소망, 철도, 별자리 관측, 몸을 움직이는 것을 좋아한다고 하는 것, 하산 후의 온천. 그런 자신의 흥미는 '산'에 여러 가지 채색을 해 주었다. 산에 오르는 계기라고 하기 보다 산에 빠진 계기를 써 버렸다. 핀트가 빗나간 것은 아닐까? 어쨌든 올라 보면 틀림없이 좋은 점을 알 수 있을 것이다.(Y씨, 산 경력6년)

제6장

지치지 않는 등산법을 가르쳐 준다

□준비 체조와 정리 체조를 한다

산은 자신의 손과 발과, 그리고 머리로 오르는 것이다. 평소 걷지 않아 다리 근육이 약해 있는 사람이, 어느 날 갑자기 등산하러 가면, 근육통을 일으키지 않을 리가 없다. 따라서 가지 말라고 하는 것은 아니다. 트레이닝 체조로 1개월 지나고 나서 산에 가라고 무리한 주문을 하는 것도 아니다. 적어도 오르기 시작하기 전에 준비 체조를 확실히 하고, 다 내려와서 가장 근처의 버스 정류장에 도착하면, 곧 정리 체조를 정확히 할 것을어드바이스하고 싶다.

등산은 스포츠가 아니라 여행이라고 생각한다고 하는 사실을 앞에 썼다. 많은 등산자는 스포츠라고 생각하고 있지 않다, 틀림없이. 따라서 버스에서 내려 등산 지역에 도착하면 준비 체조도 하지 않고, 쫓기듯이 오르기 시작해 버린다.

등산은 신체 운동을 수반하는 여행이다. 어떤 경우는 운동이 상당히 격렬해 지기도 한다. 오르기 시작하기 전에 필요한 근육을 풀어 주지 않으면, 근육은 깜짝 놀라서 딱딱하게 굳어져 버린다. 배낭을 짊어지는 등 근육, 호흡하기 위한 가슴 근육, 신체를 들어올리는 넓적다리와 장딴지 근육을 잘 풀어서, 수족의 관절을 부드럽게 하자.

오르기 시작하면, 휴식마다 이 근육들을 풀어 주는 것이, 근육의 부담을 줄이는 데 효과적이다. 그리고 등산이 끝나면, 재빨리 정리 운동을 하자. 준비 체조는 워밍업(warming-up), 정리 체조는 쿨링다운(cooling-down)이라고 하지만, 집에 돌아온 후 유유히 목욕탕에 들어가자고 생각하면 한발 늦는다. 버스 대기 시간에 넓적다리와 장딴지를 풀어 주느냐 풀지 않느냐로, 다음날 아침의 근육통은 천국과 지옥 정도로 다르다. 물론 목욕탕에 들어가서 마사지해 주면, 효과

는 더욱 크다. 산에서 지치지 않고, 피로를 다음날에 남기지 않도록 하자.

□어쨌든 천천히 오른다

무리 중에 나이드신 분이나 경험이 적은 사람이 많을 경우는, 표준 코스 시간의 1.5배로 소요 시간을 계산한다.

'예정보다 늦다' 등이라고 동료에게 기합을 넣은 사람이 있다. 말하는 사람은 격려한 생각으로 하겠지만, 당하는 사람은 견딜 수 없다.

체력이 없는 사람에 맞춰서 간다.

그래서 분발하는 사람도 있겠지만, 대부분의 사람은 지쳐 있는 다리
가 얽혀 버린다.

체력이 있는 사람에겐, 천천히 걷는 것이 시간이 걸려 더디다. 그러
나, 회원 중에 체력이 없는 분이 있으면, 그 사람에게 맞춰서 행동한
다고 하는 것이, 결과적으로 회원 전체를 신속하게 행동시키는 것이
다. 다리가 지쳐 있는 한 사람을 질책해서 망쳐 버리면, 회원 전체가
멈춰 버리지만, 그의 속도에 맞춰서 페이스를 낮추면, 무리 전체는
전진해 간다.

넓적다리나 장딴지에 부담이 가해지지 않도록, 호흡을 흩트리지

않도록 천천히 올라 가는 것이 가장 좋은 등산술이다.

□ 빠끔 빠끔하지 말고 우선 숨을 내뱉는다

좀 기를 써서 오르려고 하면, 숨이 거칠어져 온다. 거칠어져 올 정도라면 사랑스러운 기분이 있지만, 헉헉 씩씩 숨이 차게 되면, 지쳐 서 다리가 올리가지 않게 되는 것도 시간 문제이다.

숨이 차다고 하는 것은, 체내로의 산소 공급 부족이 되어, 가솔린 (음식물)이 연소하지 않고 고장나 버린다고 하는 것이다. 급한 오르 기에서 숨이 괴로와지면, 산소 결핍의 수조 중에서 금붕어가 뻐끔 뻐끔 하듯이, 등산자도 역시 공기를 마시려고, 입을 뻐끔 뻐끔한다. 아무리 뻐끔 뻐끔해도 공기는 들어오지 않는다. 호흡이라고 하는 말, 이 '호'라고 하는 글자는 '부른다'고 하는 의미이다. 즉, 공기를 부른다. 공기를 불러 주기 위해서는, 우선 내뱉는 것이다.

공기를 마시려고 애타게 뻐끔 뻐끔해도, 폐 속에는 이산화탄소가 가득한 공기가 남아 있기 때문에, 산소를 포함하는 신선한 공기가 들어가지 않는 것이다. 잔뜩 공기를 폐에 받아들이기 위해서는 복식 호흡을 할 필요가 있다. 내뱉으면서 천천히 10을 세어 준다. 그 정도 크게 공기를 내뱉고, 이제 이 이상 내뱉을 수 없다고 하는 데까지 가면, 다음 순간 공기는 자연히 빨려 들어온다.

주의할 점은, 여기에서 마구 급하게 공기를 마시지 말라고 하는 것이다. 유입을 억제하면서, 천천히 10을 세는 정도의 시간을 들여서 들이마셔 간다. 호흡이 흐트러졌을 때는, 이런 식으로 심호흡해서 호흡을 가다듬고 나서, 다시 오르기 시작하자.

하——하——내뱉고 흠——흠 들이마신다, 이것은 2토(吐) 2흡(吸),

하─흄─은 1토 1홉, 어쨌든 호흡과 걷는 리듬을 일치시켜, 머릿속
으로 천천히 천천히라고 외치도록 해서 올라가면, 좀처럼 지치지
않을 것이다.

□식량을 줄여서 배낭을 가볍게 하자

등산자들 모두가 입을 모아서 말하는 것은, "무거운 배낭을 드는
것은 싫어!"라는 것이다. 나 역시, 무거운 배낭을 드는 것은 싫다.
그러나, 가져 가야 하는 최소한의 장비와 식량은 있다. 산속에서 2

탄수화물은 곧 에너지로 변한다.

박, 3박하는 경우의 산행에서는, 누구나가 경량화를 생각하지만, 문제
는 1박 2일 정도의 산장 숙박 산행이다.

2박 3일 종주 등산에서 있었던 일이다. 2시간 정도 걸었을까. Y
씨가 기분이 나쁘니까 잠시 쉬게 해 달라는 것이다. 첫날은 상태가
좋지 않았다. 이것 저것 배낭을 살펴 보니, 묵직하게 무게를 느낀다.
다른 회원의 배낭이 검지 하나로 들어 올라가는 것과는 대조적이다.
원인은 식량의 과다.

미워할 수 없는 것은, 중량의 원인이 되고 있는 음식물의 대부분이
자신을 위해서가 아니고, 동료에게 먹이고 싶다고 하는 좋은 뜻인

걸어다니는 냉장고라고 불리지 않도록

것이다. 더구나, 어중간하지도 않다. 날파인애플을 4조각으로 잘라서
얼려, 아이스박스에 넣어 온다든가, 3일 걸려 만든 비프 스튜를 타파
에 넣어 온다고 하는 곡예를 해낸다.

　동료들로부터 감사의 마음을 담아 '움직이는 냉장고'라고 별명이
붙은 Y씨는 특별하다고 해도 일반적으로 여성은 음식물이 많다. 휴식
해서 먹거나 떠들거나 하는 것이 목적인 산행이라면 몰라도 이럭저럭
걷는 것이 목적인 산에서는, 식량은 필요한 만큼만 가져간다.

□지도는 보는 것이 아니라 읽는 것

잘못되고 나서는 늦다

　입산자가 많은 산역에서 길이 확실한 코스라면, 지도를 읽을 수 없어도 산에는 오를 수 있다고 앞 장에서 썼다. 실제, 그런 산에서는 많은 등산자가 지도를 갖지 않고 태연히 오르거나, 갖고 있어도 배낭에 넣은 채로 꺼내 보는 경우도 없이 올라오기 때문에, 읽을 수 없어도 오를 수 있다고 하는 것은 틀린 얘기가 아니다. "지도를 읽을 수 없으면 산에 오를 자격은 없다." 등이라고, 원칙을 내세우는 것은 그만두자. 안내서를 잘 읽는다, 주변에 자신들의 예정 코스의 경험자가 있으면 어드바이스를 받는다, 산장이나 가장 가까운 관광 안내소에서 상황을 묻는다, 등산 지역에서 상황을 묻는다, 지나치는 등산자

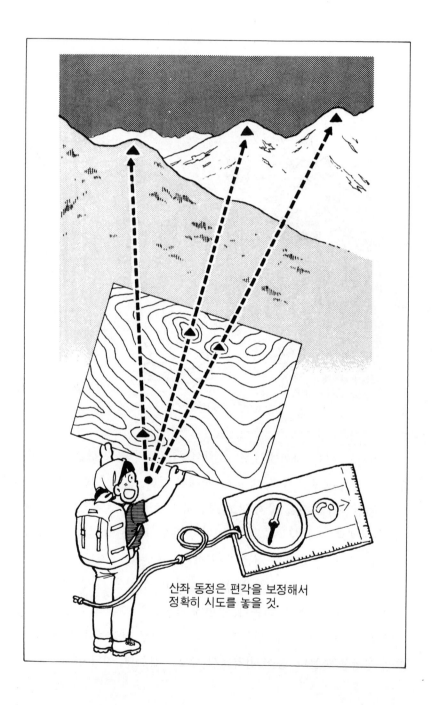

산좌 동정은 편각을 보정해서
정확히 시도를 놓을 것.

에게 상황을 묻는다 등, 어설프게 지도를 읽는 지식보다 실효있는
전략은 몇 가지나 있다.

그러나, 방문하는 사람이 적은 산에서 길이 없는 수풀산이나 설산
을 오른다면, 지도를 읽는 것은 필수의 기술이다. 지형도와 자석 없이
는 불안해서 산에 들어갈 수 없다. 길이 없는 산에 오르고 싶다고
생각하게 되면, 지도를 읽는 공부에도 열중할 것이다.

길이 없는 산에 도전해 보면 곧 이해할 수 있지만, 지도를 읽는
것이란 지도상에 현재지를 확인하고, 나아가야 할 방향을 정하는
작업이다. 항상 현재지를 확인할 수 있으면 길을 잃을 리가 없다.

지도를 능숙하게 읽는 첫걸음은, 진북과 자북은 다르다고 하는
점을 아는 것이다. 자석의 바늘은 서쪽으로 기울기 때문에, 그만큼을
보정해 주어야 한다. 이 편각(便角)은 장소에 따라서 다른 것으로,
지형도에는 그 수치가 나타나 있다. 북쪽에 가까울수록 각도는 커져
서, 북극권에 들어가면 자석은 거의 도움이 안 된다.

다음에 축척(縮尺)과 스케일을 시각적으로 파악할 수 있는 점이
다. 예를 들면 2만 5000분의 1 지형도에서는, 1cm가 실제의 250m
이다. 지도를 펴고 A지점부터 B지점까지는 4cm 정도이니까 저어…
…, 라고 주저 하고 있는 것 같으면 안 된다. 이 차이는 1킬로라고
그 자리에서 읽는 것이 요구된다.

세 번째는 등고선. 2만 5000분의 1 지형도에서는, 선과 선 사이의
표고차는 10m이다. A지점부터 B지점간의 선의 개수를 세면, 표고차
도 파악할 수 있다. 등고선의 구부러지는 정도나 밀도로, 현재지의
지형, 산등성이인지 골짜기인지 산중턱의 사면(斜面)인지를 알 수도
있고, 완급도 읽을 수 있다.

배우는 것보다 익숙해지는 것이 중요하다. 정말 길이 없는 산에

산에 렌즈 구름이 걸리면 일기가 나빠진다.

오르게 되면, 어려움없이 지형도를 읽을 수 있게 되기 때문에, 서둘러서 공부하지 않아도 될 것이다.

등산의 즐거움은 조망에 있기 때문에, 지도를 바라보면서의 산세의 파악은, 초보자에게 있어서는 재미있는 게임일 것이다. 지도를 정확히 놓고 지도 위의 현재지에 선 것처럼, 그곳에서 지도 위의 파악해야 할 산을 선으로 연결하면, 그 연장선상에 실물의 산이 분류되는 것이다.

□일기를 그릴 수 없어도 산은 오를 수 있다

적란운은 여름의 풍물시이지만 발달하면 뇌운이 된다.

흐려서 재미있다고 생각하지 않는가? 동쪽 하늘에 퍼지는 비늘
구름이, 장미빛으로 물드는 것을 보면, 산의 훌륭함은 배가한다. 그러
나, 어느 사이엔가 머리 위 가득한 먹구름에서, 비가 내리는 것은
시간 문제라고 예상되면, 구르듯이 산을 내려가고 싶어진다.

비늘 구름은 기상 용어로 권적운(券積雲)이라고 부르며, 10종류의
구름 중 하나이다. 10가지의 바람이란, 하늘에 솟아 떠서 퍼지는 여러
가지 구름을 시간별로 10종류로 분류한 것으로, 하늘 관측의 단서가
된다. 권운(券雲), 권적운(券積雲), 권층운(券層雲), 고층운(高層
雲), 고적운(高積雲), 난층운(亂層雲), 층운(層雲), 층적운(層積雲),

산의 날씨는 변하기 쉽다.

적운(積雲), 적란운(積亂雲)의 10종류로, 저기압이 다가오면 쾌청한
하늘에 우선 권운이 출현한다.

　권운이란 큰 빗자루로 쓴 듯한 새털구름으로, 이윽고 하늘 온통
퍼져서 권층운이 된다. 권층운은 두께를 더해서 고층운이 되고, 더욱
저기압이 다가오면 먹구름이 되어 비를 내리게 해서 난층운이라고
불린다. 구름은 날씨의 이정표라고 일컬어지는 까닭이지만, 기상청이
발표하는 일기예보조차 맞지 않는 경우가 있기 때문에, 비전문가의
기상 판단은 신용할 수 없다.

　지도를 읽는 것과 마찬가지로, 일기도를 그릴 수 있고 읽을 수

있게 되고 싶다고 하는 초보자가 있지만, 일기도를 그릴 수 없다고
해서 산에 오르는 데에 부자유스러운 건 아니다. 물론 날씨에 무관심
해서는 안 된다. 날씨 변화의 경향에 주의를 기울이지 않는 사람은,
등산할 자격이 없다.

구름을 관찰하자든가, 일기도를 그릴 수 있게 되자라고 하는 것
은, 일기에 관심을 가지라고 하는 의미이다. 중요한 점은 당신의 일기
예상이 아니라, 일기가 나쁘면 어떻게 하느냐라고 하는 판단이다.

인기있는 산의 인기있는 코스를 선택하면, 일기만 좋다면 누구나
올라갈 수 있다. 만일 비가 내리면 어떻게 할까, 눈이 내리기 시작하
고 바람도 불어 왔다고 할 때의 상황 파악과 분석, 결단과 행동, 이런
센스를 닦는 것이 중요하다. 일기가 차도가 있는지 악화하고 있는지
모른다면, 판단할 도리가 없겠지만 그것은 라디오로 일기 예보를
들으면 된다.

여러 가지 정보를 종합적으로 검토한 결과에 의해, 갈 것인지 안
갈 것인지를 결정하다.

일기에 대한 나의 설명이 분명치 않은 것은, 날씨라고 하는 것은
예상이 불가능한 애매한 현상이기 때문이다. 그 때문에, 산에서의
사고의 대부분이, 직접적, 간접적으로 날씨에 원인이 있다고 여겨지
는 것이다. 비가 내려서 길이 미끄러지기 쉬워져서, 미끄러져 발목
골절이라고 하게 되면 훌륭한 기상 조난일 것이다. 상류지역에서
비가 내려 물이 불어, 무리하게 건너다 실패해서 떠내려간다고 하는
경우도 있다.

산장에 묵은 다음날, 비가 내렸다고 한다면, 빗속을 행동하지 않고
서는 그 날 중으로 하산할 수 없게 된다. 그런 때, 관심을 갖고 일기
예보를 들어 두면, 분명히 행동할 수 있을 것이다. 어떤 악조건하에서

야간 열차에도 강해지기 바란다.

도 분명히 행동할 수 있으면 지치는 일도 적고, 다리도 기분도 확실하면 안전하게 하산할 수 있다.

□야간 열차에서 잘 수 없더라도……

아침에 일어나서 나가는 당일치기 등산에서 문제가 되는 것은, 여느 때와는 다르게 늦게 일어나는 것이다. 나도 그런 때는, 자명시계를 반드시 2개 준비하고 늦잠으로 계획을 허사로 만드는 일이 없도록 만전을 기하고 있다.

산장은 혼잡시를 피하는 것이 상책.

따라서 나는, 야간 열차로 산을 향하는 계획 쪽이 안심이 된다. 등산입구까지의 소요 시간이 몇 시간 이상일 경우, 당일치기로 그 산을 오르는 것은 어려워진다. 시간을 합리적으로 사용하려고 생각하면 산을 향하는 교통편에는 야간 열차를 이용하는 것이 좋다.

"야간 열차는 잠을 잘 수 없으니까 힘들어요."라는 이야기를 흔히 듣는다.

그럴 때, 술을 마실 수 있는 사람은, 마시고 적당히 취해서 잠을 잔다고 하는 것도 좋다.

술을 마셔도 잠을 잘 수 없는 때가 있다. 야간 열차에서 잠을 잘

중고년 분도 적극적으로 바위 등산 강습에 참가하고 있다.

수 없을 때, 자려고 초조해하면 잠을 잘 수 없게 되고, 자지 않고서는 내일이 힘들다고 생각하면 정말로 괴로와지기 마련이다. 그러므로 잠을 잘 수 없어도 좋다고, 천천히 편안하게 있거나, 어떻게든 되겠지 정도로 마음먹고, 눈을 감고 있는 것이 좋다.

귀마개가 의외로 효과적이다.

□부정적인 정보도 알고 간다

코스상에 바위밭이 나타나서, 쇠사슬이나 사다리를 사용하여 통과

해야 한다고 하는 장면에 마주치면, 매우 긴장한다. 바위밭에서의
몸 놀리는 법을 익혀 두고 있지 않으면, 고도감이 있어서 몸이 위축되
어 버린다든가, 손 잡을 데가 적다든가, 발 놓을 데를 모른다고 하는
이유로, 쇠사슬이 있으면 단단히 잡은 채, 없는 곳에서는 우스꽝스러
운 자세인 채, 몸을 움직일 수 없게 되어 비지땀을 흘린다고 하는
사람을, 가끔 본다. 주위 사람의 조언이라든가, 그런 사람이 없을
때는 스스로에게 질타 격려해서, 겨우 궁지를 벗어났을 때는 전신에
서 힘이 빠져 버려, 그 후의 행정이 괴롭고 길어져 버릴 것이다.
  정보라고 하는 것은, 긍정적인 면을 전달하는 경우가 많고, 부정적

인 면은 생략되거나 한다. 안내서의 대부분은 어려운 곳이라고 설명하고 있지만, 오를 수 없을지도 모른다고는 쓰여 있지 않다. 그것과 또 한 가지, 정보의 수신자 쪽은, 무의식적으로 자신에게 부적합한 부분을 잘라내 버린다. 제 눈에 안경이라고 하는 것이다. 그래서, 추천하는 장소에만 사로잡혀서, 그 산행을 계획해 버리는 사람이 적지 않은 것 같다.

□리더십과 멤버십

리더십(leadership)이라고 하는 것은, 모임을 능숙하게 리드해서 소기의 목적을 완수하는 책임을 자각하는 것이고, 멤버십(membership)이란, 소기의 목적을 완수하도록 리더에게 협력하는 모임의 한 사람인 책임을 자각하는 것이라고 생각하고 있다.

요즘 눈에 두드러지고 있는 중장년의 등산자 그룹에서는, 리더십이 확립되어 있지 않는 명목뿐인 리더나, 멤버십이 결여되어 있는 멤버가 마음에 걸리는 부분이다.

날씨가 좋으면, 명목상의 리더와 겉도는 멤버에서의 모임도 아무 불안도 없이 즐겁게 산행을 마치고, 하산 축하의 맥주로 목을 축이게 될 것이다. 그러나 조금 문제라도 있으면 확연해진다. 멤버의 한 사람이 자꾸 자꾸 앞서 가 버리면, 다른 사람은 그것이 부담스러워 기운이 나지 않는다. 더욱 다른 사람은 그런 정황에 요구를 한다. 명목상의 리더는 귀찮아져서, "데려 가 달라고 해서 온 게 아닌가, 돈 받고 있는 게 아니고, 가 버릴까."라고, 리더십을 발휘하기는커녕, 내던져 버린다. 이것은 극단적인 정황 설정이지만, 있을 법한 장면이다. 쓴웃음지으면서 이 항을 읽고 있는 분이 있을 것이다. 리더에게 멤버를 자신이 끌어 간다고 하는 책임의 자각, 멤버에게 리더의 입장을 이해해서 협력해 간다고 하는 책임의 자각이 없으면, 무리 중에 낙오자를 내거나, 최악의 경우는 공중 분해라고 하는 결과가 된다.

□독자를 위하여 마지막으로 한 마디

앞으로 등산이라도 시작해 볼까하고 생각하고 계시는 분, 시작해 보았지만 아직 재미보다 불안감이 크다고 하는 분을 위해서, 이거다, 저거다라고 독단과 편견에 가득 찬 '등산에 대해서'를 써 왔다. 다소라도 참고가 되면 기쁘게 생각한다.

'독단과 편견'이라고 썼지만, 사물의 보는 법, 생각하는 법이라고 하는 것은 사람마다 다르다. 따라서 개성으로, 자신이 좋지도 나쁘지도 특별하지 않고, 모두와 같지만 초조해한다고 하는 것은, 자기 자신을 잃어 버리기 때문이다. 따라서 등산이라도 시작하자.

"인생이라고 하는 것은 자기 자신을 찾는 여행이다."라고 말하는 사람이 있었지만, 나도 동감이다. 등산이라고 하는 것은, 그것을 위한 강력한 무기가 된다고 믿고 있다.